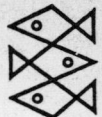

Über dieses Buch Das 1965 in Großbritannien zuerst herausgekommene und danach vielfach nachgedruckte Werk wurde von Anfang an zu einem Standardwerk der historischen Demographie und Sozialgeschichte. Es gilt als der „Urvater" der Alltagsgeschichte. Die vorliegende Ausgabe folgt der 1983 erschienenen vollständig überarbeiteten Neuausgabe.
Lasletts Buch ist in einer Mischung aus analytischem, narrativem und diskursivem Stil geschrieben und wendet sich nicht nur an die historische Zunft, sondern an eine breite Öffentlichkeit. Der Autor konzentriert sich zwar auf englische Quellen, gleichwohl reicht der Aussagewert seines Buches weit über den englischen Kontext hinaus: „The World We Have Lost" – so lautete der Titel der Orginalausgabe – bietet eine Einführung in die Mikro- und Makrostrukturen traditioneller alteuropäischer Gesellschaften schlechthin.
Das Buch versteht sich ausdrücklich als einführendes Werk. Es fußt auf Rundfunkvorträgen, mit denen es Laslett gelang, ein breites Publikum für seine spannenden Darlegungen zu gewinnen.

Der Autor Peter Laslett, 1915 geboren, lehrte Politikwissenschaft und Sozialgeschichte am Trinity College in Cambridge. Er ist Mitbegründer und seit 1964 Direktor der Cambridge Group for the History of Population and Social Structure. U. a. hat er auch am Collège de France (Paris) und an der Yale University (New Haven, Conn.) Vorlesungen gehalten. Er lebt in Cambridge.

Peter Laslett

Verlorene Lebenswelten

Geschichte der
vorindustriellen Gesellschaft

Mit einem Vorwort von
Michael Mitterauer

Aus dem Englischen von
Wolfgang Astelbauer

Fischer
Taschenbuch
Verlag

Der vorliegende Abdruck übernimmt unverändert den Text der deutschen Erstausgabe, die als Band 13 erschienen ist in den KULTURSTUDIEN. BIBLIOTHEK DER KULTURGESCHICHTE Herausgegeben von Hubert Ch. Ehalt und Helmut Konrad

Veröffentlicht im Fischer Taschenbuch Verlag GmbH,
Frankfurt am Main, Oktober 1991

Die englische Originalausgabe erschien unter dem Titel
„The World We Have Lost"
bei Methuen & Co. Ltd., London 1965
© 1965, 1971, 1983 by Peter Laslett
Lizenzausgabe mit freundlicher Genehmigung
des Böhlau Verlages GmbH & Co. KG., Wien
für die deutsche Ausgabe
© 1988 by Böhlau Verlag GmbH & Co. KG., Wien
Umschlaggestaltung: Buchholz/Hinsch/Hensinger
Druck und Bindung: Clausen & Bosse, Leck
Printed in Germany
ISBN 3-596-10561-7

Inhalt

Vorwort der Herausgeber 5
Vorwort 7

Kapitel 1

England vor und nach der Industrialisierung

Der Untergang des patriarchalen Haushalts: Eltern und
Kinder, Meister und Dienstboten 11

Kapitel 2

Eine Gesellschaft mit nur einer Klasse

Soziale Unterschiede und Machtverhältnisse zwischen
Hochadel, Gentry, Bürgern und Bauern 35

Kapitel 3

Die Dorfgemeinschaft

Katen und Gehöfte, Herrenhaus und Kirche 71

Kapitel 4

Falsche Vorstellungen über das Leben von einst

Eine Welt ohne Kinderehen und erweiterte Familienhaushalte 103

Kapitel 5

Geburt, Heirat und Tod

Zur Rekonstruktion der nachmittelalterlichen
Bevölkerungsgeschichte Englands 131

Kapitel 6

Wie schlecht ging es den Bauern wirklich?

Hunger und Krankheit im vorindustriellen England   149

Kapitel 7

Individuelle Moral und gesellschaftliche Kontinuität

Zur Frage unehelicher Kinder und zur Geschichte sexuell
abweichenden Verhaltens in England   185

Kapitel 8

Sozialer Wandel und Revolution

Zum Begriff der Englischen Revolution   217

Kapitel 9

Das politische Erbe der alten Herrschaftsstrukturen

Ergebenheit, politischer Gehorsam und das Lager der
Gentry in den Grafschaften   249

Kapitel 10

Ausschluß und Herrschaft

Bildung und soziale Mobilität in der Welt von einst   271

Kapitel 11

Die englische Gesellschaft am Anfang des zwanzigsten Jahrhunderts

Die Arbeiterklasse nach 1901   291

Kapitel 12

Geschichte und Selbstverständnis   321

Allgemeine Nachbemerkungen   335

Anmerkungen   343

Literaturverzeichnis   376

Sach- und Personenregister   380

Vorwort der Herausgeber

Die „Kulturstudien" verstehen sich methodisch und thematisch als „Bibliothek der Kulturgeschichte", deren Anliegen die Aufarbeitung historischer Strukturen und Prozesse unter dem Aspekt einer „Gesellschaftsgeschichte" ist. Eine interdisziplinäre Betrachtungsweise, die genuin historische mit sozialwissenschaftlichen und anthropologischen Zugangsweisen verbindet, soll ein integrales Bild gesellschaftlicher Verhältnisse in Vergangenheit und Gegenwart jenseits der historisch gewachsenen Fächerschwerpunkte möglich machen.

Die vorliegende Übersetzung des Standardwerkes von Peter Laslett über die versunkenen Lebenswelten Alteuropas erschließt für das deutschsprachige Publikum eine fundamentale Studie zur Geschichte alltäglicher Lebenssphären. Das Leben in den „Haushaltsfamilien", in deren Rahmen die Totalität des Lebens zwischen Geburt und Tod, zwischen Arbeit und Muße, zwischen Alltag und Fest ungebrochen war, gewinnt in den Beschreibungen Peter Lasletts Gestalt. Die von unseren Deutungs- und Handlungsmustern grundverschiedenen Mentalitäten, die das Handeln von Männern und Frauen, Eltern und Kindern, Alten und Jungen, sozial gehobenen und deklassierten Menschen prägten, werden plastisch und formen das Bild einer „World We Have Lost". Laslett hat dieses Buch auf der Grundlage umfangreicher penibler Quellenstudien geschrieben; es leistet die in der deutschsprachigen Geschichtsforschung so seltene Einheit von packendem Inhalt und literarischem Stil, von fundierter wissenschaftlicher Analyse und gut lesbarem Sachbuch. Die Herausgeber schätzen sich glücklich, daß es ihnen gelungen ist, eines der grundlegenden Werke der neueren europäischen Kulturgeschichtsschreibung nun auch dem deutschen Leser zugänglich zu machen.

Wien, im Juni 1988   *Hubert Ch. Ehalt und Helmut Konrad*

Vorwort

Peter Lasletts „The World We Have Lost" ist in den dreiundzwanzig Jahren seit dem Erscheinen der ersten Auflage zu einem vielgelesenen Standardwerk geworden. Aber auch bei einem Klassiker erscheint es notwendig, eine nähere Begründung zu geben, wenn er nach Ablauf einer solchen Zeitspanne in Übersetzung vorgelegt wird. Wen soll das Werk über seinen bisherigen Leserkreis hinaus erreichen? Welche Wirkungen werden erhofft, wenn das Buch nun in deutscher Sprache einem breiteren Publikum vorgestellt wird? Welche Bedeutung könnte diese neuerliche Präsentation im wissenschaftlichen Bereich haben?

Peter Laslett versteht sein Buch ausdrücklich als ein „einführendes Werk". Es ist aus Vorträgen einer Rundfunkreihe hervorgegangen. Der ursprüngliche Adressatenkreis ging also weit über das übliche Publikum wissenschaftlicher Veröffentlichungen hinaus. Einen so weiten Kreis haben die Forschungsergebnisse und die daran anknüpfenden Überlegungen Peter Lasletts im deutschsprachigen Raum sicher noch nicht erreicht. Sie würden das aber verdienen. Es gibt wohl wenige Publikationen, die in so leserfreundlicher Gestaltung einen so umfassenden Überblick über wichtige Schwerpunktthemen der neueren sozialgeschichtlichen Forschung bieten. Besondere Bedeutung könnte das Buch im Schulbereich gewinnen. Zu einer Zeit, in der die Diskussion über die Vermittlung sozialkundlicher Bildungsstoffe im Unterricht erst begonnen hatte, setzte Peter Laslett solche Inhalte bereits in einer Weise um, die heute noch genauso als vorbildhaft gelten kann. „The World We Have Lost" gehört in die Hand jedes sozialkundlich engagierten Geschichtslehrers. Aber auch an den Universitäten könnte es diese Aufgabe als einführendes Werk erfüllen. Die neuen Wege, die die Sozialgeschichte in den letzten Jahrzehnten beschritten hat, finden sich hier exemplarisch vorgezeichnet.

Auch wenn Peter Laslett vorwiegend die englische Gesellschaft der frühen Neuzeit beschreibt, so reicht der Aussagewert seines Buches doch weit darüber hinaus. „The World We Have Lost" bietet eine Einführung in die Mikro- und Makrostrukturen traditioneller Gesellschaften schlechthin. Der Weg dieser Gesellschaftsanalyse ist sehr eigenständig. Im Vordergrund stehen die kleinen sozialen Einheiten der primären Erlebniswelt — Familie und Haushalt, Dorf und Pfarrgemeinde, insgesamt die Gruppenbildungen und Kommunikationszusammenhänge des alltäglichen Lebens. Auf sie baut dann die Darstellung umfassenderer Sozialgebilde auf. Es ist dies sicher ein angemessener Zugang, um der partikularistischen Struktur der Gesellschaft im Untersuchungszeitraum gerecht zu werden. Wer Lasletts Ablehnung des Klassenmodells als Provokation empfindet, wird sich mit einer profunden Argumentation auseinanderzusetzen haben. Solche Diskussionen um die adäquate Zugangsweise zu vormodernen Gesellschaften könnten insgesamt ein Effekt der Beschäftigung mit den anregenden Thesen Peter Lasletts sein.

So sehr „The World We Have Lost" als eine allgemeine Einführung zum besseren Verständnis alteuropäischer Gesellschaften erscheint — das Buch hat auch eine spezifisch englische Komponente. Und auch deretwegen lohnt die späte Übersetzung ins Deutsche. Besonderheiten der englischen Sozialentwicklung werden deutlich faßbar — etwa in der Beschreibung der Gentry und ihrer Lebensformen oder in der Sonderstellung Londons — damals der größten Stadt Europas. Auch als Einführung in die Gesellschaftsgeschichte Englands kann das Buch dem deutschsprachigen Leser interessante Aspekte vermitteln.

Ebenso wie „The World We Have Lost" als Einführung in gesellschaftsgeschichtliche Zugangsweisen seine Bedeutung nicht verloren hat, ist das Werk auch in seiner didaktischen Konzeption nach wie vor aktuell. Heute werden Historiker keineswegs mehr mit derselben Beharrlichkeit aufgefordert, die Gegenwartsrelevanz ihrer Themen auszuweisen, wie in der Zeit nach 1968. Da kann es nützlich sein, sich auf die Sinnhaftigkeit der Beschäftigung mit Geschichte in einer Weise zu besinnen, wie das Peter Laslett schon Jahre zuvor getan hat: „Since we can only properly understand ourselves and our world, here and now, if we have something to contrast with, the historian must provide that something . . . From this point of view therefore all historical knowledge is knowledge with a view to ourselves as we are here and now." Dieses historische Lernen aus dem Kontrast im Vergleich von damals und heute hat Laslett in „The World We Have Lost" in vielen Bereichen exemplarisch vorgeführt — von den Makrostrukturen des Gesellschaftsaufbaus bis hin zu den kleinen Ordnungen der Familie. Er hat dabei gezeigt, daß ein solcher Vergleich nicht nur exaktes Wissen um die Verhältnisse der Vergangenheit voraussetzt, sondern auch um die der Gegenwart. Wie immer man eine solche die Gegenwartsgesellschaft miteinbeziehende Geschichtswissenschaft nennt — ob „sociological history", „social structural history" oder „historische Sozialwissenschaft" — der Anspruch ist hoch und die deutschsprachige Geschichtswissenschaft im großen und ganzen ziemlich weit davon entfernt, ihn einzulösen. Lasletts Buch repräsentiert so eine Botschaft an Forschung und Lehre, die nicht ernst genug genommen werden kann.

Zum didaktischen Konzept von „The World We Have Lost" gehört auch die Verbindung von Erzählen und Analysieren. In einer Zeit, in der das Pendel einseitig in die Richtung einer „neuen Narrativität" auszuschlagen droht, kann es nützlich sein, sich ein Meisterbeispiel richtiger Balance vor Augen zu führen. Laslett ist ein überzeugter Vertreter quantifizierender Methoden in der Sozialgeschichte. Das Quantifizieren führt ihn notwendig immer ins Allgemeine. Er ist zugleich aber auch ein in der Vermittlung von Geschichte geübter Lehrer, der weiß, daß er auf diese Weise allein sein Publikum nicht erreicht — vor allem wenn er über den Kreis der Wissenschaft hinaus ansprechen will. So erzählt er Fallbeispiele, Geschichten von Menschen, die durch ihren Namen, ihr Alter, den Ort an dem sie wohnen, durch konkret vorstellbare Handlungen faßbar werden. Von solchen individuellen Erzählungen ausgehend führt er ins Allgemeine, prüft Informationen auf ihre Repräsentativität und interpretiert sie in größeren Zusammenhängen. „Soziologische Geschichte", in der Weise Lasletts dargestellt, hätte im deutschsprachigen Raum vielleicht vor mancher Frustration durch allzu abstrakte Analysen bewahren können, heute ist sie wohl eher als Warnung vor der Aufgabe sozialwissenschaftlicher Ansprüche aktuell.

Die zentralen Themen von „The World We Have Lost" sind in der Zeit seit dem Erscheinen des Buches von der sozialgeschichtlichen Forschung weiterbearbeitet worden — in England vor allem von Peter Laslett und seinen Kollegen von der *Cambridge Group for the History of Population and Social Structure*, auf dem Kontinent vielfach von mit ihnen kooperierenden Wissenschaftlern sowie stark von ihnen beeinflußt. Trotz dieser wesentlichen Verbreitung des Untersuchungsmaterials haben sich gegenüber Lasletts früher Zusammenschau kaum Korrekturen ergeben, eher Ergänzungen, Abrundungen, Variationen. Neben solchen von der Forschung weitergeführten Themen enthält „The World We Have Lost" jedoch auch Gedanken und Anregungen, die nicht in der gleichen Weise aufgegriffen wurden. Zum Weiterdenken solcher thematischer Ansätze anzuregen, kann mit ein Ziel der deutschsprachigen Veröffentlichung sein.

Eine klare Linie für zukünftige Arbeit gibt Peter Laslett in seinem Schlußkapitel vor. Er fordert hier nicht nur „contrast over time", sondern auch „contrast over space": „The search for contrasts in social arrangements leads one to demand that English society shall not be seen for itself alone, but alongside French, German, Spanish, Dutch, Italian, Scandinavian society, as one variation of the Western European pattern. But even this cannot be enough, Russian and Eastern European societies, Asian, African and Oceanic societies too are relevant to the study of our own, if contrast is what we are in need of." Es geht ihm um „cross-cultural comparison as the anthropologist put it". Eine vergleichende Geschichtswissenschaft im Sinne einer historischen Anthropologie ist also die Zielvorstellung. Laslett ist sich bewußt, daß er dazu mit „The World We Have Lost" nur einige Ansätze beiträgt. Trotzdem können auch solche Ansätze, im Vergleich den Rahmen der eigenen Gesellschaft zu überschreiten, im deutschsprachigen Raum heute noch richtungsweisend sein.

Michael Mitterauer

KAPITEL 1

England vor und nach der Industrialisierung
*Der Untergang des patriarchalen Haushalts:
Eltern und Kinder, Meister und Dienstboten*

Im Jahre 1619 wandten sich die Bäcker von London wegen einer Erhöhung des Brotpreises an die Behörden. Ihrer Forderung sollte durch eine ausführliche Beschreibung einer Bäckerei samt Aufstellung der wöchentlichen Kosten Nachdruck verliehen werden.[1] Damals setzte sich ein solcher Betrieb im allgemeinen aus dreizehn bis vierzehn Personen zusammen: dem Bäcker und seiner Frau, vier bezahlten Angestellten, den Gesellen, zwei Lehrlingen, zwei Mägden und den drei bis vier Kindern des Meisters. Die wöchentlichen Ausgaben veranschlagte man mit sechs Pfund und zehn Shilling (£ 6,50), wovon nur elf Shilling und acht Pence (58 p) auf Löhne entfielen: eine halbe Krone (25 p) pro Woche auf einen Gesellen und zehn Pence (4,5 p) auf eine Magd. Weitaus am größten waren die Auslagen für das Essen: Von den sechs Pfund zehn Shilling gingen zwei Pfund neun Shilling (£ 2,45) dafür auf — pro Kopf fünf Shilling (25 p) für den Bäcker und seine Frau, vier Shilling (20 p) für die Hilfskräfte und zwei Shilling (10 p) für die Kinder. Einen Gesellen zu verköstigen war viel teurer als ihn auszubezahlen; bei einer Magd beliefen sich die Kosten gar auf das Vierfache des Lohns. Auch die Kleidung wurde von den Bäckern in Rechnung gestellt — und das nicht nur für Mann, Frau und Kinder, sondern auch für die Lehrlinge. Man fand es sogar gerechtfertigt, das Schulgeld als in den Verkaufspreis des Brots eingehenden Posten anzuführen; Unterricht und Bekleidung eines Bäckerkinds kamen auf sechs Pence (2,5 p) pro Woche.

Heute würden wir wahrscheinlich einen Betrieb, der Tausende Laib Brot herstellt, ganz selbstverständlich als industrielles Unternehmen bezeichnen. Damals aber war die Bäckerei direkt im Haus des Meisters untergebracht. Der sogenannte Laden beherbergte die Backstube und war nicht etwa für den Einzelverkauf bestimmt. Gewöhnlich wurde Brot nämlich gar nicht über den Ladentisch verkauft: Man brachte es zum Markt und bot es dort unter freiem Himmel auf Ständen feil.[2] Den Weizen, das Jett zur Feuerung und seinen Salzvorrat bewahrte der Bäcker in einem Speicher hinter dem Haus auf, für den er in der Woche zwei Shilling Miete zu zahlen hatte. Die Bäckerei selbst war wahrscheinlich eines jener die engen Londoner Straßen beherrschenden hohen Fachwerkhäuser mit vorspringendem Obergeschoß, die wir immer vor Augen haben, wenn wir uns die Welt vergegenwärtigen, in der Shakespeare, Pepys oder Christopher Wren lebten. Den Großteil des Hauses beanspruchten die Wohnräume der dort arbeitenden Menschen.

Auf der Hand liegt, daß alle im Hause aßen, wurden doch für die Berechnung der bei der Herstellung von Brot anfallenden Kosten die Auslagen für ihre Verköstigung mit in Anschlag gebracht. Mit Ausnahme der Gesellen waren alle verpflichtet, im Haus zu schlafen und wie eine Familie zusammenzuleben. Wenn auch der Begriff Haushalt in diesem Zusammenhang ebenso vorkommt, war doch Familie das damals zur Bezeichnung einer solchen Gemeinschaft im allgemeinen übliche Wort. Der Mann, der dieser Gruppe vorstand, der Unternehmer, Arbeitgeber oder Verwalter, war der Meister, das Oberhaupt der Familie. Er war der wirkliche Vater einiger Gruppenmitglieder und vertrat an anderen Vaterstelle. Seine häuslichen und wirtschaftlichen Funktionen gingen ineinander über. Seine Frau war ihm sowohl gleichgestellt als auch untergeordnet – gleichgestellt, weil sie für die Belange der Familie verantwortlich war, sich um das Essen kümmerte und den weiblichen Dienstboten gegenüber das Sagen hatte; untergeordnet, weil sie Frau, Gemahlin und Mutter war und Mutterstelle vertrat.[3]

Den bezahlten Dienstboten beiderlei Geschlechts kam in einem solchen Familienhaushalt eine bestimmte festumrissene Rolle zu. Wenn auch natürlich in anderer Weise, so gehörten sie doch, solange sie im Hause wohnten, genauso zur Familie wie die Kinder. Eine Familie war damals eine Einheit dreier Gemeinschaften – der von Mann und Frau, der von Eltern und Kindern und der von Meister und Angestellten. Die Gemeinschaft von Mann und Frau war eine auf Lebenszeit. Wenn auch Wiederverehelichungen nicht nur möglich waren, sondern auch wirklich häufig vorkamen, konnte der ehelichen Gemeinschaft nur der Tod ein Ende setzen. Die zweite Gemeinschaft band die Eltern an die Kinder, bis die Zeit kam, da diese von zu Hause auszogen. Zumindest bis das Kind verheiratet war, konnte es freilich nach Hause zurückkehren, wann es wollte. Dienstboten hingegen gehörten dem Haushalt, in dem sie dienten, keineswegs für immer an. Quittierte jemand den Dienst, war es mit der Gemeinschaft vorbei. Für alle Haushalte ohne Dienstboten –

und das waren die meisten — gab es freilich diese dritte Form der Gemeinschaft nicht.

Die Dienstzeit begann damit, daß man sich jemandem verpflichtete. Daß Eltern ihren Sohn in die Lehre gaben, war wohl die häufigste Form. In diesem Fall wurde die Vereinbarung zwischen den Eltern des Burschen, der in die Lehre gehen sollte, und dem zukünftigen Meister getroffen. Der Bursche verpflichtete sich, sieben Jahre zu bleiben, die Geheimnisse des Gewerbes zu wahren und sich den Anordnungen seines Meisters zu fügen.[4]

Schenken und Gasthäusern hat er fernzubleiben, vor den Würfeln, den Karten und anderen verbotenen Spielen sich zu hüten. Unzucht mit Frauen sei ihm versagt, die Ehe verboten. Weder bei Tag noch bei Nacht sei es ihm erlaubt, sich ohne Wissen seines Meisters zu entfernen; dienen soll er getreu und aufrecht.

Seinerseits verpflichtete sich der Meister, den Lehrling „in seiner Kunst zu unterweisen, ihm mit maßvoller Zucht sein Wissen weiterzugeben und sein Gewerbe beizubringen",

für die vereinbarte Dauer von sieben Jahren den Lehrling mit Speis und Trank zu verköstigen, sich um Kleider, Wäsche, Unterkunft und alles übrige zu kümmern und ihn am Ende der genannten Zeit doppelt auszustaffieren, nämlich mit einem Festtags- und mit einem Alltagsgewand.

Daher sind Lehrlinge und viele andere Dienstboten als Arbeitskräfte zu verstehen, die in gewisser Weise zusätzliche Söhne und Töchter — auch Mädchen wurden in die Lehre gegeben — waren, eingekleidet, erzogen und verköstigt wurden, zu gehorchen hatten, nicht heiraten durften, nicht bezahlt wurden und bis 21 und oft noch viel länger von ihrem Herrn abhängig waren. Nahmen Dienstboten einen Platz ein, der dem von Söhnen und Töchtern zu vergleichen ist, kam umgekehrt den Kindern des Hauses auch die Rolle von Arbeitskräften zu. John Locke hielt im Jahre 1697 fest, daß die Kinder armer Leute schon ab dem dritten Lebensjahr ein paar Stunden am Tag arbeiten mußten.[5]

Es ist nicht anzunehmen, daß die Kinder eines Londoner Bäkkers Jahre hindurch die Schulbank drückten oder nach Lust und Laune spielen durften, wenn sie nach Hause kamen. Soweit möglich, zog man sie wohl bald zum Mehlsieben heran, hielt sie an, der Magd unter die Arme zu greifen und die Körbe mit Brot zum Markt zu bringen, und teilte ihnen kleinere Arbeiten in der

Küche zu, wo in solchen Haushalten sicher immer etwas zu tun war.

Schon auf den ersten Blick zeigt sich also, daß diese Welt, die uns verlorenging, kein Paradies war — nicht die Spur eines goldenen Zeitalters der Gleichheit, Toleranz und Güte. Wenn auch selten früher, mit zehn traten viele Kinder in den Dienst, verließen ihr Zuhause und arbeiteten in einem fremden Haushalt, um sich den Lebensunterhalt zu verdienen. Es ist falsch, das Aufkommen der Industrie mit dem Beginn ökonomischer Unterdrückung und Ausbeutung gleichzusetzen. Unterdrückung und Ausbeutung gab es bereits. Die patriarchalen Verhältnisse, die wir zu umreißen begonnen haben, waren auch keine Errungenschaft des elisabethanischen England, sondern sind so alt wie die Welt der Griechen, wie die Geschichte Europas — und nicht allein Europas, wenn auch die Einrichtung des Lebenszyklusdienstes, wie wir heute sagen, eine Besonderheit westeuropäischer Gesellschaften darstellt. Wohl anzunehmen also, daß die von uns an einem Beispiel beschriebenen Bindungen Menschen ebenso unbarmherzig mißbrauchten und versklavten wie jene ökonomischen Verhältnisse, die dann im England Blakes und der viktorianischen Zeit an ihre Stelle traten.[6]

Vielleicht waren die Dienstboten der damaligen Welt wirklich überzeugt, daß sie alle eines Tages heiraten, einer Familie vorstehen und selbst über andere herrschen würden. Dabei saßen sie freilich in nicht wenigen Fällen einem Irrtum auf, fanden damals doch keineswegs alle jemanden, um zu heiraten. Manche standen Zeit ihres Lebens bei einem Herrn im Dienst und kamen nie dazu, sich selbständig zu machen. So gerechtfertigt es daher auch ist, die ökonomischen Verhältnisse der vorindustriellen Welt mit den Begriffen Unterdrückung und Ausbeutung zu kennzeichnen, so wenig sind dabei die unterschiedlichen Formen zu übersehen. Alle — die, die sie aufrechterhielten, in den Genuß ihrer Vorteile kamen, und die, die von ihren Schattenseiten betroffen waren — empfanden die alte Gesellschaftsordnung als eine ewige und unveränderbare Gegebenheit. Niemand erwartete eine Wendung zum Besseren. Wie wäre das auch in einer Welt möglich gewesen, in der wirtschaftliche und häusliche Ordnung zusammenfielen und alle Verhältnisse ganz und gar den Gesetzen des sozialen Systems, ja dem Inhalt der christlichen Dogmen unterworfen waren?

Die sozialen Erwartungen des viktorianischen England und die aller Industrieländer unserer Tage unterscheiden sich in diesem Punkt ganz augenfällig. Alle Verhältnisse der Welt von heute, die für unsere ökonomische Existenz von Relevanz sein können, werden nicht nur als veränderbar verstanden, sondern sollen sich von sich aus ändern oder — sofern sie dies nicht tun — von für allmächtig angesehenen Instanzen einer Umgestaltung unterzogen werden. Bei aller Komplexität sozialer Gefüge läßt sich dies doch als ein heute für uns alle charakteristisches Anliegen festhalten. Man kann sagen, daß die Industriegesellschaften der Gegenwart im Vergleich zu ihren jeweiligen Vorformen alle an Stabilität verloren haben. Es fehlt ihnen die ungeheure Kohäsion, die durch Familienbande zustandekommt — jener Zusammenhalt, der Enttäuschte und Unzufriedene über das Gefühl zu versöhnen vermag. Den traditionellen, patriarchalen Gesellschaften der vorindustriellen Zeit waren soziale Revolutionen und deren unwiderruflicher Eingriff in das Gefüge gesellschaftlicher Bindungen vollkommen fremd. Auch nur an eine Umwälzung zu denken, kam schon kaum in Frage.

Kaum, aber doch: Unter Heinrich VIII. konnte sich Sir Thomas More — Plato folgend — ein Leben ohne Heimlichkeiten und Geld vorstellen, wenngleich er auch davor zurückschreckte, an eine Welt zu denken, in der der freie Geschlechtsverkehr politisch institutionalisiert ist und Kinder aufwachsen, ohne ihre Eltern zu kennen. 150 Jahre später war es Sir William Petty, einem der allerersten Staatssoziologen, bereits möglich, Betrachtungen über Polygamie anzustellen. Und die Menschen der Tudor- und Stuartzeit hatten schon von sozialen Verhältnissen und geschlechtlichen Beziehungen gehört, die es in der gerade entdeckten Neuen Welt geben sollte und die sich von den ihnen bekannten Formen auf beunruhigende Weise unterschieden. Unmöglich dürfte ihnen freilich die Vorstellung gewesen sein, sich mit diesen auch nur im entferntesten anzufreunden.[7]

Überlegt man sich, wie es um die zahlreichen Mitglieder der sogenannten Familie des Londoner Bäckermeisters aus dem Jahre 1619 bestellt war, fällt auf, daß in emotioneller Hinsicht alle den einzelnen Individuen zugewiesenen Rollen nicht nur in hohem Grade symbolisch besetzt waren, sondern auch den kompensatorischen Anforderungen voll entsprachen. Bei aller Unterdrückung und Ausbeutung und trotz der Tatsache, daß alle Kinder, Jugendlichen, Frauen und Dienstboten in dieser Welt spurlos aufgingen, spürt man, was es in einer so strukturierten Gesellschaft bedeutet haben muß, daß jeder einer Gruppe, einer Familie zugehörte. Jeder hatte seinen Kreis von Zuneigungen;

jede Beziehung konnte als Liebesbeziehung verstanden werden. Und das spielte eine entscheidende Rolle — trotz der Tatsache, daß aus demographischen Gründen keineswegs jeder einer familiären Einheit im Sinne des Wortes, also einer eigenen Familie oder der seines Vaters bzw. seiner Mutter angehörte. Dieser Geborgenheit tut auch die Tatsache keinen Abbruch, daß den Spielregeln der Gesellschaft zufolge Waisen und Witwen im allgemeinen nicht nur keine Familie mehr hatten, sondern ihnen auch von allen die Unterstützung versagt wurde, die mit den vom Schicksal Betroffenen nicht unmittelbar verwandt waren.

Die sozialen Strukturen von heute hingegen sind so beschaffen, daß man mit Arbeitsverhältnissen wohl kaum Gefühle familiärer Art verbindet. Wer könnte schon dem Namen einer Gesellschaft mit beschränkter Haftung oder einer Regierungsstelle ein Gefühl entgegenbringen, das dem eines Lehrlings für die Vaterfigur seines Meisters vergleichbar wäre, die auf so einmalige Weise allen Bedürfnissen entsprach, auch wenn da ein brutaler Tyrann, Heuchler und Geizhals das Sagen hatte? So sehr die Familie als Kreis der Zuneigung zu verstehen ist, so wenig darf vergessen werden, daß sie auch ein Schauplatz des Hasses sein kann. Von wem werden denn die Morde und all die anderen Untaten begangen, wenn nicht von eifersüchtigen Männern und empörten Frauen, habgierigen Eltern und enteigneten Kindern? In den alten patriarchalen Gesellschaften Europas, wo Leben praktisch ausschließlich Leben in der Familie — wenn auch nicht in ein und derselben — hieß, dürften Spannungen dieser Art nie abgerissen sein. Sieht man von allgemeinen Krisen ab, gab es auch keine Möglichkeit, diese Konflikte abzubauen. Daher sind die Widersprüche einer so strukturierten Gesellschaft Widersprüche zwischen Individuen, Konflikte persönlicher Art. Kaum vorstellbar ist eine jener unserer Tage vergleichbare Situation der permanenten Umwälzung der sozialen Verhältnisse.

All das trifft freilich die historische Wahrheit nur unter der Voraussetzung, daß unser Bäckerhaushalt aus dem London der Stuartzeit in seiner Größe, Zusammensetzung und Beziehungsstruktur wirklich eine für die Alte Welt charakteristische soziale Einheit war. Manche Umstände legen die Vermutung nahe, daß dem nicht ganz so war, zählte doch das Bäckergewerbe in der damals zusehends ökonomischen Umwälzungen unterworfenen Gesellschaft zu den eingesessensten. Eine „Familie" mit dreizehn Mitgliedern, die auch als Produktionseinheit denselben

Umfang hatte, sofern die Kinder bereits alt genug waren, um zu arbeiten, war für die englische Gesellschaft jener Zeit sicher relativ groß und in gewisser Weise nicht der Normalfall.

Aufgrund des überlieferten Volksguts räumen wir wahrscheinlich der Stadt und dem Handwerk in unserer Vorstellung von jener Welt einen Platz ein, der ihnen gar nicht zukommt. Umgekehrt beherrschten Landwirtschaft und Landleben die uns entschwundene Welt in einem Ausmaß, das unser Bild der damaligen Zeit nicht einholt. Den Lehrling, der die Tochter seines Meisters zur Frau bekommt, kennen wir alle — er ist unser Held. Und auch der böse Fremde, der der Familie nicht willkommene Außenseiter, der nach dem Tod des väterlichen Meisters die allein gebliebene Witwe heiratet, ist uns eine vertraute Figur. Sprechen wir von einem Bäcker, schwebt uns tatsächlich eine warme Backstube vor. Und eine alte Jungfer sehen wir wirklich an ihrem Spinnrad beim Feuer. Trotz ihrer Willkür und Romantik sind die Märchen der berühmten, vor mehr als 150 Jahren in Deutschland entstandenen Sammlung der Gebrüder Grimm eine gute Einführung in die Zeit, die uns hier beschäftigt.[8] Die meisten Märchen, die wir heute unseren Kindern erzählen, gehen auf sie zurück. Selbst in der Bearbeitung Walt Disneys und seiner Nachfolger, die für die jüngsten Mitglieder unserer reichen, mächtigen und doch so ratlosen Freizeit- und Industriegesellschaft die Fernsehprogramme und Bilderbücher machen, erinnern Märchen wie das von Aschenbrödel eindringlich daran, wie das Leben in einem Handwerkerhaushalt von einst für einen Lehrling, einen Gesellen und einen Meister und seine Familie aussah. Heißt das nicht, daß wir diese Welt schon kennen?

Wir haben ein mehr oder weniger genaues Bild vom Leben eines Gesellen: nach seiner Ausbildung und des Gewerbes kundig oft ein oder zwei harte Jahre der Wanderschaft, ehe er sich das Geld verdient, ererbt oder erheiratet hatte, das er brauchte, um sich als Meister niederzulassen. Es bedarf tatsächlich einiger Überlegung, um zu erkennen, was diese Umstände damit zu tun haben, daß so viele Helden der Kinderreime und Märchen unterwegs sind, um im wahrsten Sinne des Wortes ihr Glück zu suchen. Noch weniger einfach ist es, hier die Ursprünge der pikaresken Literatur und des bürgerlichen Romans zu entdecken. Nur infolge eingehender Untersuchungen und gezielter historischer Nachforschungen, die erst in letzter Zeit möglich wurden, ließen sich ein paar spärliche Einblicke in jenes Wanderleben gewinnen. Man hat festgestellt, daß es für die meisten jungen

Dienstboten mit Ausnahme der Lehrlinge durchaus üblich war, alle paar Jahre die Arbeit zu wechseln oder bei einer anderen Familie in Dienst zu treten.[9]

Auf die in der Welt von gestern von Hof zu Hof ziehenden Dienstboten wird unten ebenso näher einzugehen sein wie auf das Problem eines historischen Verständnisses unserer heutigen Lebensumstände auf der Grundlage eines Vergleichs mit jenen unserer Vorfahren. Doch vorerst zurück zu den Dimensionen, die das Leben unseres Londoner Bäckerhaushalts aufweist.

In der Welt von damals gehörten nur wenige einer Gruppe an, die eine Familiengemeinschaft an Umfang übertraf. Und es gab kaum eine Familie, die mehr als ein Dutzend Mitglieder zählte. Ganz an der Spitze der Gesellschaft freilich fanden sich riesige Familienhaushalte, die sogar größer waren als manche Einheiten in jenen Teilen der Welt, wo oft mehrere Generationen unter einem Dach zusammenlebten. Sieht man einmal vom Königshof und den weltlichen und geistlichen Einrichtungen des Adels ab, hatte zum Beispiel ein Edelmann wie der Baronet Sir Richard Newdigate auf seinem Wohnsitz Dutzende Leute um sich. Die „Familie" seines Hauses zu Arbury in seiner Pfarre Chilvers Coton in Warwickshire umfaßte im Jahre 1684 siebenunddreißig Mitglieder: ihn und seine Gemahlin, Lady Mary Newdigate, sieben Töchter, alle jünger als sechzehn, und achtundzwanzig Dienstboten, siebzehn Männer und Burschen und elf Frauen und Mädchen.[10] Auch das war noch eine Familie und keine öffentliche Einheit, eine Familie und kein Amt oder Unternehmen.

Für alle Dinge jener Welt galt der Maßstab des Menschen, für den Arbeiter eines Londoner Geschäftsmannes ebenso wie für den Kumpel in Newdigates Dorf Chilvers Coton. Nichts in ganz England war größer als die London Bridge oder die Kathedrale von St. Paul's. Kein Bauwerk der westlichen Welt konnte sich mit dem Kolosseum in Rom vergleichen. Auch in zeitlicher Hinsicht galten überall menschliche Maßstäbe. Mit dem Tod des Bäckermeisters und Familienvorstands war es in der Regel auch mit der Bäckerei vorbei. Freilich konnte ein Sohn das Geschäft übernehmen; in den meisten Fällen aber waren nur kleine Kinder da, wenn das Oberhaupt der Familie nicht älter wurde als die meisten Männer jener Zeit. Freilich konnte ein Lehrling auch der mit seiner Rolle verbundenen Bestimmung folgen und an Sohnes Statt treten, die Tochter heiraten oder die Witwe seines Meisters zur Gemahlin nehmen. Überraschenderweise führte die Witwe aber in vielen Fällen selbst das Geschäft weiter, sofern sie sich dazu in der Lage sah.

Wir haben es also nicht einfach mit einer Welt ohne Fabriken und Betriebe zu tun, der wirtschaftliche Kontinuität gänzlich fremd war. Wenn es auch besonders in London manchmal zwischen wohlhabenderen Meistern zur Zusammenarbeit kam, der Kampf um Fortbestand und eine sichere Zukunft nahm kein Ende, weil fast ausnahmslos alle Tätigkeiten an den Rahmen der familiären Verhältnisse bzw. die Lebenszeit des Haushaltsvorstands gebunden waren. „Hundertundzwanzig waren es, die da wohnten, und — sechs oder sieben ausgenommen — alles Dienstboten und Gefolgsleute" — so erinnert sich eine Generation später John Aubrey, der Verfasser der *Lives* und einfühlsame Chronist des englischen Westens, wo die Herberts ihren Wohnsitz hatten, an den Haushalt der Grafen von Pembroke in den Jahren vor dem Bürgerkrieg. Es ist allerdings ratsam, bei Berichten über Glanz und Größe berühmter Familien jener Tage Vorsicht walten zu lassen. Glaubt man John Aubrey, belief sich das Einkommen des Grafen auf 16.000 Pfund, „mit den Ämtern und allem anderen gar auf 30.000 Pfund im Jahr. Und seine Gastfreundschaft entsprach ganz der Höhe seiner Einkünfte." Wenn die genannten Zahlen auch unwahrscheinlich sind, wissen wir doch, daß Lord William Howard mit einem viel geringeren Einkommen auf Naworth Castle in Cumberland in den zwanziger Jahren des 17. Jahrhunderts zwischen vierzig und fünfzig Dienstboten beschäftigte. Und noch im Jahre 1787 lebte einer der reichsten Minenbesitzer und Junggesellen der Zeit, der Graf von Lonsdale, auf seinem Sitz in Lowther in Westmoreland in einem Haushalt, dem fünfzig Mitglieder angehörten — er selbst und 49 Dienstboten. Die genannten Beispiele veranschaulichen die symbolische Funktion aristokratischer Haushalte in einer Gesellschaft mit im allgemeinen überraschend kleinen Familien. Die Existenz solcher Hauswesen sollte der Beschränkung der Größenverhältnisse die Stirn bieten und einen patrilinearen Zusammenhang fortschreiben.

Wir müssen nun an dieser Stelle einen Punkt einholen, der in den bisherigen Ausführungen noch nicht zur Sprache kam. Die europäische Gesellschaft der vorindustriellen Zeit kannte eine Einrichtung, die an Umfang und Dauerhaftigkeit die Familie bei weitem übertraf. Diese Einrichtung war die christliche Kirche. Sieht man vom Kirchgang ab, nahmen Leute aus dem Volk, und besonders Frauen, an keiner Versammlung teil, für die nicht in einem gewöhnlichen Haus Platz gewesen wäre. Betrachten wir Adel und Kirche unter dem Aspekt der Vergänglichkeit aller menschlichen Einrichtungen und der dem damaligen Leben eigentümlichen Größenverhältnisse, fällt sofort deren in einem gewissen Maße kompensatorische Funktion auf. So unterstrich schon der Kalender das hohe Alter und den inneren Zusammenhalt der Kirche. Bei Adelshäusern konnte laut Erbfolgerecht Titel und Führung auch auf noch so entfernte Vettern und Basen übergehen, wenn sie nur der männlichen Linie entstammten. Wie man sehen wird, war es aber selbst unter diesen Voraussetzungen durchaus möglich, daß eine Linie ausstarb; und tatsächlich bestand ja auch die Hälfte aller männlichen Linien nicht länger als 150 Jahre. Die Macht der Krone, des Ursprungs aller Ehren, war so oft das letzte Mittel. Ihr oblag es, über eine ungewöhnliche Nachfolge zu verfügen. Da kannte Adel kein Ende.[11]

Was die sozialen Funktionen der Kirche angeht, ist die symbolische Versicherung von Dauer nur ein erster Punkt. In einer Zeit, in der die Fähigkeit, nicht nur zu buchstabieren, sondern wirklich zu lesen und mehr als dann und wann einmal ein persönliches Schreiben zu verfassen, im großen und ganzen auf die herrschende Minderheit einer Gesellschaft mit sonst mündlichen Kommunikationsstrukturen beschränkt war, stellte der Pfarrer das wesentliche Bindeglied zwischen der ungebildeten Masse des Volks und der politischen, technischen und geistigen Welt dar.

Für die ungebildeten Leute aus dem Volk war der sonn- und feiertägliche Gottesdienst, dem sie in einer der 10.000 Pfarrkirchen Englands beiwohnten, in der Regel die einzige Aktivität, die sie mit nicht ihrer Familie angehörigen Menschen verband. Meist waren es zwischen 20 und 200 Gläubige, die sich da versammelten. Doch die Leute saßen nicht bloß der Meßfeier wegen in der Kirche. Der Gottesdienst war für sie die einzige Möglichkeit, sich auf dem laufenden zu halten über das, was in England, Europa und der übrigen Welt vorging. Priester sind also nicht nur aus dem religiösen Leben der Alten Welt, wo Religion noch von vorrangigem Interesse und Gewicht war, nicht wegzudenken. Unabdingbar war der Pfarrer auch wegen der Rolle, die ihm im Bereich der gesellschaftlichen Kommunikation zukam. Das ist vielleicht mit ein Grund dafür, warum die puritanischen Laien in der Frage predigender Geistlicher so unnachgiebig waren.

So sehr an den für das Leben in der vorindustriellen Welt gültigen Maßstäben festzuhalten ist, und das besonders, was den Umfang der Gruppen betrifft, denen die meisten Menschen jener Zeit ihr Leben lang angehörten, so wenig sind freilich bestimmte Anlässe und Einrichtungen zu übersehen. Da gab es einmal die militärischen Übungen und eine jährliche Musterung der tauglichen Männer jeder Grafschaft, die zur Tudorzeit nach der Ernte stattfand.[12] Und es gab auch vereinzelte Söldnertruppen, bunt gemischte Banden alles andere als vielversprechender Männer, die hinter dem Banner eines edlen Abenteurers her durchs Land zogen. Und zumindest in den Küstengebieten müssen Schiffsbesatzungen ein recht vertrauter Anblick gewesen sein — 20, 30, ja 50 Mann waren da oft ununterbrochen Tage, manchmal Wochen zusammen auf See.

Verhältnisse wie in Lilliput, wird man sich sagen, wenn man solche Gruppen den Massen gegenüberstellt, denen man in unserer Gesellschaft begegnet. Die größte für das 17. Jahrhundert bekannte Menschenmenge, die parlamentarische Armee der Schlacht von Marston Moor, würde heute höchstens ein Drittel eines unserer Fußballstadien füllen.[13] Weitere Einrichtungen und Anlässe, die Gruppen von Leuten zusammenbrachten, waren die periodischen Geschworenengerichte in den Grafschaftsstädten, die vierteljährlichen Gerichtssitzungen der Grafschaftsrichter, die Tribunale der Gutsherren in den Dörfern, die Zusammenkünfte der Räte in den Städten und die Versammlungen der verschiedenen dort ansässigen Zünfte und Handwerker sowie der Geistlichen der Hochkirche und der Dissenters. Am regelmäßigsten fanden wohl die wöchentlichen Markttage und Jahrmärkte der einzelnen Orte statt. Sie waren den Leuten aus dem Volk wirklich vertraut. An ihre Ausmaße kam so leicht nichts heran. Dann gab es damals in England noch an die zweitausend Schulen, eine in jeder fünften Pfarre, aber nur sehr wenige mit mehr als einem Lehrer, und die beiden Universitäten, denen zusammen nicht einmal zehntausend Männer angehörten.[14] Und dann war da noch das Parlament. Alle diese Anlässe und Einrichtungen brachten eine bestimmte Anzahl von Menschen aus Gründen nicht familiärer Art zusammen. Auch Frauen fanden sich zu Versammlungen ein. Wenn es aber nicht gerade ein Markt war oder es darum ging, gegen Preise zu protestieren, nahmen Frauen allerdings damals eher die Rolle von Zuschauern als von Akteuren ein.

Daß sich die meisten Einrichtungen und Anlässe größeren Ausmaßes in ein paar Sätzen nennen lassen, unterstreicht den

Gegensatz zur Welt von heute umso deutlicher. Um sich den Unterschied vor Augen zu führen, braucht man nur an unsere Kinder zu denken, die fast das ganze Jahr über im ganzen Land Woche für Woche in ihren Klassenzimmern sitzen, oder sich die Massen vergegenwärtigen, die in den Fabriken, Büros und Geschäften unserer Tage versammelt sind. Bei einer eingehenderen Untersuchung der sozialen Strukturen der vorindustriellen Zeit erweist sich die Frage der Größenverhältnisse als noch entscheidender. Wo immer wirtschaftliche und technologische Bedingungen Arbeitseinheiten erforderten, die sich in Umfang und Zusammensetzung von familiären Arbeitseinheiten unterschieden, war mit einem Bruch zu rechnen. Daher galten auch die Mitglieder einer Schiffsbesatzung oder einer an der Errichtung eines Gebäudes arbeitenden Mannschaft ebenso als Ausnahme wie eine Belegschaft von 50 oder 60 erwachsenen Männern, die für die Arbeit in einer Grube oder Waffenmanufaktur notwendig war. Und tatsächlich waren das auch Ausnahmen, und zwar so sehr, daß das Baugewerbe bereits seit dem Mittelalter über eine eigene Organisationsform verfügte und Bergarbeiter überall als eigener Menschenschlag galten.[15]

Diese Leute stellen nicht nur aufgrund der Dimensionen ihrer Tätigkeit und der Anzahl der jeweils Beschäftigten einen Ausnahmefall dar; auch die Zusammensetzung der Gruppe entsprach nicht den üblichen Maßstäben. Der Bäckerhaushalt, den wir uns als Norm genommen haben, wies zwischen Geschlecht und Alter keinen festen Zusammenhang auf. Manche Kinder hatten zwar das Glück, eine Schule besuchen zu können, die meisten Erwachsenen aber arbeiteten im Haus. Fließbänder, Großraumbüros und die Einsamkeit der eigenen vier Wände — es gab damals nichts, was man mit diesen uns nur allzu bekannten Verhältnissen vergleichen könnte. Wie wir aber andererseits sehen werden, mußten die Menschen, die unter den im allgemeinen weit weniger günstigen Bedingungen jener Zeit durchkamen, dann oft allein leben und allein sterben, in elenden Hütten oder jenen Armenhäusern, die man zur Zeit der Tudors und Stuarts in England überall zu bauen begann.[16] Mit den Einrichtungen der Armenfürsorge, die in Zweck und Größe gleichermaßen auf den Rahmen der Pfarre zugeschnitten waren, begann ein trauriges Kapitel in der Geschichte Englands. Im übrigen waren institutionelle Strukturen damals nahezu unbekannt. Es gab weder Hotels, noch Pensionen, noch jene heute so typischen Wohnsilos für Alleinstehende, nur ganz wenige Spitäler, die mit den uns bekannten nichts gemein hatten, und nur selten junge Männer und Frauen, die für sich lebten. Die für eine so überwiegende Mehrzahl der Menschen von damals bestimmende Familieneinheit kann man also insofern sicher als „ausgewogene" und „gesunde" Gruppe bezeichnen.

Wendet man sich von der Altstadt Londons ab und den ländlichen Weiten Englands zu, die man sich keineswegs als Stück unberührter Natur vorstellen darf, läuft man vielleicht ebenso Gefahr, gewissen sentimentalen Vorurteilen aufzusitzen. Auf jeden Hof kam eine Familie — ging das Leben der Bäckerfamilie innerhalb der Grenzen des Betriebs vor sich, war der Rahmen des Lebens einer bäuerlichen Familie der ihres Anteils an den Ländereien der Gemeinde. Wenn es sich um ein kleines Stück Land handelte — und die meisten Anwesen waren nicht größer als die der europäischen Kleinbauern von heute —, bestellte es ein Mann mit Hilfe seiner Frau und seiner Kinder. Wir wissen, daß im allgemeinen alleinstehende Männer nur selten die Verantwortung für einen Hof übernahmen; es gab auch nur ganz wenige städtische Betriebe, die von Männern ohne Familie geführt wurden. Umgekehrt erwartete man da und dort, daß ein Mann mit Familie auch über einen eigenen Haushalt verfügte. Wer das im Coventry des 16. Jahrhunderts nicht tat, stand außerhalb der bürgerlichen Gesellschaft und wurde als Häusler eingestuft. Daß man sowohl auf dem Land ringsum als auch in den vereinzelten städtischen Zentren erst mit der Heirat zum vollwertigen Mitglied der Gesellschaft wurde, ist jedenfalls als eine Regel festzuhalten, die den Charakter der Gesellschaft unserer Vorfahren prägt.

Was Maßstab und Organisation der Arbeit betrifft, gab es aber einen Unterschied zwischen Stadt und Land. Die Gegebenheiten der Landwirtschaft machten es nämlich immer wieder notwendig, daß sich gemeinsamer wirtschaftlicher Interessen wegen mehrere Haushalte zu Gruppen zusammenschlossen. Gelegentlich kam also so etwas wie eine größere Gemeinschaft von Männern, Frauen und Kindern zustande, die oft Tage hindurch zusammen arbeiteten. Wo den Boden bestellen noch offene Felder bewirtschaften hieß und es nur Haushalte mit vielen kleinen, verstreuten Äckern und keinen kompakten Besitz umfriedeter Gründe gab, war das Pflügen noch genauso eine Sache der Kooperation wie die Ernte und viele andere Arbeiten. Und das wurde auch nach der Einfriedung der Ländereien nicht anders. Wir wissen allerdings heute immer noch weder um die Bedeutung dieses Moments notgedrungener Zusammenarbeit für das Leben der englischen Landgemeinde am Vorabend der Industrialisierung noch um die diesbezüglichen Folgen der Einfriedung Bescheid. Aber wie dem auch gewesen sein mag, mit den ökonomischen Umwälzungen des 18. und 19. Jahrhunderts ging dieses gesellschaftliche Moment des englischen Landlebens vollkommen unter. In der auf große Dimensionen hin angelegten Wirtschaft gab es keinen Platz mehr für die Formen der Zusammenarbeit der Alten Welt, weder für jene Männer, die sich im Frühjahr von den verschiedenen Höfen einfanden, um den schweren Pflug in Bewegung zu setzen, noch für die Schnitter, die aus allen Häusern des Dorfes in Scharen zur Heuernte hinauszogen. Arbeitseinheiten dieser Art unterschieden sich in ihrem Aufbau wesentlich von den für Fabriken, Unternehmen oder selbst landwirtschaflichen Genossenschaftsbetrieben charakteristischen Formen.

Sowohl vor als auch nach der Einfriedung der Ländereien gab es Bauern, denen es wirtschaftlich besser ging. Wer mit ergiebigeren Ernten rechnen konnte und mehr Land zu bestellen hatte, ergänzte, um über die zusätzlich notwendigen Arbeitskräfte zu verfügen, dem erfolgreichen Handwerker gleich die Arbeitskräfte seiner Familie um die junger Männer und Frauen, die als Knechte und Mägde aufgenommen wurden, im Haus wohnten und die Felder bestellen halfen. Dies war selbst dann so, wenn das Land gar nicht dem Bauern gehörte, sondern von der großen Familie des Herrenhauses gepachtet war. Es kam auch manchmal vor, daß ein Bauer es vorzog, seine eigenen Kinder irgendwo in Stellung zu geben und dafür andere Kinder und junge Männer für sich arbeiten zu lassen. Dies erlaubt uns einen der wenigen Einblicke in das Gefühlsleben der Familie jener Zeit: Manche Eltern waren nicht dazu bereit, ihre Kinder der Arbeitsdisziplin des Hauses zu unterwerfen. Dienstboten waren keineswegs das persönliche Vorrecht derer, die über Reichtum und soziales Ansehen verfügten. Daß zur Stuartzeit ein Viertel oder gar ein Drittel aller Familien des Landes Dienstboten beschäftigte, zeigt, daß es auch sehr bescheidene Leute gewesen sein müssen und nicht nur adlige und vermögende. Die meisten Dienstboten arbeiteten außerdem in der Landwirtschaft, und zwar Männer und Frauen, in großen und in kleinen Haushalten.[17]

Die Burschen und Männer pflügten, legten Hecken an, besorgten die notwendigen Fuhren und waren für alle schweren Arbeiten zuständig. Die wirklichen Facharbeiten wurden meist von Tagelöhnern oder ländlichen Handwerkern wie Strohdeckern besorgt. Die Frauen und Mädchen führten den Haushalt, bereiteten das Essen zu, erzeugten Butter und Käse, Brot und Bier, sahen nach dem Vieh und brachten die Sachen zum Markt. Zur Erntezeit, von Juni bis Oktober, hatte jeder alle Hände voll zu tun. Unter den Bedingungen eines feuchten, nördlichen Klimas, wo man von einer einzigen Ernte im Jahr abhing und überall nur ein oder zwei Fruchtsorten anbauen konnte, waren das für die ganze Bevölkerung die entscheidenden Tage. Brotgetreide war so wichtig, daß die erste Regel eines Mannes von Stand, nie mit seinen Händen für seinen Unterhalt sorgen zu dürfen, in diesem Fall manchmal als aufgehoben galt.

Wir haben darauf hingewiesen, daß die uns verlorene Welt wesentlich dadurch bestimmt war, daß die eigenen vier Wände auch Arbeitsbereich waren. Im Zusammenhang mit größeren Betrieben und städtischen Zentren hat sich gezeigt, daß ein Angestellter, der tagsüber zur Arbeit ins Haus kam und zum Essen und Schlafen nach Hause ging, als Ausnahmefall angesehen wurde. Trotzdem gab es solche Arbeiter, und auch für manchen anderen fielen Haushalt und Arbeitsplatz nicht zusammen. In den zwanziger Jahren des 16. Jahrhunderts gab es in Coventry eine Vielzahl von Gesellen, die, sofern sie überhaupt Arbeit fanden, bei Unternehmern unterkamen, deren Betriebe wohl wirklich nicht mit Familien zu verwechseln sind. Diese oft verheirateten Männer konnten einzig zum Schlafen, Samstagabend und sonntags im Kreis ihrer Familie sein. Ihre ungewöhnlich lange Arbeitszeit und ihre Lage erinnert an nichts so sehr wie an die eines Fabrikarbeiters oder Büroangestellten von heute.[18] Alles in allem aber gehören der Weg zum Arbeitsplatz und der einsame Mieter, der von seinem Lohn oder Gehalt die Kosten für seine Unterkunft bestreitet, zu den charakteristischen Kennzeichen unserer Gesellschaft und nicht der Welt von damals.

Es liegt in der Natur der Landwirtschaft, daß die Arbeit in einem bestimmten Rhythmus anfällt und das Potential an Arbeitskräften je nach Jahreszeit, Wetterlage und Marktpreis der Produkte verschieden sein muß. Um überhaupt das Land bestellen zu können, und das unter den in England gegebenen klimatischen und geologischen Voraussetzungen, war es notwendig, über ein Reservoir an Arbeitskräften zu verfügen, auf das die Familie zurückgreifen konnte, wenn der Bauer sich dafür entschied. Wie dies geschah, beweist, wie gut die überkommene patriarchale Gesellschaftsstruktur mit bestimmten ökonomischen

Bedürfnissen in Einklang zu bringen war. In den Lebensgeschichten der Männer und Frauen, die in den Dörfern lebten und das Land bestellten oder jenen typisch ländlichen Beschäftigungen nachgingen, die genauso zum Leben dort gehörten wie das, was in den Ställen und Scheunen vor sich ging, finden sich Spuren davon.

Ob Bub oder Mädchen — sobald das Kind eines Häuslers zehn Jahre alt war, konnte es bei jemandem in Stellung gehen. Wenn auch äußerst selten im selben Haushalt, so blieb doch bis zur Hochzeit meist ein Knecht („a servant-in-husbandry") ein Knecht und eine Magd eine Magd. Und wenn es zu einer Heirat kam, waren es in der Mehrzahl der Fälle eine Magd und ein Knecht, die die Ehe schlossen. Vorher, und das konnte 12, 15 oder gar 20 Jahre dauern, wurde ein Dienstbote von der Reihe seiner Arbeitgeber erhalten, bei denen er auch lebte. Selbst wenn ein Knecht oder eine Magd bei einem Pächter diente, um dessen Hof es sehr schlecht bestellt war, brauchten sie keine Angst vor Elend und Hunger zu haben. „Die Pferde seines Herrn sind besser untergebracht und sein Gewand ist schlechter als das des niedrigsten Dienstboten auf dem Gut", so ein Zeitgenosse über die armen Kleinbauern jener Zeit. Und doch hatte damals auch ein Kleinbauer seinen Knecht — wenn er nach des Tages Mühen für seine Familie das Gebet sprach, „schliefen da sein Weib und sein Kind und dort der Knecht."[19]

Sobald der Knecht eines Bauern heiratete und in eine Tagelöhnerhütte zog, die der aufs Haar glich, in der er geboren worden war, lag ein Leben in Armut und Elend vor ihm. Für wen er auch früher gearbeitet haben mochte, ein Tagelöhner lief sofort Gefahr, in Not zu geraten, wenn seine Frau schwanger wurde und er nicht mehr mit ihren Einkünften rechnen konnte. Gehörte er einmal keinem Bauernhaushalt mehr an, mußte er mit dem, was er verdiente, für den Unterhalt seiner Familie aufkommen — dabei war er mit seiner Arbeitskraft den unberechenbaren Bewegungen des lokalen Arbeitsmarktes ausgeliefert. Jetzt war er ein Tagelöhner („a day-labourer") — ob er etwas verdiente, hing davon ab, ob er bei den Gutsherren, Freisassen und Pächtern seines Dorfes tagweise Arbeit fand. Aus solchen Leuten rekrutierte sich das variable Potential an Gelegenheitsarbeitern, das für eine funktionierende Landwirtschaft notwendig war. Der arme Häusler konnte in erster Linie nur damit rechnen, Saisonarbeit zu einem Lohn zu finden, der wie der Lohn für seine Arbeit als Knecht von den Friedensrichtern schon festgelegt war. In den veröffentlichten Listen schienen zwei Lohnformen auf: in einem Fall war die Verköstigung inbegriffen, im anderen nicht. Der Tagelöhner, der um zu arbeiten auf einen Hof kam, hatte Anspruch darauf, mit dem Gesinde des Bauern zu essen. Er gehörte gewissermaßen einen Tag lang zur Familie, wenn er — eine beinahe heilige Handlung — mit den Bewohnern des Hauses das Brot brach.

Ein Tagelöhner war allerdings nicht allein auf seine gelegentlichen Einkünfte angewiesen. Da war erst einmal auch der Ertrag des kleinen Fleckens Land um seine Hütte, sofern er so etwas besaß. Wenn es sich auch sicher um alles andere als eine allgemein durchgesetzte Regelung gehandelt haben dürfte, war von der Regierung Elisabeths die Größe dieses Landes mit vier Morgen festgelegt worden. Dann gab es da die Pennies, die die Kinder nach Hause brachten, wenn sie die Vögel von den Feldern jagten, dem Ungeziefer den Garaus machten oder die Schafe hüteten — der kleine blauäugige Bub des Kinderreims, der in Tränen ausbricht, ist allerdings den Kinderschuhen wahrscheinlich schon lange entwachsen. Aber vor allem waren da die Einkünfte seiner Frau und seiner Kinder.[20] Die große Wollindustrie des Landes wurde von Kleinhäuslerfamilien getragen, die das Garn verspannen, das die kapitalistischen Tuchhändler an ihre Tür brachten. Es war die Industrie, die im England unserer Vorfahren den Armen eine Existenzgrundlage bot. Ihrer Vorstellung nach konnte freilich dem Elend nur durch eine Verbreitung der Industrie ein Ende gesetzt werden.

Dasselbe System von Dienstverhältnissen bestimmte das Leben der Männer und Frauen, die sich ihren Unterhalt im Bereich des ländlichen und städtischen Handwerks verdienten. Selbst bei Händlern und Krämern galten dieselben Bedingungen. Es waren keineswegs immer alle Haushalte, die sich am Austausch von Dienstboten beteiligten. Nimmt man sich die Hauswesen einer Gemeinde zu einem bestimmten Zeitpunkt her, trifft man bei etwa nur einem Viertel oder einem Drittel auf Dienstboten und auf einen entsprechenden Anteil von Familien, deren Kinder bei jemandem in Stellung waren. Die übrigen Haushalte standen außerhalb dieses Systems von Dienstverhältnissen. Unter anderen Umständen waren es aber gerade viele, ja vielleicht sogar die meisten eben dieser Haushalte, die Dienstboten entweder aufnahmen oder stellten. In diesem Sinne ist es zu verstehen, wenn hier das Dienstverhältnis als praktisch allgemeines Merkmal der vorindustriellen Gesellschaft bezeichnet wird. Da so viele Dienstboten ihre Stellung zwischen sexueller Reife und Heiratsalter antraten, spricht man von Lebenszyklusdienstboten. Wir wissen heute, daß die Anzahl der Dienstboten mit dem Ansteigen des Heiratsalters im späten 17. Jahrhundert zunahm.

Die Industrie jener Zeit lag nicht allein in den Händen einzelner Produktionseinheiten wie unserer Londoner Bäckerei, sondern war teils in Form des Verlagssystems organisiert, wobei mehrere Haushalte für einen Mittelsmann, wie etwa den genannten kapitalistischen Tuchhändler, tätig waren. Der Großteil der Arbeit, das heißt die einfacheren Vorgänge wie das Kämmen, Kartätschen und Spinnen der Wolle, wurde von der ländlichen Bevölkerung in ihrer freien Zeit erledigt, und das nicht bloß von Tagelöhnern, sondern auch von Bauern und ihren Familien. Das Weben, Färben und Glätten des Tuchs aber war üblicherweise Sache von Weber-, Scherer- und Färberfamilien, die neun Monate im Jahr nichts anderes taten. Nur im Sommer arbeiteten sie auf den Feldern ihres Dorfs, von Ende Juni, wenn das Heumachen begann, bis Ende September, wenn dann das Korn ganz eingebracht war.

So kam es also, daß sich eine englische Dorfgemeinde nicht nur aus Bauern- und Tagelöhnerfamilien zusammensetzte. Neben Huf- und Pflugschmieden, Müllern und all den anderen dort ansässigen Handwerkern, gab es in vielen Gebieten auch für die Textilindustrie tätige Arbeiter. In Mittelengland waren es Nägelmacher und Grubenarbeiter. Und überall half jedermann auf den Feldern mit, wenn die Ernte drängte.

So sah also in groben Zügen das System aus, das zumindest die Einheit des Hauswesens, wenn nicht gar seine wirtschaftliche Unabhängigkeit sicherstellte, obwohl in der Landwirtschaft wie bei der Herstellung von Gütern jede Familie mit anderen zusammenarbeiten mußte. Vergegenwärtigen wir uns das Vermögen und den Rohstoffvorrat, die es einem Tuchhändler erlaubten, die Landbevölkerung für sich arbeiten zu lassen, ohne die Leute aus ihren Dörfern zu holen, so ist festzuhalten, daß das System jener Zeit deutlich kapitalistische Züge trägt. Daß es dabei um Ausbeutung ging, haben Untersuchungen aus der letzten Zeit eingehend bewiesen. Um das Fabrikwesen davon abzuheben, spricht man nun von proto- oder frühindustriellen Produktionsverhältnissen. Welche Folgen für das Leben der Familie damit einhergingen, wird uns an entsprechender Stelle beschäftigen. Trotzdem kann man sicher weiter davon sprechen, daß es in der uns verlorenen Welt ein gewisses Gleichgewicht von Industrie und Landwirtschaft gab und die Einheit der Familie von keiner Seite her bedroht war.

Die Bourgeoisie, wo sie zur Herrschaft gekommen, hat alle feudalen, patriarchalischen, idyllischen Verhältnisse zerstört. Sie hat die buntscheckigen Feudalbande, die den Menschen an seinen natürlichen Vorgesetzten knüpften, unbarmherzig zerrissen und kein anderes Band zwischen Mensch und Mensch übriggelassen als das nackte Interesse, als die gefühllose „bare Zahlung". Sie hat die heiligen Schauer der frommen Schwärmerei, der ritterlichen Begeisterung, der spießbürgerlichen Wehmut in dem eiskalten Wasser egoistischer Berechnung ertränkt. Sie hat die persönliche Würde in den Tauschwert aufgelöst und an die Stelle der zahllosen verbrieften und wohlerworbenen Freiheiten die *eine* gewissenlose Handelsfreiheit gesetzt. Sie hat, mit einem Wort, an die Stelle der mit religiösen und politischen Illusionen verhüllten Ausbeutung die offene, unverschämte, direkte, dürre Ausbeutung gesetzt.
Die Bourgeoisie hat alle bisher ehrwürdigen und mit frommer Scheu betrachteten Tätigkeiten ihres Heiligenscheins entkleidet. Sie hat den Arzt, den Juristen, den Pfaffen, den Poeten, den Mann der Wissenschaft in ihre bezahlten Lohnarbeiter verwandelt.
Die Bourgeoisie hat dem Familienverhältnis seinen rührendsentimentalen Schleier abgerissen und es auf ein reines Geldverhältnis zurückgeführt.

Zu solch leidenschaftlichen Worten griffen die wohl scharfsinnigsten Kenner der uns verlorenen Welt, um die Konsequenzen ihres Untergangs begreiflich zu machen. Es ist nicht schwer zu erkennen, daß die in diesem Einleitungskapitel beschriebenen Verhältnisse die auf den ersten Blick so idyllisch anmutenden Züge patriarchaler Herrschaft und Ausbeutung aufweisen, die Marx und Engels in dieser Passage des 1848 verfaßten Kommunistischen Manifests[21] vor Augen hatten. Und es waren in allererster Linie die Zustände in England, auf die sie sich bezogen: England ist das erste Land, das sich auf das Wagnis der großen Industrie einläßt, und es sind englische Männer und Frauen, die sich in einer Welt ein Zuhause suchen müssen, die für die arbeitende Familie, den Haushalt als Produktionseinheit, keinen Platz mehr zu haben scheint.

Diese Umwälzung einfach als Triumph des Kapitalismus, als Aufstieg und Sieg der Bourgeoisie zu kennzeichnen, wie Marx und die ihm folgenden Historiker das taten, geht aber sicher an der Sache vorbei. Wie wir gesehen haben, war es genau das Vorhandensein von Kapital, das damals auf dem Land und in den

Städten die Familie als Arbeitseinheit überleben ließ. Das Kapital stellte zwischen den vereinzelten Arbeiterhaushalten einen Zusammenhang her, der den täglichen Weg zum und vom Arbeitsplatz, die Fahrt aus dem Vorort ins Büro oder in die Fabrik und wieder nach Hause erübrigte. Wie immer man Kapitalismus auch definieren mag, seine Anfänge fielen nicht in die Zeit, als das aufkommende Fabrikwesen den Haushalt als Produktionseinheit zu bedrohen begann. Und auch wirtschaftliche Ungleichheit war nicht ein Ergebnis der sozialen Umwälzungen im unmittelbaren Gefolge der Industrialisierung. Wenn auch die ungeheuren, ja unverschämten Ausmaße so manchen neuen Vermögens in Handel und Industrie die Kluft zwischen Arm und Reich mehr als deutlich hervortreten ließen, ist dennoch zu bezweifeln, daß die Lage in dieser Hinsicht zu Zeiten der Tudors und Stuarts besser war als im viktorianischen England. Was die sozialen Gegensätze verschärfte, war nicht allein die kapitalistische Ökonomie, die Konzentration der Produktionsmittel in den Händen einiger weniger und die Herstellung eines Abhängigkeitsverhältnisses für alle anderen. Sicher liegen uns aus dem 18. und 19. Jahrhundert hinreichend Zeugnisse vor, die zeigen, daß besonders die enteigneten englischen Bauern die Vorgänge sehr genau verfolgten und sich zur Wehr setzten. Wir meinen, daß für unser Gefühl, einmal im Besitz einer Welt gewesen zu sein, die es heute nicht mehr gibt, die jeden einzelnen betreffenden Veränderungen des Familienlebens im Gefolge der Industrialisierung eine zumindest ebenso entscheidende Rolle spielten.[22]

Bedient man sich der verschwommenen und schwierigen Terminologie unserer Tage, kann man sagen, daß der Verlust der ökonomischen Funktionen der patriarchalen Familie im Kontext der Industrialisierung eine Massengesellschaft hervorbrachte. Alle Arbeitenden wurden zu einer Masse unterschiedsloser Individuen. Gleichgültig, ob sie nun in einem einzigen Werk beschäftigt oder auf mehrere Fabriken, Bergwerke und Kontore verteilt waren, das Gefühl, daß Arbeit eine Familienangelegenheit war, die ihren Ort innerhalb der eigenen vier Wände hatte, dieses Gefühl wurde ihnen für immer genommen. Wenn die marxistische Geschichtssoziologie diesen Prozeß als Entwicklung proletarischen Klassenbewußtseins darstellt, ist das eine historische Wahrheit von Gewicht. Da diese Erklärung aber einem allgemeinen Klassenmodell entstammt, das auf alle gesellschaftlichen Veränderungen zutrifft, kann sie — wie wir zu zeigen versuchen werden — auch mißverstanden werden. Außerdem hat diese Erklärung den Blick auf die strukturelle Funktion der Familie in der vorindustriellen Gesellschaft verstellt und eine angemessene und sachliche Unterscheidung zwischen der Welt von heute und der Welt von damals erschwert, die Gegenstand unserer Untersuchung ist.

Begibt man sich einer realistischen Einschätzung der familiären Struktur der Gesellschaft zur Zeit unserer Vorfahren, hat das aber auch noch andere Folgen. Das marxistische Geschichtsverständnis ist allerdings nicht der einzige Grund geläufiger Verzerrungen. Für die meisten Historiker sind die Subjekte der Geschichte, die Arena historischen Wandels immer Länder, Nationen. Es ist schon unlogisch genug, Umwälzungen dadurch zu erklären, daß sich Nationen wie chemische Verbindungen von sich aus verändern. Doch der Realismus eines Historikers geht oft nicht einmal so weit. Was bedeutet denn das Wort England — sagen wir einmal für das Jahr 1640? Was war denn damals das England der Staatswissenschaft, der politischen Geschichte und des älteren Schrifttums?

Sicher nimmt kein Historiker an, daß darunter alle Individuen zu verstehen sind, die damals in England lebten. Doch bereits die Erkenntnis, daß es nicht um Einzelpersonen, sondern um Familien im Sinne unserer Ausführungen geht, erlaubt schon, den Tatsachen näherzukommen. England war ein Verband von Oberhäuptern solcher Familien — freilich ein Verband, der sich im großen und ganzen nur aus jenen zusammensetzte, die gebildet waren, über ein Vermögen verfügten und soziales Ansehen genossen, aus jenen also, die mit ihren Familien zur herrschenden Minderheit zählten. Frauen gehörten in diesem Sinne nie zu dem, was England war, es sei denn, es handelte sich um eine regierende Königin, also kaum um eine Frau im üblichen Sinn. Sicher gab es vereinzelt Witwen von Adeligen oder erfolgreichen Händlern und Freisassen, die aufgrund ihres Erbes über einen gewissen Einfluß verfügten. Kamen sie nicht aus den allerobersten Schichten der Gesellschaft, waren Leute unter dreißig ebenso selten ein Teil dessen, was da England ausmachte, wie alle Männer, die nie geheiratet hatten.

Inwiefern den reifen männlichen Familienoberhäuptern aus dem Volk im Rahmen einer historischen Betrachtung eine Rolle innerhalb dessen zukam, was England war, ist schwer zu sagen. Wenn überhaupt, war diese eher negativ: weniger unabhängiger Ausgangspunkt von Unternehmungen und Ursprung von Anschauungen als vielmehr Schranke des Spielraums der herrschenden Minderheit. Wir werden auf das Verhältnis von Gentry und übriger Bevölkerung zurückkommen und zu umreißen versuchen, wie diese Gesellschaft aussah, auch wenn dabei vieles offenbleiben muß. Es dürfte feststehen, daß Dienstboten nicht zu den unabhängigen Mitgliedern der Gesellschaft zählten, weder auf nationaler noch auf lokaler Ebene, weder im politischen Sinne noch sonstwie. Eine auffällige Ausnahme gab es allerdings: die Leute im Dienste seiner Majestät, *The King's Servants,* die Staatsbeamten. Die, die im Lebenszyklusdienst standen, die Frauen, die Unverheirateten, sie alle waren der Person ihres Vaters und Meisters unterworfen, ihr — wie wir das mit einem nicht sehr schönen Wort bezeichnen wollen — subsumiert. Der Begriff der Subsumtion charakterisiert sehr viele Bereiche der Gesellschaft von damals und läßt sich im weiteren Sinn auch dafür verwenden, das Verhältnis zwischen dem herrschaftlichen Haushalt einer Dorfgemeinde und dem Kreis der um diesen herum angeordneten kleineren Hauswesen zu beschreiben, die auf dem Land des Grundbesitzers lagen und deren Bewohner meist auf seinen Feldern arbeiteten. Jener Zeitgenosse, den wir schon im Zusammenhang mit der Beziehung von Bauern und Dienstboten zitiert haben, schreibt über den Pächter und seinen Gutsherrn:

Gehörig Ehrfurcht und Hochachtung soll er seinem Herrn und Nachbarn erweisen, weil Gott hat die Herrschaft über ihn gestellt. Wissen muß er, daß seinen Vater ehren (dies bezieht sich auf das Fünfte Gebot: Du sollst deinen Vater ehren . . .) alle ehren heißt, die über ihm stehen.[23]

Wer von England spricht, ohne dabei dieses Subsumtionsverhältnis vor Augen zu haben, geht sicher an der Sache vorbei. Eine recht beträchtliche Anzahl aller in England lebenden Individuen galt rein gar nichts — Menschen ohne jede Funktion. Sie waren nicht einmal anderen funktionellen Einheiten subsumiert. Die Rede ist von den Paupers, jenen Menschen, die von Almosen lebten oder einmal von Almosen gelebt hatten. Dieses Heer von Armen war ganz sicher ebenso ein Proletariat wie jenes, das die große Industrie hervorbrachte. Wenn das Heer der Paupers im Laufe des 16., 17. und 18. Jahrhunderts auch immer größer wurde, ist doch festzuhalten, daß es zu allen Zeiten Arme gegeben hatte.

Kapitalismus ist also ein mangelhafter Begriff wie viele andere Begriffe der Geschichtswissenschaft auch; die mit Ländernamen einhergehenden Abstraktionen waren nur ein Beispiel. Die unkritische Verwendung von Begriffen wie Kapitalismus und Aufstieg der Bourgeoisie hat zu historischen Verzerrungen geführt, die auf einen Irrtum zurückgehen, den wir erst heute zu korrigieren beginnen können. Denkt man im Rahmen der Gleichung von Kapitalismus und Weltveränderung, zerfällt die Geschichte in drei Epochen, in Altertum, Feudalzeit und bürgerliches Zeitalter. Folgen wir aber den Fakten und grenzen die uns verlorene Welt von jener ab, in der wir heute leben, werden Einteilungen dieser Art nebenrangig. Wir meinen, daß es an der Zeit ist, die Vergangenheit Europas einfacher zu gliedern und die Jahre der industriellen Revolution als Ära des Umbruchs anzusehen.

Man begann sich des Entfremdungsbegriffs zu bedienen, als man versuchte, die Trennung des Arbeiters von seiner Arbeitswelt zu beschreiben. Auch wenn wir nicht alle Inhalte übernehmen, die heute damit verbunden sind, liegt auf der Hand, daß dieser Begriff ein wesentliches Moment der Beziehung trifft, die wir zu unserer Vergangenheit haben. Es gab einmal eine Zeit, in der das ganze Leben im Schoße der Familie ruhte, im Kreise von Gesichtern und Dingen, die man liebte und die einem vertraut waren, in einer Welt, deren Maßstab der des Menschen war. Diese Zeit ist für immer vorbei. Und deshalb sind wir ganz andere Menschen als die Menschen von einst.

KAPITEL 2

Eine Gesellschaft mit nur einer Klasse
*Soziale Unterschiede und Machtverhältnisse
zwischen Hochadel, Gentry, Bürgern und Bauern*

Wenn hier von einer Gesellschaft mit nur einer Klasse die Rede ist, könnte man im ersten Augenblick meinen, daß das, weil jeder derselben Klasse angehört, Ungleichheit ausschließt. Wir wissen aber bereits, daß das auf die vorindustrielle Welt keineswegs zutrifft, schon gar nicht auf die Europas. Das Ancien régime, wie es die Historiker nennen, zeichnete sich durch eine strengstens gegliederte Hierarchie aus, deren System zwischen verschiedenen Menschen genau unterschied und sie einander über- oder unterordnete. Die diversen Abstufungen waren obrigkeitlich festgelegt und wurden allgemein anerkannt. Wäre Klasse bloß eine Sache der sozialen Stellung, des gesellschaftlichen Ansehens, das jemand genoß, dann könnte man die uns verlorene Welt nicht als Gesellschaft mit nur einer Klasse bezeichnen. Ganz im Gegenteil, man hätte eine Gesellschaft mit einer differenzierten Hierarchie sozialer Abstufungen vor sich.

Doch weder im Alltag noch in der Wissenschaft meint Klasse bloß Stellung oder Ansehen. Der Begriff zielt auch auf die Verteilung von Reichtum und Macht. Das zeigt sich ganz deutlich, wenn man von Klassenkonflikten spricht. Fast immer geht es dabei nämlich um einen Gegensatz zwischen Gruppen von Menschen, die nicht nur einfach ihr allgemeines Ansehen verteidigen oder fördern wollen, sondern für ihre Interessen und Machtpositionen kämpfen. Die Betonung liegt sowohl auf der Solidarität der Mitglieder der Klasse als auch auf der Gegensätzlichkeit der verfolgten Klassenziele. In der Regel durchziehen Klassengegensätze eine ganze Nation.

In diesem Sinne wollen wir also unsere Behauptung verstanden wissen, daß es zumindest im vorindustriellen England nur eine Klasse gab. Im weiteren werden wir zwischen Ständen und verschiedenen Rängen einerseits und Klassen andererseits unterscheiden. Sprechen wir von Ständen, meinen wir Menschen, die — sei es zu ihrem Vor- oder zu ihrem Nachteil — alle ein und dieselbe gesellschaftliche Stellung einnahmen. Ist hingegen von Klassen die Rede, beziehen wir uns auf eine Gruppe von Menschen, die einander durch ihre wirtschaftliche und politische Macht verbunden waren. Wir werden zu zeigen versuchen, daß es zwar eine Vielzahl ständischer Gruppierungen, aber nur einen Kreis von Menschen gab, der auf gesamtgesellschaftlicher Ebene vereint zu agieren in der Lage war.

Es ist freilich nicht gerade günstig, daß ein einführendes Werk dieser Art sich mit einem so schwierigen, umstrittenen und methodischen Begriff wie dem Klassenbegriff auseinanderzusetzen hat. Es trifft sich auch nicht gut, daß die einzige dafür brauchbare Terminologie auf die Gesellschaft des 19. und 20. Jahrhunderts zugeschnitten ist. Begriffe wie Stand und Klasse entsprechen sicher nicht genau den gesellschaftlichen Verhältnissen Englands zur Stuartzeit. Auch die meisten übrigen soziologischen Termini eignen sich nicht für unseren Zweck. Hat man es mit Ständen zu tun, ist es irreführend, von Gruppen zu sprechen, weil das ein Zusammengehörigkeitsgefühl, eine Bereitschaft zu Strategien gemeinsamen Handelns nahelegt, was an der Sache ziemlich vorbeigeht. Diese Ausdrücke implizieren Zusammenhänge, die ganz anderen gesellschaftlichen Verhältnissen zuzuordnen sind.

Um das alte England zu beschreiben, haben sich jedoch Literaturkritiker und selbst Romanautoren ebenso dieser Worte bedient wie Historiker und Soziologen. Wir können aber den Alltag unserer Vorfahren und dessen Maßstäbe nicht verstehen, wenn wir uns vom Gesellschaftsganzen jener Zeit keinen Begriff machen, von der Makrostruktur also, wie man auch sagt, im Unterschied zur Mikrostruktur, für die, wie wir sahen, die Familie der Schlüssel ist. Die Makrostruktur der englischen Gesellschaft zur Zeit der Stuarts ist übrigens weltweit zum Diskussionsgegenstand geworden, weil man in einem großen Teil unserer Welt aus politischen Gründen an eine bestimmte Version der sogenannten Englischen Revolution glauben muß. Die Klassenkämpfe unter Karl I. und Oliver Cromwell sind also mehr als bloß ein Kapitel in der Geschichte der englischen Gesellschaft. In allen Staaten des ausgehenden 20. Jahrhunderts, die den Sozialismus bei sich durchgesetzt zu haben beanspruchen, von der Sowjetunion und Rumänien über China und Kuba bis zu vielen neuen afrikanischen Staaten, gehört es zur politischen Einstellung bzw. deren historischer Legitimation, davon überzeugt zu sein, daß die Bourgeoisie mit dem englischen Bürgerkrieg und der darauffolgenden Revolution ihren ersten nationalen Sieg errungen hat. Wir werden im achten Kapitel auf die Grundlagen und Folgen dieses Dogmas zu sprechen kommen.

Auch wenn es in der vorindustriellen Gesellschaft nur eine

Klasse gab, könnte der Begriff des Klassenkonflikts in bestimmter Weise zutreffen – nämlich dann, wenn man ihn dafür verwendet, den Gegensatz zwischen den ihr Angehörigen und allen anderen zu charakterisieren. Würde man den Ausdruck immer in diesem sehr eingeschränkten Sinne verwenden, wäre er tatsächlich brauchbar, das zu umreißen, was damals vor sich ging. Sicher kann es nicht in unserer Absicht liegen zu leugnen, daß es damals überhaupt Konflikte gab. Historiker haben aber den Begriff weder so eingeschränkt noch zu einer irgendwie kohärenten Definition gefunden. Sprechen sie von Aufstieg und Niedergang einer Klasse, haben sie offensichtlich ganz andere Zusammenhänge im Sinn. Wenn das auch aufgrund der sprachlichen Verschwommenheit oft gar nicht ausdrücklich zum Vorschein kommt, so verwechseln sie doch manchmal ausgerechnet Standes- und Klassenunterschiede, was dann zum Ergebnis hat, daß Stände von sich aus an Einfluß gewinnen oder verlieren und mit anderen in Widerstreit geraten können, über ein Selbstbewußtsein verfügen und eine eigene Politik zu verfolgen scheinen. Doch verlassen wir einmal vorläufig diese allgemeine Ebene und gehen näher auf die Statussymbole und hierarchischen Ordnungen ein, die unsere Industriegesellschaft und die Welt unserer Vorfahren kennzeichnen.

Wir leben heute in einer Welt, in der der vorhandene Reichtum ein Ausmaß erreicht hat, das in vorindustrieller Zeit einfach unvorstellbar war. Ebenso verhält es sich mit der Macht und dem Einfluß vieler Menschen. Unsere Gesellschaft zeichnet sich daher durch intensive Bemühungen aus, sich eine soziale Stellung und die damit verbundenen Symbole zu erkämpfen. An erster Stelle steht dabei wohl ein persönlicher Titel, den man seinem Namen hinzufügen kann, um zu zeigen, wer man ist, wie erfolgreich man war und welches Maß an Achtung man sich verdient. Es gibt eigene Untersuchungen darüber, welche Rolle heute Titeln und anderen weniger befriedigenden Statussymbolen auf dem gesellschaftlichen, wirtschaftlichen und politischen Parkett zukommt. Es fällt uns dabei nicht leicht, zu durchschauen, wie soziale Stellungen und die damit verbundenen Symbole ihre psychologische Funktion erfüllen können, wenn es dafür kein einigermaßen kohärentes System mehr gibt wie in vorindustrieller Zeit. Aufgrund der plötzlichen und tiefgreifenden Veränderungen, denen es unterworfen war, können die noch übrigen Reste dieses Systems heute wohl kaum mehr den ursprünglichen Aufgaben entsprechen.

Wenn dieser Wandel auch die verschiedensten Ursachen haben mag, so geht er doch vor allem einmal darauf zurück, daß wir nach miteinander unvereinbaren Dingen trachten — nach einem hierarchisch strukturierten System und nach allgemeiner sozialer Gleichheit. Die sich daraus ergebenden Widersprüche aufzuzeigen, fällt nicht schwer. Freilich lassen sich manche in gesellschaftlicher Hinsicht relativ entscheidende Fragen noch immer ganz einfach lösen. So stehen etwa der Leiter eines Betriebs und ein Oberstleutnant sicher auf derselben Stufe. Schwieriger wird die Sache schon, wenn wir uns fragen, welche Stellung da dem Generalsekretär einer Elektrotechnikerinnung zukommt. Im Extremfall bricht unsere Rangordnung ganz zusammen. Es gibt keinen eindeutigen Weg, einen Popsänger von Weltrang und einen Kardinalerzbischof einander zuzuordnen. Wir wissen, daß beide einflußreich und mit der entsprechenden Achtung zu behandeln sind, auch wenn bei Wahlen jeder nur eine Stimme hat und vor dem Gesetz alle gleich gelten. Und trotzdem läßt sich ihr gesellschaftlicher Rang nicht wirklich festlegen.

Selbst wenn wir ihre Bedeutung gegeneinander aufwiegen könnten, steht uns kein System allgemein anerkannter Symbole zur Verfügung, das es uns erlauben würde, auch nur ungefähr anzugeben, welche Stellung den beiden tatsächlich zukommt. Ein Popstar legt sich wahrscheinlich eine möglichst große Sammlung von Zeichen seiner Überlegenheit zu — wenn diese auch die verschiedensten Dinge umfassen mag, enthält sie doch nichts, was sich mit den überkommenen Ehren eines älteren und arrivierten Geistlichen vergleichen ließe. Die symbolische Überlegenheit eines Kardinalerzbischofs entstammt einer Ordnung, der ein Star der heutigen Medien nie angehören wird. Diese Ordnung ist ein Erbe jener Welt, die uns verlorengegangen ist.

Verlorengegangen mag hier aus zwei Gründen nicht ganz zutreffen. Zum einen findet zu manchen Anlässen und in manchen Gesellschaften unserer Tage das hierarchische System der vorindustriellen Welt mit all seinen Symbolen auch heute noch Verwendung — seine nahezu imaginäre Verwendung, sollte man vielleicht sagen, da Wirkung und Prunk der heutigen Formen nur mehr ein matter Abglanz dessen sind, was einmal war. Wenn jemand meint, daß ein echter Engländer nur in einem strohgedeckten Fachwerkhaus wohnen kann, scheint er sich ebenso nach den Verhältnissen der vorindustriellen Zeit zu sehnen wie jemand, der Wert darauflegt, daß auch heute noch jene symbolischen Ehren verliehen werden, die der hierarchischen Ordnung der damaligen Welt entstammen. Wir erkennen die Titel an, die unsere blaublütigen Zeitgenossen von ihren Vorfahren geerbt haben, und wollen zwischen wirklich altem Adel und erst kürzlich in den Adelsstand erhobenen Emporkömmlingen unterschieden wissen. Die einen werden zum Ritter geschlagen, anderen verleiht man die Pairswürde, und Industriemagnaten, Kricketstars und Jockeys spricht man mit Lord oder Sir an. Und wir tun das, obgleich wir das System, das einst hinter diesen Titeln stand, nicht mehr verstehen und uns auf beunruhigende Weise dessen bewußt sind, daß die tatsächliche Machtverteilung in unserer Gesellschaft anderen Gesetzen folgt. Vielleicht zeigen diese Beispiele, wie die Welt von damals für uns noch immer fortlebt, sicher aber lassen sie erkennen, wie schwer es uns fällt, uns ihrer phantasmagorischen Beharrlichkeit bewußt zu werden und es uns zur Aufgabe zu machen, ihre Ordnung durch eine andere zu ersetzen.

Handelt es sich um die gesellschaftliche Hierarchie der vorindustriellen Welt und ihre Statussymbole, ist es zum anderen auch deshalb etwas irreführend, von verlorengegangen zu sprechen, weil das auf andere Länder einfach nicht zutrifft. Zuerst in den Vereinigten Staaten, dann in Frankreich und im Lauf der sogenannten Revolutionen dann nach und nach auch in anderen europäischen Ländern war es erklärte Absicht, mit Ehrentiteln aufzuräumen. Großbritannien gehört zu den ganz wenigen Ländern, wo man es bis heute nicht für angebracht hielt, Titel per Gesetz abzuschaffen. Daher ist die Frage der gesellschaftlichen Hierarchie und ihrer Statussymbole für englische Historiker von besonderem Interesse. Das ist einmal ein Gegenstand unserer Welt, von dem wir wissen, daß er jedermann berührt, beschränkt sich doch die von uns so sorgsam gehütete hierarchische Ordnung keineswegs auf Adelstitel und die verschiedenen Kennzeichen gesellschaftlichen Ansehens. Wir können aber die Strukturen dieser Ordnung nur ergründen, wenn wir uns den Verhältnissen einer beinahe schon vergessenen Zeit zuwenden. Obgleich England als erstes Land industrialisiert wurde und dabei die meisten ökonomischen Einrichtungen der alten Welt Europas verlor, hat es sich trotzdem unter anderem in seinen hierarchischen Ordnungsstrukturen einzelne Bruchstücke des damaligen Lebens mit einer Beharrlichkeit und Liebe bewahrt, die einzigartig sind.

In England lebt man mit den sichtbaren Resten einer patriarchalen Gesellschaft von Bauern und Handwerkern: stattliche

Burgen, weitläufige Herrenhäuser, großartige Kirchen, Gehöfte, Katen, Mühlen und Brücken — alles Bauwerke jener familiären Gesellschaftsordnung, die Gegenstand unserer Untersuchung ist. Wir haben nur eine sehr verschwommene Vorstellung davon, wofür diese Dinge einmal wirklich dienten. Auch die ursprüngliche Bedeutung vieler Orts- und Straßennamen kennen wir nicht genau. Was hat es freilich heute auch schon zu bedeuten, daß Oxford einmal dort an den Ufern der Themse lag, wo der trübe Fluß breiter wurde und man Vieh durchtreiben konnte, weil das Wasser seicht und der Untergrund fest genug war. Noch weniger gegenwärtig ist uns wahrscheinlich, daß der Haymarket im Londoner Westend einmal eine breite Straße war, wo man das Futter für die Pferde und vielen Kühe kaufte, die es damals in der Stadt gab. Weist man uns auf solche Dinge hin, finden wir das mehr oder weniger interessant, oft kurios und malerisch und — ehrlich gesagt — immer auch ein wenig verwirrend.

Ähnlich verlegen sind wir auch, wenn wir uns entscheiden sollen, ob da auf einem Brief eher ein *Esq.* oder ein *Mr.* angebracht wäre. Fragen wir uns, warum wir diese Abkürzungen überhaupt gebrauchen, wird uns klar, daß wir das nicht wirklich wissen. Und dabei handelt es sich um die allerüblichsten Statussymbole, die wir jeden Tag verwenden.

Wenn es uns auch schwerfällt zu erklären, was ein Gentleman ist, spricht man einander doch so an. Und während sich mit impressionistischen Zeitgemälden befaßte Sozialhistoriker mit Vorliebe um Definitionen bemühen und sich in Erörterungen der für einen echten Gentleman erforderlichen Eigenschaften ergehen, tun alle übrigen — soweit es überhaupt je dazu kommt — das Wort als heute bedeutungslos ab. Auch eine vergleichende Gegenüberstellung kann zu nichts führen, weil heute jedermann erwartet, daß man ihn mit Gentleman anspricht und sich in Briefen der Anrede Esquire bedient. Vormals ließen die Bezeichnungen Mister und Esquire darauf schließen, daß es wirklich ein Gentleman war, der so angeredet wurde. Doch das ist im allgemeinen auch schon alles, was man weiß.

Es gibt gar keinen deutlicheren Beleg für die Verschwommenheit und Bruchstückhaftigkeit des Bildes, das wir von der vorindustriellen Welt haben. Wenn auch an sich nicht streng festgelegt, hatte das Wort Gentleman in jener Welt der Pächter, Handwerker, Kleinbauern, Tagelöhner und Hochadeligen und der paar anderen Leute von Stand einen greifbaren Inhalt. Gentleman bezeichnete eine bestimmte Stufe im differenzierten

System der gesellschaftlichen Hierarchie und war ein Wort, auf dessen Bedeutung es sehr wohl ankam.

Der Begriff Gentleman gab nämlich die Grenze an, die das Gesellschaftssystem der alten Welt zog, um zwischen zwei äußerst ungleichen Teilen der Bevölkerung zu unterscheiden. Im Lauf der letzten Generationen vor der Industrialisierung zur Zeit der Tudors und Stuarts gehörten vier, höchstens fünf Prozent der Einwohner Englands zur Gentry und den dieser übergeordneten Rängen der gesellschaftlichen Hierarchie. Diese recht kleine Minderheit besaß ein Drittel, wenn nicht die Hälfte aller englischen Ländereien und einen noch höheren Anteil des gesellschaftlichen Reichtums. Die Macht lag ganz in ihren Händen und alle die Nation betreffenden politischen, ökonomischen und sozialen Entscheidungen wurden von ihr getroffen. Wer kein Gentleman war, wer von den Leuten aus dem Volk nicht mit Herr („Master") oder Euer Ehren („Your Worship") angesprochen zu werden pflegte, wer also wie fast alle anderen Menschen einen Vor- und einen Zunamen und sonst nichts hatte, der galt jenseits seines Haushalts kaum etwas und außerhalb der kleinen Dorfgemeinschaft und ihres Umfelds so gut wie nichts.

Nichts ist vielleicht ein zu starkes Wort. Wie immer auch eine Gesellschaft aufgebaut sein mag, in jedem Fall ist selbst die kleinste Einheit, der schwächste Einfluß ein im Rahmen der Gesamtheit sozialer Vorgänge in Betracht zu ziehender Faktor. Die Dorfbewohner, die da einfach Richard Hodgson, Robert Boswell, Humphrey Elton oder John Burton hießen, die Tagelöhner und Pächter, die Schneider, Müller, Viehhändler, Fährmänner und Maurer, konnten Konstabler, Küster, Kirchenvorsteher, Bierprüfer und Armenaufseher werden. Innerhalb der engen Grenzen ihres Dorfes standen sie im Licht der Öffentlichkeit und hatten daher auch in der näheren Umgebung einen gewissen Einfluß. Wenn sie den Anforderungen entsprachen, konnten sie sogar bei Wahlen ihre Stimme abgeben.

Auf ihre Meinung kam es aber nicht einmal dann wirklich an. In die bescheidenen Ämter, die sie bekleiden konnten, brachten sie keinerlei persönlichen Einfluß mit. Sehen wir auch hier wieder von jenen ab, die sich im Rahmen der Familie unterzuordnen hatten, kam als Individuum niemandem eine Macht über andere zu, die institutionalisiert und anerkannt gewesen wäre. Ob jemand ein Vermögen machte oder erbte oder sich mühsam etwas Bildung erwarb, erst sobald er Einfluß hatte, war er auch ein achtbarer Mann. Dann und nur dann erfuhr er wirklich etwas von dem, was in der Welt vorging – und Welt hieß da alles, was bereits mehrere Gemeinden und Orte betraf.

Um also Einfluß zu haben, frei zu sein, um überhaupt in das sogenannte Buch der Geschichte als Subjekt einzugehen, mußte man ein Gentleman sein. Man mußte, wenn man starb, einen jener in Pfarregistern seltenen Namen haben, die sich durch einen Zusatz auszeichneten. Das gelang im Durchschnitt von fünfzehn oder zwanzig Menschen einem. In den Registern stößt man am häufigsten auf ein dem Namen hinzugefügtes „Mr." für „Master" oder „Mrs." für „Mistress", das für Mädchen, Frauen und Witwen galt. „Gent." und „Esq." kommen ebenso selten vor wie „Dame", das entsprechende weibliche Prädikat; „Ritter" („Knight") und „Baronet" sind natürlich noch seltener. Selbst wenn man sich nicht nur für das Außergewöhnliche interessiert, sondern die Gesamtheit der Bevölkerung ins Auge faßt, wird man dennoch da und dort den Titeln Lord und Lady und der förmlichen Anrede „The Right Honourable the . . ." begegnen, die man oft verwendete, um einen Angehörigen des Hochadels vorzustellen. Insgesamt betrachtet aber trifft der Historiker ebenso selten auf höhere Adelsprädikate wie der Botaniker auf vierblättrigen Klee. Diese Titel gleichen den Gewinnzahlen der Nationallotterie: man sieht sie zwar nie, weiß aber, daß es sie geben muß, weil sie vom System her notwendig sind. Und doch findet sich, geht man Seite für Seite und Jahr für Jahr die Bücher der kleinen englischen Pfarren durch, die gewissenhaft alle Todesfälle verzeichnen, bei drei, fünf, manchmal bei zehn von hundert Namen der eine oder andere Titel. Viel mehr waren es nie, es sei denn, eine Pfarre hatte außergewöhnlich gute Verbindungen zum Adel oder gar zum Königshof. Bei allen übrigen Eintragungen handelt es sich um einfache Vor- und Zunamen.

Man darf freilich nicht erwarten, daß man es in der Welt unserer Vorfahren mit der gesellschaftlichen Stellung und der Hierarchie der Titel und Bezeichnungen ganz genau nahm. Es kam sicher vor, daß Beamte und Vikare in den Pfarregistern bei vielen Namen ein Gentleman eintrugen, wo sich in anderen Urkunden der Zusatz Yeoman, Freisasse, oder bloß der Name findet. Eine genaue Untersuchung aller schriftlich festgehaltenen Bezeichnungen von Personen, die im späten 16. und frühen 17. Jahrhundert in der Grafschaft Cheshire ein Amt innehatten, läßt erkennen, daß man mit Titeln alles andere als konsequent umging. Die Uneinheitlichkeit ist im Grenzbereich von Gentry und Masse des Volks am stärksten. Überrascht einen das auch nicht, steht damit doch fest, daß es zwischen Elite und Rest der Bevölkerung einige objektiv unklare Übergänge gab. Man legte damals nicht immer auf Ehrentitel wert, auch wenn deren Hierarchie sowohl per Gesetz als auch im Schrifttum der Zeit genauestens festgelegt war. Da es sich bei den betreffenden Autoren in allen Fällen um Menschen mit einem recht ausgeprägten Gefühl für Rang und Namen handelt, ja manche als Beamte des Heroldsamtes mit der Materie beruflich befaßt waren, ist ihren Aussagen jedoch mit einer gewissen Vorsicht zu begegnen — die gesellschaftliche Hierarchie jener Zeit war in Wirklichkeit keineswegs ganz so klar und streng gegliedert, wie man sonst meinen könnte.[1]

Aber wie dem auch immer sei, mit dem Begriff der Gentry war für das soziale Gefüge jener Zeit eine wesentliche Unterscheidung gegeben. Wir haben es hier nämlich mit einer Ökonomie zu tun, der ganz deutlich all jene Mittel fehlen, die uns das Leben heute so leicht machen. Selbst die einfachsten Verrichtungen waren aufwendig: Wasser aus dem Brunnen schöpfen, den Zunder zum Glimmen bringen, indem man mit Stahl und Feuerstein Funken schlug, Gänsefederkiele zuschneiden, um Schreibwerkzeug herzustellen — alles erforderte Zeit, Mühe und Kraft. Die Bewirtschaftung einiger Felder nahm einen Menschen ebensosehr in Anspruch wie die Arbeit in einer Werkstatt. Auch heute sind die abgearbeiteten Hände und verbrauchten Gesichter der Kleinbauern nicht zu übersehen, die es in Mitteleuropa noch gibt. Ein Gentleman hingegen zeichnete sich in erster Linie dadurch aus, daß er mit seinen Händen nichts anfaßte, was mit Arbeit zu tun hatte — sie waren dem Vergnügen vorbehalten.

Um die Einstellung unserer Vorfahren der gesellschaftlichen Rangordnung gegenüber zu begreifen, muß man erst einmal verstehen, daß sich jener kleine Kreis von Privilegierten — und es konnte sich aufgrund des damals nur geringen gesellschaftlichen Reichtums nur um einen kleinen Kreis handeln — einfach dadurch auszeichnete, daß die ihm Angehörigen ein Leben in Muße führten. Ein Landesgesetz legte fest, wie lange gewöhnliche Menschen arbeiten mußten und wieviel Ruhe ihnen zustand:

Und die besagte Obrigkeit verfügt des weiteren, daß alle tag- oder wochenweise entlohnten Handwerker und Tagelöhner von Mitte März bis Mitte September spätestens um fünf Uhr morgens zu erscheinen und bis zwischen sieben und acht Uhr abends durchzuarbeiten haben, ohne sich zu entfernen, es sei denn zur Frühstücks- und Essenszeit und in den Trinkpausen, wofür ihnen insgesamt höchstens zweieinhalb Stunden am Tag zustehen – zwei Trinkpausen von jeweils einer halben Stunde, eine Stunde zum Essen, zum Schlafen nicht mehr als eine halbe Stunde, und nur, wenn es gestattet ist, von Mitte Mai bis Mitte August, und eine halbe Stunde für das Frühstück. Und zwischen Mitte September und Mitte März haben besagte Handwerker und Tagelöhner alle von Tagesanbruch bis zum Finsterwerden zu arbeiten und mit Ausnahme der für Frühstück und Essen festgelegten Zeiten auch dabeizubleiben.

Soweit die Verfügungen des berühmten, unter dem Namen „Statute of Artificers" bekannten elisabethanischen Arbeitsgesetzes aus dem Jahr 1563,[2] das die damals üblichen Gepflogenheiten gesetzlich festschrieb. Bei den Grafschaftsassisen oblag es den Richtern nachzufragen, ob auch alle „im Sommer ... von fünf Uhr morgens bis sieben Uhr abends und im Winter von sieben bis fünf durcharbeiteten".[3] Von Ruhepausen zum Schlafen ist hier nicht die Rede, nicht einmal während der Erntezeit im Sommer. Und doch ist Breughels schlafender Schnitter weder ein Wunschbild noch ein fauler Trunkenbold, sondern ein gewöhnlicher Tagelöhner, der sich ausruht, weil es ihm gesetzlich zusteht.

Alle, die für Lohn arbeiteten, führten ein hartes und mühevolles Leben; sie kannten weder einen freien Samstagnachmittag noch die Schutzmaßnahmen der ersten Fabrikgesetze. Man darf aber nicht meinen, daß alle Leute aus dem Volk produktive Arbeiter waren. Dies geht deutlich aus Gregory Kings berühmtem Verzeichnis hervor, das die Zusammensetzung der englischen Gesellschaft im Jahr 1688 wiedergibt und in den neunziger Jahren des 17. Jahrhunderts angelegt wurde. Die Bevölkerung Englands ist so untergliedert, daß ersichtlich wird, daß mehr als die Hälfte aller Einwohner zu ihren Lebzeiten in irgendeiner Weise von jemandem erhalten wurde, „den Reichtum der Nation schmälerten", wie es bei King heißt.[4]

Gregory Kings Berechnungen sind die einzigen dieser Art, die uns aus dem vorindustriellen Europa überhaupt zur Verfügung stehen. Wie alle seine Ansichten ist aber auch dieses Verzeichnis als Moment einer der Tradition verhafteten, ja sogar etwas reaktionären Beweisführung allgemeinen Charakters zu verstehen und daher mit seinen Angaben entsprechend zu verfahren – Gregory King war Heroldsmeister und hatte seit 1677 das Amt des Rouge Dragon Pursuivant-at-Arms inne.

Heute nimmt man an, daß sich ein so großer Teil der Bevölkerung nicht wirklich selbst erhalten konnte, weil es nicht genügend produktive Arbeit gab.[5] Die Verfasser impressionistischer

Zeitgemälde in den Tagen Kings und davor hielten es für selbstverständlich, Menschen bestimmter sozialer Schichten mit Schimpfworten zu belegen — „Lumpenpack", „Schurken", „Proletarier"; so auch Sir Thomas Smith, ein angesehener Anwalt, um 1560 in einem für das Verhältnis von Volk und Herrschenden recht aufschlußreichen Dokument.

Für ihn zerfiel die englische Gesellschaft in vier Abteilungen:
1. „jene Edelmänner Englands, die die Nobilitas Major bilden", also den Hochadel oder die eigentliche Aristokratie;
2. „zum zweiten die Edelmänner der Nobilitas Minor", also die Gentry, die Smith in Ritter, Esquires und Gentlemen unterteilt;
3. „Bürger *(citizens, burgesses)* und Freisassen" und
4. „zum vierten jene Sorte von Menschen, die weder Macht noch Einfluß haben".

Dem Verhältnis dieser vier Abteilungen zueinander wird an entsprechender Stelle nachzugehen sein. Im Augenblick interessiert uns Smith' ausführliche Beschreibung der vierten und untersten Schicht:

Die vierte Sorte oder Klasse von Menschen in unserem Land setzt sich aus den Leuten zusammen, die man im alten Rom *capite sensu proletarii* oder *operarii* bezeichnete: aus Tagelöhnern, armen Kleinbauern, Krämern und unbedeutenden Händlern ohne Land, Bauern mit Zinslehen und jenen, die einem Handwerk nachgehen, Schneidern, Schustern, Tischlern, Ziegelbrennern, Maurern usw. Sie haben in unserem Gemeinwesen weder Stimme noch Einfluß und fallen einzig insofern ins Gewicht, als über sie, die über niemanden herrschen, zu herrschen ist. Und doch kann man diese Menschen nicht ganz außer acht lassen. Auch in Städten minderen Ranges werden sie nämlich für Geschworenengerichte und zur Leichenbeschauung herangezogen, wenn sich keine Freisassen finden. Und in Dörfern ist es üblich, sie zu Kirchenvorstehern und Bierprüfern zu machen; oft dürfen sie auch das Amt eines Konstablers bekleiden und haben damit eine Aufgabe, die das staatliche Gemeinwesen schon eher angeht.[6]

Selbst wenn Smith auch nicht zögerte, diese Menschen *proletarii* zu nennen, also mit einem Ausdruck zu bezeichnen, der sich im alten Rom auf jene bezog, die nur Nachkommen, *proles*, hervorbrachten und sonst der Gesellschaft nichts zu bieten hatten, dürften damit die ärmsten Bewohner des Landes gar nicht erfaßt sein. Smith' vierter Klasse „gemeiner Menschen von niedriger Geburt", wie er sie im folgenden nennt, scheinen einerseits nicht

Tabelle 1:
Gregory Kings „Verzeichnis von Einkommen und Ausgaben der verschiedenen Familien in England" (Schätzung für das Jahr 1688)*

Anzahl der Familien	Rang, Stand, Titel oder Beruf	durchschn. Anzahl v. Pers. p.Fam.	Anzahl insgesamt	jährliches Einkommen pro Familie £ s.	jährliches Einkommen insgesamt £	jährliches Eink. pro Pers. £ s. d.	jährliche Ausgaben pro Pers. £ s. d.	jährlicher Beitrag zur Mehrung d. Reichtums pro Pers. £ s. d.	jährlicher Zuwachs insgesamt £
160	weltliche Pairs	40	6.400	3.200	512.000	80 0 0	70 0 0	10 0 0	64.000
26	geistliche Pairs	20	520	1.300	33.800	65 0 0	45 0 0	20 0 0	10.400
800	Baronets	16	12.800	800	704.000	55 0 0	49 0 0	6 0 0	76.800
600	Ritter	13	7.800	650	390.000	50 0 0	45 0 0	5 0 0	39.000
3.000	Esquires	10	30.000	450	1.200.000	45 0 0	41 0 0	4 0 0	120.000
12.000	Gentlemen	8	96.000	280	2.880.000	35 0 0	32 0 0	3 0 0	288.000
5.000	Pers. in bedeut. Ämtern u. Stellen	8	40.000	240	1.200.000	30 0 0	26 0 0	4 0 0	160.000
5.000	Pers. in unbedeut. Ämtern u. Stellen	6	30.000	120	600.000	20 0 0	17 0 0	3 0 0	90.000
2.000	bedeut. Handels- u. Kauffahrteischiffer	8	16.000	400	800.000	50 0 0	37 0 0	13 0 0	208.000
8.000	unbed. Handels- u. Kauffahrteischiffer	6	48.000	198	1.600.000	33 0 0	27 0 0	6 0 0	288.000
10.000	Männer des Rechts	7	70.000	154	1.540.000	22 0 0	18 0 0	4 0 0	280.000
2.000	hohe Geistliche	6	12.000	72	144.000	12 0 0	10 0 0	2 0 0	24.000
8.000	unbedeutendere Männer der Kirche	5	40.000	50	400.000	10 0 0	9 4 0	0 16 0	32.000
40.000	vermögende Freisassen	7	280.000	91	3.640.000	13 0 0	11 15 0	1 5 0	350.000
120.000	andere Freisassen	5½	660.000	55	6.600.000	10 0 0	9 10 0	0 10 0	330.000
150.000	Bauern	5	750.000	42 10	6.375.000	8 10 0	8 5 0	0 5 0	187.500
15.000	Männer d. Wiss. u. d. freien Künste	5	75.000	60	900.000	12 0 0	11 0 0	1 0 0	75.000
50.000	Krämer und Kaufleute	4½	225.000	45	2.250.000	10 0 0	9 0 0	1 0 0	225.000
60.000	Handwerker und Gewerbetreibende	4	240.000	38	2.280.000	9 10 0	9 0 0	0 10 0	120.000

5.000	Offiziere der Flotte	4	20.000	80	400.000	20 0 0 18 0 0 2 0 0	40.000
4.000	Offiziere der Armee	4	16.000	60	240.000	15 0 0 14 0 0 1 0 0	16.000
500.586		5⅓	2.675.520	68 18	34.488.800	12 8 0 11 15 4 1 2 8	3.023.700
						Abzug	Abzug
50.000	gewöhnliche Seeleute	3	150.000	20	1.000.000	7 0 0 7 10 0 0 10 0	75.000
364.000	Taglöhner und Dienstboten	3½	1.275.000	15	5.460.000	4 10 0 4 12 0 0 2 0	127.500
400.000	Häusler und Arme	3¼	1.300.000	6 10	2.000.000	2 0 0 2 5 0 0 5 0	325.000
35.000	gewöhnliche Soldaten	2	70.000	14	490.000	7 0 0 7 10 0 0 10 0	35.000
849.000	Landstreicher, wie Zigeuner, Diebe, Bettler usw.	3¼	2.795.000	10 10	8.950.000	3 5 0 3 9 0 0 4 0	562.500
			30.000		60.000	2 0 0 4 0 0 2 0 0	60.000
500.586	das sind also insgesamt Pers., die den Reichtum der Nation vermehren	5⅓	2.675.520	68 18	34.488.800	12 18 0 11 15 4 1 2 8	3.023.700
849.000	Pers., die den Reichtum der Nation schmälern	3¼	2.825.000	10 10	9.010.000	3 3 0 3 7 6 0 4 6	622.500
1.349.586	alles in allem	4 4/13	5.500.520	32 5	43.491.800	7 18 0 7 9 3 0 8 9	2.401.200

* vgl. Fußnote 4, Kapitel 2

alle anzugehören, „die den Reichtum der Nation schmälerten", andererseits aber manche, die ihn vermehrten. Die eigentliche Masse der Armen wird von Smith gar nicht erwähnt; er führt zwar Kings „Tagelöhner und Dienstboten" an, nicht aber „Häusler und Arme". Die wirklich im Elend lebten und betteln mußten, um sich durchzuschlagen, waren außerstande, ein Handwerk auszuüben, und hätten nie zu Bierprüfern oder Konstablern ernannt werden können wie Sir Thomas Smith' Proletarier. Sie waren Menschen, die wirklich nichts hatten, *gens de néant,* wie man sie in Frankreich nannte.

Wie heute in manchen Ländern Asiens traf man damals in England überall auf Bettler — im Dorf, auf den Höfen, vor der Kirche, am Marktplatz, auf den Landstraßen. Besonders zur Zeit der Tudors gab es so viele Bettler, daß man sich vor ihnen nicht mehr sicher fühlte — die grausamen Gesetze gegen hartnäckige Landstreicher fehlen in keinem Handbuch. Es ist allgemein bekannt, daß das Armengesetz jede Pfarre für ihre Armen verantwortlich machte; wenn man herausfand, daß ein Bettler aus einer anderen Gemeinde stammte, verjagte man ihn, und der Betreffende mußte solange von Ort zu Ort ziehen, bis die zuständige Heimatpfarre erreicht war.

Doch die mittellosen Massen sind nicht ganz so charakteristisch für das Elend der alten Welt, wie die Schlangen von Arbeitslosen das für die moderne Armut sind. Wie wir schon angedeutet haben, war das Problem damals weniger eines der Arbeitslosigkeit als vielmehr der Unterbeschäftigung, wie man das heute nennt. Auch hier fällt einem wieder das Asien des 20. Jahrhunderts ein. Um die kleinen, unfruchtbaren Felder zu bestellen, hätte oft die Hälfte der Familie genügt; und für Frauen und Kinder fand sich in manchen Bezirken, wo es keine ländliche Industrie gab, nicht einmal etwas Heimarbeit. Überall hing das Arbeitsangebot auf beunruhigende Weise von Wetter und Handel ab, sodaß — wie wir sehen werden — der Hunger immer eine reale Bedrohung war, wenn auch die Armen der Stuartzeit im allgemeinen keine Angst zu haben brauchten, daran zugrunde zu gehen.

Niemand wird auf den Gedanken kommen, ein solches Leben mit Muße zu verwechseln, weil nicht jeder ohne Unterlaß schwer arbeitete. Muße war eine Sache der Gentlemen. Harrisons 1577 veröffentlichte *Description of England* enthält wohl die berühmteste Definition aus elisabethanischer Zeit — nachdem von den Söhnen die Rede war, heißt es weiter:

Wer an der Universität das Recht des Reichs studiert und dort wohnt, wer sich der Heilkunde und den freien Wissenschaften widmet, als Kapitän dient, wenn Krieg ist, oder irgendwo im Staate als Ratgeber dem Gemeinwesen nützt, zu leben vermag, ohne mit den Händen zu arbeiten, Anstand und Gesicht eines Gentlemans wahren kann und will und die entsprechenden Verpflichtungen nicht scheut, kann für Geld vom Heroldsamt (dessen Beamte von altersher das Privileg haben, den Betreffenden in der Verleihungsurkunde den Anspruch auf Tradition, Ämter und viele prächtige Dinge einzuräumen) ein Wappen erwerben und soll, wohlfeil zu solchen Ehren gelangt, den Titel tragen, den die Leute Esquires und Gentlemen geben, also mit Herr angesprochen und von Tag an als Gentleman angesehen werden.[7]

Das heißt also, daß in England alle, die einem freien Beruf nachgingen, die Universität besucht hatten oder im Heer des Königs als Offiziere dienten, schon einfach deshalb als Gentlemen galten. Die Sache mit Wappen, Vorfahren und öffentlichen Ämtern war nicht schwer zu regeln; die dafür zuständigen Beamten im Heroldsamt ließen sich schon etwas einfallen, wenn man an sie herantrat. Harrison hüllt sich zwar etwas in Schweigen, was das Geld angeht, das man brauchte, um sich in die Gentry einzukaufen, die öffentliche Meinung jedoch war schlicht und einfach die: „In England ist Gentry nichts anderes als alter Reichtum." Als Historiker begegnet man immer wieder Familien, für die diese einfache Regel gilt. Wenn eine Familie nur lang genug im Besitz eines ansehnlichen Vermögens war, und nach einer Generation war sie das im allgemeinen, gehörte sie zur Gentry. Ansehnliches Vermögen meint hier ausreichende Mittel, um sich zu erhalten, ohne manuell arbeiten zu müssen.

Die Beamten, die Steuersysteme erarbeiteten, wußten genau um die Gentry und deren Hierarchie Bescheid. Die im Jahre 1660 erstmals eingehobene Kopfsteuer war der geltenden Rangordnung entsprechend gestaffelt: während ein Mann aus dem Volke nur 6 Pence im Jahr zu entrichten hatte, zahlte ein Gentleman 5 Pfund, ein Esquire 10 Pfund, ein Ritter 20 Pfund, ein Baronet 30 Pfund, ein Baron 40 und seine Erben 30 Pfund, ein Vicomte 50 Pfund (£ 35), ein Graf 60 Pfund (£ 40) und ein Herzog 100 Pfund (£ 60).[8] Die Zeiten, da man gesetzlich dazu gezwungen werden konnte, sich standesgemäß zu kleiden, gingen ihrem Ende zu, auch wenn sich in der Briefliteratur der Zeit immer wieder empörte Äußerungen über Leute aus dem Volk finden, die die gesellschaftlich höheren Rängen vorbehaltene

Kleidung trugen. Doch es kam nach wie vor sehr darauf an, ob man zur Gentry gehörte oder nicht.

Die gesellschaftliche Hierarchie dürfte jedoch sozialen Auf- und Abstieg keineswegs ausgeschlossen haben, obgleich das Ausmaß solcher Bewegungen — wie wir im zehnten Kapitel sehen werden — begrenzt war und sicher im Laufe der Zeit schwankte. Es gab aber Mobilität in beiden Richtungen und unter anderem war dafür die demographische Situation verantwortlich. Was die Gewichtung der Bewegungen betrifft, scheint sozialer Abstieg weitaus häufiger gewesen zu sein als das Gegenteil. Mobilität fällt sozusagen an den Grenzen der Gesellschaft immer am meisten auf — und das heißt in der vorindustriellen Welt dort, wo die Bevölkerung in eine Minderheit von Herrschenden und eine Mehrheit von Beherrschten zerfiel. Es ist auch dieser beständigen Bewegung zuzuschreiben, daß eine kleine Gruppe sich an der Macht halten und ihre Zusammensetzung sich immer wieder ändernden Bedingungen anpassen konnte.

Bei aller Sorgfältigkeit der Vorkehrungen, die die Stellung der privilegierten Minderheit absichern sollten, was in der damaligen Agrargesellschaft sicher leichter war als in der industriellen Welt von heute, waren Verlagerungen infolge wirtschaftlicher Einflüsse nicht zu verhindern. Das dürfte besonders für Zeiten einschneidender ökonomischer Umwälzungen zutreffen. Es ist nicht schwer, sich vorzustellen, daß das vor allem dann zu Unruhen und Konflikten geführt haben muß, wenn von jenen Widerstand drohte, die ihren Platz nicht räumen wollten.

Wenn die sogenannte Englische Revolution unter diesen Vorzeichen über die Bühne ging, unterschied sie sich allerdings sehr von einem Klassenkonflikt im üblichen Sinn. Für den Aufstieg einer Kapitalisten- oder Mittelklasse war da kaum Platz. Selbst manche aus dem Lager jener, die für eine Untersuchung der gesellschaftlichen Entwicklungen in vorindustrieller Zeit an einer modifizierten Version der These vom Aufstieg einer Kapitalistenklasse festhalten wollen, haben einzusehen begonnen, daß es schwerlich gelingen wird, für das vorindustrielle England ein solches Lager nachzuweisen, das mit anderen Gruppierungen hätte in Widerstreit geraten können. Sie vertreten nun eher den Standpunkt, daß die gesamte englische Gentry, die wir der herrschenden Minderheit zugezählt haben, bereits um die Mitte des 17. Jahrhunderts von bürgerlichen Wertvorstellungen durchsetzt war.[9] Folgt man dieser Auffassung, war jene Welt der

Gentlemen, Vikare, Bauern, Handwerker und Armen bereits „eine ganz und gar eigentumsorientierte Marktwirtschaft" und das Feld der damaligen Konflikte eher von den inneren Widersprüchen des Kapitalismus als dem Zusammenstoß von Bourgeoisie und Aristokratie gekennzeichnet. Wenn das zutrifft, kann es sich bei den Feindseligkeiten und Widersprüchen geistiger, politischer und militärischer Art, die zur Stuart- und selbst zur Tudorzeit in England ausgetragen wurden, wohl kaum um Klassenkonflikte handeln. Es müssen Kämpfe gewesen sein, die innerhalb ein und derselben Klasse ausgefochten wurden.

Gesellschaftliche Entwicklungen und Veränderungen in vorindustrieller Zeit haben also nichts mit dem Aufstieg, Kampf und Untergang von Klassen zu tun.[10] Es ist vielleicht noch einmal angebracht zu unterstreichen, daß das einander widersprechende ökonomische Zwecke keineswegs ausschließt. Es läßt sich gar kein schärferer Widerspruch von Interessen und materiellen Voraussetzungen wirtschaftlicher und sogar biologischer Art vorstellen als der zwischen Menschen, die zu Grund und Boden Zugang hatten oder sich noch Nahrungsmittel kaufen konnten, wenn in Zeiten der Knappheit die Preise stiegen, und solchen, auf die das nicht zutraf. Für eine auf Landwirtschaft ausgerichtete Ökonomie, die in manchen Gebieten und zu manchen Zeiten fast auf das Niveau einer Subsistenzwirtschaft herabsank, bedeutete das unter Umständen, daß im Falle einer schlechten Ernte einige wenige durchzukommen hoffen konnten, während alle ohne Land und ausreichende Mittel befürchten mußten, es nicht zu schaffen. Doch einen derartigen Interessenskonflikt zwischen einem großen, nicht organisierten Teil der Bevölkerung und einer kleinen Gruppe mit gemeinsamen Zielen und Strategien kann man wirklich weder als offene noch als verborgene Auseinandersetzung zwischen aufsteigender Bourgeoisie und untergehender Feudalklasse bezeichnen.

Wir haben die soziale Stufenleiter mit ihren von oben nach unten differenzierten Rängen als hierarchische Ordnung von Ständen bezeichnet. Wenn auch der Status eines Menschen in erster Linie von seiner Stellung innerhalb dieses Systems abhing, fielen aufgrund von tatsächlicher Funktion in der Gesellschaft und persönlichem Verdienst doch auch zusätzliche Momente ins Gewicht. Das heißt, daß der Status einer Person nicht ausschließlich eine Sache des Titels war, den jemand geerbt hatte oder den einem seine Mitmenschen mit einem mehr oder minder großen Maß an Übereinstimmung zuerkannten. Beinahe der gesamte obere Bereich der sozialen Stufenleiter war von der herrschenden Minderheit, von Angehörigen des Hochadels und der Gentry, besetzt. Das bedeutet jedoch keinesfalls, daß nicht auch Menschen, die bereits nicht mehr zur Gentry zählten, eine gewisse Rolle in der Ordnungshierarchie zugekommen wäre. Tabelle 2 versucht, von dieser Rangordnung ein Bild zu geben; die besagte Trennlinie verläuft dabei unterhalb der Kategorie Gentleman.

An der Spitze der Gesellschaft stand das Königshaus. Es war mit dem Gesellschaftsganzen keineswegs nur durch die Hierarchie der Ränge verbunden und nahm eine ganz besondere Stellung ein, mit der wir uns hier aber nicht beschäftigen können. Unterhalb des Throns stand der Hochadel; 1688 dürften es den Angaben Gregory Kings zufolge zweihundert Familien bzw. etwa tausend von fünfeinhalb Millionen Einwohnern gewesen sein, die dem Hochadel angehörten (vgl. Tabelle 1). Und genau dieses kleine, goldene Netz umspannt die meisten Abstufungen in der Ehrenhierarchie – nach Seiner Gnaden dem Herzog (oder Erzbischof) kam der Marquis, der Graf und dann nach dem Vicomte zuletzt seine Lordschaft der Baron (oder Bischof) – soweit also Thomas Smith' *nobilitas major,* deren Angehörige er jedoch gleichwohl auch den Gentlemen des Reiches zurechnete.[11] Jede Stufe der Ehrenhierarchie war genauestens festgelegt und jede Adelsfamilie trachtete, die nächsthöhere Sprosse dieser glänzenden Leiter zu erklimmen. Vermögensverhältnisse ließen wohl da und dort bestimmte Unterschiede als ungerechtfertigt erscheinen, konnte es doch selbst zur Stuartzeit vorkommen, daß der Reichtum eines in den fruchtbaren Ebenen Südenglands ansässigen Vicomtes den eines Marquis aus den Mooren des Nordens übertraf – auszulöschen vermochten sie sie aber nicht.

Man kann nicht behaupten, daß der Hochadel jemals als einheitlicher Verband gehandelt hätte – es war geschichtliche Realität und keine rechtliche Fiktion, daß sich die Mitglieder der *nobilitas major* mit der Gentry identifizierten. Wir wissen heute, daß die meisten Ehen, die Mitglieder des Hochadels zwischen dem 16. und dem 20. Jahrhundert eingingen, nicht standesgemäß waren; am häufigsten kam es natürlich zu Verbindungen mit Angehörigen der Gentry.[12] Das unterscheidet wahrscheinlich die englischen Adelsfamilien von jenen des europäischen Festlands; es war auch weithin bekannt, daß die Rangordnung in

England weit weniger starr war als in anderen westeuropäischen Ländern.

Der englische Hochadel verfügte aber trotzdem über ein besonderes Privileg, eine geschlossene aktive Institution mit festen Umrissen, ein effektives Instrument seiner politischen Macht. Der Hochadel hatte sein Oberhaus, das *House of Lords*. Wenn auch die Behauptung seltsam erscheinen mag, daß sich dessen Mitglieder – von den Besonderheiten ihres Ranges abgesehen – hinsichtlich aller ihrer Ziele mit dem Rest der herrschenden Minderheit und der Gentry insgesamt im Einvernehmen befanden, war doch genau das der Fall. Betrachtet man die Pairs als bloßes Erbe der Feudalzeit, als Klasse für sich, als Gruppe, deren Angehörige sich gegen die bescheideneren Mitglieder der privilegierten Schicht stellten und mit ihnen rivalisierten, geht man an den gesellschaftlichen Verhältnissen und Prozessen jener Zeit gründlich vorbei.

Jedes System dieser Art braucht seine Ziele und Auszeichnungen, seine ersten Ränge – sonst funktioniert es nicht. Darin lag die entscheidende Rolle der englischen Pairs. Eine Gemeinschaft von Privilegierten, die alle einem Stand angehörten, der nicht der der Masse des Volkes war, hatte so ihre höchsten Positionen. Die Rede von den Ständen des Reiches, *The Estates of the Realm*, laut der sich das Parlament aus geistlichen und weltlichen Lords und dem Unterhaus zusammensetzte, könnte allerdings vermuten lassen, daß der Hochadel viel umfassendere Aufgaben hatte. Wahr ist, daß im Rahmen des in hohem Maß an Konventionen gebundenen politischen Treibens sowohl im Mittelpunkt der Gesellschaft um den Thron als auch an der Peripherie in den Gemeinden den Adelstiteln entscheidendes Gewicht und nicht nur die Rolle eines letzten Zieles allen politischen Erfolgs zukam. Wahr ist auch, daß die traditionelle Teilung des Parlaments für dessen Wirken in struktureller Hinsicht von Bedeutung war und dem Hochadel einen zusätzlichen Einfluß auf politische Entscheidungen einräumte, weil dieser sein eigenes Haus hatte.

Die sogenannten Stände des Reiches haben jedoch keineswegs jemals wirklich objektiven Abteilungen der englischen Gesellschaft entsprochen. Eine allgemeine Geschichte des Parlaments würde sicher mit verblüffenden Ergebnissen über die Vielschichtigkeit der Zusammenhänge gesellschaftlicher Strukturen und ihrer politischen Systeme aufzuwarten haben. Im 17. Jahrhundert galt diese Einteilung in England bereits über-

Tabelle 2:
Übersicht über die ständische Rangordnung Englands zur Stuartzeit

Rang	Titel	Form der Anrede	Standes-bezeichnung	Berufs-bezeichnung
1. Herzog, Erzbischof		The Right Honourable, The Honourable, The Lord, The Lady, My Lord, My Lady, Your Grace (für Nachkommen ersten Grades), Your Lordship, Your Ladyship …	Edelmann (Nobleman)	– – –
2. Marquis				
3. Graf	Lord, Lady			
4. Vicomte				
5. Baron, Bischof				
6. Baronet	Sir, Dame †	The Worshipful, Your Worship …	Gentleman	Offizier der Armee, Doktor der Medizin, Doktor der Rechte, Kaufmann …
7. Ritter (Knight)				
8. Esquire	Mr, + Mrs			
9. Gentleman				

GENTRY (ADEL)

- *nobilitas major* — Lords und Ladies (Hochadel): Ränge 1–5
- *nobilitas minor* — Gentlemen (niederer Adel): Ränge 6–9

		(† Sir)	(Your Reverence)
Geistliche			
10. Freisasse (yeoman)	† Goodman, † Goodwife (Goody)	† Worthy Yeoman	Bauer
11. Pächter (husbandman)			
12. Handwerker (craftsman, tradesman, artificer)	– – –	nur Vor- und Zuname	Tischler, Wagner...
13. Tagelöhner		– – –	Tagelöhner, Landarbeiter
14. Häusler, Arme			– – –

* aus Gründen der Höflichkeit oft „Lady"
† selten, immer mehr veraltet
+ sowohl für verheiratete als auch für unverheiratete Frauen

haupt als veraltet. Es herrschte sogar teils Verwirrung darüber, was denn unter „Estates" eigentlich zu verstehen sei – die Krone hielt man damals schon eher für einen Reichsstand als die weltlichen Lords. Die uns heute vielleicht am fragwürdigsten erscheinende Unterscheidung zwischen Vertretern der Grafschaften und Repräsentanten der Städte wurde fallengelassen; fortan bezeichnete man alle Abgeordneten des Unterhauses als „Commons". Welche Unterschiede heutzutage Historiker auch zwischen der städtischen Bourgeoisie und der ländlichen Gentry entdecken mögen, die ständische Verfassung bietet dafür sicher keinen Anhaltspunkt – und schon gar nicht mehr in der Stuartzeit, weil die Gentry bereits vor dem Ende des 17. Jahrhunderts die Vertretung der Städte von jenen Abgeordneten übernommen hatte, die damals noch für ihre Arbeit im Parlament bezahlt wurden. Im allgemeinen gilt der Dichter und Staatsmann Andrew Marvell als letzter bezahlter Abgeordneter. Er vertrat bis zu seinem Tod im Jahr 1678 die Stadt Kingston-upon-Hull im Parlament. Es kann nur zu Mißverständnissen führen, die mittelalterlichen Reichsstände – wie Soziologen das gerne tun – als Ursprung aller darauffolgenden Klassengesellschaften zu begreifen.

Zur Zeit des Commonwealth, als die sogenannte Englische Revolution ihren Höhepunkt erreicht hatte, wurde das Oberhaus abgeschafft. Bemerkenswert, daß diese einschneidende Veränderung in der politischen Verfassung des Landes die gesellschaftliche Stellung der Pairs überhaupt nicht berührte. Jene, die nicht den Anhängern des Königs ins Exil folgten, gaben ihre großartigen Residenzen keineswegs auf und genossen auch weiterhin nicht nur ihre sozialen, sondern allem Anschein nach auch alle ihre sonstigen Privilegien. Einzelne büßten teils nicht einmal ihren politischen Einfluß ein. Die Regierung Cromwells titulierte sie wie ehedem und versuchte zu guter Letzt, sich eine eigene Pairsklasse einzurichten. Das unterstreicht nachdrücklich, wie wenig offenbar die englische Gesellschaft jener Zeit auf die Pairs verzichten konnte und wie sehr deren Stellung vom Oberhaus selbst unabhängig war. Obwohl Cromwell das *House of Lords* aufgelöst hatte, gelang es den Pairs im Laufe eines Jahrhunderts wieder zu einer politischen Kraft zu werden, die bereits nach der ersten Hälfte der Regierungszeit des Hauses von Hannover nicht mehr zu übersehen war. Diese Entwicklungen scheinen zu belegen, daß nichts von dem, was damals den die höchsten Stellen der Gesellschaft besetzenden Menschen zustieß, die Solidarität der herrschenden Minderheit, jenen kompakten Verband der englischen Gentry erschüttern und die wirklich tragende politische Kraft, den Hochadel, in seiner Einheit bedrohen konnte.[13]

Der Gegensatz zwischen Angehörigen und Nichtangehörigen der Führungsschicht scheint immer stärker gewesen zu sein als alle Widersprüche zwischen deren einzelnen Rängen. Die Unterschiede zwischen einem Baronet und einem Baron, der ersten Stufe der Gentry und der letzten des Hochadels, waren sicher unbedeutender und weniger zahlreich als die Unterschiede zwischen einem Gentleman und einem Mann aus dem Volk.[14]

Baronet, Ritter, Esquire, Gentleman — das waren zur Zeit der Tudors und Stuarts die Ränge unterhalb der Pairs, Smith' *nobilitas minor*. Wie beim Hochadel handelte es sich auch hier ausnahmslos um Ehrentitel und nicht um Bezeichnungen verschiedener Funktionen. Wir haben aber gesehen, daß Harrison sehr wohl davon spricht, daß sich die Zugehörigkeit zur Gentry aus der Funktion ableiten kann, wenn er schreibt, daß Leute als Gentlemen galten, weil sie Ärzte, Dons oder Offiziere der Armee waren. Ein im Jahre 1694 erlassenes Parlamentsgesetz[15], das sich der sozialen Rangordnung jener Zeit in einer Ausführlichkeit widmet, die man gesehen haben muß, um sie für möglich zu halten, spricht sich über die Zugehörigkeit zur Gentry sogar noch deutlicher aus. Durch dieses Gesetz wurde nämlich eine Steuer erlassen, die einzuheben war, „wenn jemand begraben wurde, der ein Gentleman war oder als solcher angesehen wurde bzw. sich für einen ausgab oder so unterschrieb". Wenn es in rechtlichen Erörterungen darum geht, was den einen Angehörigen der herrschenden Minderheit eigentlich auszeichnet, begegnet man häufig Formulierungen dieser Art. Ob jemand als Gentleman galt, hing wirklich sehr davon ab, was er tat, sofern nicht alle, die ihn kannten, genau wußten, daß er schon als Gentleman geboren worden war. Die Gesetze, die die Kopfsteuer einführten, kennen für eine ganze Reihe von Leuten in rechtlichen, kirchlichen und sogar kaufmännischen Ämtern ein den Rängen des Hochadels und der Gentry entsprechendes Besteuerungssystem. Bestimmte einträgliche Ämter im rechtlichen Bereich ausgenommen, handelt es sich freilich im allgemeinen um die bescheideneren Grade.[16]

Solche Bestimmungen laufen darauf hinaus, daß man öffentlich, ja rechtlich die Möglichkeit anerkannte, in die Gentry aufzusteigen — mehr noch: man traf gezielte Vorkehrungen, die dafür sorgten, daß jeder, der zu Geld kam oder soziale Bedeutung erlangte, auch ein Gentleman wurde. Wir wollen nun auf die gesellschaftliche Rangordnung unterhalb der entscheidenden Grenze eingehen und zu der im großen und ganzen undifferenzierten Masse der gewöhnlichen Leute zu sprechen kommen. Vorher ist aber noch festzuhalten, daß die Zahl der auf die untersten Ränge der Gentry entfallenden Einwohner Englands weitaus größer war als die jener, die einen Titel trugen. Von den weniger als 200 Adelsfamilien war schon die Rede. Gregory Kings Schätzungen zufolge gab es im Jahr 1688 800 Familien, denen ein Baronet, 600, denen ein Ritter, aber bereits 3.000 Familien, denen ein Esquire und 12.000, denen ein Gentleman vorstand. Wenn diese Angaben vielleicht auch zu niedrig sind, läßt sich doch nur schwer auf eine Summe kommen, die größer der Zahl jener wäre, die damals an der Herrschaft waren, also größer als ein Drittel jenes Zwanzigstels, von dem oben die Rede war. Bei den übrigen zwei Dritteln muß es sich weniger um Leute mit Grundbesitz als vielmehr um all jene mit dem Titel „Master" („Mr.") gehandelt haben, die sich als Gentleman betrachteten oder von ihren Mitmenschen als Gentleman angesehen wurden. Dieser Bereich im Halbschatten der privilegierten Minderheit soll uns ebenfalls erst im Zusammenhang mit der Frage des sozialen Auf- und Abstiegs beschäftigen.

Bei der großen Mehrheit, den Leuten aus dem Volk, war — wenn überhaupt — der Status über die Beschäftigung, also eher funktionell und nicht deskriptiv festgelegt. Unterhalb der entscheidenen Grenzlinie war der einzig wirklich als solcher anerkannte Rang der des Freisassen, des „Yeoman" (vgl. Tabelle 2). Und selbst in diesem Fall handelt es sich gewissermaßen um eine funktionelle Bezeichnung, weil man, um als Freisasse zu gelten, ein recht ansehnliches Stück Land besitzen (genaugenommen nicht gepachtet haben) und selber bewirtschaften mußte. Im Unterschied zu einem Gentleman war es einem Freisassen ausdrücklich erlaubt, manuell zu arbeiten. Die Statusbezeichnungen im unteren Bereich der Gesellschaft waren weit weniger scharf: Neben „yeoman" gab es auch den Begriff „freeholder". Während vermögendere „freeholders" oft auch als „yeomen" galten, war das bei kleineren, die über keine Stimme verfügt haben dürften, d. h. auf weniger als 40 Shilling im Jahr an Erträgen verweisen konnten, seltener der Fall. Als die Alte Welt unterzugehen begann, tauchte bereits die Bezeichnung „farmer" auf; sie ist heute die in England einzig übliche für alle in der Landwirtschaft Tätigen.

Yeoman war also die Statusbezeichnung für die erfolgreichsten in der Landwirtschaft arbeitenden Menschen. Während der Begriff schon sehr früh einen sentimentalen Beigeschmack bekam, wurden die Leute, die früher so geheißen hatten, zu Farmern. Es ist interessant, daß es auch bei den städtischen Handwerksverbänden den Rang Yeoman gab, und zwar unmittelbar nach dem des Meisters. Während sich der Begriff Yeoman erhalten hat, ist die funktionelle, aus der Tätigkeit, der Bestellung des Landes, abgeleitete Bezeichnung „husbandman" ausgestorben. Alle „yeomen" waren „husbandmen", weil sie das Land bestellten, „husbandmen" aber waren keineswegs alle „yeomen", weil die meisten weder den erforderlichen Voraussetzungen genügten noch eine entsprechende soziale Stellung einnahmen. Es mag manchmal vorgekommen sein, daß sich auch ein Gentleman, in einem Brief etwa, als „husbandman" bezeichnete. In dieser Sonderbedeutung bezieht sich das Wort auf den Umstand, daß ein Gentleman, auch wenn er selbst nicht Hand anlegen sollte, die Arbeit auf seinen Ländereien überwachte.

Husbandman war ein in der alten Welt äußerst gängiger Begriff, bezeichnete man doch damit die Arbeit eines so großen Teils der Bevölkerung — Ackerbau und Viehzucht. Daneben kamen all die anderen Berufe, die Handwerker. Gewöhnliche Bauern und Handwerker haben in unserer Tabelle keinen Titel. Sie wurden immer nur mit Vor- und Zunamen angesprochen; falls notwendig, fügte man die Berufsbezeichnung hinzu. Wenn man auch manchmal das Wort „Worthy" dem Namen als eine Art Präfix voranstellte, war diese Form der Anrede sicher weniger charakteristisch als „Worshipful" im Bereich der Gentry. Die weibliche Form des Präfixes „Worthy", „Goody", ist uns in England als Zuname und im Kinderreim über *Goody Two Shoes* erhalten. Yeomen bezeichnete man eher als „Worthy" und die gelegentliche Verwendung des Wortes unterstreicht die Vermögens- und Bedeutungsunterschiede, die es bei gewöhnlichen Bauern und Handwerkern in recht beträchtlichem Maße gegeben haben muß. Der gesellschaftliche Abstand zwischen einem Londoner Tuchgroßhändler und einem Dorfschneider oder -schmied war gewaltig, auch wenn der Tuchhändler nicht wichtig genug war, um zur Gentry zu zählen und mit „Worshipful" angesprochen zu werden.

„Mechanick" war oft die für gewöhnlichere Handwerker übliche Bezeichnung: Von John Bunyan, dem Kesselflicker und Prediger, sprach man als „mechanick preacher". Obgleich die Dimensionen des städtischen Handwerks notwendigerweise fast immer größer waren als die des ländlichen, war doch in beiden Fällen die Mannigfaltigkeit der Berufe dieses Stands der wirklich im Vordergrund stehende Eindruck. Müller, Schneider, Schmiede, Weber, Klempner, Färber, Maurer, Schreiner, Gerber, Wirte — alle diese Worte sind uns noch vertraut, viele kennen wir als verbreitete Zunamen. Doch als Historiker stößt man bei Handwerkern auch auf manche Berufsbezeichnungen, die so sehr in Vergessenheit geraten sind, daß der Durchschnittsleser im allgemeinen nichts mit ihnen anzufangen weiß: da gab es „fletchers" (Pfeilmacher), „badgers" (Kornhändler), „cordwainers" (Lederer), „whittawers" (Sattler). Wer würde schon vermuten, daß sich jener „plasher", der im Jahre 1688 in Clayworth in Nottinghamshire lebte, seinen Lebensunterhalt damit verdiente, Hecken anzulegen und zuzuschneiden?

Wo immer man diese Menschen erwähnte, bezeichnete man sie wie auch die Freisassen bloß mit ihren Vor- und Zunamen: so sprach man einfach von John Hart, dem Bauern, oder James Buckland, dem Schreiner. Damals war es schon viele Jahrhunderte her, daß die Leute aus dem Volk keine Zunamen gehabt hatten. Und trotzdem kann man sich gut vorstellen, wie selbstverständlich es gewesen sein muß, den Schmied Peter Peter Smith zu nennen, als Zunamen aufkamen. Auf dem Kontinent hielt sich die alte Form der Namensgebung länger. In Holland etwa hatten die gewöhnlichen Leute bis zur Zeit Napoleons keinen zweiten Namen.

Bei den Leuten aus dem Volk findet man noch drei weitere Bezeichnungen: Tagelöhner („labourer"), Häusler („cottager") und Arme („pauper"). Nur im ersten Fall handelt es sich gewissermaßen um eine Statusbezeichnung, um einen funktionellen Begriff. Ein Tagelöhner konnte sowohl zu den Armen zählen als auch Kleinhäusler sein, sich aber nicht als Bauer („husbandman") bezeichnen, weil er ja nicht selbständig war. Ein anderer Berufsname kam für ihn nicht in Frage; wenn er arbeitete, arbeitete er immer für jemand anderen. Man könnte also sagen, daß ein Tagelöhner nur über ein Mittel verfügte — seine Arbeitskraft, die er auf dem Markt zu verkaufen versuchte — und weder Land noch Geräte und Werkzeuge, noch besondere Fertigkeiten besaß. Das trifft in der Regel nicht nur auf Tagelöhner zu, sondern auch auf Häusler und Arme. Es gab aber auch Tagelöhner, die Land besaßen und Dienstboten bei sich beschäftigten. Der Ausdruck Häusler bezeichnet keinen Beruf, sondern bezieht sich auf ein nicht näher angegebenes Mittel des Auskommens. Ein Häusler verdiente sich dort seinen Lebensunterhalt, wo das für ihn und seine Familie in Frage kam, und versuchte aus dem Stück Land, das zu seiner Hütte gehörte, wenn er Glück hatte, herauszuholen, was möglich war. Bei aller Schwerfälligkeit scheint mir diese Beschreibung doch der einfachste Weg zu sein, den Häusler in der Rangordnung der Welt von damals unterzubringen. Was Arme waren, bedarf wohl keiner Erklärung.

Gregory King zufolge (vgl. Tabelle 1) war die Gruppe der Häusler und Armen die größte von allen Familien Englands, 400.000 von 1,350.000. Halten wir uns — auch wenn wir wissen, daß von einer Hierarchie unterhalb der Gentry strenggenommen nicht die Rede sein kann — diese Masse von Menschen auf der untersten Stufenleiter der Gesellschaft vor Augen, wird sofort die gewaltige Ungleichheit im Leben der damaligen Welt sichtbar. Man darf nicht annehmen, daß alle diese bedürftigen Familien immer unter dem Existenzminimum lagen, wie man das in den Anfängen der Soziologie ausdrückte, bzw., um einen früher auch einmal geläufigen Begriff zu verwenden, in primärer Armut lebten. Aber es gab immer wieder Zeiten, in denen diese Menschen in Not kamen und auf Unterstützung angewiesen waren. Man kann davon ausgehen, daß mindestens die Hälfte der englischen Bevölkerung des Jahres 1688, also alle, die Gregory King zufolge damals den Reichtum der Nation schmälerten, fallweise ins Elend geriet. Es dürfte sogar mit einiger Sicherheit feststehen, daß in der gesamten vorindustriellen Zeit stets mehr als die Hälfte aller Bewohner Englands zu den Armen zählte — und dabei müssen die Maßstäbe selbst im Vergleich zu jenen der viktorianischen Armengesetzbehörden äußerst hart gewesen sein.[17]

Kings Aufstellung verweist noch auf ein entscheidendes Verhältnis, das nicht übergangen werden kann, weil es ein allgemeines Wesensmerkmal der gesellschaftlichen Zusammenhänge seiner Zeit darstellt. Die Gesamtbevölkerung ist mit 5,5 Millionen angegeben; nicht ganz die Hälfte der Einwohner (2,675.520) „vermehrte den Reichtum der Nation" und etwas mehr als die Hälfte (2,825.000) „schmälerte" ihn. Doch die Anzahl der „Familien" — wir sollten hier natürlich von Haushalten sprechen — dieser beiden Bevölkerungsteile liegt viel weiter auseinander: 501.000 reiche „Familien" stehen 849.000 armen „Familien" gegenüber. Das heißt, daß arme Leute in kleinen und reiche in großen Haushalten lebten, wenn auch manche Angehörige reicher Haushalte, Dienstboten nämlich, aus armen Verhältnissen kamen und unter Umständen im Elend starben. Umfang und Status von Haushalten oder Familien standen also in einem direkten Verhältnis zueinander. Die Mehrzahl der Haushalte war klein und arm, eine Minderzahl groß und reich — und das, obwohl in reichen Haushalten im Schnitt mehr Leute lebten als in armen. Die in bescheideneren Verhältnissen lebenden Familien verloren manche ihrer Mitglieder als Dienstboten an reichere Familien. Wir werden auf Haushalts- und Familiengröße noch an entsprechender Stelle zurückkommen. Hier ging es nur darum, den Zusammenhang zwischen Haushaltsgröße und sozialer Stellung festzuhalten.

Wenn auch der Ausdruck „Mittelklasse" in Verbindung mit einem bestimmten Teil der Gesellschaft der Stuartzeit zu einer ganzen Reihe von falschen Assoziationen führen mag, gab es freilich, wie das immer der Fall sein muß, im einfach numerischen Sinn einen mittleren Einkommens- und Statusbereich. Gerade zur Zeit der Stuarts begann man, in beschreibenden Darstellungen gesellschaftlicher Zustände die „middling sort of people", wie man sie nannte, zur Kenntnis zu nehmen. Auffällt, daß der Ausdruck vor allem für Teile der städtischen Bevölkerung verwendet wird. Wir müssen ein wenig näher auf Städter und Bürger eingehen, um den Abstand bezeichnen zu können, der diese vom Rest der Bevölkerung trennte, auch wenn sie der Macht der herrschenden Minderheit ebenso unterworfen waren wie alle anderen Einwohner Englands. Kann man wirklich sagen, daß jene 2.000 bzw. — schließt man die unbedeutenderen mit ein — 10.000 Handels- und Kauffahrteischifferfamilien, die es laut Gregory King im Jahre 1688 gab, die Bourgeoisie des vorindustriellen England stellten? Die Zahlen liegen sicher viel zu niedrig, um alle zu erfassen, die in irgendeiner Form Geschäften nachgingen. Wäre es nicht treffender und ergiebiger, davon auszugehen, daß Sir Thomas Smith' gesamte dritte Einwohnerkategorie, also alle Bürger und Freisassen („Citizens, Burgesses and Yeomen"), eine Art Mittelklasse bildeten?

Obgleich Kaufleute und Freisassen aus derselben Schicht gekommen sein müssen und man zwischen dem bescheideneren Bürgertum und der vermögenderen Bauernschaft gewisse Parallelen hinsichtlich der gesellschaftlichen Stellung erkennen mag, ist es trotzdem ungewöhnlich, daß Smith beide in einem Atemzug nennt. Sicher gab es in den Provinzstädten, deren geringe Bedeutung im nächsten Kapitel klar werden wird, bereits seit dem 16. Jahrhundert einen Viehhändler, der gleichzeitig auch Fleischhauer war; diese Verbindung hat sich oft bis ins 20. Jahrhundert erhalten. Die Städte auf dem Land hatten ihr eigenes Leben, auch wenn sie noch so klein waren. Jeder Blick in das Archiv einer Gemeinde belegt das starke Zusammengehörigkeitsgefühl der Bewohner. Es ist bei den ersten Männern der Gemeinde, wo man nach einer Verbindung mit dem Gesellschaftsganzen suchen muß. Und es ist die Verbindung zwischen Gentry und Kaufmannschaft, die den Menschen jener Zeit zu denken gab.

Harrison schreibt über die Kaufleute: „Oft tauschen sie den Stand mit Gentlemen und Gentlemen mit ihnen, indem ein Kaufmann zum Gentleman und ein Gentleman zum Kaufmann wird."[18] William Lambarde, von dem uns die erste Geschichte einer englischen Grafschaft überliefert ist, schildert die diesbezüglichen Verhältnisse zur Zeit Elisabeths in Kent recht ähnlich: „Hier sind Gentlemen nicht (alle) von so altem Adel, wie anderswo und besonders auf dem Lande in der Gegend von London, das wie ein üppig fruchtbar Samenbeet stets Höflinge, Anwälte und Kaufleute hervorbringt, die aufs Land ziehen, um hier als Gentlemen Wurzeln zu schlagen."[19] Diese Bewegung beschränkte sich keineswegs auf Kent; wie wir durch Harrison wissen, handelte es sich auch nicht einfach um einen Zustrom von Kaufmannsfamilien in die Gentry: auch Angehörige der Gentry wurden Kaufleute. Westcote, der erste Chronist Devons, jener weiten Grafschaft der Seefahrer mit ihren blühenden Häfen, bemerkt zu den Kaufleuten folgendes: „So mancher stammt aus der Familie eines Esquires oder ist eines Gentlemans jüngerer Sohn, durch Reisen und Wanderschaft aufs beste vorbereitet, gewandt und tüchtig genug, wichtige und hohe Ämter zu übernehmen."[20]

Richtig ist, daß manche Zeitgenossen den Eindruck vermitteln, daß die Kaufleute eine Gemeinschaft für sich darstellten: „Aufgrund der zahlreichen Privilegien der Kaufleute gleicht manche Stadt oft einem Staat im Staat",[21] heißt es in einer Schrift aus dem Jahre 1600, die jedoch gerade in den Ausführungen zu diesem Punkt an Klarheit sehr zu wünschen übrig läßt. Im 17. Jahrhundert kam es zu leidenschaftlichen Auseinandersetzungen darüber, ob der Sohn eines Gentlemans in die Lehre gehen konnte, ohne seinen Rang einzubüßen — er diente ja im Hause eines anderen und verrichtete für jemanden niedere Arbeiten, der in der Regel geringerer Herkunft war als er.[22] Welche Vorurteile und Standesdünkel es aber auch bei unseren Vorfahren gegeben haben mag, feststeht, daß sich eine recht beträchtliche Anzahl von Gentlemen einer Lehre in den einträglicheren Gewerbezweigen unterzog. Fest steht auch, daß Söhne von Gutsbesitzern Töchter von städtischen Kaufleuten heirateten und dafür so viel Geld zur Mitgift nahmen, wie sie nur bekommen konnten. Umgekehrt kam es genauso vor, daß der Sohn eines erfolgreichen Goldschmieds, Kaufmanns, Kurzwaren- oder Tuchhändlers die Tochter eines Landedelmanns zur Frau nahm.

Der Sohn eines Gentlemans, der in die Stadt ging, um dort eine Lehre zu machen, und dem durch Heirat ein Stück städtischen Reichtums zufiel, gehörte weiter zu seiner Familie auf dem Land. Wenn die Beamten des Heroldsamtes der Gentry einer Grafschaft einen Besuch abstatteten, was alle paar Generationen einmal vorkam, ließen die Adeligen alle, die in die Gentry einer anderen Grafschaft eingeheiratet hatten, genauso eintragen wie die Söhne und Enkel, Töchter und Neffen, die in der Stadt lebten. So hatte auch London seine Gentry und das Heroldsamt eine Aufgabe in der City. Wie das auch bei Städten auf dem Kontinent zu beobachten ist, wurden manche Gentry- und viele Kaufmannsfamilien im Laufe mehrerer Generationen schließlich in der Stadt ansässig. Es gab in England aber auch Familien, die sich über viele Generationen nach beiden Seiten hin ihre Ergebenheit bewahrten — Dynastien wohlhabender Londoner Kaufleute, die auch zum Landadel gehörten und erwartungsgemäß meist in den Grafschaften um London ihren Sitz hatten. Diese Familien waren aber eine Ausnahme.[23]

Geht man davon aus, daß nicht standesgemäße Heiraten erlaubt waren, ist es nur schwer vorstellbar, wie sich eine adelige Enklave hätte erhalten sollen. Die Londoner Altstadt war zweifellos ein Reich für sich — in den letzten Jahren des Ancien régime wurde die City dermaßen reich und mächtig, daß man schon verstehen kann, warum manche von einem Staat im Staat sprachen. Wir werden jedoch bald sehen, daß es in ganz England kaum andere Stadtgemeinden gab, in denen sich ländliche Lebensformen nicht irgendwie durchgesetzt hätten. In London lebte man anders als sonstwo, besonders in den wohlhabendsten Familien der Stadt. Auch wenn sich bei einer wirklich eingehenden Untersuchung großbürgerlicher Lebenszusammenhänge auffällige Besonderheiten ergeben mögen, heißt das nicht, daß es gerechtfertigt wäre, von einer eigenen Klasse von Städtern zu sprechen und deren Angehörige als Mitglieder einer selbstbewußten und dauerhaften Gemeinschaft zu verstehen, die fähig gewesen wäre, sich als ein von der herrschenden Minderheit getrenntes Lager zu begreifen.

Es ist anzunehmen, daß sich der Unterschied in der Einstellung wohl dann am deutlichsten zeigte, wenn einer der Stadtväter aus wirklich bescheidenen Verhältnissen kam und alles andere als adeliger Herkunft war. Freilich wurde er wie alle, die es in der Stadt zu etwas gebracht hatten, „Master" genannt und galt aufgrund seines persönlichen Reichtums und seiner Macht über andere als „Worshipful". Wir wissen bis heute nicht, wie häufig so etwas vorkam und wie wesentlich es für eine erfolgreiche bürgerliche Karriere in der vorindustriellen Welt gewesen sein mag, aus der Gentry oder zumindest aus einer Freisassenfamilie zu kommen. Fest steht auf jeden Fall, daß soziale Unterschiede dieser Art schon nach einer Generation bedeutungslos wurden. Ein wohlhabender Tuchhändler, Gerber, Lebensmittelkaufmann oder Herrenschneider hatte natürlich ein ganz anderes Selbstbewußtsein als seine Enkel auf dem Lande, die auch die Nachkommen jenes Gentlemans waren, dessen Sohn seine Tochter geheiratet hatte. Die Enkel selber waren sich des gesellschaftlichen Aufstiegs ihrer Familie durchaus bewußt; aufgrund der damaligen Lebenserwartung kamen manche Erben außerdem schon sehr bald in den Genuß des Familienvermögens.

Es war bei der Vorstellung der gesellschaftlichen Hierarchie der alten Welt bisher so gut wie nicht notwendig, auf die anderen Angehörigen jener Schicht einzugehen, die wir heute als Mittelklasse bezeichnen. Wenn wir von Mittelklasse sprechen, fallen uns bestimmte Berufe ein: Ärzte, Rechtsanwälte, Techniker, Lehrer, Architekten, Staatsbeamte. Es läßt sich heute über die Menschen, die in der Welt von damals solchen Berufen nachgingen, nicht mehr sagen, als daß es — wie heute in Afrika etwa — nur ganz, ganz wenige waren. Die paar, die es gab, gehörten per definitionem zur herrschenden Minderheit. Harrison ordnet sie so zu und sie finden sich auch in Tabelle 2 an entsprechender Stelle.

Auf dem Kontinent und vor allem in Italien lagen die Verhältnisse oft etwas anders als in England, weil Adelige eher in der Stadt ihren Sitz hatten. Auch das Standessystem selbst wies gewisse Unterschiede auf. In manchen Ländern scheint nicht nur der Abstand zwischen dem Hochadel und den anderen Angehörigen der privilegierten Schicht größer gewesen zu sein. Oft dürfte es auch jene Regelungen nicht gegeben haben, die in England das soziale Gefälle festlegten. Das ist ein entscheidender Aspekt, dem nachzugehen sicher von Interesse wäre, weil die Standesregel, der zufolge der jüngere Sohn eines englischen Barons einem erfolgreichen Kaufmann gleich als einfacher „Master" galt, dazu führte, daß es in England zu sozialen Bewegungen kam, die in keinem anderen Land zu beobachten sind. England dürfte in diesen Punkten eine Ausnahme darstellen.

Selbst wenn man all die komplizierten Differenzierungen und Einschränkungen bedenkt, die im Laufe dieses Kapitels notwendig wurden, scheint die Rede von einer Gesellschaft mit nur einer Klasse auf kein anderes europäisches Land so zuzutreffen wie auf das vorindustrielle England. Im Unterschied zu den üblichen Bezeichnungen hat dieser Begriff auch den Vorteil, nicht die Vorstellung aufkommen zu lassen, daß die Arbeiterschaft der vorindustriellen Welt sich vom Rest der Bevölkerung wirklich abhob. Eine eingehendere Untersuchung der arbeitenden Bevölkerung oder des nationalen Arbeitskräftepotentials, wie die Ökonomen sagen, ist an dieser Stelle leider nicht möglich. Es gab schon eine recht beträchtliche Anzahl von Leuten, die für Lohn arbeiteten, ehe noch im Zeitalter der großen Industrie das Lohnpaket zur beinahe ausschließlichen Zahlungs- und Unterhaltsform wurde. Es gibt tatsächlich Hinweise dafür, daß selbst zur Zeit der Tudors bei weit mehr als der Hälfte oder gar bei zwei Dritteln aller Haushalte zumindest ein Teil des Einkommens aus Löhnen bestand. Freilich befanden sich jene Armen, die das Glück hatten, für Lohn zu arbeiten, Tagelöhner, Handwerker oder gar Kleinbauern und Freisassen, die von ihren Arbeitgebern entlohnt wurden, in einer ganz anderen Lage als die Fabrikarbeiter und Angestellten von heute. Anders als für die Arbeiterklasse der industriellen Welt unserer Tage war damals keineswegs die Arbeitssituation für alle ein und dieselbe.

Eine beträchtliche Anzahl von Arbeitskräften kann außerdem unter keinen Umständen einem eigenen Haushalt vorgestanden sein: Es gab die Dienstboten, die im Hause ihrer Herrschaft lebten, und es gab Halbwüchsige und Erwachsene, die noch nicht von zu Hause weggegangen waren und in der Werkstatt oder auf den Feldern mitarbeiteten. Manche lebten vielleicht allein in einem Haus oder gar als Inwohner in Untermietsverhältnissen. Die meisten waren jung, manche Dienstboten aber waren so alt wie der Haushaltsvorstand, dann und wann vielleicht sogar älter, ledig und meist ohne Aussicht, noch zu heiraten, in der gleichen Situation wie alle alleinstehenden Menschen. Und alle waren über die unzähligen Zellen vereinzelter Familien verstreut, aus denen sich die Gesellschaft zusammensetzte. Auch an dieser Stelle ist wieder auf den so klein dimensionierten Maßstab des Lebens jener Welt und die geringe Größe menschlicher Gemeinschaften in vorindustrieller Zeit zu verweisen. Eine Einheit der arbeitenden Bevölkerung war vom System her ausgeschlossen. Viele, wahrscheinlich sogar die meisten waren der Person ihres Herrn und Meisters unterworfen. Gäbe es jene Terminologie nicht, die der Auseinandersetzung mit einer Gesellschaft wie der unseren entstammt, wäre man nicht einmal auf den Gedanken gekommen, sich zu fragen, ob man in diesem Zusammenhang von einer eigenen Gruppierung im Sinn einer Klasse für sich sprechen kann.

Die Arbeiterfamilien waren arm und wurden, wie wir gesehen haben, von manchen Zeitgenossen ganz offen als Proletarier bezeichnet. „Ihre Arbeit und Armut macht sie zu unglücklichen Menschen", heißt es bei Westcote.[24] Solange es diese Gesellschaftsordnung gab, war sich jedermann sehr wohl der Gefahr bewußt, daß der ärmere Teil der Bauernschaft sich jederzeit aufzulehnen beginnen könnte. Über „Hader und Streit" unter deflationären Bedingungen schreibt John Locke im Jahre 1692, daß es dabei im allgemeinen um Auseinandersetzungen zwischen „Landarbeitern und Kaufleuten" gehe.

Denn des Tagelöhners Teil ist selten mehr als sein Auskommen, und daher ist allen diesen Menschen nie Zeit noch Gelegenheit gegeben, ihre Gedanken darüber zu erheben oder, wie durch ein gemeinsames Interesse verbunden, den Reicheren ihr Teil streitig zu machen, außer wenn eine schwere Not, die alle trifft, sie zu einem allgemeinen Aufruhr vereint, sie ihre Ehrerbietung vergessen läßt und ihnen die Kühnheit verleiht, sich mit Gewalt der Dinge zu bemächtigen, derer sie bedürfen. Dann brechen sie oft über die Reichen herein und schwemmen, einer Sintflut gleich, alles hinweg. Aber das kommt selten vor und nur unter der schlechten Verwaltung einer nachlässig und unrecht geführten Regierung.[25]

Es gab auch eine Reihe anderer Menschen, von denen man mit Recht annahm, daß sie aus Verzweiflung gefährlich werden könnten: Gesellen, die nicht in der Lage waren, sich mit ihrem Handwerk auf eigene Füße zu stellen, obwohl ihre Zeit um war;

kleine Meister, die auf elende Weise vom Kapital reicher Herren abhingen; Kleinbauern, die von geizigen Grundbesitzern der Rente wegen unter Druck gesetzt wurden.

Doch selbst der Vorstand der ärmsten Familie hatte noch jemanden unter sich. Es war keineswegs so, daß eine Million enteigneter Arbeiter einer Handvoll Besitzender gegenüberstand. Die Situation der Arbeiter jener Zeit hat mit der Lage einer Masse nichts zu tun. Daher ist es auch unrichtig, von einer Klasse zu sprechen. Sofern der Begriff überhaupt Verwendung finden kann, ist die Gesellschaft von damals — so unsere These, die wir zu beweisen versucht haben — als eine Gesellschaft zu verstehen, die aus nur einer Klasse bestand. Es hat sich gezeigt, daß die Frage nach dem Verhältnis von herrschender Elite und Rest der Bevölkerung nicht leicht zu beantworten ist. Es bedarf noch vieler geduldiger und gar nicht einfacher historischer Nachforschungen und Untersuchungen, um diese Zusammenhänge zu klären. Man wird dabei ohne Phantasie und Feingefühl für jene verborgenen Mechanismen nicht auskommen, die dafür sorgten, daß das, was in England geschah, mit dem Leben der herrschenden Minderheit identisch war. Am schwierigsten wird es dabei sein, die symbolischen Lebenszusammenhänge unserer Vorfahren zu begreifen und diese vor allem im Bereich der sozialen Rangordnung durchschaubar zu machen.

Allgemeines zum ständischen Rangordnungsschema

Daß man im allgemeinen dazu neigte, Leute mit einem viel höheren Titel anzusprechen als dem, der ihnen strenggenommen zustand, wurde bereits erwähnt. So titulierte man die Frau eines Ritters oder Baronets eher mit „Lady" als mit „Dame". Beim Hochadel nahm man es mit den etwas komplizierten Formen der Anrede genauer. Jeder Edelmann konnte mit „Lord" angesprochen werden (Lord Norfolk, Lord Shaftesbury), bei den höheren Rängen gab man aber bei allen Anlässen fast immer den tatsächlichen Titel an (Herzog von Norfolk, Graf von Shaftesbury). Die meisten Adelstitel deckten sich nicht mit dem Namen der Familie (Anthony Ashley Cooper, Graf von Shaftesbury); manchmal aber war der Familienname mit dem Titel identisch (Ralph Montagu, Herzog von Montagu). In einigen Fällen galt dieselbe Form der Anrede auch für den Erben; es war jedoch üblicher, den Erben mit „Lord" und dem Familiennamen anzusprechen. Die Brüder und Schwestern nannte man oft einfach „Mr." und „Mrs." — natürlich hatten auch sie alle Anspruch auf die allgemeine Bezeichnung „Honourable" als zusätzliche Form der Anrede. Die Enkel nannte man meistens unter Wegfall des „Honourable" bloß „Mr."; sie zählten einfach zum niederen Adel. Wie wir hervorgehoben haben, war unterhalb der Gentry die Hierarchie viel weniger eindeutig gegliedert, weil dort Statuskategorien, sofern überhaupt vorhanden, immer mit dem betreffenden Beruf in Verbindung standen.

Die entsprechenden Bezeichnungen für Geistliche, die in der Tabelle in Klammer gesetzt sind, geben den Sprachgebrauch der Zeit wieder. Ihre Stellung in der Rangordnung war aber nicht genau festgelegt — viele Geistliche, vor allem jene ohne Pfründe, zählte man nicht der Gentry zu. Die Standesbezeichnung galt für alle Mitglieder einer Familie — wenn der Mann der Gentry oder dem Hochadel angehörte, galt das auch für seine Frau und seine Kinder. Die Stellung der Frauen und Kinder von Geistlichen war nie klar. Bei den freien Berufen neigte man dazu, die betreffende Berufsbezeichnung als Standesbezeichnung zu verstehen und nannte so etwa den Sohn eines Kaufmanns Kaufmann. Unterhalb der Gentry brachte man die Kinder nicht mit dem Status des Familienoberhauptes, sondern jeweils mit dem darunter in Verbindung — so galten z. B. die Söhne eines Yeoman als Husbandmen und die eines Husbandman als Labourers.

KAPITEL 3

Die Dorfgemeinschaft
Katen und Gehöfte, Herrenhaus und Kirche

Wie treffend scheint es uns doch, daß Falstaff im Sterben von seinen grünen Feldern spricht. Haben wir nicht noch immer England so vor Augen? Saftige Wiesen und, ein noch verbreiteteres Bild, ein paar verstreute Häuser mit Strohdächern, einen Herrenhof, ein Gasthaus und eine Kirche. Diese Vorstellung bestätigt sich der Engländer in seinen Ferien; und Ausländer, vor allem Amerikaner, bekommen diesen Eindruck, wenn sie als Fremde durch das Land reisen.

Dies hat freilich heute nichts mehr mit der Wirklichkeit zu tun — und die meisten Leute wissen das auch. Daß uns dieses Bild trotzdem noch immer anzieht und unser nationales Selbstverständnis prägt, ist als weiterer Beweis für den Einfluß jener Welt anzusehen, die mit dem Aufkommen von großer Industrie und städtischen Lebensformen untergegangen ist. Heute leben mehr als vier von zehn Engländern in Großstädten und mehr als die Hälfte aller Menschen in Städten mit mehr als 50.000 Einwohnern,[1] von denen manche eine Ausdehnung haben, die es einem durch eine Laune der Geschichte in unsere Zeit verschlagenen Menschen jener ländlichen Welt sicher nicht erlauben würde, sich zurechtzufinden.

London war sogar in jenen Tagen eine Großstadt industriellen Gepräges, obgleich es eine Industrie im heutigen Sinn natürlich nicht gab. Von Falstaffs wahrscheinlich gerade erreichbarem Hauptquartier in der Schenke zu Eastcheap bis ins Grüne dürfte es noch ziemlich weit gewesen sein; weniger als 1,5 bis 2 Meilen waren es sicher nicht. Am Ende der vorindustriellen Zeit war London die größte Stadt Europas und — was damals freilich niemand wußte — neben Tokyo auch die größte der Welt, und doch noch immer kleiner als das alte Rom, die größte den Menschen jener Zeit bekannte Ansiedlung. Am Ende des 17. Jahrhunderts lebte bereits mindestens jeder zehnte Engländer in London, das damals schon über eine halbe Million Einwohner zählte.[2] Mehr hat man sich nicht darunter vorzustellen, wenn vom städtischen Leben und den Menschenmassen der Zeit die Rede ist, da alles noch händisch hergestellt wurde und man noch keine Maschinen kannte. Leben heute mindestens drei Viertel aller Menschen in

Städten, war das Verhältnis zur Zeit der Tudors und Stuarts genau umgekehrt. Unter der Herrschaft Elisabeths, in den Jahren des Bürgerkriegs zwischen Charles II. und Cromwell und zur Zeit der Glorreichen Revolution, als Wilhelm von Oranien den Thron bestieg, lebten gut vier Fünftel der gesamten Bevölkerung in dörflichen Gemeinden.

Außerdem waren die ländlichen Siedlungen von einst selbst im Vergleich zu heutigen Dörfern recht klein. Feststehen dürfte, daß es keine Durchschnittsgröße in dem Sinn gab, daß die meisten Dörfer mehr oder weniger dieselbe Einwohnerzahl gehabt hätten. Es gab nicht nur Städte unterschiedlicher Größe, sondern auch große und kleine Dörfer wie etwa Great Milton und Little Milton in Oxfordshire. Die Zusammensetzung und Einrichtung der Niederlassungen war von Gebiet zu Gebiet recht unterschiedlich und wich manchmal sogar innerhalb ein und derselben Region in mancher Hinsicht voneinander ab. Das numerische Mittel jedoch, jene Zahl also, die sich ergibt, wenn man die gesamte Bevölkerung von England und Wales in den letzten Jahren der Stuartzeit durch die Anzahl aller Orte dividiert, lag mit einiger Sicherheit bei etwa 300 oder darunter. Das einzige bisher verfügbare Beispiel einer innerhalb desselben Gebiets gelegenen Gruppe von Dörfern nennenswerten Umfangs ergibt sogar noch niedrigere Werte. Dieses Beispiel stammt aus dem Bezirk Wingham in der Grafschaft Kent, wo in den Einwohnerlisten des Jahres 1705 von vierzig getrennt angeführten Orten insgesamt 6.411 Personen erfaßt sind, was ein Mittel von 160 ergibt. Ein großer Teil der Bevölkerung Englands zur Stuartzeit lebte in Niederlassungen, die so klein waren, daß sie einem Menschen von heute wie Spielzeugdörfer vorgekommen wären.

Aber sogar im Gebiet von Wingham gab es eine Gemeinde mit 1.172 Einwohnern und 42 Prozent aller Menschen lebten in Orten mit mehr als 400 Einwohnern. Wie alle Gesamtzahlen sind die für das ganze Land angeführten Werte in gewisser Weise ebenso irreführend wie die Angaben für den genannten Bezirk. Obwohl der tatsächliche nationale Durchschnitt, das numerische Mittel, so niedrig lag, dürfte, wie im Jahre 1705 in Kent, ein recht beträchtlicher Anteil der Bevölkerung in größeren Niederlassungen mit wahrscheinlich 500 und mehr Einwohnern gelebt haben.[3] So gesehen, ergibt sich ein ganz anderes Bild der Bevölkerungsstruktur Englands. Etwa zwei Drittel der Gesamtbevölkerung müssen in Dörfern mit mindestens 500 Einwohnern und mehr als ein Zehntel in einer Großstadt im heutigen Sinn gelebt haben. Diese unterschiedlichen Gesichtspunkte ändern jedoch am eigentlichen Gesamtbild kaum etwas, wenn man die Verhältnisse der vorindustriellen Welt dem Leben von heute gegenüberstellt, wie das in der Absicht dieses Überblicks liegt. Zieht man ein modernes Industriezentrum mit 50.000 und mehr Einwohnern zum Vergleich heran, unterscheidet sich das Leben in einer Gemeinde mit 500 oder 600 Seelen kaum von dem eines Dorfes, in dem 300 oder 400 Menschen leben.

Es gibt also deutliche Hinweise darauf, daß die Größe der Gemeinden in jener uns verlorenen Welt in etwa dem gleichen Maßstab entsprach wie der Umfang der familiären Lebens- und Arbeitseinheiten. Von London abgesehen, war England sicher in ungewöhnlicher Weise besiedelt — es gab dort mehr Felder als in vielen anderen europäischen Gebieten. Es läßt sich heute belegen, daß Dörfer in England viel kleiner waren als beispielsweise Niederlassungen in der Neuen Welt. Wenn den einzelnen Aspekten der Bevölkerungsverteilung in Dörfern oder besser Weilern aber auch noch nachzugehen ist, gibt es bei den städtischen Werten, zumindest was das 17. Jahrhundert betrifft, so gut wie keine Unklarheiten. London ausgenommen, entfallen auf Zentren mit mehr als 10.000 Einwohnern — wovon es im Jahre 1600 nur fünf und 1700 nur ganze sieben gab — weniger als zwei Prozent der Gesamtbevölkerung. Bezieht man auch die Gruppe der zwischen 5.000 und 10.000 Einwohner zählenden Orte mit ein, die zu Beginn des 17. Jahrhunderts 15 und hundert Jahre später 26 Niederlassungen umfaßte, liegt der Anteil noch immer niedriger als fünf Prozent. Insgesamt gesehen lebten also im Jahre 1600 etwa acht und gegen Ende des 17. Jahrhunderts etwa siebzehn Prozent aller Einwohner des Landes in Städten, wobei jeweils ungefähr zwei Drittel auf London entfielen.

Was Großstädte betrifft, scheinen Gregory King einige Irrtümer unterlaufen zu sein. Seine Berechnungen geben aber über Zentren mit einer geringeren Einwohnerzahl Aufschluß, die aber noch über jener von Dörfern lag. King erarbeitete eine Liste von etwa 800 Orten in den neunziger Jahren des 17. Jahrhunderts, aus der sich für lokale Zentren in England ein Mittelwert von nur wenig mehr als 1.000 Einwohnern ergibt, was knapp zwei Zehntel Prozent der Gesamtbevölkerung Londons entspricht.[4] Der Unterschied zwischen London und den anderen Großstädten ist sogar noch überraschender. Für das Jahr 1600 sind die Zahlen, die einander gegenüberstehen, 200.000 und etwa 12.500; für das Jahr 1700 mindestens 500.000 und weniger als 20.000; und für das Jahr 1750 fast 700.000 und noch nicht ganz 30.000. Es gab nur sehr wenige Großstädte, die dieser zweiten Kategorie mit einer weitaus geringeren Einwohnerzahl als London zuzurechnen waren. Während Norwich, Bristol und Newcastle immer dazugehörten, fiel zwar York nach 1700 weg, Birmingham, Liverpool und Manchester waren 1750 aber bereits groß genug, um dazuzuzählen. Bei aller Ungenauigkeit der Schätzungen geht aus den Werten jedoch klar hervor, daß im Laufe der letzten fünf Generationen der vorindustriellen Zeit in England die Verstädterung sehr rasch zunahm, rascher sogar, wie E. A. Wrigley meint, als das je in anderen Ländern Europas der Fall gewesen zu sein scheint.

Trotz dieser entscheidenden Tatsache — entscheidend deshalb, weil damit etwas über die Steigerung der Produktivität in der Landwirtschaft ausgesagt ist, die sowohl die Städter als auch die „industriellen" Produktionszweige mit Nahrungsmitteln versorgen mußte — hat man sich das damalige England als ländliches Hinterland vorzustellen, das durch ein Netz unbedeutender lokaler Zentren mit seiner riesigen Metropole verbunden war. Kaum etwas erinnerte an große Provinzstädte, wie es sie in Frankreich gab. Sieht man von den wirklich bedeutenden Großstädten Paris, Lyon und Marseille ab, zählten damals sechs französische Städte zwischen 35.000 und 50.000 Einwohner oder mehr: Rouen, Orleans, Amiens, Bordeaux, Reims und Angers.[5] Sogar in Beauvais, einer Textilstadt mittlerer Größe, lebten 15.000 bis 20.000 Menschen; und als man im Jahre 1695 in der relativ unbedeutenden Provinzhauptstadt Aix-en-Provence einen ziemlich genauen Zensus durchführte, belief sich die Zahl der Einwohner auf 27.500. Wir können dieses Ergebnis mit dem einer fast zur selben Zeit erfolgten Zählung vergleichen, die ähnlich verläßlich zu sein scheint und mit Wissen Kings, ja wahrscheinlich sogar mit seiner Hilfe, in seinem Geburtsort, in Lichfield in Staffordshire, durchgeführt wurde. Lichfield, Domstadt und Zentrum der Grafschaft, zählte damals 2.861 Einwohner. In Chichester, einer Stadt mit sehr ähnlichen Eigenschaften und Aufgaben, lebten im Jahre 1625 2.500 Menschen.

Es gab in England keine Stadtstaaten wie Florenz oder Venedig, ja nicht einmal Städte wie Frankfurt am Main oder Salzburg. Trotz seiner phantastischen Ausmaße darf man sich selbst London nicht als städtische Anlage vorstellen: Von wenigen vornehmen Bezirken und einem kurzen Zwischenspiel unter der Herrschaft Georgs abgesehen, wuchs London damals ebenso planlos wie bedauerlicherweise auch heute noch und vermittelte wie alle ländlichen Niederlassungen in England einen Eindruck des Wirren und Zufälligen. Es gibt jedoch einen wirklich interessanten Umstand, der uns zu denken geben sollte, ehe wir unsere Vorfahren endgültig als im wesentlichen provinzielle Menschen abtun, die London nur aus der Ferne kannten und über das Leben in der Metropole staunten. Vorsichtig meint Wrigley, „mit Recht annehmen zu können, daß im frühen 18. Jahrhundert in England nicht weniger als einer von sechs Erwachsenen einmal unmittelbar mit dem Londoner Leben in Berührung kam".[6] Gregory Kings Aufzeichnungen selber belegen, daß sich die Menschen jener Zeit sehr wohl der unterschiedlichen gesellschaftlichen Verhältnisse bewußt waren. In seinen *Observations* versucht King immer wieder, städtische und ländliche Wertvorstellungen auseinanderzuhalten, und bringt Tabellen, die zeigen sollen, daß in London und in den Städten mehr Ehepaare, mehr Dienstboten, mehr Witwen und weniger Kinder lebten als auf dem Land. Unsere vorläufigen Ergebnisse bestätigen seine Aussagen nur zum Teil. Wie alle Menschen seiner Zeit war er davon überzeugt, daß London ein grauenhafter Ort war, der allem Anstand Hohn sprach. Wir können heute mit Sicherheit sagen, daß er sich auf jeden Fall irrte, was die Zahl der unehelichen Geburten betrifft.[7] Die uns zur Verfügung stehenden Unterlagen erlauben uns aber kein allgemeines Urteil über die damaligen Unterschiede von Stadt und Land.

Wenn davon die Rede ist, daß wir uns England als eine Landschaft vorzustellen haben, in der es außer grünen Wiesen, offenen Feldern und vereinzelten Dorfgemeinden kaum etwas gab, so ist dabei eher an ein Netz zu denken als an eine Reihe isolierter Orte. Die vielen kleinen Siedlungen, in denen ein so großer Teil der Bevölkerung lebte, waren nämlich alle über lokale ländliche Zentren und persönliche Beziehungen einzelner Individuen miteinander verbunden. Sie waren zwar unabhängig — eben diese Unabhängigkeit setzt jedoch voraus, daß es größere Gemeinschaften gegeben haben muß. Wenn diese größeren Niederlassungen im Vergleich zu anderen Provinzstädten Westeuropas auch recht klein waren, unterschieden sie sich als Zentren des Handels und der Kommunikation in ihrem Aufbau dennoch von allen anderen Orten. Daher sollte man sich die Besiedlungsstruktur des Landes also eher als Gewebe und nicht als Summe einzelner Punkte vorstellen — das Bild eines sich von Küste zu

Küste spannenden Netzes dürfte sich für einen Vergleich wohl am besten eignen.

Niederlassung („settlement") ist sicher der entsprechende Ausdruck für die Dörfer und Weiler Englands. Diese Knotenpunkte waren Verbände mehrerer Haushalte, die noch von den Nachfahren jener ersten Kolonisatoren der Insel bewohnt und geführt wurden, die sich dort tausend Jahre zuvor niedergelassen hatten. Wie zum Teil auch heute nocht trugen damals viele dieser Niederlassungen den Namen, der ihnen aus jenen Tagen geblieben war, als man das Land zu roden und die ersten Behausungen zu errichten begann. Woolpit — für „wolfpit" (Wolfsgrube) — in Suffolk und Caldecote — ein Name, der in verschiedenen Grafschaften vorkommt und eine Niederung bezeichnet, in der Schafe vor der Kälte Zuflucht finden — sind Beispiele dafür.

Jede Gruppe von Gehöften lag inmitten eines Areals bebaubaren Landes, das groß genug zu sein schien, um den Bewohnern der Anwesen den Unterhalt zu sichern. Manche Gebiete wurden daher dichter und rascher besiedelt: Die meisten, größten und ältesten Niederlassungen finden sich dort, wo das Land fruchtbar, flach und leicht zu bestellen war oder zwei Flüsse zusammentrafen. In Norfolk gibt es nicht weniger als 660 alte Pfarren und 969 mittelalterliche Kirchen. In dieser Grafschaft, die damals die wohlhabendste von allen war, kann man von einem einzigen Aussichtspunkt oft zehn Kirchturmspitzen und Türme sehen. Doch selbst in Norfolk trifft man im Breckland auf Meilen öder Landstriche, wo nur wenige Menschen in weit voneinander entfernten Dörfern lebten. Im englischen Hochland, also in jenem Gebiet, das sich im Norden oder Westen der berühmten Linie erstreckt, die von Bristol zum Washfluß verläuft, lagen fünf, sieben, ja manchmal bis zu zehn Meilen zwischen zwei Kirchen. Yorkshire, mehr als doppelt so groß wie Norfolk, hatte zur Zeit der Stuarts nur 459 Pfarren, Cornwall gar nur 61; Lancashire, wo der plötzliche Einbruch der Industrie tiefgreifendere Umwälzungen mit sich brachte als in allen anderen Grafschaften, nicht mehr als 64.[8]

Man hat zwischen Pfarren und Niederlassungen zu unterscheiden. Eine Pfarre umfaßt oft mehrere Weiler und ein Dorf besteht oft aus mehreren Pfarren. Im Schnitt dürften etwa drei Siedlungen auf zwei Pfarren gekommen sein. Die Anzahl der Pfarren kann daher nur ein ungefährer Anhaltspunkt sein, wenn es um Größen-, Dichte- und Strukturunterschiede der Niederlassungen in den verschiedenen Teilen des Landes geht. Will man die Bedingungen in Hochlandregionen mit jenen in Flachlandgebieten vergleichen, sind die genannten Werte noch problematischer. Im Hochland waren Kapellsprengel entstanden, um die in den Anfängen der Woll- und Tuchindustrie angewachsene Bevölkerung betreuen zu können. Doch selbst in diesen Regionen umfaßte das Gebiet einer Pfarre oft wie im Flachland nur ein oder zwei Weiler. In Widecombe-in-the-Moor in Devonshire war das so; noch heute liegt das Dorf einsam mitten im Dartmoor. Das Leben der Menschen von Widecombe oder von Greystoke in Cumberland, einem von den Bergen des Lake District eingeschlossenen Ort, verlief sicher ganz anders als das der Einwohner von Colyton, einem großen und wohlhabenden Dorf an der Küste von Devon, oder von Cogenhoe — so hieß eine kleine Gruppe von Höfen in Northhamptonshire, wo 200 Leute auf nur 800 Morgen Land doch eine eigene Kirche und ihren Pfarrer hatten.

Den Dörfern Greystoke, Colyton und Cogenhoe wird man im Laufe dieser Arbeit noch öfter begegnen, weil sie zu den fünfzehn bis zwanzig Dorfgemeinschaften gehören, die für diese Arbeit einer einigermaßen ausführlichen Analyse unterzogen wurden. Manche für bestimmte Unterschiede zwischen den einzelnen Gemeinden verantwortliche Besonderheiten sind uns aber noch immer nicht wirklich bekannt. Wir wissen auch heute nichts über die Auswirkungen des ethnischen Ursprungs der Einwohner auf die Art der Einrichtungen des dörflichen Lebens, die Anlage der Felder und deren Bewirtschaftung und das religiöse Verhalten der Menschen. Wie man weiß, waren ja die Bewohner des Hochlands keltischer, die des Flachlands hingegen sächsischer Herkunft.[9]

Die Unterscheidung zwischen Hochland im Norden und Westen und Flachland im Süden und Osten deckt sich mit jener in Gebiete mit vorwiegend Weideland für die Vieh- und Schafzucht und in erster Linie auf Landwirtschaft, also den Anbau von Weizen, Hafer und Gerste, ausgerichtete Regionen. Ein Großteil des Hügellandes eignet sich von der Bodenbeschaffenheit her nur als Weideland. Das war damals vor allem im Norden und Westen der Fall. Wo die Erde leichter ist, kann man sowohl Getreide anbauen als auch Tiere züchten und mästen. In vielen Gebieten Englands wurde daher trotz der allgemeinen Teilung in Weide- und Ackerland Mischwirtschaft betrieben, was, wie wir sehen werden, unsere Vorfahren in gewissem Maße davor bewahrte, daß ihnen die Lebensmittel ausgingen.

Als nächstes ist zwischen zwei Siedlungsformen zu unterscheiden. Zum einen gab es Dörfer, die um einen Mittelpunkt angeordnet waren: Die Bauernhäuser säumten die Dorfstraße und scharten sich um Kirche und Anger, die Felder lagen meist unmittelbar hinter den Gehöften. Zum anderen gab es Dörfer, die aus verstreuten Anwesen bestanden. In manchen Fällen befand sich die Kirche mitten in den Feldern, um von allen Höfen her gleichermaßen zugänglich zu sein. Des weiteren ist zwischen Flursiedlung und zwischen Niederlassungen mit offenen und mit eingefriedeten Ländereien zu unterscheiden. Handelt es sich bei der Unterscheidung nach eingefriedeten und nicht eingefriedeten Ländereien auch um einen Standpunkt rein gesellschaftlicher Art, war es doch so, daß auch andere Faktoren, wie geologische Momente, Seehöhe und Aufforstungsgrad, eine Rolle spielten. Wo die Felder nicht umfriedet waren, was meist bei Waldgemeinden und etwas häufiger bei Weide- als bei Ackerlandsiedlungen vorkam, gab es viele kleine Landbesitzer. In Gebieten mit eingefriedeten Feldern hingegen lag das Land in den Händen weniger oder gar nur eines Eigentümers, der darüber entschied, wer sich niederlassen durfte, und das gesamte wirtschaftliche Treiben ebenso kontrollierte wie alles, was im gesellschaftlichen Bereich vor sich ging. Wie zu erwarten, waren es die Gemeinden mit offenem Land, wo das industrielle Handwerk am ehesten Wurzeln zu schlagen vermochte. Dort konnten sich nicht nur Leute ohne Grundbesitz niederlassen, sondern auch vor allem die in der Heimindustrie tätigen Familien vermehren.

Leicestershire ist für diesen Unterschied wohl das bekannteste Beispiel. Bottesford, eine Pfarre mit eingefriedeten Ländereien, befand sich im 18. Jahrhundert fast ausschließlich in den Händen der Herzöge von Rutland. Die Niederlassung hatte ihren landwirtschaftlichen Charakter streng bewahrt: Es gab nur Pächter und Tagelöhner und nicht eine Familie, die vom Strumpfwirken oder einer ähnlichen Arbeit gelebt hätte. In der offenen Pfarrei von Shepshed hingegen, wo das Land vielen gehört hatte, war aufgrund mangelnden Zusammenhalts eine gemeinschaftliche Organisation der für das Dorf entscheidenden Belange nicht möglich. Wer siedeln wollte, konnte sich dort auch niederlassen. Kein Wunder, daß die Pfarre bald von Strumpfwirkern überschwemmt und zu einem klassischen Schauplatz protoindustrieller Arbeitsform in England wurde. Wie wir im zehnten Kapitel sehen werden, schlugen sich solche Momente in der demographischen und sozialen Zusammensetzung ebenso nieder wie im kulturellen Leben.[10] Unterschiede dieser Art konnten unter Umständen sogar stärker sein als Besonderheiten der ethnischen Herkunft und der Tradition, ja selbst stärker als Einflüsse der geographischen Lage — und das lange vor den Anfängen der großen Industrie um die Mitte des 18. Jahrhunderts. Bei der Darstellung der Unterschiede zwischen einzelnen Gemeinden haben Historiker den Wechselfällen der älteren ländlichen Geschichte Englands stets eine bevorzugte Stellung eingeräumt. Die Einfriedung der Dorfländereien stand dabei immer im Mittelpunkt ihrer Betrachtungen.

Wurde das offene Ackerland einer Siedlung kooperativ bewirtschaftet, bis es dann in der Tudorzeit irgendeinem habgierigen oder rührigen Grundherrn gelang, es einzufrieden? — Wenn das geschah, waren die Bewohner gezwungen, die alten Formen gemeinsamer Bewirtschaftung aufzugeben. Die großen offenen Felder wurden in kleine Parzellen aufgegliedert und mit Hecken umgeben. So klein die den einzelnen Pächtern zugewiesenen Anteile dabei waren, so groß war das Land, das der Grundherr für sich selber in Anspruch nahm.

Gab es zu einer bestimmten Zeit in einem Gebiet noch offenes Land, das von den Leuten kooperativ bestellt wurde? Oder war dort das Land, wie in Kent und East Anglia, vielleicht schon immer umfriedet gewesen? — Sicher sind das grundsätzliche Fragen, die man stellen muß, wenn man sich mit Dorfgemeinden der Alten Welt auseinandersetzt, weil die meisten Menschen von damals im wesentlichen in der Landwirtschaft tätig waren und die Zusammenarbeit dabei das entscheidende Bindeglied zwischen den einzelnen Haushalten darstellte. Doch in den ersten Jahren des 18. Jahrhunderts,[11] dem letzten der Alten Welt im Sinne unserer Ausführungen, war sicher noch kein großer Teil der tatsächlichen Kulturfläche eingefriedet.

Selbst dort, wo man das Gemeindeland gerade erst umfriedet hatte, waren außerdem vom Standpunkt der Dorfgemeinschaft die Unterschiede zu früher weniger groß, als man erwarten könnte. Freilich verarmten manche Kleinbauern, denen ein Stück Land zugewiesen wurde, das nicht groß genug war, um ohne das nun abgeschaffte gemeinsame Nutzungsrecht ihren Lebensunterhalt sichern zu können. Diese Menschen wurden zu Tagelöhnern, die fortan vom Verkauf ihrer Arbeitskraft leben mußten. Die Einfriedung der Ländereien konnte aber die Entfernung nicht aus der Welt schaffen, die eine Gemeinde von ihren Nachbargemeinden trennte. Obgleich die Einzelheiten der Bewirtschaftung nicht mehr auf den Versammlungen der Gutsherren festgelegt und diese Zusammenkünfte mehr und mehr zu einer aussterbenden Einrichtung wurden, mußte die Dorfgemeinschaft ihre Angelegenheiten doch noch immer kooperativ regeln.

Da hatte man die ein oder gar zwei Kirchen im Dorf zu verwalten, auf die Durchführung des Armengesetzes zu achten, die Straßen in Stand zu halten und einen Konstabler zu ernennen, der für Ruhe und Ordnung sorgen sollte. Je schwerer die gemeinsame Verantwortung war, desto stärker waren wahrscheinlich die Mitglieder einer Gemeinde auch einander verbunden, weil so jeder sein Interesse aufgehoben sah. Das Leben in einem Ort, der von anderen Niederlassungen gleichen Umfangs und ähnlicher Struktur räumlich getrennt ist, bringt notwendigerweise immer ein Zusammengehörigkeitsgefühl und ein Gemeinschaftsleben hervor, auch wenn dessen Formen wie in den von uns heute so geschätzten Vereinen und Klubs recht armselig und symbolisch sein mögen.

Wie stark dieses Gemeinschaftsgefühl englischer Dorfbewohner war, zeigt sich, wenn man den Weg jener Menschen verfolgt, die sich jenseits des Atlantischen Ozeans in der Fremde auf unberührtem Boden niederließen und zu neuen Formen des Zusammenlebens finden mußten. Natürlich war zur Zeit des Niedergangs der überkommenen englischen Ordnungsstrukturen, in den Jahren der britischen Städtegründungen an der Ostküste des nordamerikanischen Kontinents, die Dorfgemeinschaft der Alten Heimat das Vorbild. Die Menschen aus East Anglia, wo das Land seit jeher eingefriedet war, und die Auswanderer aus Mittelengland, wo es damals seit kurzem auch keine offenen Felder mehr gab, fühlten sich ebenso zusammengehörig und waren daher ebenso abgeneigt, sich einer neuen Form der Gemeinschaft unterzuordnen, wie all jene, die aus Dörfern stammten, wo der weite, graue Himmel Englands sich seit unvordenklichen Zeiten über noch immer offenes Land wölbte. Wir wissen, daß in neuen Niederlassungen in Massachusetts Einwanderer aus Dörfern mit offenen Feldern manchmal auf ihrer Art der Bewirtschaftung bestanden. Ob Leute, die aus anderen Gebieten kamen, diese Rückkehr zur einstigen Kooperation begrüßten, geht allerdings aus den Unterlagen nicht hervor.[12]

Es ist daher kaum anzunehmen, daß die Bauern aus den englischen Dörfern, die ihre Heimat verließen, um auf dem felsigen

Grund Neuenglands ein puritanisches Gemeinwesen aufzubauen, wegen der Einfriedung des Landes durch ihren Grundherrn auswanderten. Freilich waren sie nicht nur abgeneigt, eine neue Gentry aufkommen zu lassen, sondern auch fest dazu entschlossen, mit kirchlichen Würdenträgern nichts zu tun zu haben. Trotzdem gab es in allen amerikanischen Kolonien Edelleute, und das sogar in Massachusetts, das durch und durch puritanisch war. Weiter im Süden spielte bekanntlich die Gentry eine viel wichtigere Rolle, und selbst der anglikanischen Hierarchie gelang es, dort Fuß zu fassen. Die Plantagenbesitzer Virginias verstanden sich von allem Anfang an als Zweige englischer Familien in Übersee. Und es gibt tatsächlich Hinweise darauf, daß die Erschließung der grünen, bewaldeten Ebene zwischen Atlantikküste und Appalachen der Initiative der Gentry zuzuschreiben ist, auch wenn ihr dann die Besiedlung des Gebiets recht schwerfiel.[13]

Heute überschätzt man vielleicht gerne die Entschlossenheit der Ablehnung, die man der in der alten englischen Welt durchgesetzten hierarchischen Ordnung im neuen England Amerikas entgegenbrachte, weil uns jedes Zeichen der Verstimmung und Unzufriedenheit im sozialen Bereich sofort ins Auge sticht und festgehalten wird. Es steht außer Zweifel, daß das Leben der Leute aus dem Volk in der Alten Welt von der gesellschaftlichen Hierarchie entscheidend bestimmt wurde. Ohne Gentry, ohne einen Vertreter der herrschenden Minderheit in ihrer Mitte, stand es den Bewohnern einer englischen Dorfgemeinde wirklich frei, ihre Angelegenheiten auf ihre Weise zu regeln – und das allem Anschein nach in einem Maß, das an Niederlassungen in Neuengland erinnert. Wo sich, wie in Galby in Leicestershire, nie ein Edelmann niedergelassen hatte, läßt sich über Jahrhunderte zurückverfolgen, wie freie Dorfbewohner ihre Gemeinde nach ihrem Gutdünken verwalteten.[14] Wir haben bereits gesehen, wie entscheidend das für die Entwicklung der Wirtschaft und Industrie sein konnte. Neben den Dörfern, wo, von der Kirche abgesehen, das Haus des Gutsherrn alle anderen überragte und das Leben der Bauern in erster Linie durch die Ehrerbietung der Herrschaft gegenüber bestimmt war, muß es viele Orte ohne Gentry gegeben haben. Man kann davon ausgehen, daß das mehr oder weniger auf ein Fünftel aller englischen Dorfgemeinden zutraf.

Betrachtet man die Sache genauer, erscheint einem aber der Anteil erstaunlich gering. Obwohl nur fünf Prozent der Bevöl-

kerung der Gentry angehörten, verfügte diese doch über zwei
Drittel des Landes. Da es sich hier um grobe Schätzungen handelt, ist es vielleicht angebracht, deren Quelle anzugeben. Im
Jahre 1680 veröffentlichte der Kartograph John Adams eine
Aufstellung mit dem Titel[15] *Index Villaris; or, An Alphabetical
Table of the Cities, Market-Towns, Parishes, Villages, and Private Seats in England and Wales,* also ein alphabetisches Verzeichnis aller Städte, Märkte, Pfarren, Dörfer und Familiensitze
in England und Wales. Wenn die nach Amerika ausgewanderten
englischen Siedler das Gefühl hatten, in ihrer alten Heimat keinen Schritt tun zu können, ohne dabei einem „Honourable"
oder „Worshipful" zu begegnen, zeigte dieser Überblick, daß sie
damit nicht ganz unrecht hatten.

Tabelle 3:
Verteilung der Familiensitze von Hochadel und Gentry (England, 1684)

Zahl der genannten Orte	Anteil (%)	Bezeichnung der adligen Bewohner	
13	2,3	Angehörige des Hochadels	
360	64,0	Gentlemen	33 (5,9%) Baronets 5 (0,9%) Ritter 85 (15,1%) zwei oder mehr Gentlemen 174 (30,9%) ein Gentleman 63 (11,2%) ein oder mehrere Gentlemen (Anzahl unbekannt)
106	19,0	keine adeligen Bewohner	
83	14,7	unklar	
562	100,0		

Quelle: Adams, *Index Villaris*

Wenn auch die Verläßlichkeit der ursprünglichen Quellen außer Frage steht, sind diese Angaben doch mit Vorsicht zu behandeln. Angehörige des Hochadels hatten nämlich oft mehrere Familiensitze. Ein und dasselbe Buch nennt nicht weniger als

Tabelle 4:
Goodnestone-next-Wingham, Kent, April 1676

Status der Haushalte	Anzahl der Haushalte	mittlere Haushaltsgröße	Variationsbreite	Anzahl der Mitglieder	Anzahl der Kinder	Anzahl der Dienstboten	Anzahl im Hause wohnender Verwandter
Gentlemen	3	9,0	22, 3, 2	27	7	15	1
Freisassen	26	5,8	12 – 2	151	64	34	3
Handwerker	9	3,9	8 – 1	35	16	2	0
Tagelöhner	12	3,2	6 – 2	38	15	0	0
Arme	12	2,1	6 – 1	25	11	0	1
insgesamt	62	4,45	22 – 1	276	113	51	5

Quelle: Einwohnerverzeichnis aus dem Archiv der *Cambridge Group for the History of Population and Social Structure*

12 Häuser, die Henry Somerset, dem Herzog von Beaufort, Marquis und Grafen von Worcester, Lord Herbert of Chepstow, Raglan und Gower, gehörten: Worcester House am Strand in London, Badminton und Wollaston Grange in Gloucestershire, Monmouth Castle, Chepstow Castle, Raglan Castle, Chepstow Grange und Tretower Castle in Brecknockshire und Swansea Castle in Glamorgan. Der Herzog von Norfolk besaß zehn Anwesen, eines davon ganz im Zentrum der Stadt Norwich, Schlösser in vier verschiedenen Grafschaften und Norfolk House in London. Oft übersieht man die Stadthäuser oder Paläste, wie man sie in Italien nannte. Ein Graf hatte neun Anwesen, ein Baron acht. Sicher konnte keine dieser Familien je so viele Häuser gleichzeitig bewohnen und gewiß überließ man auch so manches Schloß dem Verfall. Doch in allen Dörfern, wo es einen Ansitz gab, kündeten die prunkvollen Gebäude von der Macht ihrer Besitzer. Wer im Schatten einer Burg oder der Mauer eines Schloßparks aufwuchs, wußte, wer im Lande das Sagen hatte, auch wenn es nicht die Besitzer waren, die auf dem Anwesen wohnten.[16] Der Druck der herrschenden Familien lastete gleichmäßig auf dem ganzen Land. — Es ist nun an der Zeit, sich der tatsächlichen Zusammensetzung der Dorfgemeinschaft zuzuwenden, wenn wir verstehen wollen, wie deren Mitglieder diesen Druck empfanden.

Am siebten April des Jahres 1676 beantwortete der Kurat der Pfarre von Goodnestone-next-Wingham in Kent eine Anfrage des Erzbischofs von Canterbury, der wissen wollte, wie viele Leute unter der Obhut seines Geistlichen standen und zum Abendmahl kamen.[17] Die unerwartet ausführliche Antwort enthält eine Liste, in der fünf Arten von Familien unterschieden werden: Gentlemen, Freisassen, Handwerker, Tagelöhner und Arme. In jenem Jahr gab es in Goodnestone 62 Haushalte mit insgesamt 276 Leuten, was eine durchschnittliche Haushaltsgröße von 4,45 ergibt — ein wenn auch unter dem Mittel liegender, so doch für das vorindustrielle England durchaus normaler Wert. Doch der Durchschnitt täuscht. Tabelle 4 zeigt, wie die Haushalte wirklich aussahen.

Fast zwei Drittel der Leute, 178 von 276 Personen, lebten in Haushalten, denen ein Angehöriger der Gentry oder ein Freisasse vorstand. Obwohl von insgesamt 62 Haushalten 33, also mehr als die Hälfte, Handwerker-, Tagelöhner- oder Armenhaushalte waren, umfaßten diese nicht einmal ein Drittel der Einwohner. Der auf die Haushalte entfallende Anteil der Kinder, Dienstboten und Verwandten nahm, wie man sehen wird, in diesem Dorf mit der sozialen Stellung ab.

Wie bereits betont wurde, waren mit der gesellschaftlichen Stellung einhergehende Veränderungen der Haushaltsgröße ein allgemeines Merkmal der vorindustriellen Welt. Das heißt nicht, daß in jener Gesellschaft, in der Einfluß und Haushaltsgröße Hand in Hand gingen, die meisten Menschen als Kinder reicher Eltern mit entsprechend großen Familien oder Haushalten geboren wurden. Ganz im Gegenteil, arbeiteten doch in der Dorfgemeinde von Goodnestone nicht weniger als 51 Einwohner, Männer, Frauen und Kinder, als Dienstboten, waren in einer bescheideneren Familie geboren worden und gehörten zum fraglichen Zeitpunkt doch einem wohlhabenderen Haushalt an. Diese 18,2 Prozent der Gesamtbevölkerung der Pfarre[18] waren sozusagen das, was die Armen des Dorfs den bessergestellten Familien zu bieten hatten.

Dieses Angebot betraf aber keineswegs ausschließlich die herrschende Minderheit: In Goodnestone waren in den drei adeligen Haushalten insgesamt 15 Dienstboten beschäftigt. Das war sicher eine recht stattliche Zahl; die Freisassenfamilien aber hatten mehr — in 14 von 26 Haushalten arbeiteten insgesamt 34 Dienstboten. Selbst Handwerker stellten Dienstboten ein — in einem Haushalt arbeitete ein Mädchen, in einem anderen war ein junger Mann beschäftigt. Mehr als die Hälfte der 33 Männer und Burschen und der 18 Frauen und Mädchen, die in dieser Gemeinde als Dienstboten tätig waren, arbeiteten für Freisassenfamilien. Und alle dienten als Knechte oder Mägde in der Landwirtschaft selber oder in einem bäuerlichen Haushalt, nicht als Diener oder Hausmädchen und nicht in der Küche. Sie waren von zu Hause weggegangen und hatten ihre Eltern mit ihren jüngeren Geschwistern oder gar allein zurückgelassen. Fünf von zwölf Tagelöhnerfamilien bestanden nur aus Mann und Frau; sofern es überhaupt Kinder gab, waren diese bereits ausgezogen.

Gentlemen, Freisassen, Handwerker, Tagelöhner und Arme — das waren also dem Kurat von Goodnestone zufolge die sozialen Schichten der Dorfgemeinde. Diese Einteilung deckt sich nicht ganz mit der, die wir im vorhergehenden Kapitel getroffen haben. Vor allem fehlen die Pächter *(husbandmen),* die der Kurat sicher zu den Freisassen *(yeomen)* gezählt hat. Auch hier könnten wieder Unklarheiten in der Bezeichnung zu falschen Schlüssen Anlaß geben, wenn uns für die Lektüre dieses aufschlußreichen Dokuments nicht eine ganze Reihe anderer Unterlagen dieser Art zur Verfügung stünden.[19]

Wenn der Kurat von Goodnestone die seiner geistigen Fürsorge unterstellte Pfarre betrachtete, fiel sein Blick zu allererst auf den riesigen Haushalt des Gutsherrn, der 22 Mitglieder umfaßte. Der Vorstand dieses Haushalts war ein gewisser Edward Hales, Esq. Er scheint der Pächter einer Londoner Kaufmannsfamilie namens Pennington gewesen zu sein, der das Gut und sicher auch die meisten Ländereien des Dorfs gehörten.[20] Im Haus wohnten noch seine Frau, sechs Kinder und acht männliche und sechs weibliche Dienstboten. In den beiden anderen kleinen Gentryhaushalten, die es in Goodnestone gab, dürften gewissermaßen Gefolgsleute der Hales gelebt haben. Die Mitglieder dieser Familien eingeschlossen, lebten in der ganzen Gemeinde zwölf Menschen, die als Angehörige der Gentry geboren worden waren. Neben dem Geistlichen gehörten von den 280 Bewohnern der Pfarre nur sie jener wirklich gebildeten Minderheit an, die auch etwas von jener Welt wußte, die es außerhalb von Goodnestone und dieser Gegend von Kent gab.

Obwohl die acht Männer und Burschen des Guts sicher imstande gewesen wären, mit der fallweisen Unterstützung der zwölf im Dorf lebenden Tagelöhner einen recht großen Hof zu führen, wurde das Land der Pfarre nicht von der Familie Hales bewirtschaftet. Ob das Land nun dem Grundherrn gehörte oder nicht, in Wahrheit waren es ein Dutzend vermögende Freisassen- und Pächterfamilien, die einen Großteil des Gemeindelandes bestellten. Es gab zwei Familien namens Neame; ein Haushalt zählte vierzehn, der andere sieben Mitglieder. Drei Familien, mit acht, acht und drei Angehörigen, hießen Wanstall. Der Haushalt William Tuckers umfaßte zehn, der von Richard Fuller und Stephan Church je neun und der John Pets acht Mitglieder. Diesem Dutzend Familien gehörten über hundert Leute an; ein Viertel davon, meistens junge Männer, waren Dienstboten. Es liegt auf der Hand, daß im Jahre 1676 die Dorfgemeinde Goodnestone-next-Wingham unter der Herrschaft ihres Grundherrn und dieser wohlhabenden Freisassenfamilien stand.

Mehr als die Hälfte der Einwohner haben wir aber damit noch nicht kennengelernt. Es gab noch vierzehn weitere Familien weniger vermögender Freisassen und Pächter, neun Handwerker- und je zehn Tagelöhner- und Armenhaushalte. Außerdem gab es auch eine Einrichtung, die wir bisher nicht erwähnt haben: eine Stiftung für Mittellose, in der ein Mann und drei Frauen untergebracht waren. Zählt man sie mit, ergibt sich eine Gesamteinwohnerzahl von 280. Daß neben den Angehörigen der Gentry und der freien Bauernschaft in der Dorfgemeinde niemand etwas galt, stimmt nicht, auch wenn freilich den Mitgliedern armer Familien ebensowenig eine positive Rolle zukam wie den in der Stiftung untergebrachten Armen.

Wie wir bereits gesehen haben, konnte jeder Freisasse, jeder Handwerker und selbst jeder Tagelöhner in irgendeiner Form am öffentlichen Leben der Gemeinde teilhaben. Für den männlichen Vorstand eines Tagelöhnerhaushaltes war es keineswegs ausgeschlossen, ein Amt im Dorf zu übernehmen. Es kam unter Umständen sogar vor, daß aus einem Pächter oder Tagelöhner ein wohlhabender Freisasse wurde, sofern er sich mehr als alle anderen anstrengte, Ausdauer und etwas Schläue und Verstand bewies, vor allem ungewöhnliches Glück bei der Wahl seiner Frau hatte und mit Verwandten gesegnet war, die ihm ein entsprechendes Erbe hinterließen. Wir wissen, daß es solche Fälle gab. Und wir wissen auch, daß es im Laufe mehrerer Generationen ebenso möglich war, ein blühendes Anwesen zu einem armen Hof herunterzuwirtschaften wie aus einer kleinen Wirtschaft ein ansehnliches Gut zu machen. Im Fall der Gemeinde Cogenhoe, wo uns tatsächlich sechs verschiedene Aufzeichnungen innerhalb eines einzigen Jahrzehnts das sich ändernde Geschick aller Gehöfte nachzuzeichnen erlauben, ergeben sich für die Zeit von 1618 bis 1628 in manchen Fällen Jahr für Jahr beträchtliche Veränderungen der Haushaltsgröße. Auch die Gesamteinwohnerzahl blieb nicht konstant.[21]

Die Handwerker brachten ein wenig Abwechslung in die Dorfgemeinschaft. In Goodnestone gab es zwei Zimmermannsfamilien, von denen eine einen Dienstboten beschäftigte, zwei Ziegelbrennerfamilien, einen Weber- und einen Schuhmacherhaushalt. Der Vorstand eines Hauswesens dürfte wahrscheinlich Schneider gewesen sein; dann gab es noch eine alleinstehende Frau, die sich als Krämerin bezeichnete. In den Dörfern des späten 17. Jahrhunderts setzte sich der Einzelhandel als Gewerbe zusehends durch. Wenn auch etwas kurz, entspricht diese Liste von Handwerkern den für alle ländlichen Gemeinden der Alten Welt üblichen Verhältnissen. Überraschend, daß man nicht einmal einem Schmied begegnet; bestimmte ländliche Berufe wie Hirten, Strohdecker und Viehtreiber wurden vermutlich zu den Tagelöhnern gezählt.

Allem Anschein nach gab es in Goodnestone kein Gasthaus, und der Pfarrer, ein Kurat, dürfte außerhalb des Dorfes gelebt haben. Auch das ist nicht ungewöhnlich. Ein verheirateter Vikar, der mit seiner Frau, seinen Kindern und den Dienstboten im Dorf gewohnt hätte, wäre für das Leben der kleinen Gemeinschaft dort jedoch ebenso von entscheidender Bedeutung gewesen wie ein gutgehendes Gasthaus an der Landstraße.[22] Wenn die Familie des Gutsherrn nicht in Goodnestone gelebt hätte, wäre das wahrscheinlich für das Dorf mit den einschneidendsten Veränderungen verbunden gewesen, die man sich vorstellen kann. Der Entschluß, sich auf Zeit oder für immer anderswo niederzulassen, hätte für das soziale Gleichgewicht der Gemeinschaft wohl einen ebenso entscheidenden Wandel bedeutet, wie wenn das Familienoberhaupt gestorben wäre, ohne einen erwachsenen Sohn zu hinterlassen. Während der Besitz zwar als ganzer erhalten geblieben wäre, hätte jedoch ein Pächter das Gut übernommen und dessen Verwalter (Gutsverwalter bezeichnete man damals in England manchmal noch als *bailiffs of husbandry*) zusammen mit den Oberhäuptern der zwölf wohlhabenderen Freisassenfamilien die Geschäfte des Dorfs geführt. Obgleich die Gemeinde fast 300 Einwohner zählte, spielte doch ihr Oberhaupt, der Grundherr, die weitaus wichtigste Rolle, und zwölf bis fünfzehn weitere erwachsene Männer und Haushaltsvorstände genügten, um alles in Gang zu halten.

In diesem Punkt kann man auch anderer Meinung sein. Die Mauern, die den Park des Grundherrn umgaben; die Wildhüter, die sich darum kümmerten, daß die Leute aus dem Dorf nicht ohne Befugnis jagten; eigene Kirchenstühle für sich und seine Familie, die dann im Laufe des 18. Jahrhunderts die Form hoher, geschlossener Logen annahmen — waren das nicht auch alles Momente, die den Grundherrn von der Dorfgemeinde trennten? Ein abwesender oder noch nicht erwachsener Grundherr war ebensowenig als Oberhaupt und symbolischer Vater der Dorfgemeinschaft anzusehen wie einer, der als Politiker der Grafschaft oder gar des Landes ständig mit wichtigeren Dingen als der Festlegung der Armensteuer oder der Instandhaltung der Brücke über den Fluß befaßt war. Dasselbe gilt für einen Gutsverwalter. Im Schrifttum der Tudor- und Stuartzeit finden sich immer wieder Klagen über den Verfall der Haushaltsführung — unter anderem war damit gemeint, daß das Haus des Grundherrn den Pächtern immer weniger offenstand. Man wurde nicht müde, die Grundherren davon überzeugen zu wollen, sich von der Stadt und vom Hof fernzuhalten. Wenn man fest daran glaubte, daß die ländliche Gentry ihre eigenen Leute im Stich ließ und sich empfahl, ohne daß es diesen auch nur im geringsten möglich gewesen wäre, sich zu jener großen Welt Zugang zu verschaffen, in der sich nur Leute von Stand frei bewegen konnten, so kann das also sicher nicht ganz aus der Luft gegriffen gewesen sein. Im Fall des Esquire Edward Hales und der Gemeinde von Goodnestone erlauben es uns die Unterlagen nicht, einer der beiden Erklärungen den Vorzug zu geben.

So unbedeutend das auch in einem größeren Rahmen war – jedes Dorf hatte seine eigene politische Struktur, ja seine eigene kleine Oligarchie, die mit der Herrschaft der adeligen Grundbesitzer nichts zu tun hatte. Geht man davon aus, daß das Dorf Terling in Essex als typisch angesehen werden kann, waren die Ämter dieser Miniaturgemeinwesen ausschließlich von jenen besetzt, die über ein ansehnliches Stück Land verfügten und es im Rahmen der bescheidenen bäuerlichen Verhältnisse zu einem stattlichen Vermögen gebracht hatten. Diese Leute wurden Kirchenvorsteher, Konstabler und Armenaufseher, vertraten Jahr für Jahr – oft folgte der Sohn seinem Vater in das Amt nach – als Geschworene ihr Dorf bei den Gerichtssitzungen und wurden dann auch Mitglieder des Rats der Gemeinde, sobald man gegen Ende des 17. Jahrhunderts diese Form der Versammlung einzuführen begann. Tagelöhner, Häusler und Arme bekleideten solche Ämter nur in den seltensten Fällen. Am Anfang des 18. Jahrhunderts begannen in Terling sogar Mitglieder der Gentry in der Gemeindepolitik eine Rolle zu spielen.[23] Einen Gesamteindruck von Struktur und Zusammensetzung selbst dieser kleinen Gemeinde zu vermitteln, wäre nur im Rahmen einer sehr ins Detail gehenden Darstellung möglich.

Die Beschreibung gesellschaftlicher Verhältnisse ist eine ebenso schwierige wie komplexe Aufgabe. Da man die Geduld des Lesers nicht auf die Probe stellen will und weiß, daß allgemeine Aussagen nicht gerade lebendig ausfallen, erscheint es einerseits oft angebracht, sich mit einzelnen Gemeinden zu beschäftigen; andererseits ist wiederum wirklich keine Gemeinde in allen Punkten typisch. Vielleicht haben wir uns schon zu ausführlich mit dem als Beispiel herangezogenen Dorf beschäftigt und wenden uns nun daher anderen Orten zu, für die uns heute Unterlagen zur Verfügung stehen, die es uns viel genauer zu rekonstruieren gestatten, wie diese Gemeinschaften einst funktionierten. Da jedoch die sozialen Strukturen im Fall Goodnestones besonders deutlich ausgeprägt sind, eignen sie sich als Modell für alle anderen Gemeinden. Jedes der bereits erwähnten vierzig Dörfer im Kent des Jahres 1705 dürfte auf seine Weise ebenso genau diesem Modell entsprechen wie viele andere Niederlassungen im ganzen Land.

Damit man nicht meint, daß jene großen Haushalte mit ihren so zahlreichen in der Landwirtschaft arbeitenden Dienstboten nur für Kent und das frühe 18. Jahrhundert charakteristisch waren, hier ein Vergleich mit den Verhältnissen in Ealing im Jahre 1599.[24] Diese damals noch ländliche Siedlung hatte deutlich die Züge der Struktur von Goodnestone: 404 Leute in 85 Familien, also eine mittlere Haushaltsgröße von 4,75; eine Gentryfamilie mit 21 Mitgliedern an der Spitze und zwanzig familiäre Arbeitseinheiten, denen zwischen 7 und 11 Einwohner angehörten. In einem anderen Dorf, über dessen Verhältnisse wir heute sehr gut Bescheid wissen, in Clayworth in Nottinghamshire, waren die Haushalte des Landadels kleiner; die Anzahl der Mitglieder bewegte sich zwischen 7 und 10 Personen.[25] In diesem 400 Einwohner zählenden Dorf gab es vier Gentryfamilien; einige Pächter, die der für die Aufstellung verantwortliche Vikar als *freeholders* und *farmers* bezeichnet, lebten in Haushalten, die etwa ebensoviele Mitglieder zählten. Es ist aber nicht schwer, in Clayworth die arbeitenden Familien von jenen auseinanderzuhalten, denen ein Gentleman vorstand — im allgemeinen springt dieser Unterschied schon bei einem ersten Blick auf die Einwohnerliste einer vorindustriellen englischen Dorfgemeinde ins Auge.

Wir können uns jetzt erklären, warum der Anteil der Dienstboten von Ort zu Ort verschieden war. Der Satz konnte zwischen 4 und 25 Prozent oder gar noch höher liegen, was fast an die reichen Pfarren von London und Norwich in den neunziger Jahren des 17. Jahrhunderts herankommt, wo manchmal fast ein Drittel aller Einwohner als Dienstboten arbeitete.[26] Auf dem Land waren die einzelnen Haushalte in den Dörfern der Alten Welt — Mann und Frau, Kinder, Dienstboten und, soweit erforderlich, halfen Tagelöhner mit — imstande, mit Ausnahme der Ernte allen Aufgaben nachzukommen, die sich im Laufe des Jahres in der Landwirtschaft stellten. Von Juni, wenn das Heumachen begann, bis zur Getreide- und Erbsenernte Ende September arbeiteten alle Dorfbewohner, die von ihrer gesundheitlichen Verfassung her dazu in der Lage waren, auf den Feldern. Wie weit die Zusammenarbeit ging, läßt sich heute schwer sagen. Sicher ist, daß bis zur Mechanisierung der Landwirtschaft alle Dorfbewohner zusammenstanden, wenn es im Sommer darauf ankam. Wenn dann alles eingebracht war, gab es ein Erntefest.

Wenn Erbsenernte und Schnitt vorbei sind, laden in den meisten Dörfern die Bauern alle Arbeiter und deren Frauen, die ihnen bei der Ernte geholfen haben, zum Essen ein. Dann gibt es Wurst, Speck und gekochtes Rindfleisch, Apfel- und Fleischpastete und ganze Schüsseln voller Rahm und für jeden einen Löffel. Für nachher hat man schon Pfannkuchen und Bier vorbereitet, und weil manche ihren Pfannkuchen in den Rahm tauchen, nennt man dieses Festessen auch Rahmtopf. Wenn alle Arbeit getan ist, fragen die Bauern ihre Frauen des Morgens, ob auch genug Rahm im Haus ist, und tragen ihnen auf, alles vorzubereiten.

So war es in den vierziger Jahren des 17. Jahrhunderts in Yorkshire Tradition, wo oft nicht einmal Zimmerleute, Wagner und Müller genügten, um die Ernte einzubringen. Die vermögenderen Bauern mußten die Schafzüchter und Viehhirten, die zur Ernte aus den wilden Mooren herunterkamen, in ihren Scheunen unterbringen. Die Zuwanderung von Arbeitskräften zur Erntezeit war im 18. Jahrhundert eine durchaus übliche Erscheinung; gemeinsames Essen und Trinken hingegen war auf dem Land zu allen Zeiten gang und gäbe. Was Kirchenvorsteher und Armenaufseher auch taten, wenn die Kirchenglocken läuteten, um etwas zu feiern, oder wenn die Friedhofswiese gemäht wurde, immer findet sich im Pfarrbuch ein hingekritzelter Vermerk, der festhält, wieviel Bier bei dieser Gelegenheit getrunken wurde. Gegen Ende des 17. Jahrhunderts gab es in Clayworth einen übergenauen und bei den Leuten unbeliebten Pfarrer, der jeden Bauern aus den beiden Dörfern seiner Pfarre alle Jahre einmal bei sich zum Essen einlud.

Als der Kurat von Goodnestone seiner Lordschaft dem Bischof antwortete und im April 1676 ein Verzeichnis aller Bewohner seiner Pfarre, „nach Familien, Stand und Religion geordnet", schickte, tat er, wie ihm aufgetragen worden war, und berichtete, wer zur Osterzeit am Abendmahl teilgenommen hatte. Mit Ausnahme von 16 Einwohnern waren alle Mitglieder der Pfarrgemeinde, die in den Augen des Geistlichen für den Empfang des Sakramentes in Frage kamen, im Laufe des Osterfestes zur Kommunion gegangen. In jenem Jahr fiel Ostern auf die Tage zwischen 19. und 26. März. 128 von 281 Einwohnern waren zum Abendmahl gekommen. Sieht man von der einen Dissenterfamilie ab, die es in Goodnestone gab, versprachen sogar alle, die ihre Pflicht versäumt hatten, das zu Pfingsten nachzuholen.

Nur einem der Säumigen, William Wanstall sen., wurde diese Gnade verwehrt; „wegen dauernder Trunkenheit" wurde er „vom Heiligen Sakrament ausgeschlossen, hat sich aber bereits zu bessern versprochen". Der verantwortliche Pfarrer, Francis Nicholson, dürfte ein gewissenhafter Seelsorger gewesen sein, denn er wußte über jeden Rechenschaft zu geben, der nicht am Abendmahl teilgenommen hatte. Das verwitwete Oberhaupt einer Gentryfamilie, Mrs. Elizabeth Richards, wurde wegen ihrer „Schwermut" entschuldigt, und auch Barbara Pain traf kein Vorwurf, weil diese „einen schrecklichen Schicksalsschlag" erlitten und „ihren Gemahl auf unnatürliche Weise verloren" hatte – sie stand jetzt einem Freisassenhaushalt vor, dem drei Kinder und zwei Dienstboten angehörten.

Dieser recht außergewöhnliche Bericht über die religiösen Gepflogenheiten der Pfarrbewohner von Goodnestone verweist auf ein bisher noch kaum erwähntes Merkmal der Dorfgemeinschaft von einst und jener fast vergessenen Welt überhaupt. Unsere Vorfahren waren alle ihr ganzes Leben hindurch überzeugte Gläubige – freilich nicht nur im christlichen Sinn, glaubten sie doch an böse und gute Zauberkräfte und schenkten vielen Vorstellungen und Praktiken ihr Vertrauen, die die Theologen als Überreste einer heidnischen Welt verurteilten.[28] Trotzdem läßt sich nicht nachweisen, daß der Aberglaube jener Zeit je wirklich so etwas wie eine Religion darstellte, die es mit dem Christentum hätte aufnehmen können. Dem einfachen Dorfbewohner scheinen die Widersprüche im Bereich dessen, woran er mehr oder weniger glaubte, gar nicht bewußt geworden zu sein. Das Christentum spielte damals im Leben des Individuums eine Rolle, die für uns schwer zu verstehen ist, weil wir uns daran gewöhnt haben, an Bekehrung und Eifer zu denken, wenn wir uns von der religiösen Überzeugung der Menschen von einst ein Bild zu machen versuchen. Diese Vorstellung entspricht jedoch gewiß nicht den Verhältnissen der vorindustriellen Zeit.

Es waren nicht nur eifrige Priester wie Francis Nicholson und gewissenhafte Laien, sondern auch die Protagonisten des geistigen Lebens und die der Öffentlichkeit Verantwortlichen, die die Erklärung des Daseins im christlichen Glauben und den eigentlichen Sinn ihres Tuns in einem der Religion gewidmeten Leben fanden. Nicht jeder war freilich gleichermaßen fromm, und es wäre naiv zu glauben, daß so mancher Dorfbewohner nicht auch manchmal seine Zweifel hatte. Oft war die Frömmigkeit der Menschen von einst sicher äußerlich und manchmal gar nur bloßer Konformismus. Und doch war ihre Welt christlich und ihr religiöses Leben spontan und nicht von oben aufgezwungen. Als Francis Nicholson im März des Jahres 1676 William Wanstall die Kommunion verweigerte, konnte er sicher mit der Zustimmung aller rechnen, die an jenem Morgen zur Kirche gekommen waren, und gewiß verdiente der Betroffene auch, in aller Öffentlichkeit zurechtgewiesen zu werden. Als William Sampson, der gefürchtete Pfarrer von Clayworth, im April 1679 Ralph Meers und Anne Fenton vom Abendmahl ausschloß, „weil man überall davon spricht, daß sie zusammenleben, ohne verheiratet zu sein", hatte er seine Gemeinde zweifellos auch hinter sich. Außerdem wußte er, was er tat: Als zwei Monate später Anne Fentons erstes Kind getauft wurde, waren seit der Heirat erst ein oder zwei Wochen vergangen.[29]

Historiker haben gezeigt, wie es dazu kam, daß die Masse des englischen Volkes ihren Glauben verlor und Religion zu einer Sache der Mittelklasse wurde. Als der Einbruch der großen Industrie riesige städtische Gemeinschaften hervorbrachte, deren Mitglieder eine völlig andere Einstellung hatten als jene Dorfbewohner der Stuartzeit, ging praktisch niemand mehr zur Kirche — niemand jedenfalls, der zur Arbeiterklasse gehörte und dem religiöse Empfindungen fremd waren.[30] Früher war das Christentum ein Moment jener einen Welt gewesen, die für reich und arm, Gentlemen und Pächter, Handwerker, Tagelöhner und Arme Platz gehabt hatte. Vielleicht wußten die zwölf Tagelöhner, die es im Jahre 1676 in Goodnestone gab, nicht recht um die Bedeutung der Eucharistie Bescheid; vielleicht hatten sie auch Angst davor, ihren Grundherrn zu enttäuschen, der durch den Kirchenaufseher von ihrem Fernbleiben erfahren würde — auf jeden Fall aber gingen sie alle zum Abendmahl. In den dreißiger, vierziger und fünfziger Jahren des 19. Jahrhunderts dachten ihre Nachkommen in den Londoner Elendsvierteln da schon nicht mehr so. Für sie gehörte das Christentum einer ländlichen Welt an, die sie verloren hatten. Religion war Sache der Arbeitgeber, der achtbaren Leute, und kam für sie nur dann in Frage, wenn sie es auch einmal zu Ansehen und Luxus brachten. Für die hart arbeitenden, armen und mit dem Hunger kämpfenden Tagelöhner der vorindustriellen Zeit war das anders.

In Clayworth empfingen im selben Jahr, 1676, zur Osterzeit vergleichsweise sogar noch mehr Leute das Sakrament als in Goodnestone — von 401 Einwohnern gingen 200 zum Abendmahl. Wie stark diese wenn auch nur äußerliche Religiosität sein konnte, dürfte aus einer Geschichte hervorgehen, die Sampson über einen jungen Knecht zu berichten weiß, der seine Mutter verlor: In Clayworth war auch von den mageren Dienstbotenlöhnen — sofern Frauen ihre Arbeit verstanden, bekamen sie etwa 50 Shilling im Jahr, während ein erwachsener Mann 5 Pfund verdienen konnte — ein Zehent zu entrichten, und dem Pfarrer fiel die Aufgabe zu, die Leute zum Zahlen zu bewegen. Der arme Knecht ließ seine Seite im Stich: Er kam und zahlte „den vollen Betrag für seinen Lohn, einen Viertelpenny pro Shilling. Der Tod seiner Mutter hatte ihn zur Vernunft gebracht." Obgleich die Einwohnerzahl nicht zurückgegangen sein dürfte, mußte der Pfarrer im Laufe seiner Amtszeit erleben, daß die Zahl derer, die zum Abendmahl kamen, auf etwa 125 zurückging. Dieser Anteil stimmt ungefähr mit dem Cogenhoes im Jahre 1612 überein, wo der Dorfpfarrer 63 Gläubige zählte, die am „Ostertag am Abendmahl teilnahmen", was gerade der Hälfte jener Erwachsenen entspricht, die für das Sakrament in Frage kamen. Bei der Beurteilung der von uns zitierten Angaben muß man sich dessen bewußt sein, daß bis zum Jahre 1690, als allen Dissenters die freie Religionsausübung gewährt wurde, der Besuch des Gottesdienstes und die Teilnahme am Abendmahl von Kirche und Staats wegen für jeden gesetzlich verpflichtend war, obgleich die Kirche Versäumnisse nicht allzu streng bestrafte. In vielen Gemeinden lag der Anteil selbst vor dem ausgehenden 17. Jahrhundert noch viel niedriger.

Sofern es in der Nähe des Dorfes eine Kirche oder Kapelle gab, fanden alle Versammlungen der Gemeinde dort statt. In Clayworth kam die Dorfgemeinde immer am Ostermontag zusammen, um die drei Kirchenvorsteher zu bestellen, zwei für Clayworth selber und einen für Wiseton, einen zur Pfarre gehörenden nahen Weiler — wie wir gesehen haben, wiesen viele, wahrscheinlich sogar die meisten Pfarren diese geographische Gliederung auf. Für Clayworth bestimmte man auch zwei Armenaufseher und zwei *burrough men,* die man in anderen Gemeinden Konstabler genannt hätte, wenn nicht wie in diesem Dorf auch Aufgaben in der Landwirtschaft in ihrem Bereich gelegen wären.

Die bäuerlichen Haushaltsvorstände, von denen nur wenige lesen konnten, kamen also in jenem Gebäude zusammen, das vor Jahrhunderten von ihren Vorfahren erbaut worden war und an dem sie ihrerseits alle Jahre einmal Ausbesserungsarbeiten und Verschönerungen vornahmen. An dem Ort, wo sie sich so oft zum Gottesdienst trafen, bestimmten sie aus ihren Reihen Leute für die weltlichen und geistlichen Ämter, die es da im Dorf schon seit alter Zeit zu besetzen galt.[31] Wenn sich englische Siedler in Amerika niederließen, war das sogenannte *Meeting House* eines der ersten Häuser, das sie bauten, weil es dort, wo man ganz von vorne anfing, für die Versammlung der Gemeinde viele Entscheidungen zu treffen gab. Dieser Ort diente natürlich auch als Gotteshaus für das Dorf, das da gerade entstand.[32]

Wir haben bereits darauf hingewiesen, daß Frauen und Kinder nur beim Gottesdienst in der Kirche an die Öffentlichkeit traten. Sonst verließen sie den Kreis ihrer Familie kaum. Die Bäuerinnen und Mägde blieben zu Hause, wenn sie nicht gerade Geflügel, Eier und Obst zum Verkauf auf den Markt brachten. Vor allem die wohlhabenderen Männer kamen auch zu den gelegentlichen Versammlungen der Gutsherren, die in den meisten Gegenden noch immer über die Bewirtschaftung des Landes bestimmten. In manchen Gemeinden spielten diese Zusammenkünfte wahrscheinlich eine ebenso wichtige Rolle wie die Versammlungen, zu denen sich die Bewohner von Clayworth alle Jahre am Ostermontag in der von einem frühromanischen Turm überragten Kirche von St. Peter einfanden.

Männersache waren auch die Schenken, die man im Volksmund als Parlament des armen Mannes bezeichnete. Richtige Dorfgasthäuser scheint es nur selten gegeben zu haben. Meist wurde das Bier in den Hütten der Bewohner ausgeschenkt, die von den Friedensrichtern dazu die Erlaubnis erhalten hatten; Trinkgelage waren ebenso streng verboten wie der Verkauf von Alkohol während der Gottesdienstzeiten. Anders als im Schottland des frühen 20. Jahrhunderts wurden diese Schenken auch von Frauen besucht, und so manchem Mädchen wurde da in aller Öffentlichkeit vor dem Feuer der Hof gemacht. Es stimmt, daß auch häufig arme Männer und Frauen eine Schenke führten, obwohl man die Zahl der Witwen in diesem Gewerbe oft überschätzt hat. Mancher hoffte darauf, eine Schenke zu eröffnen, um seinem Elend zu entgehen. Die für die Durchsetzung des Armengesetzes verantwortlichen Beamten räumten auch hin und wieder jemandem eine Lizenz ein, um ihm aus der Not zu helfen.[33]

Doch das berühmte englische *inn* ist deswegen keineswegs eine Erfindung von Samuel Johnson oder Charles Dickens. Schon in den Tagen Geoffrey Chaucers begegnet man blühenden Wirtshäusern. Außerhalb Londons gab es an den Hauptstraßen Herbergen für die Reisenden. Da sich damals das Reisen gleichermaßen beschwerlich wie langwierig gestaltete, fand man viele Unterkünfte dieser Art, die in erster Linie nicht für die Bewohner des betreffenden Ortes bestimmt waren. Natürlich konnte bei den Maßstäben des Lebens jener Zeit ein solches Gasthaus für die Dorfgemeinde eine vergleichsweise große Einrichtung von entscheidender Bedeutung sein. Neben drei anderen gab es im Jahre 1699 in Harefield in Middlesex eine Schenke, die von einem gewissen John Baily und seiner Frau Catherine geführt wurde: In diesem Haus wohnte die größte Familie mit den meisten Kindern und erwachsenen Nachkommen, die wir heute aus vorindustrieller Zeit kennen, obwohl der für die Einwohnerliste verantwortliche Mann[34] die Wirtschaft gar nicht als Gasthof bezeichnete. Die Familie hatte zwölf Söhne und Töchter im Alter zwischen 2 und 28 Jahren; die beiden ältesten waren zwar weggezogen, aber von den zehn, die im Haus lebten, waren sechs schon älter als 12, also alt genug, um mit ihrer Tante, der Schwester Catherine Bailys, die auch dem Haushalt angehörte, den Familienbetrieb führen zu helfen. John Baily, der auch als Schmied arbeitete, war somit nicht auf Dienstboten angewiesen. Ein mögliches Konkurrenzunternehmen, das *New Inn* in Harefield, war damals noch „unbewohnt, nicht fertig".

  Die Leute in den Dörfern tranken gern und viel. Wir werden auf diesen Punkt noch im Zusammenhang mit Moral und sozialer Kontinuität zurückkommen. Häufig begegnet man Leuten wie Goodman William Wanstall, dem Trunkenbold aus Goodnestone, den man vom Abendmahl ausschloß. Er dürfte zu den wohlhabenderen Bauern gezählt haben: Mit *Goodman* titulierte man einen vermögenden Bauern, der kein *Mr.* war; seine Frau oder Witwe bezeichnete man als *Goodwife* oder *Goody.* — Aus Malmesbury in Wiltshire gibt es eine berühmte Anekdote über Sir Thomas Hobbes, den Vater des berühmten Philosophen, der in den Tagen der Spanischen Armada Kurat der Kirche von St. Mary war (*Sir* im Shakespeareschen Sinn kann sich sowohl auf Geistliche als auch auf Ritter beziehen). Nachdem er mit den Bürgern des kleinen Marktfleckens die ganze Nacht von Samstag auf Sonntag Karten gespielt hatte, soll er dann am Morgen beim Gottesdienst plötzlich aus seinem Schlummer in der Kanzel aufgefahren sein und vor versammelter Gemeinde „Kreuz ist Trumpf" („Trafells is Troumps") gebrüllt haben.[35]

Diese Anekdoten aus dem Leben jener uns verlorenen Welt scheinen die Vorstellung eines ruhigen Familienlebens im Kreise von Männern und Frauen zu bestätigen, die einander ebenso gut kannten wie wahrscheinlich schon ihre Vorfahren. Wie sich herausgestellt hat, ist dieses Bild aber falsch. Aufzeichnungen des Pfarrers von Clayworth selbst haben das gezeigt. Zwölf Jahre, nachdem er wie der Pfarrer von Goodnestone als Antwort auf eine kirchliche Anfrage im April 1676 ein Verzeichnis der Bewohner seiner Pfarre zusammengestellt hatte, fertigte er für sich selber im Mai 1688 erneut eine Liste an. Nicht weniger als 62 Prozent der Leute, 244 der 401 Personen, die 1676 in Clayworth gelebt hatten, scheinen im Jahre 1688 nicht mehr auf. Und das, obwohl damals mehr Menschen in Clayworth wohnten als zwölf Jahre zuvor. Das Dorf zählte nun 412 Einwohner. Bei den 255 neuen Namen in der Liste handelt es sich teils um inzwischen geborene Kinder, teils um Leute, die zugewandert waren. Geburten und Todesfälle können jedoch nicht als entscheidender Grund für diese überraschende Verschiebung angesehen werden, weil in den zwölf Jahren nur 92 Taufen und 92 Begräbnisse stattgefunden hatten, was gerade einem Drittel der Zu- und Abgänge entspricht.

So sehr konnte sich also die Bevölkerung einer ländlichen Durchschnittsgemeinde in wenigen Jahren verändern. Zu Vergleichszwecken stehen uns Angaben für eine ähnliche Siedlung zur Verfügung; die Gemeinde war zwar etwas kleiner und der Zeitraum um zwei Jahre kürzer. In Cogenhoe in Northamptonshire verschwanden bei nur 16 Todesfällen zwischen 1618 und 1628 46 Prozent der Gesamtbevölkerung, 86 von 185 Einwohnern, aus den Listen; umgekehrt handelt es sich bei 94 von 180 Namen (52 Prozent) um Neuzugänge, wobei nur 29 für in diesen Jahren zur Welt gekommene Kinder stehen.[36]

Die Gesellschaft dieser beiden Gemeinden war also dauernden Veränderungen unterworfen: Leute zogen um, ganze Haushalte wanderten ab, und neue Familien ließen sich nieder. So kam es zu einem ständigen Austausch zwischen den Dörfern und ihren Nachbargemeinden. Wenn auch nicht ausschließlich, war die Bevölkerungsbewegung im wesentlichen nämlich doch lokaler Art, wie sich aus den für die Zwischenzeit verfügbaren Unterlagen ersehen läßt. Als im Jahre 1963 diese damals noch erstaunlichen Tatsachen zum ersten Mal veröffentlicht wurden, schätzten wir die Dinge folgendermaßen ein:[37]

Trotz dieser plötzlichen Verschiebungen und trotz der eher allmählichen Veränderungen, die dadurch zustandekamen, daß ein Sohn seinem Vater, ein Neffe seinem Onkel und ein Verwandter einem anderen nachfolgte, ist der Eindruck der Dauer leicht zu verstehen, der den Haushalten anhaftet, aus denen sich die Gemeinden zur Zeit der Stuarts zusammensetzten. Obwohl bis zum Jahre 1688 beinahe die Hälfte aller Familienoberhäupter von Clayworth entweder gestorben oder weggezogen war, standen ihre Nachfolger Haushalten vor, deren Zusammensetzung sich in den meisten Fällen kaum geändert hatte. Und auch in Cogenhoe, wo acht von 33 Haushalten zehn bewegte Jahre nicht überlebten, war der Anteil der anderen doch immerhin höher als drei Viertel. Wenn es auch oft einen anderen Vorstand gab und die Zusammensetzung des Haushalts sich gründlich geändert hatte, waren es trotz allem immer dieselben Haushalte in denselben Häusern mit denselben Feldern. Dem familiären, patriarchalen System, das die vorindustrielle Gesellschaft und deren Strukturen prägte, war es gelungen, Kontinuität zu gewährleisten, und das, obwohl die Leute früh starben, niemand seines Erfolgs sicher war, die Pachtverträge ausliefen und junge Knechte und Mägde ebenso unzuverlässig sein konnten wie ihre Arbeitgeber.

Den Einrichtungen der Alten Welt kam die Aufgabe zu, in einer nur allzu unbeständigen und unsicheren Welt für Dauer zu sorgen. Die Achtung, die man greisen und erfahrenen Menschen entgegenbrachte; die Verehrung, die man der Kirche und ihren altehrwürdigen Einrichtungen gegenüber an den Tag legte; die Unmittelbarkeit des Gefühls, daß in der Familie der Sinn des Lebens lag, weil sie fortbestehen konnte und mußte — all das trug dazu bei, unsere Vorfahren mit der Unausweichlichkeit und Grausamkeit des Todes und der Schicksalsschläge zu versöhnen, die sie zu erdulden hatten. Der Historiker darf sich jedoch dadurch nicht zu der Annahme verleiten lassen, daß es nur eine Wirklichkeit gab: die Welt der Tradition. Vielleicht war es so, daß eine sich rasch ändernde Bevölkerung nicht ohne eine Sozialstruktur auskam, die sich weder änderte noch ändern konnte.

Geht man als Historiker solchen Fragen nach, kommt man sich wie ein Wissenschaftler vor, der viele tausend Meilen unter dem Meer in seiner Taucherglocke sitzt und die seltsamen Wesen zu begreifen versucht, die wie zufällig für wenige Augenblicke aus dem Dunkel vor ihm auftauchen. Er muß sich fragen, woher sie kommen und wohin sie gehen. Was geschah mit dem Sohn der ledigen Elizabeth Mastin, dem armen, kleinen Copperwhite, der im Mai 1688 sieben Monate alt und das einzige uneheliche Kind in ganz Clayworth war? Was geschah mit dem dreizehn Mitglieder zählenden Haushalt der Coles, die sich im Jahre 1623 in Cogenhoe als Pächter des freigewordenen Gutshofs niederließen, 1624 noch dort lebten, 1628 aber bereits wieder weggezogen waren? Noch schwieriger zu beantworten ist die entscheidende Frage, ob denn diese beiden Gemeinden für England überhaupt typisch waren. Der

Historiker kann nicht mehr sagen, als daß er hier in jenem riesigen Meer von Menschen, die in England lebten und starben, ehe man die Bevölkerung systematisch zu erfassen begann, zwei zufällig beleuchtete, sich bewegende Punkte vor sich hat. Ob die beiden Gemeinden als typische Beispiele gelten können oder ganz aus der Reihe fallen, läßt sich heute nicht sagen, und vielleicht werden wir diese Frage auch nie beantworten können.

Was wir seit 1963 in Erfahrung gebracht haben, zeigt deutlich, daß es sich in beiden Fällen um ganz typische Gemeinden handelt. Es ist uns bisher jedoch nicht gelungen, ähnlich umfangreiche und ergiebige Materialien zu Reproduktion und Wandel der Bevölkerung ausfindig zu machen. Wir haben allerdings festgestellt, daß Veränderungen dieser Art immer voraussetzen, daß sich im Laufe von Jahrhunderten oder gar nur Jahrzehnten in den Dorfgemeinden bloß ganz wenige Zunamen erhalten haben.[38] Damit wollen wir die Frage von Dauer und Wandel auf sich beruhen lassen und uns Mr. Thomas Wawen in Clayworth zuwenden, der im Verzeichnis des Jahres 1688 als „Herr des Landes" (*lord of the soil*) bezeichnet wird.

Wie jedem anderen Grundherrn auch war Thomas Wawen durch die Gebräuche des Herrenhofs, der für das Dorf zuständigen rechtlichen Instanz, und die landesüblichen Gepflogenheiten ein gewisser Rahmen vorgegeben. Was Dauer und Bedingungen der Verträge betraf, waren ihm so manchmal die Hände gebunden. Sogar die Höhe der Pacht konnte er oft nicht einfach festlegen, wie er wollte. Sowohl lokale Gewohnheiten und die Vorstellungen seiner Nachbarn und der anderen Dorfbewohner wie Erwartungen allgemeiner Art beeinflußten ihn notwendigerweise auch bei den vielen Entscheidungen, die er sonst noch zu treffen hatte. Zuerst einmal galt es sich darüber klarzuwerden, wieviel Land er für sich behalten wollte, um es vom Hof aus mit seinem Gesinde zu bestellen. Dann mußte er sich entscheiden, in welchem Ausmaß er sich bei der Bewirtschaftung seiner Felder auf feste Dienstboten oder auf nur hin und wieder beschäftigte Tagelöhner aus dem Dorf verlassen wollte. Zu vereinbaren war auch, ob diese Tagelöhner für die Dauer der Arbeit auf den Feldern verköstigt werden oder mehr bezahlt bekommen sollten, um sich selber das Essen mitbringen zu können. Wollte er sie bewirten, mußte der Maßstab seiner Haushaltsführung den mit seinen Verpflichtungen verbundenen Anforderungen genügen. Wollte er überhaupt keine Arbeiter in seinem Haus haben, gab es nur zwei Möglichkeiten: Entweder verpachtete er all seine Ländereien und kaufte sich, was er für seinen Unterhalt brauchte – ein gangbarer, aber unbequemer Weg; oder er richtete es so ein, daß ein Bauer aus dem Dorf für alle Arbeiten auf dem Hof die Verantwortung übernahm.[39]

Ein Grundherr, der nicht auf seinem Hof, sondern in einem seiner anderen Landhäuser oder in London lebte und sich um seine Besitztümer nicht selber kümmern wollte, versuchte natürlich meist, so viele seiner Felder zu verpachten, wie er nur irgend konnte. Auch der betreffende Verwalter oder Pächter bemühte sich seinerseits sicher ebenso, für die anfallenden Arbeiten soweit als möglich Leute aus dem Dorf heranzuziehen. Grundherren, die zu rechnen verstanden, überlegten es sich außerdem genau, was ihnen am meisten einbringen würde.

Doch die gesellschaftliche Verantwortung eines Grundherrn stand außer Zweifel. Er wußte, was man von ihm erwartete: Ein Grundherr hatte auf seinem Hof oder zumindest in einem Haus zu leben, das ihm gehörte. Ebensosehr erwartete man von einem Grundherrn oder seinem auf dem Gut lebenden Pächter, die herrschaftlichen Ländereien soweit als möglich selber zu bewirtschaften, viele Dienstboten zu haben und seine Tagelöhner entsprechend zu verköstigen. Und das war keinesfalls nur eine Sache der Tradition. In der Landwirtschaft und in der Viehzucht gab es manchmal rund um die Uhr zu tun – daher waren Haushalte mit Dienstboten immer im Vorteil. Außerdem kannte man damals weder Fahrräder noch gepflasterte Landstraßen: Ab einer bestimmten Entfernung des Hofs kam ein volles Tagwerk einfach nicht mehr in Frage – es dauerte zu lange, um auf das Gut und wieder nach Hause zu kommen. Dies war mit ein Grund dafür, daß es einem Landbesitzer jener Zeit unmöglich war, wie ein moderner Unternehmer zu wirtschaften und seinen Hof wie ein Bauer von heute zu führen, der nach dem Muster von Geschäften und Fabriken nur Tagelöhner von außerhalb beschäftigt.

Sogar im 20. Jahrhundert sind die Schranken der Rationalisierung in der Landwirtschaft nicht zu übersehen. Das ist sogar in sozialistischen Staaten noch deutlicher als in den Ländern der kapitalistischen Welt. Vor dreihundert Jahren freilich gab es dieses Problem überhaupt nicht. Das Land zu bestellen und eine Familie zu ernähren war ein und dasselbe und ebensowenig zu „rationalisieren" wie die Zuneigung zu seiner Frau oder die Erziehung der Kinder. Selbst ein Adeliger mit mehreren Landsitzen, dem sehr daran gelegen sein mochte, in seinem Londoner

Haus vom Pachtzins zu leben, bekam diesen manchmal für ihn lästigen Umstand zu spüren — daher der Gegensatz von „Stadt" und „Land", die Schuldgefühle und das zwiespältige Verhalten mancher Adeliger, daher auch der Handlungskern vieler elisabethanischer Dramen und Stücke der Restaurationszeit. So erklären sich auch so manche emotionale Voraussetzungen und Anspielungen der englischen Literatur. „Ich wünschte, du wärst verheiratet und müßtest auf dem Lande leben", sagt der Wüstling Lord Rochester zu einem Köter, der ihn gebissen hat — selbst ihm fiel kein ärgerer Fluch ein.[40] Für die kleineren Leute bis hinunter zum bescheidensten Bauern und zum ärmsten Tagelöhner gab es nicht den geringsten Unterschied zwischen der Führung eines Haushalts und der Bewirtschaftung des Landes, auch wenn die Felder, die man bestellen mußte, um sich den Unterhalt zu verdienen, jemand anderem gehörten.

Eine Dorfgemeinschaft war also eine Gruppe von Haushalten im Zentrum eines Areals bebaubaren Landes. Es konnte, mußte sich dabei aber nicht um ein einziges Gut handeln; bisweilen gab es eine eigene Dorfkirche, und möglicherweise gehörte das gesamte Land nur einem Eigentümer. War das der Fall, kam es vor, daß er das Gut mit einem großen Haushalt selber bewirtschaftete oder zumindest versuchte, das Land mit Hilfe eines Verwalters zusammenzuhalten.[41] In den meisten Fällen dürfte er jedoch seine Felder verpachtet haben. Wenn es auch Dörfer mit vielen kleinen Pachtgütern ebenso gegeben zu haben scheint wie Orte mit nur wenigen großen, war doch vermutlich die häufigste Form die, daß der Grundherr einen Großteil seiner Ländereien an einige wenige Pächter und den Rest seines Besitzes zu kleinen Teilen vergab. Außer einem oder mehreren Großgrundbesitzern lebten in den meisten Fällen größere und kleinere Freisassen und Pächter nebeneinander. Dann gab es schließlich auch noch oft eine recht beträchtliche Anzahl von Familien, die entweder nur über ein kleines Stück Land um ihre Hütte verfügten oder nicht einmal das hatten. Diese proletarischen Familien nahmen gegen Beginn des 18. Jahrhunderts zu. Auch die meisten Handwerker hatten kein Land. Die Maurer und Pflugschmiede, die Weber, Schneider, Schuster und Schreiner waren im allgemeinen ganz und gar auf ihr Gewerbe angewiesen.

Wie immer es auch um die offizielle Bezeichnung einer Siedlung, die Verteilung der Ländereien und die Zahl der vertretenen Berufe bestellt gewesen sein mag, als Gemeinschaft war das Dorf ein Verband von Hauswesen — und das nicht nur im geographischen Sinn eines den Bewohnern zufällig gemeinsamen Ortes. Die Rede ist von den Banden, die entstehen, wenn Menschen fortwährend zusammen sind — durch Ehe und Verwandtschaft, gemeinsame Vorfahren und Erfahrungen, Freundschaft und Zusammenarbeit in den alle betreffenden Belangen. Nicht zu vergessen die Beziehung, die sich aus Lebensumständen ergaben, die so sehr der Vergangenheit angehören, daß wir uns die damit verbundenen Empfindungen kaum mehr vorstellen können. Da es im Haus oft kein Fließwasser gab, begegneten die Frauen einander ein paarmal am Tag am Brunnen, am Teich oder am Bach. Weil es recht aufwendig war, sein Korn mit der Hand selber zu malen, brachten es alle gern zur nahen Wind- oder Wassermühle. Und da es keinen Sofortkredit bei der Bank gab, war jedermann von seinen Freunden, Nachbarn und Verwandten abhängig, wenn er dringend Bargeld brauchte.[42] Das erklärt auch, warum das Vermögen eines Mannes darüber entschied, welche Stellung ihm innerhalb der Dorfgemeinschaft zukam; freilich zeigte sich der Reichtum am deutlichsten in der Größe des Hauswesens, das man zu erhalten hatte.

Haushalte und Familien sind jedoch an Gebote gebunden, die mit Einflüssen der geographischen Lage und wirtschaftlichen Notwendigkeiten ebensowenig zu tun haben wie mit Bevölkerungsverschiebungen und zu gewärtigenden Arbeitsverhältnissen. Haushalte und Familien sind notwendigerweise von den mit Geburt, Heirat und Tod verbundenen Erwartungen abhängig. Diesen Erwartungen wollen wir uns nun zuwenden.

KAPITEL 4

Falsche Vorstellungen über das Leben von einst
Eine Welt ohne Kinderehen und erweiterte Familienhaushalte

Mein Kind ist noch ein Fremdling in der Welt,
Sie hat kaum vierzehn Jahre wechseln sehn.
Laßt noch zwei Sommer prangen und verschwinden,
Eh wir sie reif, um Braut zu werden, finden.

Diese Worte finden sich in der zweiten Szene von *Romeo und Julia*. Was immer Capulet aber auch dachte und fühlte, änderte nichts daran, daß seine Tochter Romeo mit 14 zum Mann nahm. Anders als der Vater hielt Julias Mutter ihr Kind keineswegs für zu jung, um zu heiraten:

Gut, denke jetzt dran; jünger noch als du
Sind angesehne Frauen hier in Verona
Schon Mütter worden. Ist mir recht, so war
Ich deine Mutter in demselben Alter,
Wo du noch Mädchen bist.

Julias Mutter hatte wie viele andere Frauen in Verona mit 12 oder 13 geheiratet. Und im *Sturm* ist Miranda noch nicht 15, als sie sich vermählt. Klare und eindeutige Hinweise auf ein frühes Heiratsalter also? Wenn die Frauen in den Stücken Shakespeares oft mit 12, 13 Jahren oder gar noch früher in den Stand der Ehe treten, könnte man meinen, daß das auch für Frauen seiner Zeit zutrifft.[1]

Das stimmt aber nicht. Alle bislang untersuchten Aufzeichnungen — und es handelt sich nun schon um eine beträchtliche Anzahl — zeigen deutlich, daß es im elisabethanischen und jakobinischen England selten zu so frühen Ehen kam. Im Unterschied zu heute war es damals nicht üblich, daß Frauen unter 20 bereits verheiratet waren und Kinder hatten. Und daß es mit 12 zu einer Ehe in unserem Sinn gekommen wäre, geschah so gut wie nie. Daß Mädchen in diesem Alter oder noch früher jemandem versprochen werden konnten, ist eine andere Sache.

Wir haben nun diese Behauptung mit einigen Angaben aus den uns zur Verfügung stehenden Materialien zu belegen und zu klären, was man denn einst unter einer Eheschließung überhaupt verstand. Die in den Stücken Shakespeares so häufig vorkommenden *espousals* waren keine Heiraten in unserem Sinn. Ein solches Versprechen galt aber als Heirat, wenn es vor Zeugen gegeben wurde und sich nicht auf einen späteren Zeitpunkt bezog. War es jedoch eine Abmachung für die Zukunft, wurde die Zusage nur dann als Verbindung angesehen, wenn sie auch sexuell vollzogen wurde. Im Zusammenhang mit der Sexualmoral jener Zeit wird auf diese Form der Eheschließung noch zurückzukommen sein.[2]

Wie auch heute noch in der englischen Kirche konnte man sich damals entweder um eine Ehe-Erlaubnis bemühen oder das Aufgebot bestellen. Die Erlaubnis bekam man vom Bischof der Diözese. Daß die Behörde oft das Alter wissen wollte, hat seine Ursache darin, daß niemand unter 21 ohne Einverständnis der Eltern kirchlich getraut werden konnte. Auch wenn man älter war, galt es als schwere Sünde, gegen den Willen der Eltern zu heiraten, sofern es dafür keinen triftigen Grund gab. Tabelle 5 faßt die Ergebnisse unserer Untersuchungen von 1007 das Alter der Bewerber angebenden Ehe-Erlaubnissen zusammen, die von der Diözese Canterbury zwischen 1619 und 1660 an Leute ausgestellt wurden, die zum ersten Mal heirateten.[4] Das mittlere Alter der Frauen lag mit 23,5 mehr als zehn Jahre über dem von Shakespeares Julia. Die Männer waren durchschnittlich mindestens drei Jahre älter; bei manchen Gruppen war der Unterschied sogar noch größer. Betrachtet man jedoch das Heiratsalter in den einzelnen Fällen, sieht man, daß es — wenn auch sehr selten — Brautpaare gab, die wesentlich jünger waren. Es findet sich ein Mädchen mit 13, vier mit 15 und zwölf mit 16; alle 990 anderen waren im Fall unseres Beispiels mindestens 17 und mehr als vier von fünf älter als 20. Bei den Männern waren nur zehn jünger als 20. Die meisten Frauen heirateten mit 22, die meisten Männer mit 24. Der Medianwert, der den Punkt angibt, an dem sich die Zahl aller jüngeren mit der aller älteren Bewerber um eine Ehe-Erlaubnis deckt, liegt für Frauen bei 22,75 und für Männer bei 25,5.

Schlicht gesagt betrug also das durchschnittliche Heiratsalter im Fall unseres Beispiels aus der elisabethanischen und jakobinischen Zeit bei Frauen 23,5 und bei Männern 26,5. Eine Reihe anderer Quellen und Unterlagen aus vielen Teilen Englands und anderen Gebieten Nord- und Nordwesteuropas bestätigt diese Zahlen. Nähere Angaben mit sogar noch höheren Werten folgen im nächsten Kapitel. Zweifellos sollten die bisherigen Hinweise für sich sprechen und genügen, um mit der falschen Vorstellung

Tabelle 5:
Mittleres Alter bei der ersten Heirat

	mittleres Alter der Männer	mittleres Alter der Frauen	Unterschied
Bewerber um eine Ehe-Erlaubnis, Diözese Canterbury, 1619–1660, insgesamt (1007 Männer, 1007 Frauen)	26,65	23,58	3,07
Standardabweichung	4,61	4,12	
ausschließlich aus Canterbury stammende Bewerber aus Kreisen der Gentry (118 Männer, 118 Frauen)	26,18	21,75	4,43
Standardabweichung	4,41	3,60	
Eheschließungen von Angehörigen des Hochadels, etwa 1600 bis 1625* (325 Frauen, 313 Männer)	24,28	19,39	4,89
Eheschließungen von Angehörigen des Hochadels, etwa 1625 bis 1650* (510 Frauen, 403 Männer)	25,99	20,67	5,32

* Diese Angaben wurden uns freundlicherweise von T. H. Hollingsworth, University of Glasgow, zur Verfügung gestellt.[3]

aufzuräumen, daß unsere Vorfahren viel früher in den Stand der Ehe traten als wir.

Da verschiedene Anspielungen in der englischen Literatur jedoch so unmißverständlich in eine andere Richtung weisen und zumindest der Einfluß Shakespeares dermaßen stark ist, können wir es aber nicht dabei bewenden lassen. Es scheint heute fast so etwas wie ein Bedürfnis danach zu geben, an diesem falschen Bild festzuhalten. Waren es vielleicht die Angehörigen der Gentry, die in jungen Jahren heirateten? Romeo und Julia waren ja keine gewöhnlichen Leute.

Tabelle 5 gibt insofern eine Antwort auf diese etwas schwierigere Frage, als ersichtlich wird, daß um die Mitte des 17. Jahrhunderts in der Diözese Canterbury, also im östlichen Teil Kents, Frauen aus der Gentry früher heirateten als andere. Bei Männern decken sich die Werte in etwa mit allen anderen Bewerbern. Die Einbeziehung der Pairs des ganzen Landes macht den Abstand zwar noch deutlicher, ergibt jedoch keinen wirklich signifikanten Unterschied. Außerdem haben weitere Untersuchungen die betreffenden Angaben nicht immer bestätigt. Gegen Ende des Jahrhunderts nahm das Heiratsalter bei Angehörigen des Hochadels zu, und für Leute aus der Gentry ergeben sich etwas höhere Werte als bei Handwerkern. Soweit wir das einschätzen können, dürfte sich für keine Schicht der englischen Bevölkerung je ein Heiratsalter nachweisen lassen, das auch nur von ungefähr den in den Stücken Shakespeares enthaltenen Angaben entspricht.

Heute liegt das mittlere Alter für Heiraten überhaupt bei Männern zwischen 28 und 29 und bei Frauen zwischen 25 und 26. Vor dem Hintergrund unseres heutigen Wissens lassen die bisher angeführten Zahlen eigentlich nur einen Schluß zu. Gleichgültig, ob man sich auf die Angehörigen der privilegierten Minderheit oder auf die Leute aus dem Volk bezieht, ist es falsch zu behaupten, daß die Bewohner jener uns verlorenen Welt viel früher geheiratet hätten als wir heute. Im Verhältnis zur damaligen Lebenszeit waren sie sogar oft um einiges älter. Während eine Frau des elisabethanischen England, die mit 25 heiratete, noch im Durchschnitt zwischen 32 und 33 Jahre ihres Lebens vor sich hatte, und ein Mann mit 28 etwa 3 bis 4 Jahre weniger, kann heute in England eine 25jährige Frau damit rechnen, noch mindestens 50 Jahre zu leben.

Die Bemerkung der Mutter Julias gibt aus ganz anderen Gründen zu denken. Es ist zu bezweifeln, daß sie und ihre Tochter im Alter von 13 Jahren zu sexuellen Beziehungen in der Lage, geschweige denn fortpflanzungsfähig waren. Es steht heute nachweisbar fest, daß in Westeuropa und allen anderen industriell entwickelten Gebieten der Welt das Alter der sexuellen Reife bei Frauen mehr oder weniger im Laufe des letzten Jahrhunderts abgenommen hat. Im Jahre 1835 bekamen in Manchester Mädchen aus der Arbeiterklasse die erste Monatsblutung im Schnitt mit 15,6 Jahren, Mädchen aus der Mittelklasse bemerkenswerterweise bereits mit 14,3 Jahren. Für 1890 liegen für die Mittelklasse ähnliche Werte vor, bei der Arbeiterklasse liegt der Durchschnitt im Jahr 1910 bei 15,0. Es gibt für das 19. Jahrhundert aber auch noch höhere Werte: 16,8 für

Frauen der ärmeren Schichten in Kopenhagen und München im Jahr 1820 und 15,0 bei Mädchen aus der Mittelklasse in Norwegen. In den Vereinigten Staaten läßt sich der Rückgang des mittleren Alters sexueller Reife nach 1900 am besten beobachten: Der Schnitt, der um die Jahrhundertwende noch bei 14,1 lag, war bis 1951 auf 12,9 gesunken. Heute haben wir in den USA wie in Japan einen Durchschnitt von 12,8. In Südengland bewegen sich die Werte bei Mädchen aus der Mittelklasse um 13,1, in Nordengland um 13,4, bei Mädchen aus der Arbeiterklasse um 13,6.[5]

Je nach Gebiet, Klasse und Zeit unterschiedliche Werte machen die Frage nach dem mittleren Alter bei der ersten Monatsblutung zu einem ebenso entscheidenen wie schwierigen Thema. Es läßt sich weder für das elisabethanische England noch für das vorindustrielle Europa überhaupt ein allgemeines Durchschnittsalter der sexuellen Reife in Sinne voller körperlicher Entwicklung und Fortpflanzungsfähigkeit feststellen. Es dürfte aber auszuschließen sein, daß zur Zeit Shakespeares oder vorher das Mittel irgendwo weit unter 16 Jahren lag. Wenn das dem Stück zufolge sowohl bei Julia als auch bei ihrer Mutter ganz anders gewesen sein soll, dann wich das deutlich von dem ab, was den üblichen Erfahrungen des Publikums entsprach. Sie wären beide viel früher reif gewesen als alle Mädchen des englischen Adels von einst: Die jüngste Mutter, die wir kennen, war Elizabeth Manners, die Frau des zweiten Grafen von Exeter, die im Jahre 1589 mit 14 Jahren und 5 Monaten ihr erstes Kind zur Welt brachte. Selbst für ein verhältnismäßig frühreifes Mädchen von heute wäre es sicher mit großen Schwierigkeiten verbunden, in einem Alter unter 14 Mutter zu werden.

Natürlich kommen auch solche Fälle vor. Ausnahmen von der Regel gibt es immer. Für die Gegenwart und innerhalb gewisser Grenzen auch für die Vergangenheit stehen uns Angaben über das Ausmaß der Abweichungen vom Mittel zur Verfügung. Geht man davon aus, daß es sich sowohl vom Standpunkt der Ernährung als auch von den allgemeinen Lebensumständen her um keine gewöhnliche junge Frau handelte, besteht eine nicht sehr wahrscheinliche Möglichkeit von höchstens 1 zu 100, daß Julia in der Lage war, Romeos Drängen nachzugeben, auch wenn sie in ihrem Alter vermutlich kein Kind hätte zur Welt bringen können. Daß aber dem Stück im Fall Julias *und* in dem ihrer Mutter zu glauben ist, erscheint so gut wie ausgeschlossen. Je eingehender man sich mit der Frage beschäftigt, umso unwahrscheinlicher wird es, daß sich die literarischen Absichten des Autors in diesem Punkt auch nur im entferntesten an der Wirklichkeit orientieren.[6]

Geht man den literarischen Intentionen Shakespeares nach, könnte man zu der Annahme kommen, daß es sich der Autor hier zunutze machte, daß die meisten seiner Zuschauer wohl über Unterschiede der Reife zwischen Adeligen und gewöhnlichen Leuten ebenso verschwommene Vorstellungen hatten wie über die zwischen dem mittelalterlichen Verona und dem England ihrer Tage. Wie das Schriftsteller oft tun, übertrieb er vielleicht ein Moment, dem sein Publikum besonderes Interesse entgegenbrachte. Doch selbst diese Vermutung scheint mir aus zwei Gründen zu weit zu gehen: Zum einen unterstellt sie dem elisabethanischen Theaterpublikum ein Wissen und Bewußtsein, das man einfach nicht voraussetzen kann. Zum anderen schreibt man, wie das bei großen Künstlern nur allzu oft geschieht, dem Autor eine seiner Imagination entsprechende Beobachtungsgabe zu. Es dürfte viel eher zutreffen, daß Shakespeare, ohne um Heiratsalter und sexuelle Reife Bescheid zu wissen, ein Stück über die Beziehung und Verbindung von zwei Liebenden schreiben wollte, die noch sehr jung waren. Literaturwissenschaftler haben darauf hingewiesen, daß Shakespeares Julia jünger ist als in den Vorlagen: In Arthur Brokes 1562 veröffentlichtem Gedicht *Romeus and Juliet,* der Quelle für den Handlungskern des Shakespeare-Stücks, ist Julia schon 16. Und als vier Jahre später William Painter in seiner Sammlung *The Palace of Pleasure* Julias Geschichte erzählt, begegnen wir einer 18jährigen Frau. Vielleicht mußte Shakespeare die Heldin in seiner Bearbeitung jünger machen, um dem Knaben entgegenzukommen, der die Rolle übernehmen sollte. So manch andere seiner Heldinnen — man denke etwa an Viola in *Was ihr wollt* — benimmt sich hingegen wiederum recht erwachsen. Daß Shakespeares Julia ein junges Mädchen ist, kann kein Zufall sein.

Es gab im Theater sicher Zuschauer, die Julias Frühreife bemerkten und an ihr Anstoß nahmen. Ein kritischer Küster wie der von St. Bodolph's Aldgate, einer dem Globe in Southwark fernen Pfarre am anderen Ende Londons, hätte das Betragen der Heldin zweifellos nicht gebilligt. Dieser angesehene Bürger gefiel sich nämlich in ironischen Bemerkungen, wenn er über das Verhalten von Menschen berichtete, das er nicht guthieß. So vermerkt er etwa am 6. Juli 1623 anläßlich der Trauung eines Garnwirkers und einer Pförtnerstochter:

Der Mann war etwa siebzehn Jahre alt und die Frau vierzehn — ein altehrwürdiges Paar junger Narren.

Fand er zwar offenbar, daß die beiden mit 17 und 14 bereits erwachsen waren — er spricht von „Mann und Frau" —, hielt er sie doch noch für viel zu jung, um zu heiraten. Nur selten trifft man in den Registern gleich welcher Zeit auf Fälle dieser Art. Sogar ausdrücklich als Kinderehen bezeichnete Verbindungen kommen in den Quellen so gut wie kaum vor.

Dazu ist jedoch zu bemerken, daß wir auch kaum in der Lage sind, in den Quellen sogenannte Kinderehen auch wirklich zu erkennen. Wir wissen von einem recht ungewöhnlichen Fall aus dem 15. Jahrhundert, wo ein adeliges Mädchen in einem Alter „heiratete", in dem sie wohl kaum zu sexuellen Beziehungen in der Lage gewesen sein dürfte. Margaret, Lady Rowecliffe, bekam 1463 im Alter von vier Jahren bereits ihren ersten Mann und, nachdem sie diesen verloren hatte, mit zwölf einen zweiten. Der Vater des Bräutigams verbürgte sich damals, daß die beiden „das Bett erst teilen werden, wenn sie ihr sechzehntes Lebensjahr vollendet hat". Mir ist kein eindeutiger Hinweis auf das vermutliche Alter sexueller Reife bei Frauen im mittelalterlichen England bekannt. Frühe „Verbindungen" dieser Art sollten wir daher als *de futuro* Ehen bezeichnen, weil es sich ja eigentlich um Heiratsversprechen im genannten Sinn handelt. Der Tod konnte die Familie eines Adeligen ebenso überraschend treffen wie die eines Mannes aus dem Volk. Vor allem wo es Besitz und Namen zu schützen galt, war der dem gesetzmäßigen Erben bestimmte Ehepartner von entscheidender Bedeutung.

Im Jahre 1593 verheiratete beispielsweise Robert Furse von Moreshead in Devonshire, ein vermögender Freisasse, der gerade anfing, es in der Welt zu etwas zu bringen und sich wie jeder andere fähige Mann seines Standes darum bemühte, etwas für seine Familie zu tun, seinen Sohn im Alter von neun Jahren und drei Monaten mit der Waise Susan Alford, dem Mündel eines nahen Verwandten. Die tatsächliche Vermählung sollte dann mit 15 stattfinden. Eines der beiden Kinder starb aber oder machte von seinem ihm wohl zustehenden Recht Gebrauch, aus dem Handel auszusteigen, den Vater und Vormund abgeschlossen hatten. Auf jeden Fall kam es nicht zur geplanten Hochzeit. Ein Übereinkommen dieser Art dürfte allem Anschein nach jedoch damals ebenso üblich gewesen sein wie ein Aufschub der tatsächlichen Verbindung.[7]

In den Aufzeichnungen der Diözesangerichte, denen es oblag, bei Streitfällen in Ehefragen Recht zu sprechen, begegnet uns eine ganze Menge minderjähriger Verlobter, wobei die älteren meist auch erwartungsgemäß zusammenlebten. Frederick Furnivall, jener bemerkenswerte viktorianische Sammler alter Schriften, veröffentlichte für seine *Early English Text Society* im Jahre 1897 unter dem Titel *Child Marriages, Divorces and Ratifications, etc.* einen Band mit Auszügen dieser Protokolle. Dieses Werk hat sicher viel zur Pflege der Vorstellung beigetragen, daß Kinderehen in der Tudorzeit auf der Tagesordnung standen. Nur in den Unterlagen der Diözese Chester aus den Jahren 1561 bis 1566 stieß Furnivall auf dreißig einander in jungen Jahren versprochene Paare, wovon einige wirklich sehr früh „geheiratet" hatten. Die Liste reicht von Nachkommen, die noch nicht einmal laufen konnten, über Halbwüchsige bis zu Kindern, die unter keinen Umständen miteinander leben wollten. Eine zwischen 13 und 14 Jahre alte Braut sagte aus, daß man ihr einen armen 11- oder 12jährigen Jungen als Mann ins Bett gelegt hatte. Das Kind weinte, weil es mit seinem Vater nach Hause zurückkehren wollte, „lag dann bis zum Morgen da, ohne sich zu rühren", „drehte ihr die ganze Nacht den Rücken zu" und kam — wie es selber versicherte — „mit ihrem nackten Körper nicht einmal in Berührung".

Wir können natürlich nicht erwarten, daß Furnivall sich in seiner Begeisterung darum bemühte, diese Aussagen auch nur irgendwie numerisch zu ordnen und in ein System zu bringen. Holen wir das nach, ergibt sich folgendes Bild: In den sechs fraglichen Jahren dürften in der Diözese Chester gut 10.000 Ehen geschlossen worden sein. Der Anteil jener armen, in jungen Jahren verheirateten Kinder kann also damals in diesem Gebiet nicht einmal ein halbes Prozent ausgemacht haben. Aus beinahe allen von Furnivall in seine Sammlung aufgenommenen Dokumenten geht klar hervor, daß es dabei um die Zusammenlegung von Besitztümern ging. Keines der Paare, die als Kinder getraut worden waren, lebte miteinander, solange Braut und Bräutigam noch nicht erwachsen waren, und es gibt Hinweise darauf, daß es in manchen Fällen auch später nicht dazu kam.

Es ist durchaus möglich, daß Kinderehen dieser Art im 16. Jahrhundert häufiger vorkamen. Wie immer es aber damals um Natur und Zweck solcher Verbindungen bestellt gewesen sein mag, feststeht, daß sie für die große Mehrheit der Einwohner nicht als typisch angesehen werden können. Welcher Dinge hätten sich auch Leute auf diese Weise versichern sollen, die weder Land noch ein Haus noch sonst etwas besaßen? Es gibt aber auch noch die Möglichkeit, daß es Shakespeares dramatischen Absichten entsprach, Romeo und Julia und vielleicht auch noch manch anderem Protagonisten seiner Stücke ein Alter zuzuschreiben, das den Vorstellungen der damaligen Zeit zuwiderlief. Wenn überhaupt, legen rechtliche und biographische Belege wie die Furnivalls die Vermutung nahe, daß sich literarische Werke in dieser Hinsicht im allgemeinen nicht an die Wahrheit halten. Wie der Küster von St. Bodolph's waren so manche Zeugen des Diözesangerichts von Chester über das Alter der Bewerber überrascht und brachten ihr diesbezügliches Mißfallen zum Ausdruck. Aus ihren Stellungnahmen geht klar hervor, daß für sie Kinderehen damals nicht die Norm waren. Es gibt freilich keinen Anhaltspunkt dafür, daß auch die Schriftsteller der elisabethanischen Zeit ihre Charaktere als außergewöhnliche Menschen verstanden wissen wollten. Nun ist aber bekannt, daß Literatur gleich welcher Art nur selten gewöhnliche Menschen darstellen will. Und selbst wenn es einem Autor genau darum geht, kommt es oft vor, daß seine Helden und Heldinnen ganz außergewöhnliche Menschen werden und gar nicht der Norm entsprechen.

Es ist richtig, daß in der Literatur die selbstverständlichen Voraussetzungen, das Verhalten der Nebenpersonen und die Konventionen, vor deren Hintergrund Ironie und Humor erst verständlich werden, oft sehr genau wesentliche Momente der Gesellschaftsstruktur bloßlegen. Das ist für den Sozialhistoriker von entscheidender Bedeutung. Wir werden im Laufe unserer Ausführungen auch wiederholt auf derartige Hinweise zurückgreifen. Es ist aber wirklich gewagt, eine für eine ganze Gesellschaft oder einen bestimmten Raum charakteristische Einrichtung oder Gepflogenheit aus der Hauptperson eines literarischen Werks und dessen Handlung zu erschließen — und das gilt für *Pamela* und Elizabeth Bennett in *Pride and Prejudice* ebenso wie für Julia und Viola. Man kann dadurch unter Umständen den Eindruck erwecken, daß das ganz und gar Außergewöhnliche vollkommen normal war. Was die Frauen der Capulets und das Heiratsalter in elisabethanischer Zeit betrifft, scheint genau das geschehen zu sein. Es fällt nicht schwer, sich das wohl ebenso verzerrte Bild auszumalen, das entstehen könnte, wenn ein Historiker der Zukunft *Lolita* oder *Fear of Flying* als Quellen für seine Untersuchung unseres heutigen Sexualverhaltens verwendet, ohne auch nichtliterarische und statistische Unterlagen heranzuziehen.[8] Daher meine Überzeugung, daß statistische Bemühungen im Bereich solcher Untersuchungen ebenso unabdingbar sind wie soziologisches Feingefühl. Es genügt nicht, herkömmliche historische und literarische Zusammenhänge nachzuzeichnen.

Bedenkt man, daß unsere Nachforschungen erst in den Anfängen sind und diese Arbeit sich gewissermaßen als Einführung versteht, mag man meinen, daß Ansprüche dieser Art die Aufgabe der historischen Soziologie überflüssig komplizieren könnten. Es ist aber alles wichtig, was wir über die Unterschiede zwischen den Angehörigen der privilegierten Minderheit und den gewöhnlichen Leuten der vorindustriellen Zeit in Erfahrung bringen können. Aus dem Bestand der von Wachstumsforschern eingehend untersuchten Quellen, die von Angaben über Stimmbruch, Gewicht und Größe von Männern bis zu Werten über Veränderungen des Brustumfangs von Frauen reichen, geht klar hervor, warum sich für verschiedene soziale Gruppen und verschiedene Zeiten voneinander abweichende Zahlen ergeben. Es ist der besseren Ernährung und den für die Gesundheit günstigeren Lebensbedingungen zuzuschreiben, daß die Angehörigen der Mittelklasse und die in den wohlhabenderen Gebieten der heutigen Welt lebenden Menschen früher heranreifen, leichter zunehmen und rascher wachsen als die Mitglieder der Arbeiterklasse. Das heißt, daß heute alle Menschen früher reif werden als selbst die privilegiertesten Bewohner der vorindustriellen Welt. Das heißt aber auch, daß es damals unter Umständen in dieser Hinsicht größere Unterschiede zwischen den einzelnen sozialen Schichten gab.

Wenn das auf das Verhältnis von Elite und Volk ebenso zutrifft wie auf das von Angehörigen der Gentry und sozial schlechter gestellten Menschen, haben wir hier einen wesentlichen Unterschied zwischen zwei Teilen der einstigen Bevölkerung vor uns. Wie in der viktorianischen Zeit waren die privilegierten Menschen der uns verlorenen Welt zweifellos größer, schwerer und besser entwickelt als alle anderen. Und bei der elisabethanischen Gentry und der Gentry der vorindustriellen Zeit überhaupt war wahrscheinlich früher mit Bartwuchs, Stimmbruch und erster Monatsblutung zu rechnen als bei der übrigen Bevölkerung.

Wir sind den Spuren dieses einen Bruchstücks jener verlorenen Welt in unserem heutigen Bewußtsein nicht nur aus Gründen der Quellenlage und der Frage der richtigen Einschätzung verfügbarer Hinweise Schritt für Schritt nachgegangen. Es lag auch in unserer Absicht, auf die in der heutigen Sozialwissenschaft verwendeten Unterlagen und gängigen Methoden aufmerksam zu machen. Daß man heute mit Literaturwissenschaftlern und sogar mit Biologen zusammenarbeitet, hat sich gezeigt; die Beziehung zu anderen Sozialwissenschaften wie der Anthropologie, Ökonometrie und Psychologie wird an anderer Stelle noch klar werden. Doch das von uns gewählte Beispiel ist in allererster Linie im Hinblick auf die Struktur der Gesellschaft relevant. Der Widerspruch zwischen Julias Heiratsalter im Stück und den tatsächlichen Erfahrungen des zeitgenössischen Publikums hat bestimmt etwas zu bedeuten.

Wenn man sich nämlich der Bedingungen nicht bewußt ist, denen die Menschen durch bestimmte Heiratsgewohnheiten unterworfen sind, geht man an den Zusammenhängen der englischen Gesellschaft von einst ebenso vorbei wie an ihrer Entwicklung und heutigen Struktur. Man übersieht so einfach die charakteristischen Formen der Reproduktion, die vorhandenen Möglichkeiten, sein Leben immer wieder auf den durch die verfügbaren Mittel gegebenen Rahmen einzustellen, und vor allem die Funktion des Familiensystems selbst. Man könnte sogar behaupten, daß jene uns im Laufe dieser Untersuchung immer wieder beschäftigende Umwälzung der Gesellschaft durch den Einbruch der großen Industrie überhaupt nicht stattgefunden hätte, wenn nicht die Menschen in Westeuropa und vor allem in England dafür zu sorgen in der Lage gewesen wären, daß von der ersten Monatsblutung bis zur Schwangerschaft mehr Zeit verstrich als irgendwo sonst. Wir sind uns darüber im klaren, daß wir damit einzelne Momente der sozialen Struktur, denen wir im Rahmen dieser Untersuchung gar nicht wirklich auf den Grund gehen können, sehr in den Vordergrund gerückt haben. Ehe wir uns aber überhaupt weiter mit solchen Fragen auseinandersetzen, gilt es, einem anderen historischen Vorurteil zu begegnen, das mit der Größe und Zusammensetzung der englischen Familie der Vergangenheit und den nächsten Verwandten unserer Vorfahren zu tun hat.

Die Vorstellung, daß die Menschen der vorindustriellen Welt in großen Familieneinheiten lebten, ist sicher ebenso verbreitet und in unserem Selbstverständnis und gesellschaftlichen Denken noch tiefer verwurzelt als der Glaube daran, daß damals Kinderehen alltäglich waren. Man ist fast einhellig der Meinung, daß Großeltern, verheiratete und unverheiratete Kinder, Enkel und oft auch Verwandte in jener Zeit im allgemeinen zur Familie gehörten und unter einem Dach schliefen, an einem Tisch aßen und ein und derselben Arbeit nachgingen. Man glaubt, daß das so war, weil vor allem der Stammhalter, aber auch verheiratete Söhne und Töchter überhaupt nicht nur bei ihren Eltern wohnen durften, sondern man das von ihnen sogar erwartete. Dementsprechend meint man, daß eine verwitwete Mutter entweder weiter im Haus blieb, wenn der Sohn übernommen hatte, oder zu ihm oder einem anderen Kind zog. Man geht davon aus, daß sie auch mit ihren Kindern zu ihren Eltern ziehen konnte, wenn diese noch lebten und die Kinder noch alle unverheiratet waren. Ledigen Onkeln, Tanten und Geschwisterkindern stand dieser Weg angeblich ebenso offen. Wenn auch unter anderen Bedingungen und aus arbeitstechnischen Gründen soll es auch üblich gewesen sein, daß verheiratete Brüder nach dem Tod ihres Vaters unter einem Dach wohnten. Folglich — so lautet der Schluß — müssen die Haushalte von damals größer und ihrer inneren Struktur nach komplexer gewesen sein als heute; meist spricht man von erweiterten Familienhaushalten.

Nun hat sich aber gezeigt, daß dieses Bild in keinem der genannten Punkte den Verhältnissen der alten Welt Englands entspricht und genauso falsch und irreführend ist wie die das damalige Heiratsalter betreffenden Vorstellungen. Es stimmt nicht, daß die meisten unserer Vorfahren in erweiterten Familienhaushalten lebten. Es stimmt auch nicht, daß die einfache Kernfamilie erst im Zuge der Industrialisierung entstand — in England läßt sich sogar feststellen, daß der recht kleine Anteil von Haushalten komplizierterer Zusammensetzung in Zeiten wirtschaftlicher Umwälzungen zunahm. Es stimmt nicht, daß Ältere und Verwitwete meist ihre Kinder bei sich im Hause wohnen hatten, und daß es viele Haushalte mit Onkeln, Tanten, Neffen und Nichten gab. Es stimmt nicht einmal, daß Alte, Kranke, Alleinstehende und Notleidende sich im allgemeinen darauf verlassen konnten, daß sich ihre Verwandten auch weiter um ihren Unterhalt kümmerten, wenn sie nicht mehr bei ihnen lebten. Obgleich eine Familie damals im Durchschnitt um die Hälfte größer war als heute (das Mittel lag bei $4^{3}/_{4}$ und nicht knapp über 3), haben die Gründe dafür so gut wie nichts mit der Existenz erweiterter Familien zu tun. Der Unterschied hat demographische Ursachen und erklärt sich daraus, daß vielen Haushalten Dienstboten angehörten.

Wir haben gesehen, daß dem riesigen Haushalt der Hales in Goodnestone mit 22 Personen im Jahre 1676 und dem noch größeren der Newdigates in Chilvers Coton, der 1684 37 Mitglieder zählte, weit mehr Kinder angehörten als dem Durchschnitt entsprach. Eigentlich waren aber die Dienstboten für den ungewöhnlichen Umfang der beiden Hauswesen verantwortlich — die Hales beschäftigten 14, die Newdigates gar 28. Daß es sich bei diesen Lebenszyklusdienstboten um Kinder handelte, die sozusagen von bestimmten Haushalten an andere abgetreten worden waren, erklärt, warum einflußreichen Familien mehr und unbedeutenderen weniger Mitglieder angehörten. Es liegt auf der Hand, daß dadurch der *durchschnittliche* Umfang häuslicher Einheiten in der Welt von einst nicht größer wird — durch eine bloße Verschiebung ändert sich insgesamt überhaupt nichts. Daß die durchschnittliche Haushaltsgröße damals höher lag als heute, muß daher andere Gründe haben. Der merkbare Rückgang der Fruchtbarkeit spielt sicher eine gewisse Rolle. Daß auf die ärmeren Familien der vorindustriellen Gesellschaft, aus denen die Dienstboten kamen, weniger Geburten und meist auch weniger überlebende Säuglinge und Kinder entfielen als auf wohlhabendere Haushalte, die Dienstboten beschäftigten, verstärkte diesen Unterschied noch. Und doch waren, wie auch den Aufzeichnungen Gregory Kings zu entnehmen ist, große häusliche Einheiten in der englischen Gesellschaft von einst zahlenmäßig eine Seltenheit. In unserer Vorstellung nehmen solche Hauswesen einen viel zu großen Platz ein.

Daß das so ist, hat einerseits wiederum literarische Gründe, andererseits aber auch Ursachen, die im Tourismus liegen. Jedermann kennt den großen Haushalt Olivias in *Was ihr wollt*. Malvolio, der Haushofmeister, Maria, Olivias als Kammermädchen beschäftigte Verwandte, und Sir Toby, der im Hause lebende Onkel — für uns sind das alles Menschen, mit denen wir uns identifizieren. Noch wichtiger ist jedoch vielleicht, daß es uns möglich ist, die großen Häuser der Adeligen aus vergangenen Jahrhunderten zu besuchen und uns sogar durch die Räume ihrer Dienstboten führen zu lassen — Hardwick, Audley End, Erddig, Blenheim, Woburn und wie die Orte alle heißen, die uns an das Haus erinnern, in dem Malvolio das Sagen hatte. Fast nichts weist den Reisenden jedoch darauf hin, daß es in jener uns entschwundenen Welt nur ganz wenige Marias und Tobys gab und auch Haushofmeister eine Seltenheit waren. Es erscheint einem heute fast unmöglich, sich an die Stelle eines ledigen Dienstboten von einst zu versetzen, der sich erschöpft in einer Ecke des auch als *hall* bezeichneten Raums in der Kate eines armen Kleinbauern niederließ. Es ist noch gar nicht lange her, daß man nicht einmal wußte, daß ein Großteil jenes Achtels aller einmal als Dienstboten beschäftigten Menschen unter diesen heute so schwer vorstellbaren Bedingungen gelebt haben müssen.

Es ist aus verschiedenen Gründen alles andere als einfach, den Glauben daran zu kritisieren, daß umfangreiche, erweiterte Haushaltseinheiten mit Verwandten und mehreren Generationen in der uns verlorenen Welt für das Wohlergehen und den Unterhalt aller Angehörigen sorgten. Viele sind überzeugt davon, daß es sich, wie man deutlich am Beispiel der vielen alten Leute zu sehen meint, bei den sogenannten Opfern unserer Industriegesellschaft um Menschen handelt, die die Geschichte aus dem Kreis ihrer rechtmäßigen Heimat, der Familie, verbannt hat. Es ist von entscheidender Bedeutung, daß wir diesen Eindruck zerstören. Die Aufgabe der historischen Soziologie besteht darin, die Grundlagen für ein den geschichtlichen Tatsachen entsprechendes Selbstverständnis zu schaffen.

Ebenso muß es uns aber ein Anliegen sein, unseren Vorfahren sowohl aus heutiger Sicht als auch in ihrem Sinn Gerechtigkeit widerfahren zu lassen. Wenn sie ein unserem sehr ähnliches individualistisches Familiensystem hatten und wie wir deutlich neolokalistischen Grundsätzen folgten, wie die Anthropologen sagen, d. h. einen eigenen Haushalt gründeten, wenn sie heirateten, und diesem für den Rest ihres Lebens treu blieben, dann beweist das, daß sich ihr Familiensinn nicht auf den Kreis der Kernfamilie beschränkte.

Daß multigenerative Haushalte untypisch waren, heißt nicht, daß es überhaupt keine gab: In etwa einem von zwanzig Haushalten lebten mehrere Generationen unter einem Dach. Wir haben auch nicht bestritten, daß es vorkam, daß ältere Witwen und sogar Witwer mit ihren verheirateten Kindern zusammenwohnten – das war sogar zum Teil recht üblich. Daß neolokalistischen Grundsätzen zufolge ein Kind nach seiner Heirat das Elternhaus verließ, bedeutete nicht, daß Vater oder Mutter nicht einmal auch zu einem ihrer Kinder zogen. Da es aber nur wenige ältere Witwen gab, führte deren vergleichsweise häufige Anwesenheit im Haushalt jedoch nicht zu einem so hohen Anteil multigenerativer Familien, wie man vielleicht erwarten könnte. Da und dort blieben auch Kinder nach der Heirat Monate oder länger bei ihren Eltern wohnen, ehe sie in ihr eigenes Haus einziehen konnten. Für Waisenkinder fand man eine passende Familie, wenn auch keineswegs immer in der Verwandtschaft, und, soweit wir das heute sagen können, war es meist die Pfarre oder eine andere Behörde und nicht die Familie, die sich um eine entsprechende Unterkunft kümmerte.

Und trotzdem konnten entferntere Verwandte bei bestimmten Gelegenheiten im Leben eines Individuums eine entscheidende Rolle spielen. So tauchen sie häufig dann auf, wenn es darum ging, für jemanden eine Stelle zu finden, eine Geschäftsbeziehung herzustellen, Kapital aufzutreiben oder aus diesen oder anderen Gründen den Wohnort zu wechseln. Wenn man auch nur selten damit rechnen konnte, dauerhafte Hilfe in psychologischer und finanzieller Hinsicht zu finden, begegnet man an den kritischen Punkten des Lebens doch immer wieder jemandem aus der Verwandtschaft: bei Geburten, wenn jemand infolge einer Krankheit arbeitsunfähig geworden war, auf Hochzeiten und bei Begräbnissen. Aber das gilt auch für Nachbarn und Freunde, denen in mancher Beziehung, wie etwa im Falle einer Bürgschaft für einen Kredit, oft eine wichtigere Rolle zukam als Verwandten. Und das war im vierzehnten Jahrhundert nicht anders als im achtzehnten. Es ist nicht uninteressant, daß sich im damaligen Sprachgebrauch der Ausdruck „Freund" nicht nur auf Verwandte bezog.

Für manche Formen familiären Zusammenlebens, gegen die wir uns bei der Kritik der Vorstellung erweiterter Haushalte gewandt haben, scheint es allerdings überhaupt keine Beispiele zu geben. In keiner der englischen Quellen begegnet man einem Haushalt mit zwei verheirateten Brüdern, die gemeinsam ein und dasselbe Gut bewirtschaftet hätten.[9] Und auch für den so berühmten Stammfamilienhaushalt, wo der älteste oder manchmal auch der jüngste Sohn den Hof erbt, heiratet und mit seinen Kindern zu Hause bleibt, während seine Geschwister entweder ausziehen oder keine Ehe eingehen, lassen sich kaum Beispiele finden.

Weder bei Stammfamilien noch bei Kernfamilien ist die Sache aber ganz so einfach, wie man auf den ersten Blick meinen könnte. Familiäre Gruppen sind nämlich in erster Linie nichts Statisches, sondern haben vielmehr etwas von Prozessen an sich: Der Haushalt verändert sich von seiner Gründung bis zu seiner Auflösung und entwickelt sich in zyklischer Weise. Man kann nicht voraussetzen, daß sich die Zusammensetzung einer häuslichen Einheit an einem bestimmten Punkt ihres Lebenszyklus unbedingt mit der an einem anderen deckt. Daher mag es auch in Gesellschaften eine Tendenz zu Stammfamilien geben, wo nur wenige Haushalte diese Form aufweisen. Im vorindustriellen England gab es zwar viel zu wenige Haushalte dieser Art, um die Stammfamilie als eine damals übliche Form bezeichnen zu können — man sollte sich aber trotzdem dessen bewußt sein, daß die Zusammensetzung eines englischen Haushalts jener Zeit im Laufe eines Familienzyklus wesentlichen Veränderungen unterliegen konnte. Während es natürlich beim einfachen Familiensystem jeweils nur einen solchen Zyklus geben kann, ist es bei anderen Formen möglich, daß ein und derselbe Haushalt mehrere Familienzyklen durchläuft.

Wenn Vater oder Mutter des Mannes oder der Frau eines einfachen Familienhaushalts ihr Kind besuchten, veränderte sich Umfang und Komplexität der Verwandtschaftsstruktur dieses Haushalts. Auch wenn ein Bruder, eine Schwester oder entferntere Verwandte einzogen, geschah dasselbe. Die meisten Veränderungen jedoch betrafen eher die Größe der Familienhaushalte als deren Verwandtschaftsstruktur und sind vor allem mit der Geburt von Nachkommen, dem frühzeitigen Tod mancher Kinder und dem Ausscheiden von herangewachsenen Söhnen und Töchtern aus dem Familienverband, da und dort auch mit dem Ableben oder der Wiederverheiratung eines Ehepartners in Verbindung zu bringen. Sofern man Dienstboten beschäftigte, war es jedoch vor allem die Zusammensetzung des Haushalts und nicht der Familie, die sich veränderte. Mit Ende des Dienstjahres, in den meisten Teilen des Landes also im Früh- oder Spätherbst, wechselte das Gesinde und damit änderte sich auch die Zahl der in einem Haus beschäftigten Dienstboten. Es gab Familienhaushalte, die von ihrer Verwandtschaftsstruktur her immer ihre einfache Form bewahrten und doch innerhalb weniger Monate eine ganz andere Zusammensetzung aufwiesen.

Diese Umstände haben sowohl Verwirrung gestiftet als auch zu Mißverständnissen und Meinungsverschiedenheiten geführt, wenn es Wissenschaftlern darum ging, Familienformen verschiedener Gebiete und Epochen zu vergleichen. Uns stehen aber heute genug Unterlagen zur Verfügung, um mit einiger Sicherheit behaupten zu können, daß die Familienstrukturen Nord- und Westeuropas im großen und ganzen mit den für die traditionelle Welt Englands beschriebenen übereinstimmen, auch wenn sie vielleicht nicht immer ganz so deutlich ausgeprägt waren und mit größeren räumlichen wie zeitlichen Abweichungen zu rechnen ist.

Es läßt sich auch zeigen, daß ein spätes Heiratsalter und ein hoher Anteil von Lebenszyklusdienstboten dem Familiensystem entspricht, das England und Westeuropa von den meisten Teilen der übrigen Welt — sogar von Süd- und Osteuropa und in gewissem Maß auch von Mitteleuropa — unterscheidet. In den Tabellen 6 und 7 finden sich einige Werte für England, die dazu beigetragen haben, unsere diesbezüglichen Annahmen zu bestätigen. Wenn sie auch aus dem umfangreichsten Quellenmaterial stammen, das man bis heute für die Geschichte der Familie eines Landes zusammengestellt hat, handelt es sich freilich doch um eine leider beschränkte Stichprobe.

Aus Tabelle 6 läßt sich ersehen, daß es auch kleine Haushalte gab. Jene mit drei Mitgliedern waren am zahlreichsten. Fast zwei Fünftel der Gesamtbevölkerung lebten in Haushalten, denen zwischen drei und fünf Menschen angehörten. Mehr als die Hälfte aller Einwohner entfiel aber auf sechs oder mehr Mitglieder zählende Einheiten. Der letzte Wert in der zweiten Spalte der Tabelle verweist auf die bereits behandelten Haushalte wohlhabender Freisassen, Gentlemen, Ritter, Baronets, Bischöfe und Pairs mit vielen Dienstboten.

Tabelle 7 belegt, daß sich die in Goodnestone festgestellte Hierarchie der Haushalte mit den damaligen Strukturen in ganz England deckt. Da es sich in diesem Fall um sehr kleine Stichproben handelt, ist dieser Schluß nicht ganz gesichert — in Spalte n findet sich jeweils die Anzahl jener der insgesamt 100 Niederlassungen, deren Unterlagen in den fraglichen Punkten eindeutig Auskunft geben. Alle Personenstandslisten aus vorindustrieller Zeit, die wir seither noch gefunden haben, scheinen die aus diesen Werten gewonnenen Erkenntnisse, auf die wir bereits wiederholt zu sprechen gekommen sind, allerdings zu bestätigen.

Es gibt jedoch Hinweise darauf, daß sich in diesem Bereich schon vor den fünfziger und sechziger Jahren des 19. Jahrhunderts Veränderungen abzuzeichnen begannen, die den üblichen Vorstellungen gründlich widersprechen. Es schaut heute mehr und mehr so aus, als ob in den Haushalten der armen und ärmsten Bewohner und besonders jener, die lange an einem bestimmten Ort gewohnt hatten und bereits als Mitglieder der Dorfgemeinschaft angesehen wurden, eher mit Verwandten zu rechnen ist als in allen anderen Familien. Waren es früher die Haushalte der Elite, die die meisten Dienstboten hatten, begann sich nun das Verhältnis also umzukehren.[10]

Tabelle 6:
Hundert englische Niederlassungen, 1574–1821
Verteilung der Haushalte nach Anzahl der Mitglieder

Mitglieder	Anteil d. Haushalte (%)	Bevölkerungsanteil (%)
1	5,7	1,2
2	14,2	6,0
3	16,5	10,4
4	15,8	13,2
5	14,7	15,4
6	11,8	14,8
7	8,0	11,7
8	5,4	9,0
9	3,1	5,8
10	1,9	4,0
11 und mehr	3,0	8,5
	100	100

Gesamtbevölkerung: 68.407

Quelle: *Household and Family in Past Time,* Tabelle 4.8.

Tabelle 7:
Hundert englische Niederlassungen, 1574–1821
Haushaltsgröße, Anzahl der Kinder, Anteil der Haushalte mit Verwandten und Anteil der Haushalte mit Dienstboten nach sozialem Status des Haushaltsvorstands

	mittlere Haushaltsgröße		durchschnittliche Anzahl der Kinder		Anteil der Haushalte mit Verwandten (%)		Anteil der Haushalte mit Dienstboten (%)	
	n		n		n		n	
Gentlemen	26	6,63	26	2,94	16	27,6	18	81,1
Geistliche	25	5,83	12	3,53	12	25,0	16	81,2
Freisassen	35	5,91	17	2,76	9	17,0	14	71,9
Pächter	35	5,09	33	3,10	14	17,3	21	46,8
Kaufleute und Handwerker	40	4,65	42	2,90	18	12,3	25	23,3
Tagelöhner	33	4,51	32	2,70	16	7,9	21	2,2
Arme	16	3,96	13	2,34	6	7,7	26	

| andere | | 39 | 3,72 | | | | | |
| ohne nähere Bezeichnung | | 19 | 4,29 | 37 | 2,31 | 18 | 15,0 | 26 | 13,9 |

Anmerkung: Die Werte in den beiden rechten Spalten sind Mittelwerte der prozentualen Anteile in den betreffenden Niederlassungen.

Quelle: *Household and Family in Past Time*, Tabelle 4.16.

Dies könnte damit zusammenhängen, daß die Armen jener Zeit aus Gründen des Platzmangels mit ihren Verwandten unter einem Dach zu leben gezwungen waren. Dies würde jedoch nicht einmal hinreichen, um die bloßen Tatsachen zu erklären. Einerseits hatten die Mitglieder der untersuchten mittelviktorianischen Dorfgemeinde ohne festen Wohnsitz die wenigsten noch lebenden Verwandten, andererseits konnten sich die Angehörigen der Gentry und des Hochadels, bei denen man fast überall am ehesten mit zusammengesetzten Familienhaushalten rechnen darf, Häuser jeder Größe leisten und taten das auch.

Es dürfte auch mit einiger Sicherheit feststehen, daß die relativen Wohnkosten in vorindustrieller Zeit wesentlich geringer waren als heute. Eine äußerst bescheidene Behausung wie die Hütte eines armen Tagelöhners ließ sich um weniger als dessen doppeltes Jahreseinkommen errichten — wenn die Friedensrichter den Bau einer Hütte anordnen oder bewilligen, scheint es sich für sie stets um eine ganz nebensächliche Angelegenheit zu handeln. Auch die Grundbesitzer und Armenaufseher empfanden die Errichtung einer Tagelöhnerhütte allem Anschein nach als Selbstverständlichkeit. Es gehörte zu den althergebrachten, wenn auch wahrscheinlich unverbrieften Rechten der Armen im Dorf, daß sie eine über Nacht auf der der Allgemeinheit als Weideland zur Verfügung stehenden „Brache" des Grundherrn errichtete Hütte auch unbehindert beziehen konnten. Dieser Brauch verweist auf die Beschränkungen, denen das Bauen damals unterworfen war. Wollten zwei Familien eine Hütte teilen oder Leute eine Scheune oder einen Teil eines Schuppens zu einer Wohnung umbauen, erforderte das die Erlaubnis der Friedensrichter. Wenn das auch den Behörden in den Städten genausowenig gefiel, war es leichter und sicher billiger, vorhandene Gebäude so abzutrennen, daß gewissermaßen voneinander unabhängige Räumlichkeiten für verschiedene Familien entstanden.[11] Aufgrund dieser Tendenz ist es daher ziemlich gewagt, einen Zusammenhang zwischen baulichen Gegebenheiten und Größe bzw. Form der Hauswesen herzustellen.

In den Dörfern, wo Verzeichnisse der einzelnen Häuser erhalten sind, scheinen jedoch vor allem gegen Ende des 17. Jahrhunderts immer einige unbewohnt gewesen zu sein. Die sogenannten Herdsteuererklärungen aus den sechziger, siebziger und achtziger Jahren belegen das.[12] Freilich gab es wie immer in jener Welt individuellen Elends und Unglücks auch damals Leute, die kein Dach über dem Kopf hatten. Ein gewisser Simon Gibbs – so vermerkt der für die Richter von Warwickshire tätige Schreiber im Jänner 1667 – „braucht für seine Frau und seine fünf kleinen Kinder eine Behausung, nachdem er lange im Freien geschlafen hat". Es wurde angeordnet, auf dem Gemeindeland des Dorfs eine Hütte zu bauen.[13]

Die letzten Haushaltswerte, die sich tabellarisch darstellen lassen (Tabelle 8), betreffen die Anzahl der miteinander lebenden Generationen und die Verwandtschaftsstruktur. Das Werk, aus dem diese Tabelle stammt, bringt im weiteren auch Angaben für ein deutsches Dorf des 17. Jahrhunderts mit 17% trigenerativen Haushalten, eine italienische Niederlassung des 18. Jahrhunderts mit 45% vielfachen Familienhaushalten und einen russischen Ort des frühen 19. Jahrhunderts mit 73% vielfachen und 65% trigenerativen Haushalten. Besonders im Fall des russischen Dorfs gibt es einen erstaunlichen Unterschied zu den englischen Haushalten mit Werten von 4,1% und 5,7%. Es ist zu vermuten, daß der Mythos großer, zusammengesetzter englischer Haushalte mit vielen Verwandten auf die Annahme zurückgeht, daß die innerhalb der Grenzen der heutigen Sowjetunion und die in England geborenen und Englisch sprechenden Völker im Bereich der Familie eine gemeinsame Geschichte haben.

Die neolokalen Grundsätze, die so lange Zeit hindurch die Form der englischen Familie geprägt haben, lassen sich folgendermaßen umreißen: Daß zwei Ehepaare unter einem Dach als Familie zusammenlebten, war prinzipiell ausgeschlossen. Sogar die Reste einer Kernfamilie, eine Witwe oder ein Witwer mit Kind, fielen dabei meist in die Kategorie verheirateter Paare, und auch die Dienstboten im Haus hatten sich diesem Grundsatz zu fügen. Wenn sich Söhne oder Töchter vermählten, mußten sie daher ausziehen und einen neuen Haushalt gründen – und das selbst dann, wenn zu erwarten war, daß das betreffende Kind einmal den Hof der Familie übernehmen würde; war das nicht möglich, kam es zu keiner Verbindung. Sobald die Hochzeit vorbei war, hatte das Kind das Recht verloren, mit der Fami-

Tabelle 8:
65 englische Niederlassungen, 1622–1854
Verwandschaftsstruktur und Generationsspanne der Haushalte

	Anteil der Haushalte mit Alleinstehenden (%)	Anteil der Haushalte ohne Familie (%)	Anteil einfacher Familienhaushalte (%)	Anteil erweiterter Familienhaushalte (%)	Anteil vielfacher Familienhaushalte (%)	Anteil der Haushalte mit		
						einer Generation (%)	zwei Generationen (%)	drei Generationen (%)
0 Gemeinden mit verläßlichen Unterlagen	8,5	3,6	72,1	10,9	4,1	25,1	69,2	5,7
5 Gemeinden mit fast verläßlichen Unterlagen	8,7	3,2	71,9	11,9	4,1			

Anmerkung: Einfache Familienhaushalte (*simple family households*) bestehen aus einem oder beiden Elternteilen und einem oder mehreren Kindern, erweiterte Familienhaushalte (*extended family households*) aus einem einfachen Familienhaushalt und einem oder mehreren Verwandten, wobei es sich aber nicht um verheiratete Paare handeln darf, und vielfache Familienhaushalte (*multiple family households*) aus zwei oder mehreren miteinander verwandten Ehepaaren.

Quelle: *Family Life and Illicit Love in Earlier Generations*, Kap. 1, Tabelle 1.2.

lie seiner Eltern zu leben. Wie sich feststellen läßt, konnten Dienstboten jedoch dann und wann von diesem Recht Gebrauch machen und eine Zeitlang in das Haus ihrer Eltern zurückkehren, wenn sie gerade die Stelle wechselten. Auch Väter und Mütter von verheirateten Kindern unterlagen den Grundsätzen des Neolokalismus. Auch wenn sie verwitwet waren, hatten sie kein *Recht* darauf, bei einem ihrer Kinder zu wohnen — freilich kam es oft vor, daß jemand seinen alten Vater oder seine alte Mutter bei sich aufnahm. Sofern es für beide Seiten von Vorteil war oder auch aus Treue und Zuneigung gab es natürlich immer Mittel und Wege, diese Grundsätze zu umgehen. Der Beweis, daß die Form englischer Haushalte jener entspricht, die aufgrund der genannten Prinzipien zu erwarten ist, ließ sich recht geradlinig führen. Es galt, das in Tabelle 17 in der allgemeinen Anmerkung ausgeführte Klassifikationsschema auf Personenstandslisten wie die der Pfarre Clayworth aus dem Jahr 1676 umzulegen. Wie man dort nachlesen kann, verwies auch in diesem Fall das Ergebnis deutlich auf die hier sicher etwas überzeichneten Verhältnisse.

Die Gründung einer neuen Familie war Sache des jungen Paares, und zwar ebensosehr des Mannes wie der Frau. Gewöhnlich erforderte ein solches Unterfangen auch die Mithilfe der Eltern und Schwiegereltern, sofern diese noch lebten und dafür zugänglich waren. Die Familie der Frau hatte für die Mitgift der Braut zu sorgen. Diese brachte dazu ihre Ersparnisse, meist Lohn- und Trinkgelder aus der Dienstbotenzeit, und ihre Erfahrung, ihr Geschick und ihre Arbeitskraft in die Ehe mit. Dabei handelte es sich nicht immer und ausschließlich um den Bereich der Hausfrau betreffende Fertigkeiten, die die Braut bei ihrer Mutter oder in den Familien erworben hatte, wo sie in Stellung gewesen war. Wie bereits bemerkt, ging manche junge Frau auch in die Lehre und einige dürften sogar vielleicht als Hebammen oder Lehrerinnen gewissermaßen selbständig tätig gewesen sein. Spinnen und Weben waren natürlich die weitaus wichtigsten Einkommensquellen. Falls eine Frau nicht über die genannten Güter und Eigenschaften verfügte, konnte sie nicht heiraten. Freilich waren sexuell attraktive Frauen immer und in allen Schichten der Gesellschaft gefragt. Wie eine Brautwerbung im einzelnen vor sich ging, werden wir noch an entsprechender Stelle ausführen.

Obgleich auch das manchmal vorkam, wenn es um Land ging, mußten im allgemeinen weder Söhne noch Töchter auf ihr Familienerbteil warten, um heiraten zu können. Der Zugang zu Grund und Boden stand aber keineswegs immer, ja nicht einmal in den meisten Fällen im Mittelpunkt. Wir wissen, daß Kinder nicht dem Alter nach heirateten. Es findet sich in den Unterlagen der vorindustriellen Zeit kaum ein Hinweis darauf, daß insbesondere Töchter im Haus geblieben wären, um sich um ihre alten, verwitweten oder kranken Väter und Mütter zu kümmern. Sowohl für die Eltern und Schwiegereltern als auch für das Paar selbst spielten bei einer Heirat andere Gesichtspunkte eine Rolle. Eine Heirat war eine Familienangelegenheit, genauer gesagt: eine Angelegenheit zweier Familien, die das Leben der nahen und manchmal auch das der entfernteren Verwandten beider Seiten berühren konnte.

Bei jenen, die über Land verfügten, sollte eine Verbindung freilich vielleicht manchmal die Vereinigung oder Erweiterung der Familienbesitztümer sichern. Als Mitgift erhielt die Braut entweder eine Truhe mit Hausrat oder ein Stück Land, das gleich an sie fallen oder ihr für später zugesagt werden konnte. Da galt es auch sowohl im Bereich der Gemeinde und wegen Wasserrechten als auch auf der Ebene der Grafschaft und Diözese politische Bündnisse zu schmieden oder auszubauen. Wenn es um Fragen dieser Art ging, kam es natürlich weitaus häufiger vor, daß die Eltern über die Heirat ihrer Kinder bestimmten. Bei der großen Mehrzahl aller Brautpaare, wo es weder einen nennenswerten Besitz gab, noch zu erwarten war, daß der Einfluß der Familie einmal ins Gewicht fallen würde, spielte eine Absprache zwischen den Eltern eine viel geringere Rolle. Wenn Braut oder Bräutigam in der Fremde lebten oder gar verwaist waren, konnte es natürlich kaum auf die Zustimmung von Vater und Mutter ankommen. Soweit möglich, bemühte sich das junge Paar jedoch immer um das Einverständnis der Eltern. Wenn allerdings, was sehr häufig vorkam, einer oder beide schon einmal verheiratet gewesen waren, stellte sich die Frage gar nicht, weil Braut und Bräutigam selbst „über sich verfügten", wie man sagte. Alle, die aber zum ersten Mal heiraten wollten, konnten sich nur dann eine Familie zu gründen entschließen, wenn es dafür sozusagen eine Nische im Gefüge der Gesellschaft gab.

Wann immer zwei Menschen in den Stand der Ehe traten und vor allem, wenn das zum ersten Mal geschah, war das auch ein wesentlicher Schritt für die soziale Gemeinschaft. Damit entstand nicht nur eine neue wirtschaftliche Einheit, sondern auch eine lebenslange Verbindung zweier Menschen, die vorher voneinander getrennt gelebt hatten und in bestehende Familienverbände integriert gewesen waren. Die Ehe machte den Mann zum vollwertigen Mitglied der Gesellschaft und schuf der Frau einen eigenen Aufgabenbereich — nun war sie Herrin eines Haushalts, *maîtresse de la maison*. Ob in der Stadt oder auf dem Lande, mit jeder Ehe entstand eine neue Zelle der Gesellschaft. Es ist daher verständlich, daß eine Verbindung nur dann zustandekommen konnte, wenn dafür Platz geworden und das sich um eine Ehe-Erlaubnis bewerbende Paar imstande war, diesen Platz auch auszufüllen. Entweder handelte es sich um eine auf dem Gemeindeland gelegene Hütte und das dazugehörige Landstück und die damit verbundenen Rechte: Wenn für einen Knecht oder eine Magd etwas frei wurde, konnten sich diese dann mit ihrer Familie als Kleinhäusler oder Tagelöhner niederlassen. Oder es war eine Bäckerei, eine Schneiderei, die Werkstatt eines Wagners, Tischlers oder Webers, eine Schmiede oder eine Fleischerei, um die es ging — und um deren Kundschaft, die Leute, die die jeweils im Haus hergestellten Dinge gewöhnlich kauften. Nur bei jenen, die wirklich Glück hatten, war die Ehe eine Sache des Besitzes oder der Pacht einer Reihe von Feldern und damit oft, aber nicht immer, eine Erbschaftsangelegenheit.

Eine Wartezeit gab es in allen Fällen. Niemand konnte gleich heiraten. Manche kamen nie dazu. Sobald man einmal erkannt hat, daß wie heute auch in der Welt unserer Vorfahren der Grundsatz galt, daß zwei verheiratete Paare nicht in einer Familie zusammenleben sollten, sieht man auch den Zusammenhang zwischen Größe und Form der Haushalte, Heiratsalter und Anteil der Heiratenden und versteht, wie diese Momente ihrerseits mit den wirtschaftlichen Verhältnissen der Zeit und den damaligen Geburts- und Sterbeziffern in Beziehung stehen. Die Dauer der Wartezeit hing vom Verhältnis des Umfangs von jüngerer und älterer Generation ab, so daß also in diesem Zusammenhang auch Fruchtbarkeitsgeschichte und Sterblichkeit in Betracht zu ziehen sind. Vorausgesetzt, daß die Bevölkerung nicht so schnell wuchs, daß die jüngere Generation die ältere weit überwog, und die wirtschaftliche Entwicklung nicht nachhinkte, mußte sich im großen und ganzen für fast jeden eine Nische finden. Doch die damalige Gesellschaft herrschte unseren Vorfahren nicht nur eine für die Ablöse erforderliche Wartezeit auf — man darf nicht vergessen, daß es vorerst einmal herauszufinden galt, wo ein Platz frei war oder in Aussicht stand.[14]

Es kann daher niemanden überraschen, daß die Menschen jener Zeit Geburten, Heiraten und Todesfällen ein reges Interesse entgegenbrachten. Niemanden befremden kann auch die berüchtigte Neugier von Müttern mit Töchtern betreffs in Frage kommender Ehemänner. Diese im Rahmen von Nachfolgefragen unvermeidlichen Gesichtspunkte fielen natürlich in gebildeten und vornehmen Kreisen ganz besonders ins Gewicht — gelang es, eine Erbin zu finden, bedeutete das mehr Reichtum und Macht; bot sich hingegen keine geeignete Verbindung an, konnte das einen sozialen Abstieg zur Folge haben. Verständlich daher, daß ein so großer Teil des Lebens dieser Menschen und auch ihrer Literatur Fragen des Heiratsmarkts vorbehalten war.[15] Um die demographische Lage der uns verlorenen Welt vor dem jeweiligen Hintergrund produktiver Tätigkeiten zu verstehen, muß man daher erst einmal durchschauen, wie das gesellschaftliche Gefüge im Laufe der Entwicklung und zu bestimmten Zeiten Arme wie Reiche, die Elite der Nation wie deren Proletariat, prägte. Verschiedenste Umstände haben es möglich gemacht, die Geschichte der englischen Bevölkerung in den letzten beiden Jahrhunderten vor der Industriellen Revolution so lückenlos und authentisch zu rekonstruieren, daß das sogar alle überrascht hat, die selber mit der Materie befaßt waren.[16] Ehe wir uns im folgenden Kapitel diesen erstaunlichen Unterlagen zuwenden wollen, möchten wir noch darauf eingehen, was denn eine Heirat als *rite de passage* für unsere Vorfahren wirklich mit sich brachte, und zu diesem Zweck einen Bericht über die Gepflogenheiten in Yorkshire in den dreißiger Jahren des 17. Jahrhunderts heranziehen.

Es hat sich bereits gezeigt, daß literarische Zeugnisse nicht immer der Wirklichkeit entsprechen und daher in diesem Punkt ebenso Vorsicht am Platz ist wie dort, wo es darum geht, aus dem Verhalten des Adels und der Gentry auf das der breiten Masse des Volks zu schließen. Wenn es sich auch bei den Protagonisten des folgenden Zitats um Angehörige der Gentry oder zumindest um Freisassen, auf jeden Fall aber um Leute mit Land handelt, ist doch die Atmosphäre eine ganz andere als in den Heiratsszenen bei Shakespeare, Fielding und sogar Defoe.

Über die Heiratsgepflogenheiten bei uns auf dem Lande

Es ist üblich, daß der Vater des jungen Mannes oder der junge Mann selber dem Vater des Mädchens schreibt, um in Erfahrung zu bringen, ob man ihn im Haus willkommen heißen wird, ob er damit rechnen kann, mit seinem Anliegen Unterstützung zu finden, und ob er damit überhaupt gelegen kommt. Wenn dann der Vater des Mädchens eine Entschuldigung vorschützt und nur für den guten Willen dankt, bedeutet das so viel wie eine Absage. Wenn der Antrag aber auf Zustimmung stößt und angenommen wird, besucht der junge Mann vielleicht zweimal das Haus des Mädchens, um zu sehen, wie es um deren Gefühle bestellt ist. Merkt er, daß er in Frage kommt und sie ihm gewogen ist, bringt er ihr vielleicht bei seinem dritten Besuch ein goldenes Zehn- oder Zwanzig-Shilling-Stück mit; manchmal ist es auch ein Ring von entsprechendem Wert. Das nächste oder übernächste Mal schenkt er ihr dann wieder eine Münze oder Handschuhe, das Paar zu 6 Shilling 8 Pence, und dann von Mal zu Mal allerlei Tand von geringerem Wert. Immer läßt er sich etwas Neues für das Mädchen einfallen. In der Regel ist alle drei bis vier Wochen ein Besuch fällig und es dauert meist an die sechs Monate, bis die Sache entschieden ist.

Sobald die jungen Leute übereingekommen und einander versprochen sind, begleitet der Vater des Mädchens seine Tochter zum Haus des jungen Mannes, um sich zu vergewissern, daß alles in ihrem Sinne ist. Dort treffen sie den Vater des jungen Mannes, um Mitgift und Wittum oder Lehen der Frau auszuhandeln. Und dann wird auch meist auf zwei bis drei Wochen danach die Hochzeit festgesetzt. In dieser Zeit läßt man die Hochzeitskleider machen und bereitet das Festmahl vor, das meist im Haus des Vaters der Braut stattfindet. Es ist üblich, Handschuhe zu kaufen, die dann den Freunden zum Geschenk gemacht werden. Obwohl dafür der Mann aufkommen sollte, ist es manchmal so, daß der Bräutigam sich nur um die Handschuhe der Männer und die Braut sich um die der Frauen kümmert, oder daß der Mann die Freunde der Frau und die Frau die Freunde des Manns beschenkt. Man überreicht die Geschenke am Morgen, kurz vor Aufbruch zur Kirche.

Sobald die Braut angezogen ist und alles für die Kirche bereit ist, kommt der Bräutigam, nimmt sie bei der Hand und sagt zu ihr: „Frau, ich hoffe, du bist einverstanden"; manchmal küßt er sie auch stattdessen und folgt dann ihrem Vater nach draußen. Daraufhin schreitet ein Verwandter oder Freund des Bräutigams mit der Braut voran und die anderen jungen Männer folgen ihnen zur Kirche, jeder mit einem Mädchen am Arm. Beim Hochzeitsmahl tragen der Bräutigam und die Brüder oder Freunde der Braut die Speisen und Getränke auf. Wenn der Bräutigam dann seine Frau ein Monat später in sein Haus führt, begleiten ihn seine besten Freunde und die Burschen aus der Nachbarschaft, die anderen stoßen unterwegs noch zu ihnen, und dann gibt es in seinem Haus wieder ein Fest. Wenn sie vom Pferd steigen, steht vielleicht auch schon ein Willkommenstrunk bereit, den man bei uns in Yorkshire seltsamerweise Liebeswein nennt, und später wird dann zu Mittag und zu Abend gegessen und am nächsten Tag auch noch gefrühstückt.[17]

Diese Darstellung verweist deutlich darauf, daß damals — wie wir bereits gesehen haben — schon einige Zeit vor der eigentlichen Hochzeit ein Ehevertrag geschlossen wurde. Wohl ebenso deutlich ist zu erkennen, daß alles von der Zustimmung und Bereitschaft der jungen Leute abhing, obgleich ihre Eltern die für den Handel wichtigsten Figuren waren. Am überraschendsten dürfte wohl sein, daß die Jungverheirateten nicht unmittelbar nach dem Fest im Haus der Braut, sondern erst Wochen später zusammenzogen. An entsprechender Stelle noch zu beantworten sein wird die Frage, ob der Geschlechtsverkehr zwischen Abschluß des Ehevertrags und Hochzeitsfeier einerseits und Hochzeit und tatsächlichem Abschied der Braut von zu Hause andererseits in den Augen der Kirche und der Dorfgemeinde zulässig bzw. entschuldbar war.

Es kann sein, daß sich die Heiratsgepflogenheiten im Yorkshire der Stuartzeit in vielen Punkten von den sonst in England und Wales üblichen Bräuchen unterschieden. Um herauszufinden, was eine Heirat für Leute aus dem Volk mit sich brachte, bedürfte es mühsamer Nachforschungen — und mit Leuten aus dem Volk meine ich die Angehörigen der untersten Schichten, die Kleinbauern, die Gesellen, die Handwerker, die Tagelöhner, die Armen. Ralph Meers, von dessen Heirat im Jahre 1679 wir im letzten Kapitel gesprochen haben, hatte als Dienstbote im Haus der Wawens gearbeitet, denen in Clayworth das Land gehörte, und wurde dann im Dorf Tagelöhner. Er hätte es sich gewiß nicht leisten können, seiner Braut Anne Fenton, die mit ihm gedient hatte, ein Souvereign-Stück, eine Zehn-Shilling-Münze oder einen Ring zu schenken. Für Anne Fenton kann sicher mit keiner nennenswerten Mitgift der Familie zu rechnen gewesen sein — freilich hatte sie für den so entscheidenden Tag vielleicht sogar ihren gesamten Lohn aus dem Haus der Wawens gespart, die einem Mädchen zwischen 30 Shilling und 2 Pfund im Jahr bezahlten. Und vom Pferd stieg dieses Brautpaar gewiß auch nicht, wenn es bei seiner Hütte ankam.

Anne war, wie wir wissen, damals bereits schwanger und beide hatten deshalb mit dem Pfarrer schon Schwierigkeiten gehabt. Und doch war Ralph Meers — ein recht aufschlußreicher Hinweis für das Verständnis dessen, was man damals unter Erziehung verstand — nach ein oder zwei Jahren Kirchenvorsteher und hatte damit die Verantwortung übernommen, das Geschlechtsleben der Pfarrbewohner im Auge zu behalten. Es gibt noch eine ganze Reihe von anderen Anzeichen dafür, daß jenes

Bild romantischer Anständigkeit, das uns heute im Zusammenhang mit Heiraten von einst und dem Stand der Ehe in vorindustrieller Zeit überhaupt begegnet, nicht ganz stimmt. Viele Brautleute waren früher schon einmal verheiratet gewesen — im 17. Jahrhundert lag der wenn auch dann im Laufe der beiden nächsten Generationen sinkende Anteil der Verwitweten bei etwa 25%. Im Vergleich zu jenen, die keine Mutter mehr hatten, gab es weit mehr Menschen ohne Vater — je nach Sterblichkeit dürften die Sätze zwischen einem Drittel und der Hälfte gelegen sein. In England konnte sich damals jedenfalls niemand sicher sein, seine Enkelkinder noch zu erleben.

Bei den russischen Leibeigenen war das anders. Ihren großen Haushalten gehörten mehr Enkel des Vorstands an als Kinder; gelegentlich trifft man sogar auf Urenkel. Das war nur aufgrund des niedrigen Heiratsalters möglich — wenn man auch nicht gerade mit dreizehn Jahren Hochzeit feierte, so doch gleich, wenn es sich einrichten ließ, sobald die Voraussetzung sexueller Reife auf beiden Seiten gegeben war. Über die Welt unserer Vorfahren und deren Unterschiede zu anderen Gesellschaften der Vergangenheit und Gegenwart lassen sich also erstaunlich viele Dinge in Erfahrung bringen, wenn man sich die Frage stellt, ob die Mädchen im elisabethanischen England wirklich in dem Alter geheiratet haben, in dem Julia Romeo zum Mann nahm. Julia war ein Kind — ein Kind, das ganz und gar der Imagination Shakespeares entstammt.

KAPITEL 5

Geburt, Heirat und Tod
Zur Rekonstruktion der nachmittelalterlichen Bevölkerungsgeschichte Englands

In jenen Tagen, auf die der Begriff „verlorene Welt" zutrifft, war England eine vorindustrielle Gesellschaft und ähnelte insofern den Ländern, die wir heute der Dritten Welt zuzählen. Daraus folgt allerdings nicht, daß sich die aktuellen Geburten-, Heirats- und Sterbeziffern in diesen Staaten mit den Werten decken, die sich für die englische Gesellschaft jener Zeit feststellen lassen; auch was das Heiratsalter betrifft, bestehen beträchtliche Unterschiede.

Führt man sich die erst in letzter Zeit gemachten Entdeckungen auf dem Gebiet der demographischen Entwicklung Englands seit dem Spätmittelalter vor Augen, begreift man mehr und mehr, wie sehr sich diese von den Tendenzen in der jüngeren Geschichte Indiens, Afrikas und Lateinamerikas unterscheidet. Dieser Unterschied verweist auf ein anderes Verhältnis von Bevölkerung und Subsistenzmitteln. Es ist anzunehmen, daß dieses Verhältnis in dem Land am günstigsten ist, dem es als erstes einen Weg zu finden gelingt, der Knappheit an natürlichen Reichtümern Herr zu werden. Unser Überblick der demographischen Geschichte Englands von der vorindustriellen Zeit bis zu den Tagen der Industrialisierung beginnt mit gerundeten Angaben zum Umfang der Bevölkerung und Werten für die prozentuelle Ab- bzw. Zunahme in Intervallen von dreißig Jahren, was einer Abstufung nach Generationen gleichkommt (Tabelle 9).

In der elisabethanischen Zeit und unter James I. nahm die Bevölkerung viel rascher zu als in anderen europäischen Ländern. Unter Charles I. und seinen Nachfolgern war die Zuwachsrate bedeutend niedriger. Unter James II. und in den Jahren darauf ging die Bevölkerung sogar zurück, begann aber unter dem Haus Hannover wieder zuzunehmen und wuchs unter George III. schneller als je zuvor. In der viktorianischen Zeit hatte das Wachstum bereits eine der höchsten je für ein westliches Land bekannten Zuwachsraten erreicht. Wie wir gesehen haben, nahm vor allem die Bevölkerung der städtischen Gebiete zu – für europäische Verhältnisse ergaben sich wirklich erstaunliche Werte. Doch selbst diese Zahlen reichen nicht an die in

Tabelle 9:
Die Bevölkerung Englands, 1541–1871 (auf 1000 gerundet)

		prozentuelle Zu- oder Abnahme im Lauf der vergangenen drei Jahrzehnte
1541	2.774.000	–
1571	3.271.000	18
1601	4.110.000	25
1631	4.893.000	19
1661	5.141.000	5
1691	4.950.000	–4
1721	5.350.000	8
1751	5.722.000	8
1781	7.042.000	22
1811	9.886.000	40
1841	14.970.000	51
1871	21.501.000	44

Quelle: *The Population History of England*, Tabelle 7.8.

Tabelle 10:
Rohe Geburten-, Reproduktions- und Sterbeziffern, Angaben zur zeitlichen Lebenserwartung bei der Geburt und Mobilitätsziffern, England am Beispiel einiger Fünf-Jahres-Intervalle

Fünf-Jahres-Zeitraum um	Geburtenziffer (‰)	rohe Reproduktionsziffer (rRz)	Sterbeziffer (‰)	Lebenserwartung bei der Geburt (l_o) (in Jahren)	Mobilitätsziffer (‰)
1541	39,8	2,9	29,4	33,7	1,27
1571	32,8	2,1	29,4	38,2	1,26
1601	33,6	2,3	24,6	38,1	1,73
1631	31,8	2,1	24,1	38,7	1,26
1661	26,8	1,8	26,3	35,7	2,16
1691	31,6	2,1	28,7	34,9	0,79
1721	33,0	2,3	31,4	32,5	1,04
1751	33,8	2,3	26,2	36,6	1,07
1781	35,6	2,5	28,8	34,7	0,48
1811	39,5	2,9	25,6	37,6	0,80
1841	35,9	2,5	22,2	40,3	1,49
1871	33,9	2,5	21,9	41,3	1,12

Im Jahre 1976 belief sich in Großbritannien die rohe Geburtenziffer auf 11,8‰, die rohe Sterbeziffer bei Männern auf 15,3‰ und bei Frauen auf 9,2‰. Die Lebenserwartung bei der Geburt lag für Männer bei 69,7 und für Frauen bei 75,8 Jahren. Als Mobilitätsmittel ergab sich ein Wert von 0,72‰.

Quellen: *The Population History of England*, Tabellen A 3.1. and 7.11.;
 Unterlagen der staatlichen statistischen Behörde.

Entwicklungsländern üblichen Zuwachsraten in den letzten Jahrzehnten heran.

Geburt, Tod und Mobilität bestimmen, ob und wie die Populationen sich ausdehnen bzw. zusammenziehen. In der nächsten Tabelle finden sich Geburten-, Sterbe- und Mobilitätsziffern aus etwa denselben Jahren. Es handelt sich um Durchschnittswerte der Mittel aus einen Zeitraum von jeweils fünf Jahren. Daneben enthält Tabelle 10 zwei aufschlußreiche Hinweise auf Fruchtbarkeit und Sterblichkeit, nämlich rohe Reproduktionsziffern und — eine sicher weitaus vertrautere Maßzahl — Angaben über die Lebenserwartung bei der Geburt (l_o). Die rohe Reproduktionsziffer (rRz) gibt die Anzahl der auf eine Frau entfallenden weiblichen (= fortpflanzungsfähigen) Nachkommen wieder, ohne die Sterblichkeit zu berücksichtigen.

Obgleich uns für jedes Fünf-Jahres-Intervall von 1571 bis 1871 neben diesen noch viele andere für die demographische Entwicklung aufschlußreiche Werte zur Verfügung stehen, haben wir uns darauf beschränkt, von sechs Zahlen nur eine anzuführen. Die getroffene Auswahl erlaubt es uns aber trotzdem, auf eine Reihe von interessanten und überraschenden Umständen hinzuweisen.

Erst einmal fallen die im Vergleich zu heutigen Entwicklungsländern sicher niedrigen Geburten- und Sterbeziffern auf. Dort sind Werte von 35‰ nichts Außergewöhnliches und es gibt noch immer Länder mit Raten von 40‰ und mehr. Wenn auch im ersten Fünf-Jahres-Zeitraum und um 1811 die Geburtenziffern die 40‰-Marke fast erreichen, liegen doch alle Werte der Tabelle niedriger. Die Sterbeziffern bewegen sich mit einer Ausnahme (1721) sogar alle unter 30‰. Obgleich die vollständige Liste mit 33 Intervallen, aus der diese Angaben entnommen sind, sowohl etwas höhere als auch etwas niedrigere Werte aufweist, bestätigt sie doch die Aussage, auf die es uns hier ankommt: Im Unterschied zu den meisten nichtindustriellen Gesellschaften der Vergangenheit und Gegenwart ist das vorindustrielle England in bezug auf Fertilität und Mortalität als Tiefdruckgebiet einzustufen. Wie die unterhalb der Tabelle angeführten Werte zeigen, weichen die meisten Zahlen sehr deutlich von unseren heutigen Sätzen ab.

Verschiedene Zuwachsraten der englischen Bevölkerung von einst sind offensichtlich nicht auf konstante Geburten- und Sterbeziffern zurückzuführen. Es war auch nicht so, daß ein allfälliger rascher Anstieg durch in den bekannten Krisen sprunghaft emporschnellende Sterblichkeitsraten sein jähes Ende gefunden hätte. In den für die Tabelle ausgewählten Abschnitten liegt die Geburtenziffer in keinem Fall niedriger als die Sterbeziffer; nur in der vollständigen Liste der diesen Angaben zugrundeliegenden Aufstellung kommt das fünfmal und zwar meist bei Intervallen um die Mitte und gegen Ende des 17. Jahrhunderts vor. Wie man sicher bemerken wird, war das genau in der Zeit der stärksten Abwanderung der Fall, da England junge und potentiell fruchtbare Bewohner verlor, von denen viele das Land verließen, um sich in Nordamerika niederzulassen. Der englische Teil der Bevölkerung dieses Kontinents rekrutierte sich aus tatsächlich lebenswichtigen Elementen des Mutterlands.

Doch wir sollten uns weder durch diesen Punkt noch durch die vielen anderen Dinge, die sich einem nun aufdrängen, nachdem uns endlich das Material für die Geschichte der englischen Bevölkerung in vorindustrieller Zeit vollständig vorliegt, von einem zweiten Merkmal ablenken lassen, das allgemein auffällt: Wir haben hier eine Gesellschaft vor uns, deren Reaktionen auf ihre Umwelt periodisch struktuiert sind.

Die Werte für die Lebenserwartung bei der Geburt lassen das deutlich erkennen. Während in nichtindustriellen Gesellschaften die Lebenserwartung oft unter 30 und in manchen Fällen sogar unter 25 Jahre sinkt, bewegen sich die Mittel in der Tabelle zwischen 32,5 und 41,3. Die am Anfang hohen, in den mittleren Intervallen niedrigeren und in späteren Jahren immer höheren Zahlen weisen einen bestimmten zeitlichen Rhythmus auf. Bemerkenswert ist auch, daß diese Kurve ihr Maximum nicht erst in den letzten Jahren, in hochviktorianischer Zeit also, sondern bereits unter Elisabeth I., im Intervall um 1581, erreicht. Dort liegt der Durchschnitt bei 41,7 Jahren. Doch wie bei allen Werten für die Lebenserwartung und besonders für die bei der Geburt ist auch hier Vorsicht am Platz, weil diese Zahlen nicht immer angeben, was sie anzugeben scheinen. Da, wie wir bereits gesehen haben, die damalige Lebenserwartung eine entscheidende Rolle spielt, wenn es darum geht, die Funktionsweise der Gesellschaft jener uns verlorenen Welt und den Horizont der persönlichen Erfahrung unserer Vorfahren zu verstehen, scheint es angebracht, sich näher damit auseinanderzusetzen, was denn diese Zahl überhaupt aussagen soll.

Eine zeitliche Lebenserwartung von 41,7 Jahren im Fünf-Jahres-Zeitraum um 1581 bedeutet, daß alle, die unter den damals im Bereich der Fruchtbarkeit und Sterblichkeit vorherrschenden Bedingungen lebten, im Durchschnitt so alt wurden. Die Zahl sagt hingegen nicht aus, daß auch die in diesem Intervalle geborenen Personen dieselbe Lebenserwartung hatten — das wäre ein anderes statistisches Mittel: die Lebenserwartung der Kohorte bei der Geburt. Wrigley und Schofield haben für die meisten ihrer Fünf-Jahres-Intervalle ungefähre Werte für die Lebenserwartung der Kohorte angegeben: Im fraglichen Zeitraum um 1581 liegt sie bei 39,7 Jahren, also zwei Jahre unter der zeitlichen Lebenserwartung.

Es wäre auch ein Irrtum, daß, wenn etwa die zeitliche Lebenserwartung bei 35 Jahren lag, wie das um 1691 der Fall war, jemand, der damals 30 Jahre alt war, noch fünf Jahre, jemand, der damals 25 Jahre alt war, noch zehn Jahre zu leben hatte, usw. Eine solche Fehlinterpretation würde zu noch viel schwerwiegenderen Mißverständnissen führen. Es ist nämlich in Wirklichkeit so, daß bei einer Lebenserwartung von 35 Jahren bei der Geburt vor 1871 in England eine 20jährige Frau noch 36,5, eine 25jährige noch 33,5, eine 30jährige noch 30,5 und eine 40jährige noch 24,5 Jahre zu leben hoffen konnte; sogar eine 60jährige Frau hatte noch mindestens 12 Jahre vor sich. Um wirklich zu verstehen, warum das so ist, wäre darauf einzugehen, was demographische Sterblichkeitstabellen sind, und zu klären, wie die Lebenserwartung berechnet wird. Das soll uns hier aber nicht weiter beschäftigen.

Die genannten Punkte sind insofern nicht nebensächlich, als aus ihnen hervorgeht, daß es in all den Jahren beständig geringer Lebenserwartung, also vom späten 17. Jahrhundert bis zur Mitte des 18. Jahrhunderts, in England durchaus Ehen gab, die dreißig und mehr Jahre dauern konnten. Im Fall einer ersten Verbindung waren die Aussichten für eine Familie und deren Pläne sogar noch besser, weil der Bestand der Einheit durch eine Wiederverheiratung gesichert werden konnte, was, wie wir gesehen haben, vor dem 18. Jahrhundert keineswegs selten vorkam. Auch bei einem Vergleich mit heutigen Werten stellen sich überraschende Ergebnisse ein. In den achtziger Jahren unseres Jahrhunderts liegt bei Frauen die Lebenserwartung bei der Geburt etwas über 75, also etwa doppelt so hoch wie um 1690, und doch kann eine Frau nicht damit rechnen, auch noch doppelt soviele Jahre ihres Lebens vor sich zu haben — eine Dreißigjährige lebt so etwa im Durchschnitt nicht noch 60, sondern nur noch 44 statt 30 Jahre, also bloß um ungefähr die Hälfte länger. In den höheren Altersgruppen ist der Unterschied sogar noch weniger ausge-

Tabelle 11:
Auf verschiedene Altersgruppen entfallende Bevölkerungsanteile und Angaben über den Anteil niemals verheirateter Frauen am Beispiel einiger Fünf-Jahres-Intervalle

Fünf-Jahres-Zeitraum um	Anteil im Alter 0—4 (%)	Anteil im Alter 25—59 (%)	Anteil im Alter 60 + (%)	Anteil niemals verheirateter Frauen* (%)
1541	13,2	39,0	8,5	—
1571	13,3	40,1	7,3	6
1601	12,3	39,4	8,3	24
1631	12,4	41,5	8,3	18
1661	10,9	42,6	9,7	25
1691	12,3	43,2	9,1	13
1721	12,3	40,4	9,5	′ 7
1751	12,6	41,4	8,2	5
1781	13,8	38,9	8,2	7
1811	15,0	36,5	6,9	11
1841	13,9	37,9	6,6	—
1871	14,0	38,3	7,0	—

* nach Kohorten der ersten Altersgruppe (0—4) innerhalb des betreffenden Zeitraums

Quellen: *The Population History of England*, Tabellen A 3.1. und 7.28.; für den Anteil niemals verheirateter Frauen in den Intervallen 1541, 1841 und 1871 sind keine Werte verfügbar.

Tabelle 12:
Säuglings- und Kindersterblichkeit in einigen englischen Pfarren mit Angaben zum Durchschnittsalter bei der ersten Heirat

	Säuglingssterblichkeit (im Alter 0—1)		Kindersterblichkeit (im Alter 1—9)		Anteil der 10 Jahre alt gewordenen Kinder		durchschnittliches Alter bei der ersten Heirat	
	männl.	weibl.	männl.	weibl.	männl.	weibl.	männl.	weibl.
1550—1599	143	127	142	123	778	779	(27,2)	(24,0)
1600—1649	162	123	127	118	730	702	28,2	25,9
1650—1699	170	133	137	147	736	716	28,0	26,2
1700—1749	195	148	143	139	723	690	27,8	26,4
1750—1799	165	152	133	117	765	723	26,9	23,3
1800—1849	—	—	—	—	—	—	(26,0)	(23,9)

Quellen: Sterbeziffern, soweit kursiv, in *The Population History of England*, Tabelle 7.19.; alle anderen Angaben aus einer in Vorbereitung befindlichen Arbeit Wrigleys und Schofields. Alle Sterbeziffern geben den Anteil pro 1000 Lebendgeburten an. Angaben zum Heiratsalter in 15 Pfarren bei Laslett, Osterveen und Smith, *Bastardy*, Tabelle 1—2. Bei den Zahlen in Klammern handelt es sich um Werte, die aufgrund der Unterlagen im Fall des ersten Zeitraums nach oben und im Fall des letzten nach unten hin verfälscht sind.

prägt. Was Demographen unter Lebenserwartung bei der Geburt verstehen, ist kein Hinweis auf die mögliche Lebensspanne der Erwachsenen und soll das auch gar nicht sein. Seit die Lebenserwartung vor etwa einem Jahrhundert im Vergleich zu den Mitteln der Tabelle astronomische Werte zu erreichen begann, hat sich die Lebensdauer in diesem Sinn nicht wesentlich verlängert. Umgekehrt erreichten gewiß unabhängig von der allgemeinen Sterblichkeit immer wieder einzelne Leute ein *biblisches* Alter — 70jährige Einwohner finden sich, wenn auch selten, in den Personenstandslisten gleich welcher Zeit.[1]

Die Beziehung von durchschnittlicher Lebenserwartung und dem jeweiligen Anteil älterer Menschen ist eine weitere Falle für alle, die demographischen Daten nicht mit der nötigen Vorsicht begegnen. Ausschlaggebend für die Altersstruktur einer Population ist nämlich nie die Sterblichkeit, die sich in der Lebenserwartung oder anderen Werten ausdrückt, sondern stets der Grad der Fruchtbarkeit. Das geht auch aus den Werten von Tabelle 11 hervor, in der unter Verwendung derselben Grundlagen die Bevölkerung nach dem Anteil dreier Altersgruppen aufgeschlüsselt ist — Kleinkinder (0—4), im Leben stehende Erwachsene (25—59) und ältere Menschen (60 +). In der letzten Spalte rechts finden sich Schlüsselwerte für die Kernfrage dieses Kapitels, nämlich Angaben über den Anteil der niemals verheirateten Frauen. Ins Auge sticht einmal, daß der Anteil der über 60jährigen Einwohner in der Zeit am höchsten war, für die Tabelle 10 die niedrigste Lebenserwartung ausweist, nämlich zwischen den sechziger Jahren des 16. Jahrhunderts und den zwanziger Jahren des 17. Jahrhunderts. Dies hat seinen Grund darin, daß in diesen Jahrzehnten auch die Fruchtbarkeit extrem niedrig lag. Verfolgt man, wie sich diese Werte im Laufe der Zeit entwickelten, läßt sich ein wiederkehrender Rhythmus erkennen. Das gilt besonders für die Näherungswerte des Anteils der Heiratenden, was gerade innerhalb eines Familiensystems von entscheidender Bedeutung ist, in dem, wie beschrieben, eine Heirat nur unter der Voraussetzung zustande kam, daß die Bedingungen für ein unabhängiges Leben entweder unmittelbar gegeben waren oder zumindest vorhanden zu sein schienen.

Auch wenn demographische Werte sich als sehr aufschlußreich erweisen können und die Tatsache nicht zu unterschätzen ist, daß uns nun so umfangreiche Quellen zur Entwicklung der Bevölkerung des Landes seit dem 16. Jahrhundert vorliegen, dürfen Statistiken dieser Art in einer allgemeinen Untersuchung wie der vorliegenden nicht allzu sehr in den Vordergrund treten. Zwei Bereiche sollen aber trotzdem nicht übergangen werden: Erstens, und das war auch unser Ausgangspunkt, ist noch darauf hinzuweisen, daß das Heiratsalter sich im Laufe der Zeit änderte. Zweitens können wir die Werte für die Säuglings- und Kindersterblichkeit nicht ganz beiseite lassen — und das umso weniger, als es sich dabei um einen Bereich handelt, der allen sehr am Herzen liegt, die sich mit dem Leben unserer allem Anschein nach meist schlecht ernährten, elend untergebrachten, medizinisch unkundigen und krankheitsanfälligen Vorfahren beschäftigen. Hier stehen uns keine nationalen Näherungswerte zur Verfügung und wir müssen uns auf die Ergebnisse verlassen, die mit Hilfe der ebenso langwierigen wie aufwendigen Methode der Familienrekonstitution bei der Untersuchung einer recht beschränkten Anzahl einzelner Pfarren erzielt werden konnten. Obgleich diese Zahlen sicher viel genauer sind als manche, auf die wir bisher zurückgegriffen haben, sind sie aber deshalb nicht unbedingt auch repräsentativ.

Indem wir für die vorindustrielle Zeit die relativ mäßigen Sterbeziffern, die vergleichsweise lange Lebensdauer, die im Verhältnis geringe Zahl der Geburten und ähnliche Merkmale so sehr hervorheben mußten, ist vielleicht der Gegensatz untergegangen, auf den es uns hier ankommt. Wenn auch außer Zweifel steht, daß die demographische Situation zur Zeit unserer Vorfahren insgesamt ungünstiger war als heute, sollten wir aufgrund der in den letzten Jahren verfügbar gewordenen Daten doch vorsichtiger sein, wenn wir über die Säuglings- und Kindersterblichkeit jener Zeit sprechen.

Oft stellt man traurig fest, daß in England nur oder nicht einmal die Hälfte aller Kinder älter als zehn wurde: Tabelle 12 dokumentiert, daß es seit dem 16. Jahrhundert nie viel weniger als drei Viertel waren. Über die Säuglingssterblichkeit jener Zeit hört man sogar noch schrecklichere Dinge — man scheint weithin anzunehmen, daß bis zu einem Drittel aller Kinder im ersten Lebensjahr verstarben: Aus Tabelle 12 geht hervor, daß der Anteil die 20%-Marke nie überschritt. Gewöhnlich liegen die Zahlen bei einem Satz von 15 Prozent; freilich sind die Werte je nach Art der Niederlassung verschieden und in den Städten sicher höher als auf dem Land. Man sträubt sich vielleicht dagegen, diese niederen Zahlen für nur wenige Orte als Gradmesser der allgemeinen Verhältnisse gelten zu lassen. Die nationalen Angaben der offiziellen Unterlagen, die uns ab dem 19. Jahrhundert zur Verfügung stehen, bestätigen jedoch, daß diese Werte durchaus als typisch anzusehen sind.

All das darf jedoch nicht vergessen lassen, daß die Sterblichkeit in manchen Orten zu bestimmten Zeiten weit höher lag, als man aufgrund der Werte in der Tabelle vermuten könnte. Wir werden uns im nächsten Kapitel mit lokalen Krisen dieser Art auseinanderzusetzen haben. Wie sich Menschen sehen, wovor sie Angst haben und wie sie ihr Leben gestalten, hängt weniger mit allgemeinen Tendenzen als mit individuellen Erwartungen zusammen. Daß es in manchen Dörfern schon in einfach schlechteren Zeiten zu Extremsituationen kommen konnte und es dazu gar keiner wirklichen Krise bedurfte, läßt sich wieder einmal am Beispiel der Pfarre von Clayworth nachvollziehen. Als Pfarrer Sampson im Jahre 1688 zum zweiten Mal ein Verzeichnis seiner Pfarrkinder anlegte, ging er sehr genau zu Werke. Wie die Tabellen erkennen lassen, waren die Jahre nach 1676 sehr schlecht gewesen: Die Sterblichkeit war überall gleichmäßig hoch und der Umfang der Bevölkerung des Landes blieb konstant bzw. ging fallweise sogar zurück.

Beim Studium der sorgfältigen Aufzeichnungen Sampsons aus dem Jahre 1688 fällt im Zusammenhang mit der hohen Sterblichkeit in erster Linie auf, wie oft es infolgedessen zu Wiederverheiratungen kam. Bei allen im Dorf bestehenden Verbindungen findet sich ein dementsprechender Hinweis des Vikars. Von den 72 Ehemännern, die es in jenem Jahr in Clayworth gab, waren nicht weniger als 21 vorher bereits einmal verheiratet gewesen: dreizehn einmal, einer ein- oder mehrmals, drei zweimal, drei dreimal und einer gar viermal. Bei den Frauen war es in neun von insgesamt 72 Fällen nicht die erste Verbindung. Außerdem war einer der 7 Witwer und eine der 21 Witwen früher mehr als einmal verheiratet gewesen. Obgleich der Zufall hier eine gewisse Rolle spielen mag, belegen diese Zahlen doch auf recht eindrucksvolle Weise, daß damals in England die meisten Männer, zumindest bis zu einem bestimmten Alter, noch eine neue Ehe eingingen. Wir wissen, daß ein Mann in Adel in Yorkshire 1698 zum sechsten und 1702 zum siebenten Mal heiratete. Auch Witwen blieben in der Regel nicht ledig. Freilich begegnet man öfter alleinstehenden Frauen, weil es für sie einfach schwerer war, wieder einen Mann zu finden. Neben der Mehrheit der verheirateten Bewohner, für die die neuerliche Verbindung eines Witwers oder einer Witwe also durchaus nichts Ungewöhnliches war, gab es auch stets eine mehr oder weniger große Zahl von Personen, die überhaupt nicht heirateten.

Diese Gruppe heiratsfähiger Unverheirateter setzte sich größtenteils aus Dienstboten zusammen; bei den jüngeren handelte es sich um Lebenszyklusdienstboten, bei den älteren um Männer und Frauen, die ihr ganzes Leben bei jemandem dienten. Zur Zeit Sampsons waren heiratsfähige, unverheiratete Frauen im allgemeinen keine Seltenheit. Im Alter wieder zu heiraten, um nicht allein zu sein, dürfte in der Alten Welt nicht üblich gewesen sein. Man trifft immer wieder auf bei ihren Kindern lebende Witwen und Witwer.[2]

In den Unterlagen von Clayworth findet sich auch ein drastischer Hinweis darauf, wie unbarmherzig älteren verwitweten Menschen von ihren eigenen Kindern mitgespielt werden konnte. Im Jahre 1676 lebte in Clayworth eine kleine Handwerkerfamilie namens Bacon: Francis und Joan Bacon mit ihren Kindern Nicholas, Anne und Francis. Der Mann arbeitete als Böttcher, war also mit der Herstellung von Fässern beschäftigt, die damals so ziemlich die einzige Form der Verpackung waren, die man kannte. Nachdem Francis Bacon gestorben und am 25. April 1685 begraben worden war, übernahm sein älterer Sohn Nicholas das Gewerbe — 1688 war er schon Böttcher von Clayworth. Die Familie setzte sich nun aus Nicholas, seiner Frau Elisabeth und deren aus ihrer ersten Ehe stammenden Kindern Elisabeth und Gervas Welter zusammen. Nicholas hatte die Witwe am 1. Juni 1686 geheiratet; ihre Kinder, wahrscheinlich bereits vor der Hochzeit gezeugte Zwillinge, waren im Jahr darauf bereits gestorben.

1688 hatte Francis, Nicholas' jüngerer Bruder, das Dorf bereits verlassen. Mutter und Schwester lebten noch und waren in Clayworth geblieben — aber nicht im Haus der Familie. Man hatte sie im Armenhaus der Gemeinde untergebracht. Nur drei Jahre nach dem Tod des alten Böttchers hatten dessen Frau und Tochter also kein eigenes Dach mehr über dem Kopf. Im Juli 1687 hatte Anne Bacon ein uneheliches Kind zur Welt gebracht. Der Vater war ein verheirateter Mann namens Nicholas Loversage, der Sohn eines Schafhirten. Das Kind, die kleine Naphtaly Loversage, starb im Alter von sechs Monaten.

Nicholas Loversage machte zwar Anne zu seiner rechtmäßigen Frau, sobald seine erste Gattin, unmittelbar nach der Erstellung des Verzeichnisses im Mai des Jahres 1688, gestorben war. Wir wissen jedoch nicht, ob Loversage die Mutter seiner neuen

Frau bei sich aufnahm, und es gibt keinen Hinweis, der uns helfen könnte, das Verhalten des Bruders seiner Frau zu erklären. Dieser dürfte gleich, nachdem er selber geheiratet hatte, seine Mutter und seine Schwester aus dem Haus gewiesen und die beiden der Gnade der Armenaufseher der Pfarre und der Mildtätigkeit der Dorfbewohner ausgeliefert haben. Nicholas Bacon zu verurteilen ist vielleicht ungerecht, weil wir die näheren Umstände seines Handelns nicht kennen. Führt man sich die Geschichte dieser Familie vor Augen, muß man sich aber andererseits wirklich wundern, was sich alles über das Privatleben der Dorfbewohner von einst in Erfahrung bringen läßt. Heute ist natürlich die Versuchung groß, Spekulationen darüber anzustellen, was es für die Kinder, für Nicholas schlimme Schwester Anne und die beiden Waisen seiner Frau bedeutet haben mag, wenn die Familie in die Brüche ging. Es ist aber wahrscheinlich nicht sehr klug, dies zu tun. Die Gefühlswelt der Menschen jener Zeit ist uns für immer verschlossen — vielleicht hatte man damals unerwarteten Todesfällen, Witwen und Witwern, Waisen und einem Leben mit den Stiefeltern gegenüber ein ganz anderes Verhältnis.[3]

Da jedoch böse Stiefmütter nicht nur in Märchen, sondern überhaupt in der Literatur so sehr im Vordergrund stehen, ist anzunehmen, daß sie im Leben derer, die von ihnen erzählen, einen wichtigen Platz einnahmen. Auch die Vorstellung der einsamen alten Witwe, vor deren bösen Kräften man sich unter allen Umständen zu hüten hatte, auch wenn nicht ganz sicher war, ob sie auch wirklich eine Hexe war, ist uns allen vertraut. Daß im Mai 1688 in Clayworth 35,5% aller Kinder ihren Vater oder ihre Mutter verloren hatten, ehe sie auf eigenen Füßen standen, kann kein Zufall sein. Es muß auch etwas zu bedeuten haben, daß etwa 50% aller alleinstehenden Bewohner des Dorfes Witwen waren. Angesichts dieser Tatsachen wird es in Zukunft nicht mehr ganz so einfach sein, in Selbstmitleid zu verfallen, wenn man die zahlreichen zerbrochenen Familien und einsamen, vernachlässigten Menschen für Kennzeichen der hochindustrialisierten Welt von heute hält. In der Gesellschaft der vorindustriellen Zeit gehörte es durchaus zum Alltag, daß Kinder frühzeitig ihres Vaters oder ihrer Mutter beraubt, Menschen von ihren Verwandten in Stich gelassen wurden und manchmal schon in jungen Jahren aus dem Leben schieden.

Man muß sich nur einmal vorstellen, was es damals bedeutete, wenn ein Haushaltsvorstand — was heute wirklich sehr selten vorkommt — in der Blüte seiner Jahre starb. Mit dem Ende der ehelichen Verbindung durch den Tod des Mannes fand der wirtschaftliche Zusammenhalt der Familie fast ebenso sicher sein Ende, wie er durch die Heirat zustandegekommen war. Wenn die Frau starb, war das nur selten der Fall, obgleich man die Bedeutung einer fähigen Frau an der Spitze eines Bauern- oder auch Handwerkerhaushalts nur allzu leicht unterschätzt. Es war sicher oft schwer, einen Ersatz zu finden, der auch nur von ungefähr den Aufgaben gewachsen war, die die Kinder und die Haushaltsführung im allgemeinen mit sich brachten. Wenn aber der Ehemann und Vater starb, war alles in Frage gestellt, wovon eine Familie abhing. Freilich spielten hinsichtlich der Folgen eines solchen Verlustes verschiedene Umstände eine Rolle — was der Mann bereits erreicht hatte, als er starb, entschied dabei ebenso über die Zukunft der Familie wie die Anzahl, das Alter und die Fähigkeiten seiner Söhne und die Kräfte und Entschlossenheit der Witwe wie deren Aussichten, wieder einen Mann zu finden. Eine unabhängige Frau, die über gewisse Sicherheiten verfügte, zog es vielleicht sogar vor, nicht wieder zu heiraten.

Wenn das Land aber gepachtet war und der Vertrag mit dem Tod des Mannes erlosch, wenn es keinen Sohn im entsprechenden Alter gab, der den Hof weiterführen konnte und wollte, und auch keine Tochter da war, die man mit jemandem verheiraten hätte können, der imstande gewesen wäre, die Wirtschaft zu übernehmen, wenn es sich um ein Geschäft oder einen Betrieb handelte und nicht gleich ein geeigneter Nachfolger zur Verfügung stand — immer dann war das Ende der Ehe auch das Ende der Familie in wirtschaftlicher Hinsicht. Auf jeden Fall kam eine neue Generation mit anderen Vorstellungen nach. Sogar auf dem Land hatte das in allen Bauernhaushalten eine Krise zur Folge, die so heute einfach viel seltener vorkommt. So kam es zu überraschend tiefgreifenden Veränderungen sowohl der personellen Zusammensetzung als auch der verschiedenen ökonomischen Einrichtungen selbst. Wir haben bereits an einem Beispiel gezeigt, wie schnell und folgenreich selbst die Ablöse in einem kleinen Dorf vor sich gehen konnte.

Natürlich unterbrach das Ende der Ehe auch die Reihe der Nachkommen — hier liegt einer der Faktoren, die für die beschränkte Anzahl der Kinder verantwortlich sind, die eine Familie damals haben konnte. Trotzdem ist es unrichtig, daß in vorindustrieller Zeit in England und Frankreich verheiratete Frauen jedes Jahr ein Kind bekamen, solange sie dazu in der Lage waren. Erstens einmal gab es auch unfruchtbare Frauen und die Ehe war mehr als ein Rahmen für die Fortpflanzung. Zweitens nimmt die Fähigkeit, Kinder zu bekommen, mit dem Alter ab und kommt schließlich zum Erliegen — und davon waren die Frauen jener Zeit früher betroffen als heute. Drittens beeinträchtigte die damals viel längere Stillzeit die Fruchtbarkeit der Frau recht wesentlich. Vor allem deshalb lag im Durchschnitt die Anzahl der Geburten nur etwas über 7 — und das auch dann, wenn eine Frau heiratete, sobald das gesellschaftlich in Frage kam, also etwas unter 20, und vor dem Ende ihrer Fruchtbarkeit ihren Mann nicht verlor. Da aber einerseits der Tod vielen Ehen ein Ende setzte und andererseits die meisten Hochzeitspaare bereits älter waren, lag das tatsächliche Mittel für die Zahl der Kinder pro Ehe weit unter 7, nämlich nur knapp über 4.

Freilich gab es auch selbst unter den beschriebenen Bedingungen dann und wann ganz und gar von der Norm abweichende Frauen, die jung geheiratet hatten und zwanzig oder mehr Kindern das Leben schenkten. Deshalb meint man vielleicht manchmal, daß das damals durchaus üblich war — aber auch in diesem Fall handelt es sich um eine Verwechslung von Ausnahme und Regel. Soweit das aus den der historischen Demographie verfügbaren Unterlagen hervorgeht, teilen sich heute die Frau eines Genfer Rechtsanwalts aus dem späten 17. Jahrhundert und ein Mädchen namens Ann Sackett aus Kent, die im Jahre 1779 in Ash geboren wurde, den Rekord mit je 21 Kindern. Ann Sackett, die ihren Mann, einen gewissen John Cook, der als Tagelöhner arbeitete, mit 18 geheiratet hatte, kam bis zum Jahr 1823 zwanzigmal nieder und war zur Zeit der Volkszählung von 1851 noch am Leben.

Im Laufe seiner Untersuchung der Genfer Quellen, die man wohl als Begründung der modernen historischen Demographie als Wissenschaft bezeichnen kann, stellte Louis Henry fest, daß es bereits im späten 17. Jahrhundert eine Form der Geburtenkontrolle gegeben haben muß.[4] Er belegte dies auf statistischem Weg, indem er nachwies, daß die Zahl der Kinder, die eine Frau zur Welt brachte, nicht nur dem Gesetz der natürlichen Fruchtbarkeit zufolge vom Alter der Mutter, sondern auch davon abhing, wie lang sie verheiratet war. Wenn eine Frau jung geheiratet und bereits die Kinder, die sie wollte, alle zur Welt gebracht hatte, lag ihre Fruchtbarkeit in den späteren Jahren ihrer Ehe unter der einer Frau desselben Alters, die erst später geheiratet hatte. Außerdem wies das Gesamtbild der Intervalle zwischen den

Geburten in Genf damals und auch in den Jahren darauf bereits Ähnlichkeiten mit Strukturen unserer Zeit auf, in der empfängnisverhütende Maßnahmen sicher recht verbreitet sind. Es ist noch einmal darauf hinzuweisen, daß es sich im Fall der Genfer Untersuchung um eine rein numerische Argumentation handelt und bestimmte Methoden der Empfängnisverhütung nicht in Betracht gezogen wurden.

Es war überraschend festzustellen, daß die kalvinistischen Bürger Genfs bereits so früh zu einer Form der Geburtenkontrolle gefunden hatten. Daß es 1966, also ein Jahrzehnt nach der Veröffentlichung der Ergebnisse Louis Henrys, Wrigley nachzuweisen gelang, daß auch die Geburtenlisten in Colyton, einem ganz den üblichen Verhältnissen entsprechenden Dorf in Devonshire, sogar noch früher eine analoge Struktur verraten, war für uns allerdings noch erstaunlicher. Die Ergebnisse der ersten erfolgreichen Familienrekonstitution für England belegten, daß von der Mitte des 17. Jahrhunderts bis ins frühe 18. Jahrhundert gewisse Formen der Empfängnisverhütung üblich gewesen sein müssen.[5] Daraus ergab sich die Vermutung, daß der Zusammenhang zwischen Anzahl der Familienmitglieder und Umfang der Subsistenzmittel seine Grundlage nicht nur in den eheliche Verbindungen und Haushaltsgründungen betreffenden Gepflogenheiten haben könnte, auf die wir oben eingegangen sind. Auch empfängnisverhütende Maßnahmen bieten sich als Erklärung an.

Wrigleys ursprünglicher Hinweis war jedoch nur ein Versuch, der sich außerdem nur auf einen Teil der Bevölkerung Colytons bezogen haben dürfte. Ohne diese These durch Belege aus anderen Gemeinden und Untersuchungen auf breiterer Basis stützen zu können, war es nicht möglich, davon auszugehen, daß für die Entwicklung der englischen Bevölkerung jener Zeit Formen der Empfängnisverhütung wirklich ins Gewicht fielen. Weitere Ergebnisse im Bereich der Familienrekonstitution haben gezeigt, daß im Leben der Masse unserer Vorfahren eine echte Geburtenkontrolle keine entscheidende Rolle gespielt haben kann. Natürlich wußte man über empfängnisverhütende Maßnahmen Bescheid und bediente sich dieses Wissens auch in und außerhalb der Ehe, wahrscheinlich meist in der Form des coitus interruptus. Alle Hinweise jedoch scheinen den Schluß zu bestätigen, den die an Umfang kaum vergleichbaren Quellen nahelegen, die uns heute zur Verfügung stehen: Daß die Anzahl der Geburten vergleichsweise niedrig liegt und weder innerhalb Englands noch in zeitlicher Sicht Abweichungen aufweist, ist darauf zurückzuführen, daß die Mütter ihren Kindern regelmäßig die Brust gaben.[6]

Daß die Kinder von ihren Müttern und nicht von Ammen gesäugt oder etwa mit tierischer Milch aufgezogen wurden, dürfte auch dazu beigetragen haben, daß die Säuglingssterblichkeit in England im Vergleich zu manchen anderen europäischen Ländern recht niedrig war. Hinzuweisen ist auch auf den Umstand, daß weder in England noch in anderen protestantischen Ländern jemals in größerem Umfang eigene Institutionen für ausgesetzte Kinder eingerichtet wurden, wie das in katholischen Staaten geschah. Das einzige Findelhaus, das es je in England gab, war die in den vierziger Jahren des 18. Jahrhunderts von Captain Coram in London gegründete Anstalt. Gegen Ende desselben Jahrhunderts gab es hingegen in den Städten Frankreichs an die 50 Findelhäuser und auch in Spanien und Italien waren solche Einrichtungen durchaus üblich und bestanden teils schon seit dem Mittelalter. Es wäre jedoch nicht richtig, daraus zu schließen, daß es im Vergleich zu romanischen Ländern in England weniger oft vorkam, daß Kinder ausgesetzt wurden. Tatsächlich begegnet man häufig diesbezüglichen Klagen. Wohl anzunehmen ist aber, daß die Einstellung der Ernährung von Kleinkindern gegenüber eine andere war und diese Auffassung der protestantischen Weltanschauung entsprach, auch wenn man vielleicht in den betreffenden Gebieten vor der Reformation schon so dachte.[7] Es ist daran zu erinnern, daß Frankreich und nicht England das erste Land war, in dem gegen Ende des 18. Jahrhunderts zum ersten Mal empfängnisverhütende Maßnahmen für die Entwicklung der Bevölkerung einer ganzen Nation eine Rolle zu spielen begannen. In England geschah das in größerem Umfang erst in den achtziger und neunziger Jahren des vorigen Jahrhunderts.

Wenn die Anzahl der auf eine Familie entfallenden Kinder in England auch nur etwas niedriger lag als in anderen europäischen Ländern jener Zeit und diese Differenz vor dem Hintergrund der unterschiedlichen Säuglingssterblichkeit noch verschwindender wird, gab es sicher deutlich weniger Kinder als in den heutigen Entwicklungsländern. Das heißt, daß in England der Grad der Abhängigkeit, also die Belastung jener, die arbeiteten und verdienten und für den Unterhalt derer aufzukommen hatten, die das nicht taten, geringer war als in vergleichbaren Stadien der Entwicklung in anderen Ländern. Das ist darauf zurückzuführen, daß in England mehr Menschen nicht mehr und weniger noch nicht arbeiteten und Kinder eine größere Belastung darstellten als alte Leute.[8] Die diese Frage betreffenden Daten finden sich in Tabelle 11.

Und doch heißt das nicht, daß wir von der Vorstellung Abstand zu nehmen haben, daß unsere Vorfahren bis in die spätviktorianische Zeit hinein ständig von Kindern umgeben waren. In gut siebzig Prozent aller Haushalte wuchsen Kinder heran – ein sowohl in räumlicher als auch in zeitlicher Hinsicht überraschend konstanter Wert; im Schnitt entfielen 2,5 bis 3 Kinder auf einen Haushalt. In manchen Gemeinden erreichte der Anteil der fünf oder mehr Mitglieder umfassenden Einheiten sogar 25 Prozent, obgleich freilich die meisten Kinder immer in kleineren Familien lebten. Überall begegnet man in der vorindustriellen Welt Kindern: Solang sie noch klein waren, spielten sie auf der Dorfstraße und den Feldern, trieben sich am Hof herum und standen allen im Weg, bis sie im entsprechenden Alter dann schon mit verschiedenen Aufgaben betraut werden konnten – und, wie wir das aus heutigen Entwicklungsländern kennen, wichen sie, sich an einen Rockzipfel klammernd, den Frauen im Haus, in der Kirche und auf dem Marktplatz nicht von der Seite und saßen in den Hütten in Scharen um das Feuer.

Von der Stille vornehmer Arbeitszimmer und feiner Boudoirs abgesehen, war es damals wohl kaum jemandem möglich, der dauernden Ablenkung durch den Lärm und das Geplapper der Kinder wirklich zu entgehen – immer wieder wurde man unterbrochen, um Fragen zu beantworten, einen verängstigten Sprößling zu beruhigen, die Kinder vor Gefahren zu bewahren und Streit zu schlichten. Natürlich ist nicht anzunehmen, daß in den Quellen der herkömmlichen Geschichtswissenschaft, den politischen, administrativen, religiösen, theoretischen und ökonomischen Schriften der Zeit, Kinder eine wichtige Rolle spielen. Man begegnet ihnen jedoch auf Gemälden, in Berichten über Arbeitsbedingungen und Maßnahmen der Armenfürsorge wie in Tagebüchern, Autobiographien und Briefen.

In den letzten beiden Jahrzehnten hat man sich verschiedentlich dieser Materialien bedient, um im Hinblick auf die Stellung der Kinder und Säuglinge jener Zeit eine bestimmte Vorstellung aufzubauen, derzufolge damals Kinder kleine Erwachsene waren, die nichts spezifisch Kindliches an sich hatten, Puppen, die ihren gar nicht zartfühlenden Eltern mehr oder weniger gleichgültig waren, oft vernachlässigt und sogar grausam behandelt wurden. Man hat behauptet, daß das besonders bei der arbeitenden Bevölkerung so war, wo sich das Interesse Kindern gegenüber im allgemeinen darauf beschränkt haben soll, was mit ihnen zu verdienen war. Zur Rechtfertigung dieser recht beiläufig verbreiteten Vorstellung hat man die damals angeblich übermäßig hohe Säuglingssterblichkeit als Beweis ins Feld geführt. Wer sollte auch sein Herz an ein Kind hängen, das sowieso bald sterben würde? Hat man dann auch eingesehen, daß Kindheit eine Entdeckung bzw. Erfindung der Oberschichten des 18. Jahrhunderts ist, darf man dem 20. Jahrhundert gratulieren, in dem es dazu gekommen sein soll, daß, ob arm oder reich, jeder Kinder mag und sich um sie kümmert.

Diese Sichtweise ist nun auf grundsätzliche Einwände gestoßen. Nicht nur widerspricht diese Darstellung der Kindheit und Kinderernährung den heute verfügbaren Unterlagen, sondern ist auch vom psychologischen Standpunkt aus zumindest unwahrscheinlich, wenn nicht gar unmöglich. Die neueren Ergebnisse beruhen auf einer viel gründlicheren Kenntnis der nicht gerade leicht zugänglichen und nur schwer in den Griff zu bekommenden Hinweise. Freilich ist zuzugeben, daß noch viele Fragen geklärt werden müssen, ehe von einem wirklich gesicherten Wissen die Rede sein kann. Einer der ersten, die das Leben der arbeitenden Bevölkerung Großbritanniens verfolgten, schreibt gegen Ende des 18. Jahrhunderts: „Während die Frau an den langen Winterabenden am Spinnrad sitzt, flickt der Mann Schuhe und Kleider und kümmert sich um die Kinder."[9] Überrascht es uns nicht, daß der Mann diese Dinge erledigt, während die Frau so mit Heimarbeit Geld verdienen kann? Erstaunlich auch, daß gerade bei Angehörigen der untersten Gesellschaftsschicht der Vater auf die Kinder aufpaßt. Es waren also auch bei armen Leuten nicht nur die Frauen und Mädchen, die Schwestern, Tanten und Mütter, die das taten, weil Kinder einfach keine Männersache waren. Es gibt Anzeichen dafür, daß Kinder oft von Leuten der Nachbarschaft, in der sie lebten, aufgezogen wurden, und eine ausschließliche Mutter-Kind-Beziehung zumindest nach den ersten Jahren durchaus nicht überall die Regel war. In größeren Familien, wo es zwischen Kindern Altersunterschiede von bis zu zwanzig Jahren geben konnte, spielten sicher ältere Schwestern im Leben der jüngeren Nachkommen eine wahrscheinlich ebenso wichtige Rolle wie die Mutter selbst. Wir haben jedoch gesehen, daß so große Kinderscharen viel seltener waren, als man im allgemeinen annimmt.

Wir wissen nicht, wer in einer Familie für welche erzieherischen Belange zuständig war. Es ist natürlich anzunehmen, daß sich Buben an ihre Väter hielten, wenn es darum ging, wie sich ein Mann zu benehmen hatte und wie man mit Drehbank, Hobel, Pflug und Webstuhl umging. Noch weniger bekannt ist uns, was geschah, wenn die Kinder einer Familie das Haus verließen, um draußen zu spielen. Blieben sie unter sich, trafen sie die Kinder aus der Nachbarschaft, oder spielten gar alle Kinder des Dorfes, arme und reiche, die der Herrschenden und die der Leute aus dem Volk, miteinander? Wir wissen auch nicht sehr viel darüber, was sie spielten und wozu man sie anzuhalten versuchte.

Uns ist zwar bekannt, daß es in der Schule hauptsächlich um christliche Inhalte und das klassische Schrifttum ging und man dort mit den Kindern ziemlich streng verfuhr. Es gingen aber nur wenige zur Schule und vermutlich ging man zu Hause ebenso entschieden mit Kindern um wie in den Klassenzimmern. Daß für die Kinder von einst die Rute im Mittelpunkt ihrer Welt stand, ist eine Vorstellung, für die weniger spricht, als man gemeinhin angenommen hat. Außerdem haben uns die Kinder jener Zeit kaum etwas hinterlassen. In den meisten alten Häusern gibt es nur noch eine Wiege, ein Schaukelpferd, einen Kreisel und ein paar andere Spielsachen von früher — und die stammen meist von Kindern besserer Leute.

Was wir den Geburten-, Heirats- und Sterbeziffern über Auffassung, Einstellung und tatsächliches Verhalten der Menschen jener uns verlorenen Welt entnehmen können, ist also sehr beschränkt. Obgleich man heute mehr oder weniger um die sozialhistorischen Zusammenhänge zwischen demographischen Entwicklungen einerseits und wirtschaftlichen Faktoren und Umweltbedingungen andererseits Bescheid weiß und den Grund jener rhythmischen Schwankungen kennt, die in den herangezogenen Werten so deutlich zum Ausdruck gekommen sind, warum man in England im Unterschied zu anderen europäischen Ländern Kindern die Brust gab, ist uns noch immer nicht klar. Auch weshalb die familiären Beziehungen sich in Westeuropa und besonders in England so wesentlich anders gestalteten als sonstwo, ist eine Frage, auf die wir noch keine Antwort haben.

KAPITEL 6

Wie schlecht ging es den Bauern wirklich?
Hunger und Krankheit im vorindustriellen England

Gerade in Werken, die sich einer großen Leserschaft erfreuen, ist oft von „den hungernden Bauern" die Rede. Diese Wendung paßt gut in die Reihe jener Schwarzweißbilder, ohne die die Träumer von der guten alten Zeit ebensowenig auskommen wie die Anhänger des Fortschritts, für die alles, was der Vergangenheit angehört, nur schlecht sein kann. Daß die Bauern hungerten, muß allerdings nicht unbedingt heißen, daß sie auch verhungerten, sondern meint vielleicht eher, daß sie, was Ernährung, Kleidung und Wohnen betraf, Not litten, es ihnen also im allgemeinen schlecht ging. Und doch denke ich, daß man sich in diesem Zusammenhang gerade heute, da man den Gegensatz zwischen reichen, industrialisierten Teilen der Welt, wo Nahrungsmittel im Überfluß vorhanden sind, und armen, unterentwickelten Gebieten, die von Hungerkatastrophen heimgesucht werden, vor Augen hat, wieder vorstellt, daß die Landbevölkerung jener Zeit an Hunger zugrunde ging.

Manche sind der Auffassung, daß sowohl Politik und Einstellung der Industrieländer als auch Knappheit der Mittel, technische Rückständigkeit und schnelles Bevölkerungswachstum in der dritten Welt für die Hungerkatastrophen unserer Zeit verantwortlich sind. Als diese Arbeit vor etwa zwanzig Jahren entstand, war es daher sehr wichtig, sich mit der Frage auseinanderzusetzen, wie es denn mit der Nahrungsmittelversorgung der heutigen Industrienationen in der Vergangenheit bestellt war. Wurden auch die Bauern in Hertfordshire und Hampshire, Cumberland und Cornwall von ähnlichen Hungersnöten heimgesucht wie die ländliche Bevölkerung in den Dörfern um die alte Domstadt Beauvais?

Als der französische Historiker Pierre Goubert in den fünfziger Jahren die vorhandenen Quellen zu sichten begann, kam er zu der Überzeugung, daß viele Bauern und Handwerker der Beauvaisis und anderer Landstriche Frankreichs zu bestimmten Zeiten im 17. und frühen 18. Jahrhundert an Hunger gestorben waren. Er war sich allerdings nicht ganz im klaren darüber, inwiefern die von ihm untersuchte Population für ganz Frankreich und das vorindustrielle Europa überhaupt als typisch angesehen werden konnte. Die Bewohner der Beauvaisis waren vielleicht besonders anfällig, weil sie in einem Gebiet mit nur einer Ernte im Jahr lebten und von einer einzigen Frucht abhängig waren. Außerdem hatte man sich auf die Herstellung wollener Tücher umgestellt, war also für damals vergleichsweise stark industrialisiert. Wo die Bauern Kühe hatten, war die Not weniger groß. Das dürfte auch auf England zutreffen, wo die Lage der um Beauvais sehr ähnlich gewesen zu sein scheint.[1]

Die Menge der zur Verfügung stehenden Nahrungsmittel war offensichtlich von Alter und Zahl der Heiratenden abhängig. Thomas Malthus, ein Pionier auf dem Gebiet der Untersuchung bestimmter Zusammenhänge in diesem Bereich, hat dies bereits gegen Ende des 18. Jahrhunderts erkannt. Eine Gesellschaft, die sich dessen bewußt ist, daß das Wachstum der Bevölkerung die vorhandenen Nahrungsmittel zu übersteigen droht, muß, um einer Hungersnot aus dem Weg zu gehen, das Ausmaß der Reproduktion vermindern. Innerhalb des englischen Familiensystems hätte das geheißen, die Gründung neuer Haushalte hinauszuschieben oder zu unterlassen und der Geburt unehelicher Kinder entgegenzutreten. Wir werden auf diesen Punkt noch zurückkommen. Vorerst ist jedoch festzuhalten, daß die Möglichkeit einer Nahrungsmittelknappheit nicht nur nicht die Aufrechterhaltung eines Systems verlangt, innerhalb dessen jede Heirat zur Gründung eines neuen Hauswesens führt, sondern vielmehr das Gegenteil angebracht erscheinen läßt. Sicher wäre es einem sparsameren Umgang mit den vorhandenen Mitteln gleichgekommen, in großen, erweiterten Haushalten mit mehreren Generationen zu leben, bei deren Gründung und Führung der Grundherr und die Dorfgemeinschaft mitzureden gehabt hätten, wie das in russischen Leibeigenensiedlungen der Fall war.

Da in England und Westeuropa Männer und Frauen es vorgezogen zu haben scheinen, später oder gar nicht zu heiraten und lieber für sich zu leben, müssen diese unterschiedlichen Wertvorstellungen und Interessen im Bereich der Familie für sie eine wichtige Rolle gespielt haben. Man könnte sogar von einer Schlüsselstellung sprechen, wenn es nachzuweisen gelänge, wie groß die Gefahr eines unzureichenden Auskommens tatsächlich war, falls man sich nicht für eine entsprechende Verbindung entschied. Dem Hunger kommt also nicht nur im Hinblick auf die Lebenserwartung des einzelnen, sondern auch im Zusammenhang mit der Sozial- und Familienstruktur jener Zeit wesentliche Bedeutung zu.

In diesem Sinn betrifft jedes Moment unserer Ausführungen gleichzeitig auch immer das allgemeine Thema an sich. Ein Überblick dieser Art kann stets nur die grundsätzlichen Dinge streifen und mögliche Zusammenhänge aufzeigen. Wie wir bereits angedeutet haben, darf man nicht erwarten, daß das Elend jener Zeit auf alle Fälle in einer Hungersnot oder einem ähnlich aufsehenerregenden Ereignis seinen Niederschlag und so in die Geschichtsbücher Eingang fand. Ist es nicht wahrscheinlicher, daß es zwar zu dauernden oder zeitweisen Unterernährungserscheinungen infolge katastrophaler Ernten, nie jedoch in größerem Ausmaß dazu kam, daß Leute an Hunger wirklich zugrunde gingen? Könnte man das nicht wiederum als Hinweis darauf verstehen, daß es damals soziale Mechanismen gegeben haben muß, die durch Unwetter, Kriege oder wirtschaftliche Katastrophen verursachte Versorgungsengpässe verhinderten? War also der Hunger eine für das Volk und die Regierung reale Gefahr?

Will man davon ausgehen, daß die wirtschaftliche Situation der Beauvaisis in den neunziger Jahren des 17. Jahrhunderts mit den damals herrschenden Verhältnissen in ganz England zu vergleichen ist, darf nicht außer acht gelassen werden, was in diesem Jahrzehnt in Schottland vor sich ging. Die Gefahr einer verheerenden Hungersnot war dort sicher nicht weniger groß als in der Beauvaisis und beunruhigte zumindest die englischen Behörden und Regierungsstellen. Wir wollen jedoch unsere Darstellung der Lage in England mit einem Zitat aus den Tagebüchern des großen Philosophen John Locke beginnen. Die Eintragung, die vom 1. März 1681 stammt, schildert seine Begegnung mit einer Frau aus dem Volk, die — wenn überhaupt jemand in England — aufgrund ihres Alters und ihrer Lebensumstände gewußt haben muß, was Hunger bedeuten konnte.

Heute traf ich eine Frau namens Alice George, die, wie sie sagt, voriges Jahr zu Allerheiligen 108 Jahre alt geworden ist. Sie lebt in der Pfarre St. Giles in Oxford und hat seit ihrer Jugend immer in Oxford und Umgebung gewohnt. Geboren ist sie in Saltwyche (wahrscheinlich Salwarp) in Worcestershire und hieß ledig Alice Guise. Ihr Vater soll 83, ihre Mutter 96 und deren Mutter 111 Jahre alt geworden sein. In jüngeren Jahren hatte sie blondes Haar, war weder fett noch mager, recht schlank um die Hüften und eher groß gewachsen. Von nur niederem Stand, mußte sie arbeiten, um sich ihren Unterhalt zu verdienen, und sagt, daß sie bei der Ernte an einem Tag nicht weniger leistete als ein Mann und deswegen auch gleich viel bezahlt bekam. Sie heiratete mit 30 und hatte 15 getaufte Kinder, 10 Söhne und 5 Töchter, und 3 Fehlgeburten. Drei ihrer Söhne leben noch, der älteste, der gleich neben ihr wohnt, wird am 25. dieses Monats 77 Jahre alt. Sie geht aufrecht, wenn auch mit einem Stock, und ich beobachtete, wie sie sich zweimal bückte, ohne sich irgendwo aufzustützen, einmal um einen Topf, und das andere Mal, um ihren Handschuh vom Boden aufzuheben.

Sie hört sehr gut und hat auch eine außergewöhnliche Nase — sobald sie in meine Nähe kam, sagte sie mir, wie gut ich roch, und dabei waren die neuen Handschuhe, die ich trug, gar nicht stark parfümiert. Sie klagt allerdings, daß sie seit ihrer letzten Krankheit, einem Wechselfieber, das sie vor zwei Jahren befiel und ein Jahr nicht weichen wollte, ihre Augen in Stich lassen. Ich erlebte es aber, wie sie zu einer Nadel griff, um einen Zwirn einzufädeln, was ihr auch gelang, auch wenn mir vorkam, daß sie das Ende des Fadens nicht ganz genau ausnehmen konnte. Bei alten Frauen ist mir noch kein hübscheres Gesicht untergekommen, keine Spur von Altersschwäche oder sonst eines Leidens, das sich im Laufe der vielen Jahre eingestellt hätte.

Heute ernährt sie sich hauptsächlich von Brot und Käse oder Butterbroten und Bier. Manchmal bekommt sie Wein aus Jerez, der ihr sehr guttut. Von Schweinebraten abgesehen, den sie sehr mag, kann sie kein Fleisch mehr essen. Sie erzählte, daß sie in jungen Jahren immer gut bei Appetit war und nicht wählerisch sein konnte, weil ihr weniger oft der Appetit als etwas zum Essen abging. Erinnerungs- und Auffassungsvermögen sind vollkommen in Ordnung, und während der ganzen Unterhaltung, in deren Verlauf sie uns so manche Geschichte erzählte, fiel nicht ein Wort, das unnütz gewesen wäre oder nicht zur Sache gehört hätte. Bis zum letzten Wechselfieber ist sie jeden Sonntag, Mittwoch und Samstag immer zur Kirche gegangen. Seither verläßt sie das Haus nur mehr, um ihren kleinen Garten zu besuchen. Mit ihrer Heirat haben sich Anwandlungen eingestellt (ob es sich um zeitweise Magenbeschwerden oder Depressionen handelt, ist unklar), gegen die sie aber nur einmal eine Arznei genommen hat — und das vor vierzig Jahren, als ihr ein Apotheker, der es gut mit ihr meinte, für mehr als einen Penny ein Abführmittel einpackte, das dann auch mehr als ausreichende Wirkungen zeitigte. Sie erzählte uns, daß sie mit sechzehn Jahren nach Worcester ging, um dort 1588 Königin Elisabeth zu sehen, aber um eine Stunde zu spät kam — eine Geschichte, die ihre Angaben über ihr Alter bestätigt.[2]

Locke war nicht nur praktizierender Arzt, sondern überhaupt ein sehr genauer und verläßlicher Beobachter, sodaß anzunehmen ist, daß er sowohl die Worte der Frau getreu wiedergab als auch ihren tatsächlichen Gesundheitszustand beurteilen konnte.

Angesichts der erkennbaren Neigung zu Übertreibungen mag jedoch Vorsicht angebracht sein, was die Altersangaben der Frau besonders in ihrem Fall und dem ihrer Großmutter betrifft. Wenn sie nach Vollendung ihres dreißigsten Lebensjahres (eine offensichtlich nur runde Zahl – vielleicht war sie auch etwas jünger, als sie heiratete) wirklich achtzehnmal schwanger wurde, war das für damalige englische Verhältnisse mehr als außergewöhnlich. Und doch hat man den Eindruck, daß die Geschichte in den meisten Punkten der Wahrheit entspricht.

Besonders zur Erntezeit arbeiteten Frauen wie Männer auf den Feldern. Teils waren Mädchen und Frauen auch das ganze Jahr über als Tagelöhnerinnen tätig. „Die besten Schnitterinnen", so heißt es in dem Buch jenes Bauern aus Yorkshire, das wir bereits zweimal zitiert haben, „sollten wie Mäher bezahlt werden"; „es wäre unrecht, sie dem Kreis der Ihren zu entreißen und sie schlechter zu entlohnen als die, denen sie es an Arbeit gleichtun."[3] Was die Kirchenbesuche angeht, besteht kein Grund, die Angaben der Frau zu bezweifeln, wenn uns auch die Häufigkeit der Gottesdienste überraschen mag. Interessant ist, daß sie zwar allein, aber in unmittelbarer Nähe ihres Sohnes wohnte. Alice George war also eine jener alleinstehenden Witwen, von denen bereits oben die Rede war. Wie so vielen Menschen, die heute in Bethnal Green leben, war es ihr aber gelungen, eine Unterkunft zu finden, die nur ein paar Schritte vom Haus eines nahen Verwandten entfernt war. Ein erster Blick auf die Verhältnisse der Stadt Lichfield im Jahre 1696 zeigt, daß das damals keineswegs selten, wenn auch bei weitem nicht in dem Ausmaß vorkam wie in den Arbeiterwohnvierteln unserer Tage: In einer Straße mit etwa 65 Haushalten wurden in Lichfield nur 52 Vornamen gezählt.[4]

Uns interessiert an dieser Stelle vor allem, was die Frau aß, was ihr schmeckte und ob und wie sehr sie unter Hunger zu leiden hatte. Ihre ganze Geschichte liest sich fast wie eine Erklärung dessen, was sie alles unternehmen mußte, um satt zu werden. Und doch kein Wort von Hunger. John Graunt, dem wir die ersten Untersuchungen von Sterbeziffern überhaupt verdanken, scheint eher bezweifelt zu haben, daß es zu seiner Zeit in England eine allgemeine Hungersnot gab. 1662 schrieb er im Hinblick auf die in London im Laufe zweier Jahrzehnte stattgefundenen Begräbnisse: „Von 229.250 Menschen finden sich nicht mehr als 51, die an Hunger gestorben sind, wenn man von hilflosen Säuglingen absieht, deren Tod eher auf unachtsame, unwissende und kranke Ammen zurückzuführen ist und daher eigentlich nicht als Auswirkung oder Zeichen dessen zu verstehen ist, daß es im Land an Nahrungsmitteln oder dem nötigen Geld fehlte, um sich welche zu kaufen."[5]

Wenn es in einer Großstadt wie London nur ganz selten vorkam, daß Leute verhungerten, ist sehr zu bezweifeln, daß es in den Jahren, auf die sich Graunts Untersuchungen erstrecken, überhaupt irgendwo in England eine Hungerkatastrophe gab. Um zu begreifen, was die französischen Historiker in den fünfziger und sechziger Jahren wirklich im Auge hatten, wenn im Zusammenhang mit den Lebensumständen der vorindustriellen Landbevölkerung von „Subsistenzkrisen" die Rede ist, müssen wir uns genau darüber klar werden, was denn unter diesem Begriff eigentlich zu verstehen ist. Die Analyse der Pfarregister ergab, daß es zu solchen Krisen kam, wenn die Kosten für Nahrungsmittel, d. h. vor allem für das aus Weizen, Gerste und anderem Getreide hergestellte Brot, so sehr stiegen, daß sich Bauern und Handwerker nicht mehr wirklich satt essen konnten und daher anfälliger waren, eher starben, seltener heirateten und weniger Kinder hatten.

In der Stadt Beauvais und den umliegenden Dörfern kam es so gesehen in unregelmäßigen Abständen immer wieder zu Krisen; die Jahre 1625, 1648–1653 und 1693–1694 sind Beispiele dafür. In den betreffenden Gemeinden stieg dann plötzlich die Zahl der Begräbnisse – die Sterbeziffern liegen zwei- oder sogar dreimal so hoch wie in normalen Zeiten. Ehe die Mortalität ihren ersten Höhepunkt erreichte, scheinen bereits weniger Hochzeiten zustandegekommen und auch weniger Kinder gezeugt worden zu sein, wie sich einfach nachweisen läßt, wenn man von den Geburtsdaten neun Monate zurückrechnet. Man ist in diesem Zusammenhang immer vom Erntejahr ausgegangen, das vom 1. August bis 31. Juli dauert. Wenn dann die Sterblichkeit einen zweiten Höhepunkt erreichte, was wenn auch nicht bei allen, so doch bei den meisten Krisen der Fall war, aßen die Leute bereits Gras von den Feldern und Abfälle von den Straßen und starben wahrscheinlich häufiger deshalb und im Laufe der infolgedessen ausbrechenden Epidemien als an Hunger selbst. Hin und wieder freilich wird in den Registern als Todesursache Hunger angegeben, aus anderen Quellen gehen aber meist die tatsächlichen Hintergründe genauer hervor. Wenn die Reichen auch den damals so verbreiteten Krankheiten nicht entkommen konnten, gab es für sie doch keine Hungertoten zu beklagen.[6]

Wie sehr eine Familie ins Elend geraten konnte, zeigt Professor Goubert am Beispiel eines Haushalts der Pfarre von Saint-Etienne:

Im Jahre 1693 lebte in der Pfarre Saint-Etienne in Beauvais eine Familie namens Cocu: Jean Cocu, ein Barchentweber, und seine Frau und deren drei Töchter, die alle vier Wolle für ihn spannen – die jüngste Tochter war bereits neun Jahre alt. Pro Woche verdiente die Familie etwa 108 Sol und brauchte 70 Pfund Brot. Solange das Pfund Brot einen halben Sol kostete, war ihr Auskommen gesichert. Schwierig wurde es bereits, als der Preis auf einen Sol stieg. Als aber das Pfund 2 Sol (1649), dann sogar 3,2 Sol (1652), 3,3 Sol (1662) und 3,4 Sol (1710) kostete, war das Elend nicht mehr abzuwenden.
Krisen in der Landwirtschaft wurden fast immer noch durch Produktionskrisen verschärft: 1693 war das ganz sicher der Fall. Nach der Arbeit ging dann auch das Geld aus. Die Familie stand mit leeren Händen da. Vielleicht fanden sich da und dort noch ein paar Kreuzer, die man für schlechte Zeiten zur Seite gelegt hatte. Bald gab es dann nicht einmal mehr etwas zu verpfänden. Die Leute begannen schlechte Sachen zu essen, Brot aus Kleie, gekochte Brennesseln, verschimmeltes Korn und vor den Schlachthäusern aufgelesene Eingeweide. Die „Seuche" hatte verschiedene Formen: Hunger, Erschöpfung und Tod, „bösartiges Fieber und Brand". Im Dezember 1693 taucht die Familie Cocu in den Listen der Armenbehörde auf. Im März des Jahres 1694 stirbt die jüngste Tochter, im Mai die älteste Tochter und der Vater. Von dieser Familie, die sich einmal glücklich schätzen konnte, weil alle Arbeit hatten, blieben schließlich nur eine Witwe und eine Waise übrig – und das wegen des Brotpreises.

Die Menschen starben also nicht nur an Hunger, sondern auch an Fieber und Seuchen. In einem amtlichen Papier aus Schottland, das aus dem Februar des Jahres 1700 stammt und sich auf die Ereignisse von 1698 bezieht, finden sich Stellen, die in manchem an die Verhältnisse in Beauvais erinnern. Die Steuerbeamten selbst protestierten dagegen, daß man von ihnen verlangt hatte, die fälligen Beträge ohne Abzug einzutreiben, und gaben an, daß ihnen das aufgrund der herrschenden Hungersnot unmöglich gewesen wäre: „Viele starben, weil sie kein Brot mehr hatten und gezwungen waren, sich von aus Ackersenf und anderen Unkräutern zubereiteten Brühen zu ernähren, was in der Geschichte dieses Landes bislang noch nie vorgekommen ist." Wenn es in einem Gebiet „nicht genug Brot gibt", von auswärts keines zu beschaffen ist, und „deshalb auf den Dorf- und Landstraßen Menschen in großer Zahl zugrunde gehen, läßt (das) auf jeden Fall darauf schließen, daß im Land eine Hungersnot ausgebrochen ist."[7]

Was uns an Unterlagen über die Zustände in Frankreich und Schottland in den neunziger Jahren des 17. Jahrhunderts zur Verfügung steht, stimmt mit dem überein, was wir über viel besser dokumentierte Hungerkatastrophen, wie etwa die des Jahres 1943 in Bengalen, wissen. Daß die Menschen aufgrund zu hoher Preise, zu niedriger Löhne oder sogar zu entrichtender Steuerabgaben zu wenig Geld hatten, um sich mit dem Notwendigsten zu versorgen, dürfte dabei eine mindestens ebenso entscheidende, wenn nicht wesentlichere Rolle gespielt haben als die Lebensmittelknappheit selbst. Wir mußten uns schon kleinen Gemeinden zuwenden, um Beispiele dafür zu finden, daß in vorindustrieller Zeit Menschen tatsächlich an Hunger zugrunde gegangen sind. Dabei durften wir uns nicht mit den Pfarrregistern begnügen, sondern hatten uns vor allem in Steuerunterlagen und mit dem Armengesetz in Verbindung stehenden Dokumenten nach weiteren Hinweisen umzusehen.

Der Nachweis, daß es in England lokal zu *crises de subsistance* kommen konnte, war in folgenden Punkten zu führen: Erstens mußte zumindest ein Pfarrregister gefunden werden, das in Zeiten besonders hoher Lebensmittelpreise plötzlich und deutlich ansteigende Sterbeziffern aufweist. Zweitens war zu belegen, daß dann auch weniger Hochzeiten stattfanden und weniger Kinder gezeugt wurden als sonst. Drittens mußte wenigstens bei einem Teil der Verstorbenen als Todesursache Hunger oder eine Krankheit festgestellt worden sein, die sich auf schlechte Ernährung zurückführen läßt oder sich durch schlechte Ernährung schwerwiegend verschlimmern kann. Ein eindeutiger Begräbnisvermerk in den betreffenden Registern war in diesem Fall natürlich vorzuziehen; wir waren aber bereit, uns auch mit anderen Hinweisen zu begnügen. Im Zusammenhang mit Hungersnöten gibt es freilich noch eine ganze Reihe von Momenten zu berücksichtigen: ähnliche Verhältnisse in Nachbargemeinden, Ernteausfälle, Epidemien und bestimmte Anzeichen wie eine höhere Säuglingssterblichkeit und eine Zunahme der Abtreibungen. Jedes Register mit den drei genannten Merkmalen sollte uns aber als unumstößlicher Beweis genügen, daß die Einwohner der betreffenden Pfarre von einer Subsistenzkrise im Sinne unserer Definition betroffen waren.[8]

Eingangs ist gleich einmal festzuhalten, daß wir bis 1962 in England erst auf eine einzige Gemeinde gestoßen waren, auf die alle Punkte wirklich zutrafen. Obwohl damals auf diesem Gebiet eine Gemeinschaftsarbeit in größerem Rahmen noch nicht möglich war, schien es so, als ob Graunt mit seiner Vermutung recht behalten würde, daß in England nur ganz selten Hunger als Todesursache festgestellt wurde. Der ärgerliche Umstand, daß uns nur sehr wenige Pfarregister zur Verfügung standen, aus denen hervorgegangen wäre, woran die bestattete Person tatsächlich gestorben war, verstellte jedoch die Möglichkeit auf diesen einfachen Schluß. Es gelang uns also in England so gut wie nirgends, das dritte und entscheidende Merkmal nachzuweisen; und auch in den ersten beiden Punkten stieß man nur selten auf Zahlen, die so deutlich gewesen wären wie die für Frankreich festgestellten Werte. Soweit uns in den sechziger Jahren überhaupt Resultate vorlagen, hatte die Untersuchung der Pfarregister in fast allen Fällen keine Hinweise auf eine Hungerkatastrophe ergeben — man war kaum auf eine Gemeinde gestoßen, in der für ein schlechtes Erntejahr ein auffälliger Anstieg der Sterbeziffern und ein entsprechender Rückgang von Eheschließungen und Schwangerschaften zu belegen gewesen wäre. Um zusätzliche Unterlagen hatte man sich damals noch nicht bemüht.

Es war daher anzunehmen, daß im Unterschied zu Frankreich und Schottland England im 17. Jahrhundert und sogar davor bereits gegen periodisch wiederkehrende Katastrophen dieser Art gefeit war. Daß in späteren Jahren die englischen Bauern die französischen verachteten, weil diese Schwarzbrot aßen und Holzschuhe trugen, dürfte schon seinen Grund gehabt haben. Und doch gab es in verschiedenen Gemeinden Anzeichen für eine Subsistenzkrise. Die Pfarre Ashton-under-Lyne in Lancashire, wo man Wolle für die Tuchweberei verarbeitete, dürfte zum Beispiel im Erntejahr 1623/24 in mancher Hinsicht von einer Krise betroffen gewesen sein. In mancher Hinsicht, weil infolge eines lückenhaften Registers und eher zurückhaltender Bemerkungen zur Todesursache nicht nur das Quellenmaterial weniger vollständig war als im Falle von Beauvais, sondern sich auch nicht alle Merkmale eindeutig feststellen ließen.

1623/24 war aufgrund extrem schlechter Wetterverhältnisse für das ganze Land ein Jahr schlechter Ernten und hoher Preise. Wie 1693/94 in Beauvais war die Textilindustrie an einem Tiefpunkt angelangt. Nachdem Ashton zwei Jahre zuvor, 1620/21, einen sprunghaften Anstieg von Bestattungen zu verzeichnen gehabt hatte, pendelten sich in der Folge die Zahlen wieder auf einen Durchschnitt von 75 ein, was dem Mittel der letzten beiden Jahrzehnte entsprach. Im Erntejahr 1623/24 wurden in der Pfarre 184 Bewohner zu Grabe getragen, mehr als zweiundeinhalbmal so viel wie sonst, und die Zahl der Schwangerschaften ging von 105 auf 60 zurück.

Unglücklicherweise finden sich aber keine Hinweise auf die Todesursache. Weder im Pfarregister noch in irgendeiner der verfügbaren Quellen, bei denen mit einer entsprechenden Eintragung zu rechnen gewesen wäre, begegnete man einem Wort wie Hunger. Trotzdem kann man im Fall Ashtons vorläufig von einer wenn auch nicht extremen Subsistenzkrise sprechen. Auf recht unerwartete Weise konnte diese Einschätzung durch für das damalige England seltene Pfarregistereintragungen über die in der Gemeinde stattgefundenen Abtreibungen bestätigt werden. 1623 belief sich nämlich die Zahl der Abtreibungen auf fast sieben Prozent der Taufen und erreicht damit einen Höhepunkt. Inzwischen ist uns bekannt, daß 25 Meilen nördlich im benachbarten Yorkshire 1623 mehr Leute bestattet wurden als in jedem anderen Jahr eines Vergleichszeitraums von fünfzig Jahren; auch die Stadt Halifax wurde damals von einer Hungersnot heimgesucht.[9]

Noch weiter im Norden trafen wir schließlich sechs bis sieben Meilen westlich von Penrith in Cumberland auf eine Pfarre, wo sich für das Jahr 1623/24 in allen drei Punkten Hinweise auf eine Hungersnot fanden. In den Jahren 1610 bis 1619 hatte es in Greystoke 474 Taufen, 368 Begräbnisse und 96 Hochzeiten gegeben, wobei die Extremwerte bei 40/58, 20/61 und 6/15 lagen. Das zu erwartende Mittel belief sich auf 47 Taufen, 37 Begräbnisse und 10 Hochzeiten im Jahr. Doch da infolge einer Lücke vom 1. Dezember 1620 bis zum 16. Juni 1622 nicht einmal für Greystoke vollständige Angaben zur Verfügung standen, war es nicht möglich, die Geschichte der Krise in allen Etappen ihres Verlaufs nachzuzeichnen.

Im Kalenderjahr 1623 wurden am Friedhof von Greystoke nicht weniger als 161 Menschen begraben, was mehr als dem Vierfachen des zu erwartenden Werts entspricht. Die Zahl der Taufen war auf 20, also fast auf die Hälfte, zurückgegangen. In den Monaten mit den höchsten Sterbeziffern, in der Zeit von September bis November 1623, stehen nur drei Schwangerschaften und eine einzige Hochzeit 62 Bestattungen gegenüber.

Daß es sich in manchen Fällen eindeutig um Hungertote handelte, geht aus den Eintragungen im Pfarregister hervor.

Auszüge aus dem Pfarregister von Greystoke, 1623

29. Jänner: „Ein hilfloser armer Mann, den man in Johnby (einem zur Pfarre von Greystoke gehörenden Weiler) von der Straße aufgelesen und zu Anthony Clemmerson, dem Konstabler, gebracht hat, wo er dann verschied."
27. März: „Ein armes verhungertes Bettelkind namens Dorothy, Tochter des Müllers Henry Patterson."
28. März: „Thomas Simpson, ein armer verhungerter Bettelbub, der Sohn Richard Simpsons aus Brough, verstorben in der Nähe des Hauses der Mandgyes in Thorp."
19. Mai: „James Irwin, in der Nacht, ein armer Bettelbub, im schottischen Grenzland geboren; gestorben in großem Elend in Johnby."
(im selben Monat „ein armer Mann, der nichts mehr zu essen hatte")
12. Juli: „Thomas, das Kind des armen Richard Bell, gestorben, weil es am Notwendigsten fehlte."
11. September: „Leonard, Sohn des kürzlich verstorbenen Anthony Cowlman aus Johnby, weil er nichts mehr zu essen hatte."
12. September: „Jaine, Frau des kürzlich verstorbenen Anthony Cowlman, in der Scheune Edward Dawsons in Greystoke an Hunger zugrunde gegangen."
27. September: „John, Sohn des vormals in Greystoke wohnhaften Maurers John Lancaster; gestorben, weil es am Allernotwendigsten fehlte."
(Wir wissen aus den Unterlagen, daß er am 27. Oktober 1619 getauft worden war, was darauf schließen läßt, daß er etwa vier Jahre alt gewesen sein muß, als er starb.)
4. Oktober: „Agnes, Frau des vormals in Greystoke wohnhaften Maurers John Lancaster; starb, weil sie nichts mehr zu essen hatte."
27. Oktober: „William, Kind des Lancelot Brown, der aus Not das Land (den Bezirk) verlassen hat."

Das gebirgige Cumberland unterschied sich mit seinen verstreuten Schafherden und spärlichen Kornfeldern sehr von den traurigen Ebenen der Beauvaisis, auch wenn beide Landstriche gleichermaßen unter dem Druck gelitten zu haben scheinen, der von der Überzahl der in der darniederliegenden Textilindustrie beschäftigten Menschen ausging. „Armut, Elend und Zahl der Menschen in den bewohnbaren Orten dieser Gegend ... lassen sich nicht mit den anderen Grafschaften des Reichs vergleichen", erklärten 1622 die Richter der benachbarten Grafschaft Westmorland, die damals bereits versuchten, etwas gegen die

Entwicklung zu unternehmen, die für Greystoke so tragische Konsequenzen haben sollte. Trotz des vielleicht aufgrund der gewählten Auszüge entstandenen Eindrucks waren im Unterschied zu Frankreich keineswegs in erster Linie Kinder betroffen.

Sofern man es nicht überhaupt bei dieser traurigen Chronik bewenden lassen will, ist zu bemerken, daß in zwei Fällen die Mutter fast am selben Tag verstarb wie das Kind und eine der betroffenen Familien nicht einmal ein Dach über dem Kopf hatte. Wir haben bereits darauf hingewiesen, daß es zu allen Zeiten und besonders in den Jahren der Tudorherrschaft überall auf dem Land Bettler gab, die wie der im Register von Greystoke erwähnte James Irwin von Dorf zu Dorf zogen. Bedenkt man, daß Gregory King in seiner Tabelle für das Jahr 1688 die Zahl der Bettler im ganzen Land mit 30.000 angibt, mag man vielleicht meinen, daß Landstreichern von mancher Seite oft unverhältnismäßig viel Aufmerksamkeit geschenkt wurde. Der Hinweis auf das Verhalten Lancelot Browns in der letzten Eintragung gibt über die Haltung Aufschluß, die die Menschen jener Zeit ihrem Auskommen und dem Überleben ihrer Familie gegenüber einnahmen. Er scheint das karge Hügelland in der Hoffnung verlassen zu haben, unter günstigeren Umständen in einer anderen Gegend Englands sein Auskommen zu finden — vielleicht endete auch er als Bettler.

Sein Kind starb auf jeden Fall — ob sein Tod unmittelbar oder vielleicht sogar grundsätzlich auf die Abwanderung des Brotverdieners zurückzuführen ist und weniger damit in Zusammenhang steht, daß für das Kind nichts mehr zu essen da war, ließ sich fast 350 Jahre später ebensowenig sicher feststellen, wie ob es dem Vater gelang, in jenen schrecklichen Jahren irgendwo im englischen Hochland ein Dorf zu finden, wo die Bedingungen viel besser gewesen wären. Es gibt sogar Pfarregister, deren Eintragungen ähnliche Zustände wie in Ashton-under-Lyne vermuten lassen; in manchen Fällen, wo uns für die schlimme Zeit von 1640 bis 1660 vollständige Unterlagen zur Verfügung stehen, finden sich sogar Hinweise darauf, daß sich die Not zuspitzte, als der Krieg zwischen Krone und Parlament im Jahre 1645 in sein kritisches Stadium trat. In Colyton in Devonshire dürfte im Kalenderjahr 1645 etwa ein Viertel der über 1.000 Einwohner zugrunde gegangen sein. Allerdings sprechen die Eintragungen des Registers in diesem Fall von einer „großen Krankheit", womit vielleicht die Pest gemeint sein könnte.

Über den Zusammenhang von Hunger und schlechter Ernährung finden sich kaum Hinweise. Sicher spielten beide Momente eine Rolle – wodurch letztlich der Tod eingetreten war, mag oft schwer zu entscheiden gewesen sein. Weder das Register von Greystoke noch die Aufzeichnungen des Küsters der reichen großstädtischen Pfarre St. Margaret unweit des Parlaments in Westminster, der bei 15 von 200 in den Sommermonaten des Jahres 1557 verstorbenen Bewohnern als Todesursache „Hunger" angibt, lassen jedoch Zweifel daran, daß dort die Leute tatsächlich zugrunde gingen, weil sie nichts mehr zu essen hatten. Dasselbe gilt für Wednesbury in Staffordshire, wo sich am 22. November 1674 im Register folgende Eintragung findet: „John Russel (zuständiger Armenaufseher: Josiah Freeman), verhungert, weil es ihm am Notwendigsten fehlte, wurde heute unter vielen Tränen feierlich beigesetzt." Freilich ist diese Zeit nicht mit den in den frühen zwanziger Jahren des Jahrhunderts in Cumberland und Westmorland herrschenden Verhältnissen zu vergleichen. Es scheint jedoch damals in dieser Gegend zu einem Anstieg der Lebensmittelpreise gekommen zu sein. Auf jeden Fall waren die Nachbarn John Russels der Auffassung, daß die Nachlässigkeit des Armenaufsehers für seinen Tod verantwortlich war.[11]

Es ist zu vermuten, daß unter den extremen Bedingungen, die in Beauvais zum Untergang der Familie Cocu führten, keiner Form der Armenunterstützung Erfolg beschieden gewesen wäre. Allem Anschein nach waren die Maßnahmen in jener Stadt tatsächlich besser als sonstwo. Daher hätte eine Umverteilung der Gelder, wie man das heute in der Wirtschaftswissenschaft nennt, nie Subsistenzkrisen verhindern können, wie sie von der historischen Demographie für Frankreich nachgewiesen wurden. Es waren damals einfach nicht genug Lebensmittel im Handel, und die hohen Preise bedrohten die Armen unmittelbar in ihrer Existenz. Wirkungsvollere Möglichkeiten der Verteilung zwischen einzelnen Ländern, Gebieten und vielleicht sogar Gemeinden hätten Krisen dieser Art aber doch entschärfen können, und durch eine entsprechende Einkaufspolitik und Kornlagerung wäre sicherlich mehr als nur das Schlimmste zu verhindern gewesen. Trotz verschiedener Hilfsmaßnahmen in der Stadt Beauvais weisen alle sich auf die Hungersnot beziehenden Vermerke in den französischen Quellen darauf hin, daß es weder ausreichende Bestände noch die notwendigen Verteilungsmöglichkeiten gab. Um unter allen Umständen eine entsprechende

Versorgung zu garantieren, wäre es jedenfalls erforderlich gewesen, die genaue Einwohnerzahl zu kennen, und es dürften tatsächlich in manchen Städten aus diesem Grund Zählungen durchgeführt worden sein: so etwa im 15. Jahrhundert in Ypres und 1520 in Coventry. Die Behörden der vorindustriellen Welt hätten sich die Geschichte über die Vorkehrungen Josephs für die sieben mageren Jahre in Ägypten wirklich gründlich zu Herzen nehmen sollen.

Als wir uns dessen bewußt wurden, daß die Bevölkerung jener Zeit tatsächlich von Hungerkrisen bedroht gewesen sein dürfte, erschien die dauernde Beschäftigung der damaligen Regierungs- und Stadtbehörden mit der Nahrungsmittelversorgung der Armen in einem neuen Licht. Daß man bei allen Lebensmitteln und vor allem bei Brot auf angemessenen Preisen bestand, unterstreicht, daß selbst dort, wo es keinen Mangel gab, Leute zu verhungern drohten, wenn sie ihre Ersparnisse aufgebraucht und ihre Arbeit verloren hatten und der Druck der Steuern zu groß geworden war. Daher wurden alle Geschäfte mit Brotgetreide, besonders der Kauf und Verkauf von Weizen, streng überwacht. Die in den Akten Londons aus der Tudor- und Stuartzeit eine so wichtige Rolle spielenden Getreidevorräte sind Beispiele einer Politik, die zu allen Zeiten eine todernste Angelegenheit war. Daß es dabei wirklich um eine Sache auf Leben und Tod ging, wußten der König und der Staatsrat ebenso wie die Friedensrichter, Bürgermeister und Armenaufseher. Bis zur Zeit der französischen Revolution und auch später noch waren in Europa drohende Preiserhöhungen bei Nahrungsmitteln der häufigste und durchschlagendste Grund für allgemeine Unruhen.[12] Es war gefährlich, wenn Armenaufseher so nachlässig wurden wie Josiah Freeman in Wednesbury. Als die Lebensmittel in den frühen zwanziger Jahren des 17. Jahrhunderts knapp zu werden begannen, legte man in den Dörfern Getreidelager an. In der Reihe schlechter Erntejahre war 1623/24 in vielen Gemeinden das schlimmste von allen und insofern mit den katastrophalen Zuständen in Frankreich vergleichbar. Vielleicht war es auch kennzeichnend, daß die Jahre der Not wie in diesem Fall mit dem Ausbruch einer Pest zu Ende gingen.

Von den vielen Fragen, die es zu beantworten galt, ehe wir uns ein Urteil über die tatsächliche Not der Bauern jener Zeit erlauben konnten, war das Problem, das sich an diesem Punkt der Untersuchung stellte, wohl das schwierigste. Es ging darum zu entscheiden, ob es als wesentliches Merkmal jener uns verlorenen Welt anzusehen ist, daß die Menschen zugrunde gingen, weil es ihnen am Notwendigsten fehlte, und die Angst vor solchen Katastrophen, die wir heute, jedenfalls was uns selber betrifft, nicht mehr kennen, eine allen unseren Vorfahren gemeinsame Erfahrung darstellt. Vielleicht fielen viele Menschen, die bestimmten Historikern zufolge an der Pest, verschiedenen Seuchen und örtlich begrenzten Infektionskrankheiten starben, in Wahrheit einer Hungersnot zum Opfer oder gingen aufgrund monate- oder gar jahrelanger Unterernährung zugrunde.

In den zwanzig Jahren, die seitdem vergangen sind, ist uns kein zweites Greystoke untergekommen. Viele in der Zwischenzeit durchgeführte Untersuchungen über Epidemien, ansteckende Krankheiten und die Entwicklung der Sterblichkeit in Krisenzeiten, vor allem aber die Ergebnisse der Rekonstruktion der Bevölkerungsgeschichte Englands erlauben es uns jedoch heute, einige der in den sechziger Jahren aufgetretenen Fragen zu beantworten. Wir wissen jetzt, daß es selten, ja kaum vorkam, daß jemand an Entkräftung infolge mangelnder Nahrungsmittelzufuhr starb. England scheint weniger von lokalen Subsistenzkrisen heimgesucht worden zu sein als Frankreich und Schottland. Es ist allerdings darauf hinzuweisen, daß in den letzten Jahren vor allem in Frankreich selbst Stimmen gegen die Subsistenzkrisentheorie laut geworden sind, die diesen Ansatz für ungenau halten und meinen, daß man damit unter anderem auch einfach zufällige Verschiebungen nicht entsprechend zu berücksichtigen vermag. Von manchen französischen Wissenschaftlern wird diese Theorie überhaupt abgelehnt.

Es ist sicher nicht unbedingt so, daß mit höheren Sterbeziffern einhergehende Veränderungen der Zahl der Geburten und Hochzeiten in jedem Fall auf eine Hungersnot zurückzuführen sind. Engpässe in der Nahrungsmittelversorgung hatten gewiß nicht stets zur Folge, daß deutlich mehr Menschen starben als sonst, und auch Krisen infolge von Krankheiten bewirkten einen Rückgang der Schwangerschaften. Außerdem stellte sich heraus, daß es sowohl in Frankreich als auch in England nur sehr, sehr wenige Fälle gibt, wo der Tod nachweisbar und ausschließlich durch Verhungern eintrat. Im Laufe unserer Untersuchungen mußten wir sogar erkennen, daß, gleich wo und wann, überhaupt außerordentlich schwierig festzustellen ist, ob Leute wirklich und nur deshalb starben, weil sie nichts zu essen hatten.

Die ärmeren und ärmsten Schichten der Bevölkerung sind ohne Zweifel insofern als Opfer des Hungers anzusehen, als es ihnen allgemein schlecht ging und sie infolge chronischer Unterernährung gesundheitlich gefährdet und äußerst krankheitsanfällig waren. Obwohl das in England eher selten vorkam, konnte es dadurch zu sinkenden Heirats- und Geburtenziffern und einer höheren Sterblichkeitsrate kommen. Krisen dieser Art betrafen möglicherweise eine ganze Reihe von Gemeinden und dauerten unter Umständen auch mehrere Jahre lang an.

In extrem schlechten Zeiten und unter besonders ungünstigen Bedingungen konnte es dazu kommen, daß ein ziemlich großes Gebiet von einer Hungersnot dieser Art heimgesucht wurde. Es ist uns sogar ein Fall bekannt, wo die Menschen eines ganzen Landstrichs zu verhungern drohten und die Bewohner eines Dorfes dieser Region damals tatsächlich daran zugrunde gingen, daß sie nichts mehr zu essen hatten. Diese Katastrophe ereignete sich im Jahre 1623/24 im Nordwesten des Landes. Im weiteren Sinn betroffen waren alle Gemeinden des Gebiets, das sich vom westlichen Teil Mittelenglands nach Norden bis in das schottische Tiefland hinein erstreckt. Tatsächlich an Hunger zugrunde gingen die Menschen in Greystoke, jener Gemeinde in Cumberland, auf die wir bereits weiter oben einmal zu sprechen gekommen sind. Es ist nicht auszuschließen, daß auch andere Gemeinden bzw. Gebiete zu einer anderen Zeit von Krisen heimgesucht wurden, die mit der zu vergleichen wären, die sich für das Jahr 1623/24 für Norwestengland und Greystoke nachweisen läßt. Von diesem Gebiet abgesehen, stehen uns jedoch für die Zeit nach 1550 in England keinerlei Unterlagen zur Verfügung, aus denen eine Hungersnot dieses Ausmaßes ablesbar wäre. Es muß daher offen bleiben, inwiefern die Angst vor dem Verhungern ein für die englische Bevölkerung der vorindustriellen Welt bestimmendes Erlebnis war.

In seiner bemerkenswerten Arbeit über Hunger im England der Tudor- und Stuartzeit, die im Jahre 1978 erschien, hat Andrew Appleby festgestellt, daß es in den Jahren 1587/88 und 1597/98 in derselben Gegend Cumberlands bereits zweimal zu ähnlichen Hungerkatastrophen bzw. Versorgungsengpässen gekommen war. Obgleich sich bisher in den Quellen noch keine Hinweise darauf fanden, daß Leute tatsächlich an Hunger starben, scheint das Elend in diesen Jahren sogar noch schlimmer gewesen zu sein als 1623/24. Je eingehender man sich jedoch mit den Verhältnissen auseinandersetzt, desto ungeeigneter erscheint einem dieses etwas oberflächliche und recht kurzschlüssige Kriterium. Diese Sichtweise kommt einem fast so vor, als ob jemand die Moral einer Gesellschaft an der Selbstmordrate ablesen will.

Dieser Komplex von Fragen wurde von Wrigley und Schofield in der 1981 erschienenen Arbeit *The Population History of England* ebenso ausführlich untersucht wie die Vielfalt der möglichen Zusammenhänge zwischen Geburten-, Heirats- und Sterbeziffern, Löhnen und Preisen und der Bezug zu Seuchen und ansteckenden Krankheiten.* Neben nationalen Sterblichkeitskrisen haben die Autoren auch eine Reihe von örtlich begrenzten Vorkommnissen dieser Art nachgewiesen und sich genauestens mit der dringlichen Frage möglicher Todesursachen auseinandergesetzt.[13] Aufgrund der nicht gerade leicht zu verfolgenden Argumentationslinie und angesichts der Vielschichtigkeit dieses Problems werden wir im Fortgang unserer Ausführungen immer das Cumberland der zwanziger Jahre des 17. Jahrhunderts als jenen Punkt im Auge behalten, an dem sich uns die Landschaft der Welt von einst eröffnete, als wir uns einen ersten Überblick in dieser Frage zu verschaffen versuchten.

Geht man von vorgefaßten Grundsätzen aus, zeigt sich bald, wie leicht man bei der Untersuchung der damals aufgedeckten dramatischen Umstände Ungenauigkeiten aufzusitzen droht. Um falsche Schlüsse zu vermeiden, muß man nicht nur exakte Meß- und Vergleichsmethoden erarbeitet haben, sondern diese im Laufe der Analyse auch fortwährend den Gegebenheiten anpassen. Obgleich man zwar verschiedentlich hört, daß ein Richtmaß nicht einfach dadurch festzulegen ist, daß man den Durchschnitt der Werte vergangener Jahre oder Jahrzehnte berechnet, besteht immer noch das Kernproblem darin, daß es ab einem bestimmten Punkt kritisch wird, auf allgemeine Tendenzen zu schließen. Neben einer Zu- oder Abnahme der Gesamtbevölkerung im fraglichen Jahr sind auch innere Strukturmerkmale der Zahlenreihen wie etwa jahreszeitlich bedingte Verschiebungen und vor allem die Größe der Gemeinden zu berücksichtigen. Ein nur geringfügiger prozentueller Anstieg der Begräbnisse in einer Stadt mag oft ernstere Ursachen haben als eine Verdoppelung oder Verdreifachung der Sterbeziffern in einer Landpfarre mittlerer Größe (646–649). Um sicherzugehen, daß es sich bei

---

* In Klammern gesetzte Zahlen in der Folge beziehen sich auf diese Arbeit; zur Definition von *Krise* vgl. S. 647.

Greystoke tatsächlich um einen signifikanten Fall handelt, wurden — was bei aus anderen Arbeiten zitierten Angaben nur in wenigen Fällen möglich war — die ursprünglichen Urteile einer Überprüfung unterzogen. Wenn man Hinweise dieser Art hier auch für nicht recht angebracht halten mag, ist es, ohne darüber Bescheid zu wissen, mit welchen Daten man es zu tun hat, doch oft sehr schwer, übertriebene Einschätzungen zu vermeiden und der Gefahr aus dem Weg zu gehen, die Alltagserfahrung unserer Vorfahren verzerrt wiederzugeben.

Den Stellenwert des Quellenmaterials richtig einzuschätzen, erscheint uns gerade an diesem Punkt so wesentlich, daß es sich lohnt, auf ein Beispiel für eine solche Übertreibung einzugehen.

Auf dem Land mußte mindestens jeder zweite und in der Stadt so gut wie jeder damit rechnen, wenigstens einmal in seinem Leben die verheerenden Wirkungen einer solchen Katastrophe am eigenen Leib zu verspüren, die im Laufe einiger Monate sicher ein Drittel und manchmal sogar die Hälfte der Bevölkerung hinwegraffte.

Mit diesen Worten ergänzt Lawrence Stone seine Auflistung der Ursachen der sogenannten Englischen Revolution um den Punkt in demographischer Hinsicht unsicherer Jahre vor dem Ausbruch des Bürgerkriegs. Die Unterlagen, die uns heute vorliegen, lassen hingegen keinen Zweifel daran, daß es in den Jahren, für die wir Pfarregistereintragungen zur Verfügung haben, nie soweit kam, daß — in London, einer anderen Stadt oder auf dem Land — je ein Drittel der Bevölkerung innerhalb weniger Monate wegen einer Seuche oder Hungersnot oder infolge eines Krieges zugrunde ging (687).

Während die Zahl der Bestattungen in diesem Fall innerhalb eines Jahres auf das 12fache bzw. innerhalb von drei Monaten auf das 48fache ansteigen müßte, wurden, wie wir gesehen haben, in Greystoke in einem Jahr 4mal und in den schlimmsten drei Monaten 7mal so viele Leute begraben wie sonst. Im Verlauf dieser lokalen Krise starben im Schnitt 1,5 und nicht 33,3 Prozent der betroffenen Einwohner, und dieser Medianwert entspricht gerade dem halben Anteil der unter normalen Umständen im Laufe eines Jahres Verstorbenen. Folgen wir den verfügbaren Daten, muß man realistischerweise davon ausgehen, daß es in den Jahren vor dem Bürgerkrieg noch immer verhältnismäßig oft zu manchmal schweren Krisen kam. Und doch waren, soweit sich das heute feststellen läßt, immer deutlich weniger als zehn Prozent der Gemeinden betroffen. Unbestritten ist, daß England damals häufig von Krisen heimgesucht wurde – verfolgt man die Entwicklung in einer bestimmten Pfarre, ist etwa alle zwanzig Jahre einmal mit einer Krise zu rechnen. Oft jedoch dauerte die Not nur ein oder zwei Monate und hatte keineswegs in den meisten Fällen mit Versorgungsschwierigkeiten zu tun (686).

Von den untersuchten 372 Pfarren des Jahres 1623 war Greystoke eine von etwa 60 betroffenen. Wie wir gesehen haben, hatten damals alle Bewohner, die schon länger als vierzig Jahre in der Gemeinde lebten, bereits in den achtziger und in den neunziger Jahren des 16. Jahrhunderts eine ähnlich schreckliche Hungersnot mitgemacht. Zu bedenken ist allerdings, daß Greystoke in den Jahren, von denen Stone spricht, zu den krisenanfälligsten Orten der am schlimmsten heimgesuchten Region des Landes gehörte und gerade im Bereich der Versorgung besonders schlecht dastand. Trotzdem ist den vorhandenen Aufzeichnungen zufolge in diesem Dorf nie eingetreten, was laut Stone allen Leuten im ganzen Land vertraut gewesen sein soll.[14]

Die historische Sozialwissenschaft steckt heute nicht mehr in den Kinderschuhen wie in den frühen siebziger Jahren, aus denen die zitierten Einschätzungen stammen. Es ist daher zu hoffen, daß man heute bei Untersuchungen dieser Art den Grundsätzen der numerischen Analyse entsprechend vorgeht und soziale Strukturen genauestens auf die Möglichkeit von Inkongruenzen hin überprüft. Wenn wir uns mit Greystoke und dem dortigen Gebiet beschäftigen, dürfen wir dabei nie aus den Augen verlieren, daß es sich nur um ein Beispiel handelt. Wer sich vor allem im Zusammenhang mit Seuchen und dem Ausbruch von Pestepidemien eingehender mit Ausmaß, Häufigkeit und Verlauf damaliger Sterblichkeitskrisen auseinandersetzen will, muß sich hier mit einem Verweis auf entsprechende Arbeiten begnügen. Wir wissen heute bereits über die Verbreitung solcher Heimsuchungen, das Spektrum von neben der Pest als verantwortlich in Frage kommenden Krankheiten, die regionale Verteilung von Krisen dieser Art, die im Laufe der Zeit feststellbaren Veränderungen auf diesem Gebiet und andere für diesen Zusammenhang wesentliche Momente ziemlich genau Bescheid. Trotzdem gibt es einige wichtige Punkte, die – wie wir sehen werden – auch heute noch nicht ganz geklärt sind.

„Hoc anno multi fame periere" (in diesem Jahr gingen viele an Hunger zugrunde/müssen viele an Hunger zugrunde gehen) – auch diese Eintragung stammt aus den zwanziger Jahren des

17. Jahrhunderts. In diesem Fall handelt es sich um ein Register aus einer Pfarre in Yorkshire namens Bainton. Die Notiz erinnert an die erwähnten Hinweise in den Registern von Greystoke, Wednesbury und St. Margaret in Westminster. Wir haben es hier jedoch nicht mit der Feststellung der Todesursache in Zusammenhang mit der Bestattung einer genannten Person zu tun — eindeutige Belege dieser Art sind noch zu erbringen.[15] Daß man solchen Äußerungen so selten begegnet und auch nur ganz wenige dem Elend in Greystoke vergleichbare Krisen kennt, ist für die Verhältnisse in England bezeichnend. Was Malthus in seinem berühmten Aufsatz aus dem Jahre 1798 als vorbeugende Maßnahmen bezeichnete, hatte es in diesem damals sozusagen noch immer unerschlossenen Land bereits seit mindestens acht Generationen gegeben: In schlechten Zeiten kamen weniger Kinder zur Welt, manche Hochzeit wurde aufgeschoben, andere Verbindungen gar ganz fallengelassen. Eine tatsächliche Beschränkung durch einen Teile der Bevölkerung vernichtenden Mangel an notwendigen Lebensmitteln im Sinne der malthusischen Theorie ist aber wirklich in keinem Fall eindeutig festzustellen.[16]

Man kann davon ausgehen, daß Fragen der Nahrungsmittelversorgung für die Gesellschaft jener Zeit tatsächlich zu den wesentlichen Problemen gehörten. Weder die Behörden noch die besonders gefährdeten Teile der Bevölkerung dürften je die Gefahr einer hereinbrechenden Hungersnot aus den Augen verloren haben. Und wenn die Wachsamkeit der Herrschenden nachließ, brachte das Volk seine Verbitterung in Worten und Taten zum Ausdruck. So lautet in etwa das Resümee der mit Recht berühmt gewordenen Arbeit Eduard Thompsons, die im Jahre 1971 unter dem Titel *The Moral Economy of the Crowd in the 18th Century* erschien. Wenn den Armen eine Hungersnot drohte, konnte es zu Unruhen und mehr oder weniger symbolischen Gewaltakten kommen, um die Behörden dazu zu veranlassen, auf dem Getreidemarkt zu intervenieren. Die gefährdeten Teile der Bevölkerung erwarteten, daß etwas getan wurde, und meist geschah das auch.

Trotz der oft leidenschaftlichen und drastischen Aussagen, denen man in diesem Zusammenhang begegnet, ist nicht anzunehmen, daß die von derartigen Krisen betroffenen Menschen ständig den Hungertod vor Augen hatten. Aus den demographischen Quellen geht aber hervor, daß es immer eine Beziehung zwischen Lebensmittelpreisen und Sterbeziffern gab. Wenn freilich auch nicht nachzuweisen ist, daß jede Erhöhung des Getreidepreises einen Anstieg von Todesfällen zur Folge hatte, ist doch bei einer Überprüfung der verfügbaren Werte ein statistisch durchaus signifikanter Zusammenhang erkennbar. „Ob Lebensmittel knapp oder in ausreichendem Maße vorhanden waren, bewirkte (allerdings) nur, daß sich der Tod mancher Einwohner, die ohnehin nicht mehr lange zu leben gehabt hätten, um ein paar Jahre verschob" (399). Außerdem ist noch festzuhalten, daß sich mit Ausnahme von Extremsituationen die Auswirkungen einer Preiserhöhung erst nach einiger Zeit abzuzeichnen begannen.

In der Untersuchung, auf die wir uns hier beziehen, wird der Einfluß der Lebensmittelkosten auf die Sterbeziffern an der Entwicklung der Mortalität im Fall einer Verdopplung der Weizenpreise gemessen, wobei neben den Werten des betreffenden Jahres auch die der darauffolgenden vier Jahre berücksichtigt werden. Es stellte sich heraus, daß die Sterblichkeit im selben Jahr noch um 5%, im nächsten bereits um 9% und auch im Jahr darauf weiter anstieg, dann aber ein sogenannter Echoeffekt eintrat, d. h. die Sterblichkeit in einem Ausmaß zurückging, das die Zunahme mehr als ausglich (372). Nur 16% der Todesfälle ließen sich ausschließlich mit Preisbewegungen in Zusammenhang bringen (375). Nicht der Grad der Verfügbarkeit von Nahrungsmitteln, sondern der Verbreitung der Krankheiten entschied in weitaus den meisten Fällen über die Entwicklung der Mortalität.

Es ist hier jedoch auf die jüngsten Entwicklungen auf dem Gebiet der Erforschung von Hungersnöten in den heutigen Entwicklungsländern hinzuweisen. Die Versorgung mit Nahrungsmitteln kann heute nicht mehr als einziger und ausschlaggebender Grund angesehen werden, und es kann sogar vorkommen, daß Menschen bei gleichbleibenden Lebensmittelpreisen verhungern.[17] Diese Erkenntnis läßt vielleicht auch die Geschichte der Ernährung der englischen Bevölkerung in einem anderen Licht erscheinen. Ebenso bemerkenswert ist, daß den Unterlagen zufolge weder eine Reihe mehrerer schlechter Ernten noch ständig hohe Preise zu einem zusätzlichen Anstieg der Todesfälle führten.

Der Einfluß bestimmter Nahrungsmittelpreise auf die demographische Entwicklung war bei Hochzeiten am schwerwiegendsten. Geht man davon aus, daß der Entscheidung, ob und wann jemand heiratete, hinsichtlich der Regulierung des Bevölkerungswachstums eine Schlüsselrolle zukam, ist das auch nicht anders zu erwarten. „Verdoppelten sich im Laufe eines Jahres die Preise, führte das im Vergleich zu den sonst üblichen Heiratsziffern zu einem allem Anschein nach bleibenden Ausfall von 22%" (369), da es hier kaum Raum für einen Ausgleich gab. Die Folgen zeichnen sich unmittelbar ab und schlagen im Jahr der Preiserhöhung am deutlichsten durch. Was den Erklärungswert dieses Faktors angeht, ließ sich bei 41 Prozent aller abweichenden Heiratsziffern ein Zusammenhang mit der Entwicklung der Sterblichkeit und der Preise herstellen.

Daß Ausfälle dieser Art den Quellen zufolge durch andere Hochzeiten nicht ausgeglichen worden sein dürften, ist vor allem deshalb verwirrend, weil — wie wir im vierten Kapitel gesagt haben — durch Todesfälle nur selten Nischen für junge Paare freiwurden. Man muß sich freilich dessen bewußt sein, daß in Zeiten der Not verstorbene Menschen ihren Nachkommen wahrscheinlich oft so gut wie nichts hinterließen. Was die Entwicklung der Fruchtbarkeit betrifft, spielt die Versorgungslage eine entscheidende Rolle: Preise und Todesfälle zusammen waren für 64% der Geburtenrückgänge verantwortlich. Der tatsächliche Einfluß der Lebensmittelpreise auf die Fruchtbarkeit war allerdings viel geringer als bei den Heiraten. Im Laufe von fünf Jahren führte eine Verdopplung der Preise bei den Geburten verheirateter Frauen nur zu einem Ausfall von 14%. Im Rahmen einer genauen Untersuchung wie dieser ist der Unterschied zwischen Schwangerschaften und Geburten zu berücksichtigen und in Rechnung zu stellen, daß für den Ausfall neben einer beschränkten Empfängnisfähigkeit infolge von Unterernährung auch allfällige Fehlgeburten und Fälle intrauteriner Sterblichkeit verantwortlich waren. Außerdem litten überhaupt die geschlechtlichen Beziehungen unter solchen Bedingungen.[18]

Bei den beschriebenen Zusammenhängen handelt es sich um nationale Bezüge, die freilich nichts anderes als eine Summe der Entwicklungen in den einzelnen Gemeinden der betreffenden Stichprobe darstellen. Auf lokaler Ebene konnte es natürlich zu weitaus größeren Abweichungen der Geburten-, Heirats- und Sterbeziffern kommen. Es waren immer plötzliche Höchstwerte bei der Zahl der Bestattungen in manchen Orten, die am meisten Aufmerksamkeit erregt haben. Die Population einer einzelnen Gemeinde ist jedoch weitaus weniger stabil als die Gesamtbevölkerung eines Landes, und es ist wahrscheinlich falsch davon auszugehen, daß das Auskommen eines Dorfs sich ausschließlich an den ihm selber zur Verfügung stehenden Subsistenzmitteln entscheidet, wie das bei einer Nation damals praktisch der Fall war. Obgleich extreme Abweichungen in einzelnen Gemeinden sicher in zu- und abnehmenden nationalen Werten zum Ausdruck kamen, war das nicht das wesentliche Merkmal der Sterbelisten. Auffällt vor allem, daß sich die um die Mitte des 17. Jahrhunderts recht ausgezackte Sterblichkeitskurve nicht auf einen niedrigeren Wert einpendelt — wie wir gesehen haben, lagen die Werte aus der Zeit danach im allgemeinen höher als vorher.

Freilich waren die Jahre, in denen in England ein plötzlicher Rückgang der Lebenserwartung zu verzeichnen war, auch meistens jene, in denen mehr Pfarren als sonst von einer Krise heimgesucht wurden. Und doch waren es selbst in den schlimmsten Jahren stets nur wenige Dörfer, die in Not gerieten. Es dürfte für die Sterblichkeitskrisen in England kennzeichnend sein, daß unter im allgemeinen normalen Umständen immer zwei oder drei Prozent der Ortschaften betroffen waren, wobei das Elend lokal sehr begrenzt sein konnte. Es war allem Anschein nach so, daß man mit einer bestimmten Pfarre oft auch schon das Krisengebiet verließ (656).[19]

Bis zur Mitte des 17. Jahrhunderts war es wahrscheinlich meist die Pest, die bestimmte Dörfer heimsuchte, ohne dabei auch die Nachbargemeinden in Mitleidenschaft zu ziehen. Wir wissen nicht, warum der durch Ratten übertragene Mikroorganismus *pasturella pestis* — so heißt diese Epidemie auch eigentlich — in den sechziger Jahren des 17. Jahrhunderts aus England verschwand. Pest ist eine der schrecklichsten und gefährlichsten Infektionskrankheiten, und man kann nur von Glück sprechen, daß England 250 Jahre lang von der Pest verschont blieb, bis es dann in den dreißiger Jahren unseres Jahrhunderts der Wissenschaft gelang, ein Mittel dagegen zu finden. Unser heutiges Wissen erlaubt es uns jedoch, in vielen Fällen anzugeben, ob es sich um Pesttote handelt oder andere Seuchen die Ursache waren. Für Greystoke läßt sich eine Pestepidemie als Grund des Elends im Jahre 1623 ausschließen. Wie bei vielen anderen damals verbreiteten Seuchen läßt sich kein unmittelbarer Zusammenhang zwischen dem Ausbruch einer Epidemie und der Versorgungslage einer Gemeinde herstellen. Viele lokale Krisen sind ebenso auf Seuchen zurückzuführen wie ein großer Teil der Todesfälle in England und Frankreich überhaupt.

Daher kann weder von einer unmittelbaren Beziehung zur Versorgung mit Brot noch zum Getreidepreis die Rede sein.[20]

Ob von den Leuten, die 1623 in Greystoke starben, alle, viele oder nur manche ausschließlich an Unterernährung zugrunde gingen, läßt sich nicht mit Sicherheit sagen. Auf unserem Weg zur Klärung der Frage, ob die Bauern der vorindustriellen Welt wirklich an Hunger starben, ist damit wohl eine der dunkelsten Etappen erreicht. Wir haben es bei den noch erhaltenen Unterlagen nicht nur mit interpretativ schwer zugänglichen Aussagen, sondern auch mit in medizinischer Hinsicht verwirrenden Zeugnissen zu tun. Viel spricht sicher für die dem Alltagsverstand naheliegende Vermutung, daß, obwohl in Greystoke nicht alle an Hunger zugrunde gingen, doch viele überlebt hätten, wenn die Lebensmittel nicht so knapp gewesen wären. Am eindringlichsten wird dies vielleicht durch den Umstand bekräftigt, daß selbst im Fall der beiden größten Hungerkatastrophen der englischen Vergangenheit, die zwar nicht Großbritannien selber betrafen, jedoch in seiner politischen Verantwortung lagen, den Unterlagen zufolge Hunger als Todesursache eine eher untergeordnete Rolle spielte.

Die Rede ist von der Hungersnot in Irland 1845/46 und der Katastrophe in Bengalen 1943. Den offiziellen irischen Quellen zufolge gingen damals etwa 20.000 Menschen an Hunger, jedoch 193.000 an Fieber, 125.000 an Ruhr und Diarrhöe und 22.000 an Wassersucht zugrunde. Der medizinische Sachverständige, der diese Statistiken untersuchte und sich mit den damals gegebenen Umständen auseinandersetzte, kam zu dem Schluß, daß alle 360.000 Opfer infolge von Unterernährung starben. In der letzten Studie über Bengalen scheinen hingegen Hungertote als Ruhr- und Diarrhöeopfer auf. Dabei belief sich deren Anteil auf nur 5% der Übersterblichkeit, was in etwa dem Anteil der offiziellen Hungertoten in Irland entspricht. Der Rest ist hauptsächlich auf die auch sonst üblichen Todesursachen zurückzuführen: „Die verheerende Wirkung des Elends in Bengalen erklärt sich vor allem daraus, daß die früher schon charakteristischen Mortalitätsfaktoren durch die Hungersnot verstärkt wurden." Es gibt kaum Hinweise darauf, daß das auch auf Krisen in anderen Ländern zutrifft. Viel spricht hingegen dafür, daß wahrscheinlich nicht nur die Hungersnot in Bengalen ein Fall für sich war und eigenen Gesetzen folgte.[21]

Unter anderem deshalb sollten wir nicht einfach davon ausgehen, daß sich von den lokalen Mortalitätskrisen, die aus den uns verfügbaren Pfarregistern ersichtlich sind, viele oder die meisten aus einem Mangel an Nahrungsmitteln erklären. Ebenso vorsichtig sollten wir damit sein, aus den recht bruchstückhaften Unterlagen den Schluß zu ziehen, daß sowohl auf Hunger als auch auf Krankheiten zurückzuführende Krisen immer eine Zunahme der Sterbeziffern zur Folge hatten. Und daran ändern auch manche medizinische Gutachten nichts, die eine solche Annahme zu rechtfertigen scheinen. Ex cathedra heißt es da etwa, daß „ansteckende Krankheiten fast immer den gegebenen Zustand der Unterernährung verschlimmern und bei schlecht ernährten Kranken meist mit schwerwiegenderen Folgen zu rechnen ist als bei gut ernährten". Man bezeichnet einen solchen sich selbst verstärkenden Prozeß im Unterschied zu antagonistischen Vorgängen als synergistisch. Wie beide Momente zusammenwirken, ist jedoch nicht einfach zu klären. Die Folgen einer mangelhaften Ernährung hängen zum Beispiel sehr von der betreffenden Krankheit ab, die sich dadurch verschlimmert — und das gilt ganz besonders im Extremfall, also dann, wenn das Opfer stirbt. Auch wenn man Komplikationen dieser Art berücksichtigen könnte, wären damit weder gewisse Zufälligkeiten ausgeräumt noch alle Unklarheiten bezüglich der Frage beseitigt, welche Fälle mit den gegebenen Subsistenzverhältnissen in Verbindung zu bringen sind und welche nicht.[22]

Wenn wir uns nun unserem Beispiel zuwenden und zu einer Einschätzung zu kommen versuchen, müssen wir uns dessen bewußt sein, daß uns im Augenblick nur Vermutungen möglich sind. Die Umstände des Jahres 1623 in Cumberland, mit denen wir uns hier näher auseinandersetzen wollen, sind wahrscheinlich allein schon aufgrund der Verbreitung des Elends als Ausnahme anzusehen. Während man wie auch sonst meist in Cumberland in Greystoke nur in ein oder zwei Fällen Hunger als Todesursache feststellte, starben in den benachbarten schottischen Gebieten im Norden mehr Menschen als sonst je: Bei einem Gesamtschnitt von 100 lagen dort damals die Sterbeziffern zwischen 375 und 432, also viel höher als in der Krise gegen Ende des 17. Jahrhunderts, die nirgends mehr als 250 Opfer forderte.

In Kelso, Dunfermline und Dumfries war die Not noch weit größer als in Greystoke. Südlich und östlich davon, in den untersuchten Gebieten von Yorkshire, wurden mehr Menschen bestattet als in irgendeinem anderen Jahr und in einem Vergleichszeitraum von mindestens zehn Jahren weniger Ehen geschlossen und Kinder getauft als sonst. Südlich und westlich davon, in Lancashire, der einzigen Grafschaft, für die uns heute so gut wie alle Angaben über Taufen, Hochzeiten und Begräbnisse in Krisenzeiten zur Verfügung stehen, wurden doppelt soviele Menschen bestattet, um zwei Drittel weniger Kinder getauft und um ein Fünftel weniger Ehen geschlossen. Freilich waren nicht alle Pfarren der Grafschaft gleichermaßen betroffen; wie in Cumberland dürften vor allem die Gemeinden im Hochland besonders gelitten haben. Vergleicht man die Werte von 1622 und 1623 für ganz England, stieg die rohe Sterbeziffer von 21,3‰ auf 33‰, während die Geburtenrate von 32,3‰ auf 27,9‰ und die Heiratsziffer von 6,7‰ auf 6,2‰ zurückging.

Es handelt sich hier auch bei der Geburtenrate und bei der Heiratsziffer um rohe Werte. Wie man sieht, ist kein wesentlicher Rückgang der Eheschließungen festzustellen. Es bedürfte einer viel gründlicheren Kenntnis der Umstände und eingehender Untersuchungen, um vor allem Krankheiten auszuschließen, die nicht mit der Ernährung in Zusammenhang stehen, um so mit hundertprozentiger Sicherheit sagen zu können, daß alle Umstände auf eine Subsistenzkrise verweisen. Wenn dem auch nicht so ist, meine ich trotzdem, daß es ebenso zweckmäßig wie angebracht ist, in diesem Fall von einer Subsistenzkrise zu sprechen.

Die Mitglieder der Arbeitsgruppe, die sich mit den Unterlagen von Lancashire befaßten, ohne auch nur das geringste über die Nahrungsmittelpreise in jenem Raum zu wissen, gingen vermutlich zu weit, als sie zu dem Schluß kamen, daß „der wesentliche Grund für die Bevölkerungskrise des Jahres 1623 in Lancashire mit ziemlicher Sicherheit in einer Hungersnot und einer Reihe von fieberhaften Begleiterkrankungen zu sehen ist". Man kam zu dieser Auffassung, ohne in der Lage gewesen zu sein, Krankheiten als Todesursache ausschließen zu können, die mit der Hungersnot nichts zu tun hatten. Noch gewagter war es, den Einbruch der Fruchtbarkeit auf Hungeramenorrhöe, also das Aussetzen der Monatsblutung und die Störung der Empfängnisfähigkeit durch Unterernährung, zurückzuführen, ohne dabei bestimmte Krankheiten als Grund in Betracht zu ziehen. Der berühmte französische Historiker Emmanuel Le Roy Ladurie ist sowohl im Zusammenhang mit der Hungersnot während der letzten beiden großen Kriege in Europa als auch mit dem im 17. Jahrhundert in Frankreich herrschenden Elend auf den Zustand der Hungeramenorrhöe zu sprechen gekommen. Einem amerikanischen Biologen zufolge ist diese Erscheinung einem allgemeinen Systemzusammenhang zwischen Ernährung, Körpergewicht und Fetthaushalt einerseits und einer ganzen Reihe von Momenten im Bereich von Fortpflanzung und körperlicher Entwicklung andererseits zuzuordnen.[23]

Es läßt sich heute noch nicht sagen, ob theoretische Ansätze dieser Art unser Problem vereinfachen oder vielleicht einmal gar einer Lösung zuführen können. Es scheint aber keinen triftigen Grund zu geben, das Modell der Subsistenzkrise überhaupt fallen zu lassen, wenn es um die Erklärung der Folgen einer Nahrungsmittelverknappung geht. Wir müssen nämlich mit der Möglichkeit rechnen, daß ein großer Teil der Einwohner vieler Gemeinden in Cumberland, Westmorland, Yorkshire, Lancashire, Dumfriesshire, Roxburghshire und vielleicht sogar in Staffordshire und Derbyshire im Jahre 1623 von einer Hungersnot betroffen war. Die Menschen mußten, nur um am Leben zu bleiben, auf so viele Annehmlichkeiten verzichten, wußten so wenig, wie es weitergehen sollte, hatten manchmal nicht einmal mehr ein Dach über dem Kopf, weil sie gezwungen waren, ihr Zuhause aufzugeben, waren dermaßen geschwächt und verloren so sehr die Kraft und den Willen zur Fortpflanzung, daß man wirklich von einer Hungerkatastrophe sprechen kann.

Wenn auch nur ganz wenige starben, weil sie nichts mehr zu essen hatten, wie die Opfer der Hungersnot aussahen, wußten die meisten. Ein ziemlich großer Teil der Einwohner muß in der Angst gelebt haben, diesem Schicksal nicht zu entkommen. Wie sollten diese Menschen auch wissen, ob die Zeiten der Not ein Ende haben und ob und wie lange sich die Behörden darum kümmern würden, das Defizit zwischen sinkenden oder schwindenden Einkommen und den Kosten für das zum Leben Notwendige auszugleichen? Schließlich gehörten ja die Armenaufseher und die Beamten der Obrigkeit einer Schicht an, die nicht nur in ihrer Existenz weit weniger bedroht war, sondern aufgrund der Wertsteigerung ihrer Ernten in Jahren der Knappheit ihren Reichtum unter Umständen sogar noch vermehrte. Es gab immer Leute, die aus dem Elend anderer Menschen Profit zu schlagen wußten. Das ist auch heute in Afrika, Indien und Pakistan nicht anders.

Daß es besonders in Krisenzeiten zu Interessenskonflikten und politischen Gegensätzen kommt, liegt auf der Hand. Inwiefern man sich bemühte, die Bevölkerung in extrem schlimmen

Jahren mit dem Allernotwendigsten zu versorgen, soll uns erst am Ende dieses Überblicks beschäftigen. Vorher gilt es noch, auf einige der vielen neuen Greystoke betreffenden Erkenntnisse einzugehen, und das nicht zuletzt deshalb, weil wir den Symbolcharakter dieser Gemeinde so sehr hervorgehoben haben. Wenn auch nicht alle zutage gekommenen Hinweise die ursprünglichen Vermutungen bestätigen, wird man doch über das vergleichsweise eher geringfügige Ausmaß der dem Nordwesten Englands in den frühen zwanziger Jahren des 17. Jahrhunderts drohenden Hungersnot überrascht sein.

Zweifellos hängen sowohl die Ernteerträge als auch das Wohl der in der Landwirtschaft tätigen Menschen sehr von den Wetterverhältnissen ab. Dazu liegen uns völlig neue Ergebnisse vor, die für eine Beschäftigung mit der uns verlorenen Welt von entscheidender Bedeutung sind und hier daher viel ausführlicher zu würdigen wären. Leider gibt es jedoch im Fall von Greystoke für die wesentlichen Jahre noch keine genauen Angaben. Trotzdem dürfte mit einiger Sicherheit feststehen, daß die Bevölkerung im Nordwesten von den achtziger Jahren des 16. Jahrhunderts bis in die zwanziger Jahre des 17. Jahrhunderts ständig mit widrigen Wetterverhältnissen zu kämpfen hatte. Man weiß heute auch, daß die Sterblichkeit im ganzen Land aufgrund der Kälte von Dezember bis Mai und der Hitze von Juni bis November in den sechziger Jahren des 17. Jahrhunderts zuzunehmen begann (398—401). Wenn nach einem Temperaturanstieg um nur 1° C in der ersten Jahreshälfte in den folgenden Monaten die Werte ebenfalls um nur 1° C niedriger lagen, bedeutete das bereits, daß die zeitliche Lebenserwartung bei der Geburt um zwei Jahre zunahm. Daß damals die Menschen wie auch heute in schlechten Jahren vorwurfsvoll nach oben blickten, ist daher nur allzu verständlich, auch wenn „sich kein Einfluß des jährlichen Niederschlags auf die Sterblichkeit feststellen ließ" (398) — eine Vorstellung, die unseren Vorfahren wahrscheinlich auch fremd war. Wie hätten sie auch auf den Gedanken kommen sollen, daß ein zu heißer Sommer besonders für Kinder und Säuglinge gefährlich werden konnte, weil sich dann im Schmutz der Straßen und Häuser die Fliegen vermehrten, die die Krankheiten übertrugen?

Es dürfte trotzdem ziemlich unwahrscheinlich sein, daß 1623 im Nordwesten Englands aufgrund einer Hitzewelle noch mehr Leute zugrunde gingen. Viele Einschätzungen haben sich auf

Formulierungen im Pfarregister von Greystoke gestützt und es dürfte heute außer Zweifel stehen, daß auch den Eintragungen im Register von Wednesbury aus dem Jahre 1674 mit Vorsicht zu begegnen ist, weil dort der Tod eines Einwohners mit der mangelnden Fürsorge der öffentlichen Hand in Verbindung gebracht wird. Heute wissen wir, daß es damals keine landesweite Krise gab und es weder zu einem Rückgang der Reallöhne noch lokal zu Katastrophen kam. Das läßt den Vorfall in Wednesbury in einem anderen Licht erscheinen als ursprünglich angenommen; daß die Armenbehörde in Zeiten relativen Überflusses jemanden dermaßen vernachlässigte, macht den Tod John Russels allerdings umso außergewöhnlicher. Wie eng die Grenzen eines Krisengebietes sein konnten, zeigt sich an der Not der Bewohner des Waldgebietes von Arden in den Jahren, in denen Shakespeare dort in Stratford-upon-Avon starb. Ein aufschlußreicher Bericht über die kritische Bevölkerungsentwicklung der Jahre 1613 bis 1619 in diesem Gebiet geht den unterschiedlichen Auswirkungen des Elends auf Reiche und Arme, auf Leute mit und ohne Land nach und versucht, die dortige Not mit der für manche Historiker allgemein kritischen Lage Europas im 17. Jahrhundert in Zusammenhang zu bringen. Wir wissen heute aber, daß diese Jahre vom Standpunkt der nationalen Entwicklung der Subsistenzverhältnisse und Sterbeziffern ebenso wenig Bedeutung haben wie das Jahr 1674.[24]

Außerdem können wir nicht wirklich sicher sein, daß die Hungertoten des Registers von St. Margaret in Westminster im Sommer und Herbst des Jahres 1557 ebenso eindeutig infolge von Unterernährung starben wie die Opfer, die 1623 in Greystoke zu beklagen waren. Und das, obwohl wir wissen, daß in Westminster und in der Umgebung Londons die Sterblichkeit in den betreffenden Monaten vermutlich aufgrund schlechter Ernten in den Jahren davor bedrohlich zunahm (338−671). 1557 allerdings war die Ernte besonders gut und es gab auch Krankheiten, die mit Unterernährung nicht unbedingt etwas zu tun hatten. Obgleich die berüchtigten Leichenbeschauer Londons gewiß wußten, welche Anzeichen es dafür gab, daß jemand verhungert war, ist durchaus vorstellbar, daß sich sogar sie manchmal irrten. Selbst wenn man alle wie auch immer gearteten Hinweise auf die Lage Londons und die Aussagen John Graunts in Betracht zieht, ist eine Einschätzung der Situation in diesem Fall recht schwierig, weil wahrscheinlich in der Stadt immer einige Menschen an Hunger zugrunde gingen.[25]

Wie bereits bemerkt, können wir jedoch mit einiger Sicherheit davon ausgehen, daß 1645/46 in Colyton die Pest ausbrach. Daß uns das möglich ist, verdanken wir einer der brillantesten Untersuchungen auf dem Gebiet der Pfarregisterforschung (vgl. Fn. 20). Es gibt jedoch keinerlei Hinweise für die Annahme, daß die Pest durch eine Hungersnot ausgelöst oder verschärft wurde. Außerdem kann man nicht davon ausgehen, daß das schreckliche Elend in den vierziger Jahren des 17. Jahrhunderts eine einmalige Krise darstellte, auch wenn sich damals in England die Lage durch den Krieg und den Verlauf der Truppenbewegungen, die zu Zeiten des Ancien régime auf dem europäischen Festland einen zentralen Einfluß auf die Entwicklung der Sterblichkeit hatten, sicher in gewissem Maße zuspitzte (680—681). In den fünfziger Jahren des 16. Jahrhunderts und in den zwanziger Jahren des 18. Jahrhunderts war die Not am größten. Die Krise in den zwanziger Jahren des 17. Jahrhunderts kommt erst an dritter Stelle; das Elend in den vierziger Jahren des 16. Jahrhunderts dürfte jedoch keineswegs geringer gewesen sein. Wie aus den Unterlagen hervorgeht, erreichte aber die Sterblichkeit nicht 1623/24, sondern erst im darauffolgenden Jahr ihren Höhepunkt. Ein Zusammenhang zwischen den um 1625 und in den Jahren darauf verbreiteten Infektionskrankheiten und einer Nahrungsmittelknappheit erscheint außerdem nicht sehr wahrscheinlich. Außerdem waren von dieser darauffolgenden schlimmeren Katastrophe nachweislich nur ganz wenige der unglücklichen Gemeinden betroffen (675—676).

Schließlich — und damit sind wir auch am Ende dessen, was sich aus Preisangaben, Geburten-, Heirats- und Sterbeziffern ableiten läßt — dürfte die Not in den zwanziger Jahren des 17. Jahrhunderts im Nordwesten allem Anschein nach die für die englische Landbevölkerung letzte Subsistenzkrise mit derartigen räumlichen und zeitlichen Ausmaßen gewesen sein. In späteren Jahren waren es nicht mehr die abgelegenen und unerschlossenen Gebiete des Hochlands, wo erstmals oder wieder die Sterbeziffern plötzlich emporschnellten, sondern die Zentren des Reichtums, wo sich nicht nur alles Leben konzentrierte, sondern auch ein idealer Nährboden für Infektionskrankheiten fand, gegen die man noch lange machtlos war. Seltener und seltener scheint es hingegen zu Hungersnöten und Krisen infolge von Unterernährung gekommen zu sein (688—689).

Höher gelegene und von den Marktstädten entferntere Dörfer waren daher dann im allgemeinen weniger von Sterblichkeitskrisen betroffen. Nach dem frühen 17. Jahrhundert kam es überhaupt immer seltener zu derartigen Ereignissen und auch die durch Krisen bedingten Todesfälle gingen entsprechend zurück. In der Zeit vor der Krise von Greystoke hatte England zwei Gesichter: die abgelegenen Hügel- und Weidelandgebiete der vom Erfolg ihrer Ernte abhängigen Dorfgemeinden und die immer wieder von katastrophalen Seuchen heimgesuchten Ackerlandregionen mit entwickelten Verkehrsstrukturen und einer einheitlichen Wirtschaft (677—678).[26] Wir wissen heute, daß die Verhältnisse in keinem der beiden Räume ganz denen der Beauvaisis glichen. Zu klären bleibt, warum jene uns verlorene Welt bereits etwa fünf Generationen vor der Industrialisierung nicht mehr von Vorfällen der genannten Art heimgesucht wurde.

Wir wollen einen anderen Pfarregisterauszug heranziehen, dessen Formulierungen sehr an die erinnern, die wir bereits zitiert haben.

Es handelt sich um den Ort Brewood in Staffordshire.

5. März 1618: Ein armer Mann, im Elend gestorben.
30. September 1618: Yevan, ein armer Bettelbub.
23. März 1619: Margaret, ein armes Bettelkind, im Elend gestorben.
11. August 1621: Edward Smith, ein armes Kind, am Kirchenportal gestorben.
22. Mai 1623: Ein armes Kind, am Kirchenportal gestorben.
19. Oktober 1623: Ein armer Mann, Name unbekannt, gestorben in der Scheune von Thomas Johnson.
27. September 1624: Ein armer Bettelbub, Name unbekannt, gestorben in Sommerford.
26. Juni 1625: Thomas Pooler, ein armes Landstreicherkind.
26. September 1625: Ein armer Landstreicher.
23. Oktober 1625: Eine arme Landstreicherin.
23. November 1625: Ein armer Landstreicher unbekannten Namens.

Vergleicht man diesen Auszug mit den Eintragungen im Register von Greystoke, fällt vor allem auf, wie viele der Verstorbenen von zu Hause weg- und auf Wanderschaft gegangen waren und ihrer Heimat den Rücken gekehrt hatten, um auf der Landstraße ihr Glück zu suchen. Oft fanden sie dann schließlich im Kirchenportal Zuflucht, wo man früher nicht nur Trauungen vollzog und unerwünschte Kinder aussetzte, sondern sich meist auch die Armenaufseher der Pfarre trafen, die in vielen Fällen auch das Amt des Kirchenvorstehers innehatten. Reverend David Davies, der Pfarrer von Barkham in Berkshire, aus dessen

1795 erschienenem Werk mit dem Titel *Case of the Labourers* wir bereits jene Stelle zitiert haben, wo er auf die Beziehung arbeitender Väter zu ihren Kindern zu sprechen kommt, ist in diesem Punkt folgender Auffassung: „Es liegt auf der Hand, daß unseren Grundsätzen zufolge alle Einwohner einer Pfarre eine große Familie bilden und die vermögenderen und besser gestellten jenen Arbeit geben und helfen, die sich ihr Brot verdienen müssen und nicht so wohlhabend sind."

Die Armenfürsorge war also nicht nur gesetzlich verankert, sondern auch ausdrücklich Pflicht jedes Christen. Sich um die Armen zu kümmern, hieß dafür zu sorgen, daß alle Einwohner des Dorfes ihr Auskommen hatten: Es oblag dem Armenaufseher, bei jenen Geld zu sammeln, die es entbehren konnten, und es den Bedürftigen zukommen zu lassen, die ohne Unterstützung Not litten oder sogar zugrunde zu gehen drohten. Manchmal und in manchen Pfarren bezeichnete man über die Gemeindearmensteuer aufgebrachte Gelder als Almosen und die Menschen, denen sie zugutekamen, als Almosenempfänger. Die Pflicht zur Gewährleistung des Lebensunterhalts der Armen war also viel älter als das berühmte elisabethanische Armengesetz aus dem Jahre 1601, daß die Aufgaben der Armenaufseher kodifizierte. Für uns, die wir heute in ganz anderen Verhältnissen leben, klingt dieses Gesetz ebenso hart wie die späteren Verfügungen gegen Landstreicher, die darauf abzielten, mittellose Zuwanderer von der Pfarre fernzuhalten, um durch ihre Anwesenheit die verfügbaren Mittel nicht noch zusätzlich zu belasten. So schwer wir uns mit solchen Verordnungen anfreunden können, den Dorfbewohnern fiel es sicher noch schwerer, einem Beamten aus den eigenen Reihen zu verzeihen, der seinen Fürsorgepflichten nicht entsprechend nachkam oder es verabsäumte, skrupellose Geschäftemacher daran zu hindern, aus der Not der Betroffenen Profit zu schlagen.

Versorgungsschwierigkeiten waren keine Entschuldigung: Wenn das Getreide knapp wurde, war es Pflicht der staatlichen Behörden, Vorräte einzukaufen, und Aufgabe der zuständigen Stellen auf lokaler Ebene, diese zu verteilen. Die Menschen scheinen der Auffassung gewesen zu sein, daß alle genug zu essen haben könnten, wenn man die verfügbaren Vorräte gerecht verteilte und jeder die zum Erwerb seines Anteils notwendigen Mittel zugesichert bekam. Auf diese Sicherheit hatten die Menschen der sozialen Ordnung jener Zeit ebenso Anspruch wie die Bürger des sogenannten Wohlfahrtsstaates von heute auf die

Fürsorge der öffentlichen Hand. Und wenn es wegen Brot und Getreide zu Unruhen kam, die fast immer dadurch entstanden, daß Vorräte beschlagnahmt worden waren und zu einem für die Armen unerschwinglichen Preis verkauft werden sollten, taten die Frauen und Männer nichts anderes, als für dieses Recht einzutreten. Daß es sich dabei um ein Naturrecht handelte, erkannten im allgemeinen sogar die Behörden an. Wenn eine Hungersnot drohte, waren sie es ja, die anordneten, den Bedürftigen das Getreide billiger zu verkaufen.

Es ist sicher nicht schwer, sich darüber lustig zu machen, wenn Menschen daran glauben, daß Nahrungsmittelvorräte nie zu Ende gehen können und Preise immer einer Kontrolle unterliegen müssen. Gewiß versäumten auch im 18. Jahrhundert gewisse angesehene Bürger, die selber ein sicheres Leben führten, keine Gelegenheit, um aus der Not Kaptital zu schlagen. Man sollte jedoch nicht vergessen, daß die Versorgung der englischen Bevölkerung aufgrund gezielter politischer Maßnahmen, die dafür sorgten, daß jeder bekam, was er brauchte, nie besser gewesen sein soll als in den Jahren 1940 bis 1946, da die Vorräte der Einwohner immer weniger wurden und zur Neige zu gehen drohten.

In seiner Kritik des Vorgehens der indischen Regierung bei der Hungersnot in Bengalen im Jahre 1943 behauptet Amartya Sen, daß es falsch war, sich ständig auf Preis-, Versorgungs- und Transportfragen zu konzentrieren und den enormen Verlust effektiver Kaufkraft außer acht zu lassen, von dem die Arbeiter und Handwerker des Gebietes damals betroffen waren. Sen weist darauf hin, daß sich diese in extremer Armut lebenden Menschen den Reis, den sie brauchten, unter anderem deshalb nicht kaufen konnten, weil die in der Kriegsindustrie beschäftigten Leute so gut verdienten, daß sie in der Lage waren, sich so viel davon zu verschaffen, wie sie nur wollten. Auch die bedauerlichen Vorgänge in Pakistan und in der Sahelzone in den siebziger Jahren sind auf ein politisches Versagen zurückzuführen — da wie dort war eine falsche Verteilung der Kaufkraft für das Elend verantwortlich.

Es gibt also eine Reihe von Hinweisen darauf, daß die englischen Behörden der Welt von einst den Bereich der Getreideversorgung, die Nahrungsmittelpreise und die verschiedenen Marktspekulationen sehr genau im Auge behielten. Sowohl in der Stadt als auch auf dem Lande gab es Vorratslager, um den Bedürftigen im Notfall helfen zu können. Bis ins 18. Jahrhundert begegnet man in den Unterlagen immer wieder Händlern, die bestraft wurden, weil sie vor Öffnen des Markts Getreide aufgekauft hatten, um es anderswo mit größerem Gewinn wieder loszuschlagen. Man dürfte nicht nur selbst in den kleinsten Dörfern über die in den Speichern gelagerten Weizen-, Gerste-, Hafer- und Roggenvorräte genauestens Buch geführt, sondern in Zeiten drohender Hungersnot auch die zu erwartenden Ausfälle berechnet haben.[28] Die damaligen Vorkehrungen gingen also viel weiter als die Sen zufolge wirkungslosen politischen Maßnahmen in Bengalen.

Wir haben bereits oben gesehen, daß die zuständigen Behörden häufig zu Einkommensumverteilungsmaßnahmen schritten und dieser Posten einen nicht unbeträchtlichen Teil der Reichtümer und Einrichtungen der Nation in Anspruch genommen haben dürfte. Da es in England nur in manchen Gemeinden und relativ selten dazu kam, daß Menschen Hunger leiden mußten, und in den betreffenden Unterlagen von Hungertoten so gut wie nicht die Rede ist, kann man davon ausgehen, daß es den Behörden auch fast immer gelang, dem Anspruch der Armen gerecht zu werden. Wenn sie in einzelnen Fällen versagten, konnte das einem Menschen wie John Russel aus Wednesbury das Leben kosten. Handelte es sich um unzureichende politische Maßnahmen oder zu schwerwiegende Probleme, kam es in Gebieten wie dem nordwestlichen Teil des Landes zu Situationen wie in den Jahren 1586/87, 1596/97 und 1623/24. Spitzte sich die Lage zu, war das, wenn nicht überhaupt eher, so doch zumindest ebenso auf administrative und politische Fehler zurückzuführen wie auf unvermeidliche Wetterverhältnisse, Kriegsfolgen oder sich der politischen Kontrolle entziehende ökonomische Wechselfälle.

Mit der Erschließung weiterer Ressourcen, vermehrter wirtschaftlicher Zusammenarbeit und besseren Verkehrsverbindungen fand die Not der englischen Bauern ein Ende. Es gelang allerdings nur, Versorgungskrisen aus der Welt zu schaffen, weil man zu wirksameren Formen fand, den Menschen ihr Teil an den günstigeren Bedingungen auch zukommen zu lassen. Wir wollen dieses Kapitel über Hunger und Krankheit in der Welt unserer Vorfahren mit einer Passage aus der im Jahre 1965 veröffentlichten Erstausgabe dieser Arbeit beschließen:

Warum wissen wir so gut über den Aufstieg des britischen Weltreichs, die Entwicklung des Parlaments und seiner Verfahrensweisen und das öffentliche wie private Leben von englischen Königen, Staatsmännern, Generälen, Schriftstellern und Denkern Bescheid und sind andererseits nicht in der Lage anzugeben, ob alle unsere Vorfahren genug zu essen hatten? Wir verfügen heute wirklich über erstaunliche und immer umfangreichere genealogische Kenntnisse hinsichtlich der Verwandtschaftsverhältnisse zwischen den entferntesten Nachkommen englischer Siedler in Übersee und ihren Vorfahren der Alten Welt. Warum ist aber so gut wie nichts geschehen, um herauszufinden, wie lange die Bewohner der vorindustriellen Welt Englands lebten, und festzustellen, ob überhaupt die meisten daran denken konnten, Kinder in die Welt zu setzen? Nicht nur, daß wir außerstande sind, diese Frage zu beantworten – wir haben sie uns bis heute nicht einmal gestellt.

Keiner der Vorwürfe ist heute in dieser Form noch angebracht; manche, wie etwa der hinsichtlich der Lebenserwartung unserer Vorfahren, haben sich inzwischen vollständig erübrigt. Es dürfte jedoch noch immer notwendig sein, darauf zu verweisen, daß sich die Historiker der achtziger Jahre mehr für die Unruhen interessieren, die manchmal ausbrachen, wenn die Lebensmittelversorgung bedroht war, und weniger herauszufinden trachten, inwiefern denn eine solche Gefahr die Menschen, die sich zur Wehr setzten, in ihrer Existenz in Frage stellte. Auch wenn wir heute noch in den Anfängen sind – hat man einmal begonnen, sich so mit den Verhältnissen auseinanderzusetzen, begreift man nach und nach, welche Zusammenhänge sich dadurch nicht nur für die vorindustrielle Zeit erschließen.

KAPITEL 7

Individuelle Moral und gesellschaftliche Kontinuität
Zur Frage unehelicher Kinder und zur Geschichte sexuell abweichenden Verhaltens in England

Wenn wir der Welt von damals auch recht sentimental gegenüberstehen, glauben wir doch gerne daran, daß unsere Vorfahren im allgemeinen schlechte Menschen waren und zumindest ihren eigenen moralischen Maßstäben nicht entsprachen. Was uneheliche Geburten angeht, heißt es manchmal, daß damals besonders die Menschen auf dem Land mehr uneheliche Kinder in die Welt setzten als heute und diesbezüglich viel nachsichtiger waren. Man nimmt auch weithin an, daß ein tüchtiger Bauer oder Handwerker jener Zeit, für den starke und der schweren Arbeit gewachsene Nachkommen eine materielle Stütze darstellten, nie ein Mädchen heiratete, ohne sich praktisch davon zu überzeugen, daß sie Kinder zur Welt bringen konnte – erwies sich eine Frau als unfruchtbar, kam es nicht zur Heirat, und das arme Mädchen war für den Rest ihres Lebens gebrandmarkt.

Dieser Verdacht der Welt unserer Vorfahren gegenüber hat vermutlich recht komplexe Ursprünge. Aufgrund der plötzlichen und massiven Landflucht der jüngsten Vergangenheit war es vielleicht nur natürlich, auf den Gedanken zu kommen, daß alle, die nicht in die Stadt zogen, von ihren Fähigkeiten, ihrer Intelligenz und daher wahrscheinlich auch von ihrer moralischen Verfassung her unterlegen sind. Verschiedene Darstellungen der heutigen Verhältnisse in ländlichen Gemeinden könnten dieser verständnislosen Haltung vielleicht in gewisser Hinsicht als Rechtfertigung gedient haben.[1] Außerdem hat man nachgewiesen, daß man in Dorfgemeinden viel eher mit unehelichen Kindern zu rechnen hat als in den Städten.

In den fünfziger Jahren ging ein französischer Wissenschaftler sogar so weit, die Krisen, die uns im letzten Kapitel beschäftigten, als Epochen moralischen Verfalls darzustellen. Er behauptete, daß sich die Bauern bis zu einem bestimmten Punkt vom strengen Gebot sexueller Enthaltsamkeit außerhalb der Ehe befreit hätten, das der Kirche und der öffentlichen Meinung zufolge damals für jeden immer und überall galt – daher so erschreckend viele Kinder ohne Überlebenschancen, daher auch Kindesmord und plötzlich mehr nicht in das Familiensystem integrierte Nachkommen.[2]

Heute ist es nicht mehr ganz so einfach, die Landbevölkerung als zurückgeblieben und — wie das der Marxismus in seinen Anfängen getan hat — borniert abzutun. Erstens haben besser gestellte Geschäftsleute, Kopfarbeiter und vor allem Pensionisten begonnen, wieder aufs Land zu ziehen, was zumindest in manchen Gebieten dazu geführt hat, den Dörfern eine gewisse bürgerliche Atmosphäre zu geben. Besonders bei jenen, die sich mit dieser Frage theoretisch auseinandersetzen, und bei der Jugend, deren Zeugungsverhalten sich sehr verändert hat, dürfte außerdem der Moralismus in Bereichen wie dem unehelicher Kinder nun doch schließlich nachzulassen begonnen haben. Mit der Veröffentlichung des ersten Versuchs einer vergleichenden Geschichte der Entwicklungen im Bereich unehelicher Geburten und der Formen abweichenden Sexualverhaltens im Jahr 1980* stand fest, daß sich in den christlichen Gesellschaften der westlichen Welt nie wirklich allgemein verbindliche Normen durchsetzten. Das gilt vor allem für Arbeiter und ganz besonders für England. Wenn es sich auch um die offiziellen Maßstäbe der herrschenden Elite und später der Mittelklasse handelte, hielten sich sicher nicht einmal die Angehörigen dieser Schichten immer streng an ihre Normen. „Wie die Menschen wirklich lebten, deckt sich nie und nirgends ganz mit den Grundsätzen des christlichen Glaubens" (XIV).

Außerdem ist man heute immer weniger davon überzeugt, daß das berühmte *Legitimitätsprinzip* als „allgemeines soziologisches Gesetz" anzusehen sei, wie Malinowski, der wohl bekannteste Anthropologe seiner Zeit, in den dreißiger Jahren des 20. Jahrhunderts behauptete. Um den Fortbestand der Gesellschaft zu sichern, dürfte es im damaligen England nicht notwendig gewesen sein, daß jedes Kind einen Vater und damit einen reifen männlichen Beschützer hatte (5). Die Zahl unehelicher Kinder erreichte in England kaum je ein Ausmaß, das die Kontinuität des Gesellschaftssystems bedroht hätte. Aus den zur Ver-

---

* *Bastardy and its Comparative History: Studies in the History of Illegitimacy and Sexual Nonconformism in Britain, France, Germany, Sweden, North America, Jamaica and Japan,* ed. by Peter Laslett, Karla Oosterveen and Richard M. Smith, Cambridge 1980. Die in Klammern gesetzten Angaben im folgenden beziehen sich auf die entsprechenden Seiten in diesem Buch.

fügung stehenden Unterlagen läßt sich ersehen, daß weder rasche Verstädterung noch Industrialisierung mit der Zeugung unehelicher Kinder in einem notwendigen Zusammenhang stehen. Daher ist zu bezweifeln, ob Vorgänge dieser Art immer das Malinowskische Prinzip außer Kraft setzten oder gar die Geburtenkontrolle in Frage stellten. Infolgedessen ist die Rate unehelicher Geburten wohl kaum mehr als Indikator für Einbrüche im gesellschaftlichen Gefüge anzusehen, die man in großen Städten oft für unvermeidlich hält, wenn die überkommenen Strukturen ihre unumschränkte Gültigkeit verlieren.

In Paris gab es immer mehr uneheliche Kinder als sonstwo in Frankreich. In London hingegen war der Anteil bis ins zweite Jahrzehnt unseres Jahrhunderts einer der niedrigsten in ganz England (63—64). Wie wir sehen werden, gehört unter anderem deshalb die Frage des Einflusses lokaler Gegebenheiten auf die Rate unehelicher Geburten zu den interessantesten Themen. Die lange Zeit hindurch anerkannte These, daß sexuell abweichendes Verhalten sowohl ein Symptom gesellschaftlicher Diskontinuität als auch ein Zeichen persönlicher Unverantwortlichkeit ist, hat man inzwischen weiter in Zweifel gezogen. Es gibt nämlich verschiedene Momente, die die Vermutung nahelegen, daß es in der englischen Gesellschaft Gruppen gab, die sich in Sachen Heirat und Fortpflanzung an ganz andere Regeln hielten als an jene Vorschriften, die von den angesehenen Menschen als verbindlich vorgeschrieben und von der Mehrheit der Bevölkerung befolgt wurden. Die Angehörigen dieser Gruppen, die man vorläufig als zur Illegitimität neigende Subgemeinschaften bezeichnet hat, scheinen in allen Fällen miteinander verwandt gewesen zu sein. Wenn sich die uns zur Verfügung stehenden Angaben auch meist auf Namen und Daten in Pfarregisterunterlagen beschränken, dürfte doch für uns als weiteres Wesensmerkmal feststehen, daß diese Menschen jeweils meist mehr als ein uneheliches Kind hatten und die Zahl ihrer unehelichen Nachkommen entsprechend zunahm, wenn uneheliche Fruchtbarkeit und Gesamtfruchtbarkeit anstiegen. Weder ihr Verhalten noch sonstige Umstände verweisen auf eine Verbindung zwischen Höchstwerten bei unehelichen Geburten und Subsistenzkrisen. Auf jeden Fall darf man in diesem Zusammenhang nie aus dem Auge verlieren, daß im Vergleich mit Island, Österreich, Portugal und sogar Schottland uneheliche Geburten in England im großen und ganzen eher ungewöhnlich waren (217—246, 40—48).

Was die Zeugung von Kindern und die Gründung von Familien betrifft, dürften die Bauern und Handwerker der Tudor- und Stuartzeit im allgemeinen vorsichtig gewesen sein. Es läßt sich nicht nachweisen, daß es in der Welt unserer Vorfahren üblich war, die Fruchtbarkeit einer Frau auf die Probe zu stellen, bevor man sich zur Heirat entschloß. Grundsätzlich einmal gab es einen viel zu hohen Anteil überhaupt kinderloser Ehen. Alle im Zusammenhang mit dem späten Heiratsalter jener Zeit angeführten Momente und die mit dem Entschluß zur Gründung jedes neuen Haushalts verbundenen Umstände scheinen vorauszusetzen, daß sich damals die Menschen sehr wohl der engen Grenzen der vorhandenen Ressourcen an Lebensmitteln und materiellen Annehmlichkeiten bewußt waren, auch wenn sie in der Regel nicht mit einer Hungersnot zu rechnen hatten. Daß Witwer und Witwen ausgesprochen erfolgreich waren, wenn es darum ging, einen neuen Partner zu finden, ist als weiterer Hinweis darauf anzusehen, daß man um die äußerst prekäre Lage wußte, in der sich ein Kind befand, wenn ihm die Unterstützung des Vaters bzw. die Fürsorge der Mutter fehlte.

Die sexuellen Verhaltensnormen wurden den Menschen von der Staatskirche mehr oder weniger aufgezwungen. Die Kirche hatte eigene Gerichte, ihre Exekutivbeamten, sogenannte Ratsdiener *(apparitors)* und erniedrigende Strafen, die in aller Öffentlichkeit zu verbüßen waren. Jeder, der außereheliche Geschlechtsbeziehungen einging oder auch nur in Verdacht geriet, lief — gleichgültig, ob die Frau schwanger wurde oder nicht — Gefahr, vor das erzbischöfliche Gericht zitiert zu werden, das in der Hierarchie der kirchlichen Behörden an unterster Stelle stand. Neben einer Geldstrafe drohte eine Buße auf dem Marktplatz oder beim Gottesdienst in der Kirche. Obgleich allgemeines Einverständnis darüber bestanden zu haben scheint, daß es nicht so weit kam, wenn die beiden einander versprochen waren, war es niemandem erlaubt, ein sexuell freies Leben zu führen. Wenn jemand in den Geruch der Zügellosigkeit kam, eines sexuellen Fehltritts verdächtigt wurde und der Ladung nicht nachkam oder die Strafe nicht annahm, wurde er exkommuniziert. Damit war er von den wichtigsten sozialen Aktivitäten ausgeschlossen und in der Gemeinde isoliert. Menschen mit unehelichen Kindern müssen gewissermaßen am Rande der Gesellschaft gelebt haben.

Daß sich das erzbischöfliche Gericht mit sexuellen Fehltritten befaßte, war so bekannt, daß man es im Volksmund „Puffgericht" nannte. Seine Funktion, die auch eine Reihe anderer Aufgabenbereiche umfaßte, ging bis auf das Mittelalter zurück. Es war aber nicht nur die Kirche, die über das sexuelle Verhalten und Eheleben unserer Vorfahren wachte. Mit wirklich schwerwiegenden Vergehen – vor allem mit jenen, die den Frieden zu stören oder die Gemeinde finanziell zu belasten drohten – befaßten sich die Friedensrichter. „Schrecklich in den Mund zu nehmende Dinge" wie Homosexualität und Unzucht mit Tieren waren Sache der oberen Gerichtsbehörden, weil es sich um Kapitalverbrechen handelte, die mit dem Tod bestraft werden konnten.

Die furchtbare Strafe und der Wunsch, nicht zur Kenntnis zu nehmen, daß derartige Ungeheuerlichkeiten überhaupt vorkommen konnten, dürften jedoch allem Anschein nach dazu geführt haben, daß es nur ganz selten zu gerichtlichen Verfolgungen kam und man sogar eine gewisse Toleranz walten ließ. Feststeht, daß es im 18. Jahrhundert in London einen Kreis von Sodomiten gab, der sich im wesentlichen aus männlichen Prostituierten und deren Kunden zusammensetzte. Aufgedeckt wurde dieser Kreis durch die eifrige Ahndungstätigkeit der *Societies for the Reformation of Manners,* jener Vereine also, die es sich zur Aufgabe gemacht hatten, lockere Sitten zu bekämpfen. Es überrascht, wie sehr dieser Kreis von Personen ähnlichen Gruppierungen von heute gleicht. Wir haben jedoch keinen Grund zu der Annahme, daß es homosexuelle Beziehungen, ob nun zwischen Männern oder Frauen, in gewerblich organisierter Form oder sonstwie, nur in London und nicht auch auf dem Lande gab, wo die Mehrheit der Bevölkerung lebte. Man weiß, daß im Lauf des 18. und frühen 19. Jahrhunderts vor allem bei der Königlichen Marine, aber auch bei anderen Einheiten der Streitkräfte eine recht beträchtliche Zahl von Männern wegen Unzucht vor ein Kriegsgericht kam und der Anteil der deswegen zum Tode Verurteilten erstaunlich hoch war.

Die von den Friedensrichtern zu Rate gezogenen Gesetzbücher belegen, daß durchaus mit der Möglichkeit von Unzuchtverbrechen gerechnet wurde. Unter Unzucht fielen alle Verstöße „gegen die Ordnung der Natur, die von Männern mit Männern oder Tieren oder von Frauen aus eigenem Willen mit Tieren begangen werden". Daß man über lesbische Beziehungen hinweggesehen haben dürfte, wie dieser Bestimmung zufolge zu vermuten ist, wird durch verschiedene andere Äußerungen zu dieser Frage bestätigt. Man ging aber offensichtlich davon aus, daß

Frauen von Tieren vergewaltigt werden konnten. Wie die zitierte Passage nahelegt, dürfte im christlichen Abendland die Abscheu vor Abweichungen im sexuellen Bereich stärker gewesen sein als anderswo. Zweifellos glaubte man, daß durch Sodomie Ungeheuer gezeugt werden könnten. In der tiefen Sorge um die möglichen Konsequenzen einer Verbindung der Erbanlagen von Tier und Mensch durch die moderne Gentechnologie klingt diese Angst unserer Vorfahren vielleicht in gewisser Weise nach. Wenn der der Schandtat überführte Mensch hingerichtet wurde, tötete man auch die Kuh, das Schaf oder das Schwein, mit dem die Untat begangen worden war.[3]

Führt man sich vor Augen, was heute geschieht, muß man annehmen, daß damals vor allem im Bereich der Homosexualität nur ein sehr kleiner Teil der Vorkommnisse je den Behörden zur Kenntnis gebracht wurde. Diese hätten sonst die so zahlreichen Fälle gar nicht in den Griff bekommen können. Gewiß gelang es einer Reihe von Leuten, sich über die kirchlichen Rechtsinstanzen einfach hinwegzusetzen und, falls sie schon das Pech hatten, des Vergehens überführt zu werden, die Strafe mit einem Achselzucken abzutun. Feststeht, daß es zu allen Zeiten immer wieder zu Meldungen, Vorladungen und Verurteilungen kam. In seinem Haus Unzucht zu dulden, verbot sich ebenso wie die Geburt eines unehelichen Kindes in den eigenen vier Wänden; man lief sogar Gefahr, belangt zu werden, wenn man jemanden beschäftigte, der exkommuniziert worden war. Wer im Dorf einmal verrufen war, tat gut daran, sich nicht auf das Schweigen seiner Nachbarn zu verlassen.

Man behielt nämlich die Leute im Auge, deren Verhalten Anstand und Ordnung zu gefährden drohte. Insofern taten auch die Gerichte nichts anderes, als auf der Einhaltung jener Normen zu bestehen, die man allgemein für richtig hielt. Jenseits dessen, was man an Beziehungen zwischen zukünftigen Eheleuten tolerierte, wo man — wie jeder wußte — schon ein Auge zudrücken mußte, war man sexuellen Abweichungen gegenüber sicherlich negativ eingestellt. Den Leuten aus dem Volk erschienen solche Verhältnisse als Störung des Friedens. Man braucht dazu nur die Aussagen der von den Kirchengerichten vorgeladenen Zeugen zu lesen. Keith Thomas behauptet sogar, daß das vom Parlament Cromwells im Jahre 1650 erlassene Gesetz, demzufolge Inzest und Ehebruch als schwere Verbrechen zu ahnden und wie Unzucht mit dem Tod zu bestrafen waren, weniger als Ausdruck puritanischer Bevormundung in geschlechtlichen Dingen zu verstehen ist, sondern vielmehr ein allgemeines Bedürfnis der Gesellschaft verrät, vor Handlungen dieser Art in Schutz genommen zu werden. Allerdings blieb das Gesetz wirkungslos und erlosch mit der Restauration im Jahr 1660.[4]

Für manche Vorstellungen über weniger dunkle Bereiche des Geschlechtslebens der Menschen jener Zeit lassen sich freilich kaum Belege finden. Die Pfarregisterunterlagen enthalten keinen Hinweis darauf, daß sich die Bauern der elisabethanischen Zeit im lauen Juni hinter den Hecken und im Heu vergnügten, wie das Shakespeares *Sommernachtstraum* nahelegt. Wäre dem so gewesen, müßte sich das an der Entwicklung der Geburtenziffern ablesen lassen — was aber nicht der Fall ist. Sogar die hitzigen Wochen im Frühsommer des Jahres 1660, als die puritanische Ordnung zerbrach und Karl II. seine lockere Herrschaft antrat, hinterließen neun Monate später in den Taufbüchern keine deutlichen Spuren, weder was eheliche noch was uneheliche Kinder betrifft.[5] Sieht man von einem vorläufigen und geringfügigen Anstieg bei den immer niedrigen Zahlen unehelicher adeliger Kinder ab, läßt sich in den demographischen Quellen kein wie auch immer gearteter Hinweis auf eine Veränderung des Sexualverhaltens finden, die man erwartet, wenn man von der herkömmlichen Vorstellung ausgeht, derzufolge die Jahre der Restauration eine Zeit der Freizügigkeit und Ausschweifung waren.

Die in Tabelle 13 zusammengestellten Werte zur Entwicklung des Anteils unehelicher Geburten in England von der Mitte des 16. Jahrhunderts bis zur Mitte des 19. Jahrhunderts lassen das sofort erkennen. Es wurden alle in den Pfarregistern mit dem Vermerk *unehelich* versehenen Geburten bzw. Taufen berücksichtigt.

Ein geübtes Auge erkennt sofort, daß sich der Rhythmus dieser Werte mit jenem deckt, den wir bei der Analyse der Geburten-, Heirats- und Sterbeziffern feststellen konnten. Setzt man die Werte für den Anteil der unehelich Geborenen mit jenen für die rohe Reproduktionsziffer (vgl. Tabelle 10) graphisch miteinander ins Verhältnis, ist das Ergebnis wirklich erstaunlich. Abbildung 1 zeigt, daß sich die Entwicklung im Bereich der unehelichen Geburten fast genau mit der der allgemeinen Fruchtbarkeit deckt: hoch, aber fallend in der späten Tudorzeit, dann abnehmend, auffällig niedrige Sätze zur Zeit der puritanischen Herrschaft um die Jahrhundertmitte und steigende Werte im Laufe des folgenden Jahrhunderts, die aber bis 1750 nie an die

Sätze der elisabethanischen Zeit herankommen; dann in beiden Fällen ein neuerlicher Höhepunkt; nach vorübergend sinkenden Werten anhaltende Maxima in der frühviktorianischen Zeit, die aber in der Abbildung nicht mehr wiedergegeben sind. Unter diesen Umständen kann man nur auf einen Zusammenhang zwischen unehelichen Geburten und allgemeiner Fruchtbarkeit schließen.

Tabelle 13:
Anteil der unehelich Geborenen
England, 1540—1849 (%)

1540—4	(4,4)	1700—4	1,8
1545—9	(3,0)	1705—9	1,8
1550—4	(2,4)	1710—14	2,0
1555—9	(1,9)	1715—19	2,2
1560—4	(2,0)	1720—4	2,1
1565—9	(1,3)	1725—9	2,4
1570—4	1,9	1730—4	2,7
1575—9	2,5	1735—9	2,7
1580—4	2,8	1740—4	2,9
1585—9	2,9	1745—9	2,8
1590—4	3,1	1750—4	3,1
1595—9	3,1	1755—9	3,5
1600—4	3,4	1760—4	4,0
1605—9	3,0	1765—9	4,3
1610—14	2,8	1770—4	4,3
1615—19	2,5	1775—9	4,6
1620—4	2,5	1780—4	4,9
1625—9	2,6	1785—9	5,1
1630—4	2,2	1790—4	5,1
1635—9	2,0	1795—9	5,0
1640—4	1,8	1800—4	5,3
1645—9	1,5	1805—9	5,3
1650—4	1,0	1810—14	5,0
1655—9	0,9	1815—19	4,6
1660—4	1,5	1820—4	5,4
1665—9	1,4	1825—9	4,6
1670—4	1,4	1830—4	4,2
1675—9	1,2	1835—9	(5,8)
1680—4	1,5	1840—4	—
1685—9	1,5	(1842	8,0)
1690—4	1,6	1845—9	6,7
1695—9	2,0		

Quelle: *Bastardy and its Comparative History*, Tabellen 1.1a — 1.1c; die Stichprobe umfaßt 98 Pfarren. Klammern verweisen auf die Unzuverlässigkeit der betreffenden Werte, die daher rührt, daß uns nur Unterlagen aus zu wenigen Pfarren zur Verfügung stehen.

Bei den unehelich Geborenen verlief die Entwicklung freilich etwas ruhiger und weist im Vergleich zur Fruchtbarkeit insgesamt weniger abrupte Veränderungen auf. Führt man sich diese beiden einander kreuzenden Graphen vor Augen und bedenkt, welchen Zeitraum sie abdecken, kann man nur schwer annehmen, daß in England je so etwas wie eine sexuelle Revolution stattgefunden hat. Die kürzere Zeiträume umfassenden und oft weniger verläßlichen Wertereihen für den Anteil der unehelich Geborenen in anderen europäischen Ländern hat man oft im Sinne einer solchen Revolution gedeutet. In manchen Fällen trifft man gegen Ende des 18. Jahrhunderts in den bewegten Anfängen der politischen Umwälzung Frankreichs und Europas überhaupt auf weit plötzlicher und stärker ansteigende Sätze (26—29). Ehe wir jedoch daraus den Schluß ziehen, daß England damals nicht nur seine Verfassung behielt, sondern auch einer plötzlichen Zerrüttung der durch die Institution der Ehe gesetzten Verhältnisse entging, ist daran zu erinnern, daß sowohl die Vorstellung als auch das tatsächliche Stattfinden einer Revolutionierung der geschlechtlichen Beziehungen zum Gegenstand heftiger Auseinandersetzungen geworden sind.[6] Die wirklich interessante Besonderheit der Entwicklung in England liegt ganz woanders.

Abbildung 1: Verhältnis zwischen groben Reproduktionsziffern und Anteil der unehelich Geborenen, England, 1541—1838
(Quelle: *Local Population Studies,* Frühjahr 1980, Nr. 24)

Im frühen 17. Jahrhundert läßt sich bei niedrigeren Werten für den Anteil unehelich Geborener bei Männern und Frauen ein Anstieg des Heiratsalters und ein Rückgang des Anteils der Verheirateten beobachten. Als gegen Ende des 18. Jahrhunderts hingegen insgesamt weniger Menschen in jüngeren Jahren heirateten, stieg der Anteil der unehelich geborenen Kinder an.

Wenn Hochzeiten aufgeschoben bzw. fallengelassen wurden, gab es also weniger und nicht, wie man erwarten sollte, mehr uneheliche Kinder als in Jahren, wo dem nicht so war.

Für voreheliche Schwangerschaften gilt das ebenso. Eine Analyse der Pfarregister läßt erkennen, wie sich die Werte für den Anteil der Frauen entwickelten, die in weniger als neun Monaten nach der Hochzeit ein Kind zur Welt brachten. Abbildung 2 zeichnet die Tendenzen in drei Bereichen nach: Wie verhalten sich die Werte für das Heiratsalter bei Frauen und bei Männern, für den Anteil der unehelich Geborenen und für den der vorehelichen Schwangerschaften in sechzehn englischen Pfarren, bei denen eine Familienrekonstitution durchgeführt wurde? So schematisch diese Abbildung auch sein mag, es läßt sich deutlich erkennen, daß die Werte für uneheliche Geburten und voreheliche Schwangerschaften sich einerseits zueinander ähnlich verhalten und andererseits im Verhältnis zur Entwicklung des Heiratsalters und des Anteils der Verheirateten gegenläufige Tendenzen aufweisen (19—24).

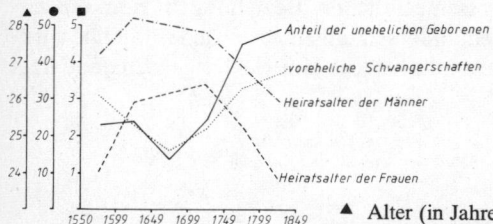

▲ Alter (in Jahren)
● voreheliche Schwangerschaften (%)
■ Anteil der unehelich Geborenen

Abbildung 2: Heiratsalter bei englischen Männern und Frauen: Anteil unehelich Geborener und vorehelicher Schwangerschaften nach Fünfzig-Jahres-Zeiträumen, 1550—1845
(Quelle: *Bastardy and its Comparative History,* Tabellen 1—3; auf Grundlage von Werten für 17 Pfarren.)

Wie immer sich auch die geschlechtlichen Beziehungen im allgemeinen gestaltet haben mögen, liegt also auf der Hand, daß rückläufige Heiratsziffern nicht mit einer stärkeren Neigung zu sexuellen Abenteuern einhergingen, die eine Schwangerschaft zur Folge gehabt hätten. Hier waren ebenso strenge wie wirksame soziale Kontrollmechanismen am Werk, denen es, wenn auch auf vollkommen unerwartete Weise, gelang, die Kontinuität des gesellschaftlichen Gefüges moralisch abzusichern. Dies überrascht allerdings keineswegs, wenn man, wie Wrigley wiederholt gefordert hat, überdenkt, daß eine Instanz mit der Eigenschaft, Menschen davon abzuhalten, überhaupt zu heiraten, auch stark genug sein muß, um zu verhindern, daß außereheliche Kinder gezeugt werden. Daß in England in der ersten Hälfte des 17. Jahrhunderts, als der puritanische Geist an Einfluß gewann, der Anteil unehelich Geborener zurückging, bis er zur Zeit der unumschränkten Herrschaft der Regierung Cromwells um die Jahrhundertmitte sein Minimum erreichte, heißt nicht, daß es der Puritanismus selbst war, der diese Veränderungen bewirkte. Dafür scheinen andere und wirksamere Mechanismen verantwortlich gewesen zu sein, denen es auch zuzuschreiben sein dürfte, daß in diesen Jahren die Fruchtbarkeit überhaupt zurückging.

Keith Wrightson hat sogar nachzuweisen versucht (176—179), daß die puritanischen Kräfte, so stark ihr Einfluß in manchen Bereichen auch gewesen sein mag, nie in der Lage waren, eine Veränderung dieser Art durchzusetzen. Treffend verweist er darauf, daß die durch die puritanische Herrschaft verursachte Unruhe im Land die Registrierung unehelicher Kinder in den vierziger und fünfziger Jahren so beeinträchtigte, daß ein angeblicher Tiefstand zu verzeichnen war. Doch selbst diese Erklärung hat ihre Tücken. Es dürfte auf jeden Fall auszuschließen sein, daß sich der Verlauf der Kurve für den Anteil der unehelich Geborenen aus der Ungenauigkeit der Eintragungen ergibt (48—53). Wie immer es auch um die ökonomischen und ideologischen Einflüsse bestellt gewesen sein mag, die dafür sorgten, daß sich uneheliche und eheliche Fruchtbarkeit analog entwickelten, ein soziales Moment fiel auf jeden Fall ins Gewicht. Es dürfte außer Frage stehen, daß örtliche Eigentümlichkeiten für den Grad unehelicher Fruchtbarkeit eine Rolle spielten (31—43). Die Beständigkeit ortsabhängiger Werte bei unehelichen Geburten ist in ihrer Art ein vielleicht noch bemerkenswerteres Kennzeichen als die parallele Entwicklung von vorehelichen Schwangerschaften und allgemeiner Fruchtbarkeit bzw. die gegenläufige Tendenz von Heiratsalter und Anteil der Verheirateten.

Wir wollen nun diese eher abstrakten Fragen vorübergehend auf sich beruhen lassen und uns den tatsächlichen Vorgängen bei den geistlichen und weltlichen Disziplinargerichten zuwenden. Richtet man sich nach den von den Kirchenaufsehern der einzelnen Pfarren vorgebrachten Klagen, gewinnt man im großen und ganzen den Eindruck allgemeiner *Unsittlichkeit,* wie die ehrbaren Leute sexuell abweichendes Verhalten auszugrenzen pflegen. In mit dieser Frage beschäftigten Schriften findet man kaum Äußerungen, die sich diesen Eindruck zu zerstreuen bemühen. Aus den zu diesem Thema verfügbaren Unterlagen läßt sich keine wie auch immer geartete Einschätzung der Zahl der betreffenden Personen gewinnen (78—79). Um sich diesen Umstand zu vergegenwärtigen, braucht man sich nur vorzustellen, zu welchen Ergebnissen der Versuch führen würde, das Ausmaß außerehelicher Geschlechtsbeziehungen in unserer Zeit den Protokollen der Scheidungsgerichte entnehmen zu wollen. Selbst der Anteil der in den Pfarregistern mit dem Vermerk „unehelich" versehenen Getauften ist ein äußerst unzuverlässiger Indikator für das Ausmaß geschlechtlicher Normabweichungen.

Wahrscheinlich müßte man die Zahl der getauften unehelichen Kinder mit mindestens 50 oder 100 multiplizieren,[7] um einschätzen zu können, wieviele sexuelle Entgleisungen sich dahinter verbergen. Noch mehr ins Gewicht fällt, daß dieser hohe, aber unbestimmte Multiplikator sich wahrscheinlich im Laufe des Zusammenlebens änderte. Sowohl was Männer als auch was Frauen betrifft, ist außerdem mit je nach Ort, Zeit und sozialer Stellung unterschiedlichen Bedingungen zu rechnen. Da uns für damals keine und für heute kaum Zahlen im Bereich des Ehebruchs vorliegen, kann es bei zu feststellbaren Ergebnissen eines illegitimen Verhältnisses führenden sexuellen Entgleisungen ausschließlich um koitale Beziehungen gehen. Beide das 20. Jahrhundert betreffenden Werte für die Zahl der von verheirateten Frauen zur Welt gebrachten Kinder, die von einem Mann gezeugt wurden, der zur fraglichen Zeit nicht der Ehemann der Mutter war, lassen vermuten, daß es sich hier um keineswegs zu vernachlässigende Ausmaße gehandelt haben dürfte.[8]

Begegnet man in den Aufzeichnungen der kirchlichen Gerichte zahlreichen Hinweisen auf sexuelle Unenthaltsamkeit, trifft man in den Büchern der Friedensrichter immer wieder auf gegen unverheiratete Mütter und manchmal auch Väter verhängte Strafen und Vorkehrungen für den Unterhalt der betroffenen Kinder.

Die Jungfer Jane Sotworth aus Wrightington beschwört, daß der Bauer Richard Garstange aus Fazarkerley der Vater ihrer unehelichen Tochter Alice ist. Wenn sie nicht betteln geht, soll das Kind zwei Jahre in ihrer Obhut bleiben, ehe dann der Vater bis zum zwölften Lebensjahr die Verantwortung zu übernehmen hat. Jane Sotworth erhält von Richard Garstange eine Kuh und einen Betrag von sechs Shilling. Beide sollen heute in Ormeskirke ausgepeitscht werden.

So die Kurzfassung des in lateinischer Sprache abgefaßten Urteils der Richter von Lancashire von einer Sitzung in Ormskirk am 27. April 1601. 1604 verfügte ein Gericht in Manchester sogar, daß ein Gentleman namens Thomas Byrom sein uneheliches, von einer Witwe zur Welt gebrachtes Kind erhalten und ausgepeitscht werden sollte — das Urteil wurde noch am 10. Oktober desselben Jahres auf dem Marktplatz von Manchester vollstreckt.[9]

Sicher widerfuhr nur selten einem „Gentleman" eine solche Schmach. Doch auch hier ist wieder festzuhalten, daß aus der Häufigkeit derartiger Fälle in den Quellen oder gar aus dem Stellenwert solcher Vorfälle in der vorliegenden Untersuchung nicht der Eindruck entstehen soll, daß uneheliche Geburten etwas ganz und gar Alltägliches waren und das Strafmaß in jedem Fall dem der genannten Beispiele entsprach. Man darf auch nicht meinen, daß die Verhängung solcher Strafen dazu führte, daß die Zahl unehelicher Geburten zurückging. Als die geistlichen Behörden nachsichtiger wurden und schließlich in der späten Stuartzeit und unter der Herrschaft des Hauses Hannover von Maßnahmen gegen unzüchtiges Verhalten ganz Abstand nahmen, gab es deswegen nicht mehr uneheliche Kinder. Tabelle 13 zeigt, daß sich im frühen 18. Jahrhundert, als sich die englischen Kirchenbehörden angeblich von der Welt abzuwenden begannen und die Friedensrichter sich immer weniger durchgesetzt haben sollen, die Zahl der Eintragungen wie „illeg.", „base", „spur" oder einfach „b" für „bastard" in den Taufbüchern durchaus im Rahmen hält.

Allein dieser Umstand belegt schon, daß sich die Absichten der Herrschenden keineswegs mit den tatsächlichen Entwicklungen deckten. Es darf einen nicht überraschen, daß sich der Anteil der unehelich Geborenen nicht merklich änderte, als die Kirche ihren Versuch aufgab, auf das Geschlechtsleben ihrer Mitglieder Einfluß zu nehmen. Umgekehrt wäre es aber sicher auch falsch, diesen Schritt als gleichgültig abzutun. Das Geschlechtsleben galt nämlich fortan nicht mehr als ein mit gutem Grund die Beteiligung nachbarschaftlichen Interesses involvierender Bereich, weil er in die Zuständigkeit der Kirche, der Pfarrbehörde oder gar der Friedensrichter fiel, sondern wurde, wie wir uns das heute gar nicht mehr anders vorstellen können, zu einer äußerst privaten Angelegenheit, über die geklatscht und geschimpft wird, aber auch nicht mehr.

Ein Fall, der sich in der frühen Stuartzeit in Somersetshire zutrug, soll zeigen, wie sehr damals Fehltritte dieser Art an die Öffentlichkeit gelangten:

Thomas Odam hat noch in diesem Monat, am Sonntag, dem 18. und am Sonntag, dem 25. Juli, mit einem weißen Tuch bedeckt und einem weißen Stab in der Hand in der Pfarrkirche von Charlton zum Vormittagsgottesdienst zu erscheinen und die ganze Meßfeier hindurch in der Mitte vor der Kanzel stehend zu verharren. Dem Schuldigen ist aufgetragen, unmittelbar nach der Predigt, die sich gegen Unzucht und Blutschande richten soll, mit vernehmbarer Stimme demütig die Worte des Geistlichen wiederholend wie folgt Bekenntnis abzulegen:
„Ich, Thomas Odam, gestehe hiemit vor Gott und bekenne, daß ich mich schwer gegen die göttliche Erhabenheit des Allmächtigen versündigt habe, indem ich mit der Tochter meiner Frau in Blutschande lebte."

Am darauffolgenden Sonntag, dem 1. August, mußte Odam „in der Andreaskirche von Wells", einer der schönsten mittelalterlichen Kathedralen des Landes, abermals öffentlich Buße tun und „auf seinem Stab ein Stück Papier vor sich her tragen, auf dem groß geschrieben stand":

CHARLTON THOMAS ODAM,
WEGEN BLUTSCHANDE MIT AUCHARETT WHITE,
DER TOCHTER SEINER FRAU

Nur in den wenigsten Fällen wurden sexuelle Vergehen auf eine derart eindringliche, symbolkräftige und katharsisch wirksame Weise bestraft. Inzest galt und gilt als schwerwiegenderer Verstoß gegen die Norm als Hurerei, Ehebruch oder die Zeugung eines unehelichen Kindes, und man kann mit einiger Sicherheit davon ausgehen, daß Thomas Odams Verhalten von seinen Mitmenschen als zutiefst anstößig empfunden wurde. Und doch meint G. R. Quaife, der diesen Fall zitiert, daß „man damals vor Blutschande weniger Abscheu empfand als in späteren Jahrhunderten". Die meisten inzestuösen Beziehungen dürften wie im genannten Fall zwischen Stiefvater und Stieftochter und zwischen Mann und Frau des Bruders zustandegekommen sein. Es kam aber auch zu geschlechtlichen Beziehungen zwischen Brüdern und Schwestern, und wir wissen sogar von einem Schuhflicker aus Glastonbury, der sich an seine 14jährige Tochter herangemacht haben soll.

Diese Vorfälle, die sich alle zwischen 1600 und 1660 in einer Grafschaft der Diözese Wells zutrugen, geben uns zwar ein recht genaues Bild der möglichen Vergehen, lassen aber keine Aussage über die Häufigkeit sexueller Vergehen zu. Ein mit einem wahrlich phänomenalen Gedächtnis ausgestatteter Mann, der im Jahr 1700 alle Vorkommnisse in einem Dorf in Shropshire zu Papier brachte, an die er sich erinnern konnte, wußte auch von einer inzestuösen Beziehung eines Vaters zu seiner unehelichen Tochter zu berichten, aus der sogar ein Kind hervorgegangen war (231). Der dieser besonderen Schandtat schuldige Mann, ein gewisser William Tyler aus Myddle, scheint jedoch als außergewöhnlicher Unmensch, ja als Ungeheuer angesehen worden zu sein; die Beschreibung seiner Vergehen legt den Verdacht nahe, daß der Verfasser des Berichts übertreibt. Die bisher zitierten Vorgänge könnten den Eindruck aufkommen lassen, daß die Dörfer jener Zeit von Männern und Frauen bevölkert waren, die fast nie vom Pfad der Keuschheit abwichen und, sofern dies überhaupt vorkam, ihren Gelüsten ohne alle Freude nachgaben.

Eine solche Vorstellung deckt sich jedoch keineswegs mit dem Bild der uns überlieferten Zeugnisse, auch wenn diese in der formellen Sprache der Gerichte abgefaßt sind. Viktorianische Leser hätten am Ton der im folgenden zitierten Stellen sicher Anstoß genommen, deren Sprache gewiß auch heute noch mehr oder weniger vulgär klingt. Wir sollten uns dabei vor Augen halten, wie gerne sich Menschen Phantasien über ihr wildes Geschlechtsleben hingeben. Das war wahrscheinlich auch damals so. Von der Frau eines Geistlichen ist uns überliefert, daß sie

sah, wie ein junger Mann versuchte, ihrer Tochter bei Tisch unter den Rock zu greifen. Er beschuldigte jedoch das Mädchen und prahlte: „Ich werd dich und deine Tochter schon noch hernehmen, bevor ich nach Haus geh ... in der Pfarre haben schon zehn Weiber daran glauben müssen." Daraufhin antwortete die Frau des Vikars: „Nenn mir eine, wenn ich dir glauben soll." — „Die Frau des Müllers Kent hab ich gevögelt, bis nichts mehr von ihr übrig war."

Und über eine liederliche Frau aus Cutcombe berichtet man, daß sie

auf schändlichste Weise mit John Snow herumbalgte, ihn auf den Rücken warf und, nachdem sie sein Glied herausgezogen hatte, zu den anderen dort anwesenden Frauen sagte: „Von nun an soll er nicht mehr John Snow heißen, ich tauf ihn jetzt auf den Namen John Schlappschwanz."[10]

Der einzige Ort, der als Schauplatz für diesen Vorfall in Frage kommt, ist eine Schenke. Wahrscheinlich waren die Beteiligten bereits alle schwer betrunken. Die geistlichen Behörden klagten auf jeden Fall ständig über Fälle von Trunkenheit, für die auch die Kirchengerichte zuständig waren. In den Unterlagen finden sich Hinweise auf Fälle von Trunksucht, und wie wir bereits bei unseren Ausführungen zum Leben der Dorfgemeinschaft von einst festgestellt haben, begegnet man selbst in den Aufzeichnungen der Kirchenvorsteher und Armenaufseher der einen oder anderen Bemerkung in dieser Richtung. Armen, die im Sterben lagen, dürfte man einen letzten Schluck Branntwein nicht verwehrt haben. In den die Familien von Myddle betreffenden Quellen begegnet man immer wieder Männern und Frauen, die tranken — und sich dadurch manchmal sogar zugrunde richteten.[11]

Und wie war es um die Moral jener bestellt, die Recht und Ordnung verkörperten? Sicher kam es in gehobenen Kreisen ebenso zu Vorfällen der genannten Art wie bei jenen, die die Welt der religiösen Ideale vertraten. Das Sexualverhalten der herrschenden Minderheit Englands zwischen dem 16. und dem 19. Jahrhundert hat man in jüngster Zeit mit einer Gründlichkeit untersucht, die außer Frage stellt, ob die Hurereien und Ausschweifungen Samuel Pepys', James Boswells und William Byrds — eines Pflanzers aus Virginia, der damals London unsicher machte — innerhalb des Hochadels und der Gentry Englands und seiner Kolonien als Ausnahmefälle anzusehen sind. Typisch waren solche Gestalten freilich auch wiederum nicht. Auf jeden Fall gab es in der sogenannten guten Gesellschaft einen Hang zur Liederlichkeit, der interessanterweise von den der Literatur verbundenen Menschen am deutlichsten zur Schau gestellt worden zu sein scheint — man denke nur an Hobbes, Byron und Rochester oder, was vielleicht für manchen überraschender sein mag, an Männer vom Schlage eines Darwin oder Wordsworth.[12]

Die berüchtigte Wollust der Geistlichen gehört zu den paradoxen Phänomenen, die einem bei der Untersuchung normativen Verhaltens immer wieder begegnen.[13] Von jenen, die damals damit betraut waren, die Vorschriften durchzusetzen und deren Grundlagen zu vertreten, darf man ebensowenig erwarten, daß sie sich stets im Rahmen der Norm bewegten, wie man davon ausgehen kann, daß die Polizisten von heute nie das Gesetz brechen. Bereits im Mittelalter sprach man sowohl über Priester, die sich an die ihrer geistlichen Obhut unterstellten Frauen heranmachten, als auch über pikante Klassen-Verhältnisse zwischen Männern mit Bildung und Rang und Huren aus den untersten Schichten der Gesellschaft (226—228). Aufgrund des Hangs zu Phantasien und Übertreibungen, der hier nicht zu unterschätzen ist, werden wir nie mit Bestimmtheit sagen können, ob die Priester, die den in den Ruf der Zügellosigkeit geratenen Mitgliedern ihrer Gemeinde die Kommunion verweigerten, nicht selber hin und wieder vom Weg der Tugend abwichen oder gar überhaupt immer ein im Lichte der kirchlichen Vorschriften sündiges Leben führten. Feststehen dürfte, daß mancher Priester, der sich seine Position als Vorgesetzter und Mann zunutze machte, in seinem Verhalten ganz jenem Bild ausgeprägter Ungleichheit zwischen Mann und Frau in geschlechtlichen Dingen entsprochen haben muß.

Was diese Fragen betrifft, geben uns Werte für den Anteil unehelich geborener Kinder und Angaben für die Zahl vorehelicher Schwangerschaften keinen Aufschluß. Es gibt jedoch einen Weg, der es uns erlaubt, die Verbreitung sexueller Normabweichungen einzuschätzen. In Verbindung mit Angaben aus anderen Quellen lassen sich aus Verweisen auf lokale Fälle allgemeine Schlußfolgerungen auf die Zusammenhänge zwischen Geschlechtsverhalten und Fruchtbarkeitsentwicklung bzw. Umfang der vorhandenen Subsistenzmittel ziehen.

Ordnet man die verschiedenen Grafschaften nach dem Anteil der dort jeweils geborenen unehelichen Kinder, sieht man, daß sich die Reihenfolge oft im Laufe von fünfzig oder hundert Jahren kaum ändert. Die Grafschaft Shropshire etwa, wo das bereits genannte Myddle liegt, gehört zu jenem Gebiet im Westen des Landes, das schon in elisabethanischer Zeit und dann auch in den Jahren der Pfarrregisteraufzeichnungen bei unehelichen Kindern immer eine hohe Geburtsrate aufwies. 1842 lag Shropshire an dritter, 1870/72 an zweiter und zehn, zwanzig bzw. dreißig Jahre später ebenfalls an zweiter oder dritter Stelle aller Grafschaften des Landes (30, 34—35). Im Unterschied zu Bedfordshire, Hertfordshire und einigen anderen Grafschaften findet man Shropshire nicht plötzlich an einer ganz anderen Stelle in der Liste der Geburtsraten unehelicher Kinder (39). Soweit wir das einschätzen können, stehen Veränderungen in diesem Bereich nicht mit wirtschaftlichen, sozialen oder religiösen Entwicklungen in den betreffenden Gebieten in Zusammenhang. Durch plötzliche Industrialisierung und Verstädterung der verschiedenen Grafschaften verschob sich die Reihenfolge kaum; wie in Lancashire ging manchmal der Anteil unehelich geborener Kinder mit der Durchsetzung der industriellen Produktion zurück. Regionale Unterschiede aus der Zeit der ersten uns verfügbaren Angaben hielten sich jedoch im großen und ganzen bis in unser Jahrhundert. Ganz unabhängig von der hier angesprochenen Verteilung hat man für das Jahr 1911 eine diesen Ergebnissen entsprechende Rangordnung der einzelnen Grafschaften erstellt. Man könnte die Entwicklung mit der Bewegung übereinanderliegender geologischer Schichten vergleichen, die sich im Laufe der Zeit gemeinsam senken und heben und nur dann und wann einen für uns noch unerklärlichen Durchbruch gewisser Grafschaften erleben.[14]

Regional beständige Unterschiede haben sich nicht nur für England, sondern auch für Schottland, Irland, Frankreich, Deutschland, Schweden und das Rußland vor und nach der Revolution von 1917 nachweisen lassen. In Frankreich waren im 19. Jahrhundert die Abstufungen besonders deutlich (278–283); es ist in diesem Fall sogar in jüngster Zeit zu belegen gelungen, daß sich auch die Heiratsgepflogenheiten und ehelichen Beziehungen in verschiedenen Gebieten, ja Bezirken voneinander unterschieden.[15] Dies könnte hinsichtlich der lokalen Besonderheiten sowohl bei den Geburtsraten unehelicher Kinder als auch bei den Sätzen für voreheliche Schwangerschaften eine gewisse Rolle gespielt haben. Da man, wenn auch manchmal irrtümlich, im allgemeinen vom Fortbestand lokaler Bräuche ausgeht und annimmt, daß diese Besonderheiten uns unbekannten zeitlichen Ursprungs erst mit den gesellschaftlichen Strukturen, denen sie entsprechen, untergehen, liegt der Schluß nahe, daß spezifische Bedingungen für das Zustandekommen ehelicher Verbindungen sowohl mit den in zeitlicher Hinsicht beständigen lokalen Abweichungen als auch mit deren relativer Unabhängigkeit von wirtschaftlichen Umwälzungen und anderen Veränderungen in Zusammenhang zu bringen sein könnten.

Wenn man auch sagen kann, daß in bestimmten Gebieten mit bestimmten Werten für den Anteil unehelich geborener Kinder zu rechnen ist und sich auch für ein normannisches Dorf und für eine Gemeinde in den italienischen Alpen hohe Sätze ergaben, liegen uns doch in diesem Bereich selbst für England auch heute nur recht vage Hinweise vor. Freilich wissen wir, daß es in manchen Gemeinden bzw. Gebieten des Landes mehr oder weniger spezifische Vorstellungen über vorehelichen Geschlechtsverkehr und das Verhältnis der künftigen Eheleute vor der Hochzeit gab, wie aus der im folgenden zitierten Verfügung im Register des Erzdekanats von Leicester hervorgeht. Der Fall stammt aus dem Juli des Jahres 1598.

> In der Grafschaft Leicester und besonders in und um die bereits genannte Stadt (Hoby and Waltham), aber auch in anderen umliegenden Gemeinden gilt wie schon vor zehn, zwanzig, dreißig und vierzig Jahren, daß die Ehe an einem dafür festgesetzten Tag besiegelt wird. Der Mann bleibt dann meist die darauffolgende Nacht über im Haus seiner zukünftigen Gemahlin; manchmal bricht er aber auch schon auf, sobald die Verbindung endgültig beschlossen ist.[16]

Die kirchliche Trauung fand erst statt, nachdem die Ehe einmal besiegelt worden war. Wenn in der zitierten Passage von *final conclusion* die Rede ist, heißt das, daß die zukünftigen Eheleute einander vor Zeugen die Hand fürs Leben gaben und Verlobung feierten — im Rahmen unserer Ausführungen zu Shakespeares *Romeo und Julia* sind wir ja bereits auf den Begriff *espousal* zu sprechen gekommen. Es ist sicher richtig, davon auszugehen, daß der Mann am Morgen danach sowohl in den Augen der Kirche wie des Staates bereits als verheiratet galt. Bis zum Jahre 1754 war das auf jeden Fall so. Wenn das Paar in die Kirche einzog, trugen in diesem Teil von Leicestershire viele Frauen bereits ein Kind unter dem Herzen; manche waren wahrscheinlich schon hochschwanger. Vielleicht erinnert man sich noch daran, daß dieser Punkt in der oben zitierten Beschreibung einer ländlichen Hochzeit in den vierziger Jahren des 17. Jahrhunderts mehr oder weniger offenblieb.

Die Formulierung der aus dem Register von Leicester zitierten Stelle legt nahe, daß die Gepflogenheiten in diesem Bereich nicht nur von Region zu Region verschieden waren, sondern sich auch im Laufe der Zeit veränderten. Es ist uns bekannt, daß es ganz besonders im ausgehenden 17. Jahrhundert recht häufig zu geheimen Verbindungen kam, die, wenn auch manchmal im Beisein eines Geistlichen, so doch nicht in der Kirche geschlossen wurden. Wenn hier von „geheim" die Rede ist, schließt das die Anwesenheit von Zeugen keineswegs aus. Zu ihrer bevorstehenden Heirat gab im Jahre 1598 eine gewisse Mary Gillot vor dem Archidiakonatsgericht von Oxfordshire an,

> daß sie wie auch schon in der Vergangenheit mit William Whit Umgang hat, der sich ihr vor Zeugen verbunden hat und sie zu heiraten gedenkt, sobald er aus dem Dienst entlassen wird.

Das Paar vertraute offensichtlich darauf, daß die Anwesenheit von Zeugen genügte, um nicht wegen ihrer Verbindung vor der kirchlichen Trauung des unsittlichen Lebenswandels angeklagt zu werden. Sechzig Jahre zuvor wollte hingegen in der Diözese Ely eine Frau namens Joan Wigg von einem Versprechen vor Zeugen nichts wissen, obgleich sie zugab, daß sie John Newman aus Royston in Hertfordshire im geheimen das Jawort gegeben hatte. Als der Mann Zeugen anführte, die die Verbindung bestätigen sollten, geriet die Frau außer sich:

John Newman, ich weiß nicht, was das soll. Du mußt schlecht beraten sein. Sicher habe ich dir gesagt, daß ich deine Frau werden will. Aber warum sollen wir schon so bald heiraten? Es wäre besser für uns zu warten, bis wir einmal ein paar Sachen für den Haushalt beisammenhaben...

Die Niederschrift stammt aus dem Jahre 1535. Kurzsichtigkeit kann man diesem Mädchen sicher nicht nachsagen.

Um einschätzen zu können, wie weit man wirklich davon ausging, daß Mann und Frau zusammenleben durften, wenn sie einander die Ehe versprochen hatten, und inwiefern sich das in den standesamtlichen Aufzeichnungen ausdrückt, wäre eine eigene Untersuchung erforderlich. Der Bedeutung dieser Form des Eheversprechens ist es wahrscheinlich zuzuschreiben, daß man — irrtümlicherweise — angenommen hat, daß es in England Ehen auf Probe gab. In der katholischen Welt wurden Verbindungen dieser Art durch eine päpstliche Bulle im Jahre 1564 untersagt, die den Beschluß des Tridentinischen Konzils bestätigte, der private Absprachen für null und nichtig erklärte und verfügte, daß alle Ehen durch einen Priester in der Pfarrkirche des Wohnorts einer der beiden beteiligten Parteien geschlossen werden mußten. Wenn zumindest formelle *espousals* damals auch schon kaum mehr üblich waren, wurden in England Verbindungen dieser Art erst durch das gemeinhin als *Hardwicke's Marriage Act* bekannte Gesetz des Jahres 1753 offiziell abgeschafft. Zweifellos ging man bis in diese Zeit von der Berechtigung intimer Beziehungen nach einmal geleistetem Heiratsversprechen aus, obwohl der voreheliche Geschlechtsverkehr noch immer als strafbares Vergehen galt und von den Archidiakonatsgerichten geahndet wurde. Diese gingen selbst im 18. Jahrhundert noch gegen so manche schwangere Braut vor.

Was das Kirchenrecht betrifft, ist nicht ganz klar, um welchen Einfluß es hier wirklich ging. Das gilt erst recht für Schottland, wo man im Zusammenhang mit Kirchensitzungen noch damals oft traurigen Zeugnissen der Grausamkeit im Umgang mit Eltern begegnet, die früher als neun Monate nach der Hochzeit ein Kind taufen lassen wollten. Wenn man einem Kirchenführer Glauben schenken darf, hatten so etwa die Bewohner einer entlegenen kumbrischen Pfarre jener Zeit sehr genaue Vorstellungen bezüglich dessen, was erlaubt war:

Dem Auge des Pilgers ist die Kirche von Ulpha ein leuchtender Stern. Es ist uns eine Geschichte überliefert, die davon zu berichten weiß, wie im Jahre 1730 ein Pfarrer alle Männer und Frauen, die zusammenlebten, aber noch nicht rechtmäßig miteinander verheiratet waren, in Frith Hall versammelte, noch ehe für sie der Tag gekommen war, an dem die kirchliche Hochzeit stattfinden sollte, und so siebzehn Paare traute.[17]

Warum der Pfarrer die Zeremonie ausgerechnet in einem der großen Häuser dieses Weilers, der vorwiegend aus verstreut am Duddon gelegenen Gehöften bestand, und nicht einfach in der Kapelle vollzog, die dort für solche Anlässe sicher zur Verfügung stand, ist unklar.

Trotz regional unterschiedlicher Formulierungen und Gepflogenheiten kann man über Heiratsversprechen und Trauungen in England einige allgemeine Punkte zusammenzufassen versuchen. Ein offizielles, vor Zeugen geleistetes Versprechen, das doppelt besiegelt wurde, indem der Mann die Frau küßte und ihr ein Geschenk — oft einen Goldring, oft bemerkenswerterweise aber auch nur die Hälfte eines solchen — überreichte, galt als bindend, wenn die Ehe im Anschluß daran auch geschlechtlich vollzogen wurde. Während die katholische Kirche nach 1564 intime Beziehungen zwischen Brautleuten als schwere Sünde betrachtete, handelte es sich dabei für die englischen Kirchenbehörden um ein viel geringfügigeres Vergehen. Wenn sich das betreffende Paar später einmal kirchlich trauen ließ, feierte man damit eigentlich ein *fait accompli*.

Für radikale Protestanten in England und Amerika stellte sich die Sache ganz anders dar. Im nonkonformistischen Sinn war für eine eheliche Verbindung nur das Versprechen und der Vollzug ausschlaggebend — der kirchlichen Zeremonie kam keinerlei Bedeutung zu. Da man heute das puritanische Denken gerne mit sexueller Bevormundung in Zusammenhang bringt, ist es vielleicht angebracht, eine gerade in diesem Punkt recht aufschlußreiche Stelle aus dem Werk eines englischen Geistlichen zu zitieren, der diesem Glauben angehörte. Bei William Gouge heißt es in einer Schrift aus dem Jahre 1622:

Ich würde allen Christen, die sich für ihre Ehe Segen und Glück wünschen, zu einer Vereinbarung vor der Hochzeit raten. Weder einfach ledig noch wirklich verheiratet, durchleben Menschen, die einander versprochen sind, einen Übergang. Viele machen die Vereinbarung schon zur eigentlichen Hochzeit, wodurch dann der Tag der Absprache festlicher ausfällt als der Hochzeitstag selbst; manche nehmen sich sogar die Freiheit heraus, einander wie Mann und Frau zu begegnen, sobald der Ehevertrag geschlossen ist. Ich halte das für unehrenhaft und verwerflich. Nicht nur bei uns, sondern auch in anderen Kirchengemeinschaften, gilt der löbliche Brauch, daß zwischen Abschluß des Vertrags und Hochzeit mindestens drei Wochen verstreichen müssen, weil die Vereinbarung vor der Hochzeit dreimal und nicht öfter als einmal in der Woche bekanntgegeben werden soll.

Daß Gouge zum Abschluß eines Vertrages rät, bestätigt verschiedene in anderen literarischen und rechtlichen Quellen enthaltene Hinweise auf den damals bereits fortschreitenden Verfall dieses Brauchs im Sinne einer förmlichen Abmachung. Zwanglose Verlobungen ohne schriftlichen Vertrag und Zeugen gab es natürlich auch weiterhin; der Anlaß und das Verhalten der Brautleute in der Zeit nach der Absprache waren damit allerdings zu einer rein sozialen Angelegenheit geworden. Wirklich aufschlußreich ist die Stelle durch ihre Aussage über die geschlechtlichen Beziehungen während der Zeit des Aufgebots und der Hochzeitsvorbereitungen. Wenn der voreheliche Geschlechtsverkehr auch als Werk des Satans angesehen wurde und als unehrenhaft und verwerflich galt, hielt man ihn doch nicht für eine Sünde.

Kein wenn auch noch so offenherziger Bauer hätte es mit seiner Tochter soweit kommen lassen, ehe nicht zwischen den betreffenden Familien eine feste Vereinbarung getroffen war. Natürlich bestand auch dann noch immer die Möglichkeit, daß an einem der darauffolgenden drei Sonntage jemand aus der versammelten Gemeinde gegen die Eheschließung Einspruch erhob. Auch William Perkins, ein sicher bekannterer Verfechter der puritanischen Sache in den Jahren ihrer Durchsetzung, drückt sich an diesem Punkt um das Wort Sünde, mit dem er sonst recht freizügig umgeht. Empört mißbilligt er das Verhalten von Brautleuten, „die wie Tiere ihre sinnlichen Gelüste zu befriedigen trachten" – weiter ging aber auch er nicht.

Daß sich im ausgehenden 17. Jahrhundert in England mehr und mehr die nonkonformistische Auffassung der Ehe durchsetzte, derzufolge der Bund zweier Menschen als Privatsache und unter keinen Umständen als kirchliches Sakrament anzusehen war, mag vielleicht mit dazu beigetragen haben, daß es damals häufiger zu geheimen Verbindungen kam. Der schottische Presbyterianer William Lawrence veröffentlichte im Jahr 1680 eine umfangreiche Abhandlung, in der er alle Formen der kirchlichen Trauung als haarsträubende Widernatürlichkeit ablehnt und behauptet, daß Mann und Frau vom Augenblick der ersten geschlechtlichen Vereinigung an unauflösbar miteinander verbunden seien und es dafür keines Zeugen, keines Beweises und keiner öffentlichen Feierlichkeit bedürfe. Freilich schließt sein äußerst unkonventionelles Werk auf Seite 242 mit der Bemerkung: „Infolge des Eingreifens der Zensur bin ich gezwungen, meine Ausführungen hier kurzerhand abzubrechen." William Lawrence erhob in seiner Schrift Protest gegen den autoritären orthodoxen Glauben seiner Zeit. Daher sind seine Ausführungen nicht als Hinweis auf eine allgemeine Lockerung der Sitten oder einen grundsätzlichen Normverfall innerhalb der englischen und schottischen Gesellschaft zu verstehen. In seiner Kritik kommt letzten Endes kein anderer Standpunkt zum Ausdruck als der, der in den amerikanischen Kolonien später als verbindlich angesehen wurde. Und spätestens im 19. Jahrhundert hatte dort der ursprünglich für die Bezeichnung unehelicher Kinder reservierte Begriff schon eine andere Bedeutung: So heißt es etwa einmal im Zusammenhang mit den Heiratsgepflogenheiten im Staate New York, daß sich unter den Kindern legalisierter und nicht legalisierter Ehen „*bastards* aller europäischen Nationen befinden" (11).[18]

Wie das auch heute noch viele Historiker tun, hat die Soziologie seit Emile Durkheim uneheliche Geburten und voreheliche Schwangerschaften häufig mit sozialen Auflösungserscheinungen in Zusammenhang gebracht. Man darf aber nicht übersehen, daß die Selbstmordrate oft als viel deutlicherer Indikator angesehen wurde. Wenn sich jemand das Leben nimmt, kann man das gewiß als die extremste Form individueller Haltlosigkeit bezeichnen. Ehe wir uns diesem noch dunkleren Thema und den spärlichen Hinweisen auf die Häufigkeit von Selbstmorden in jener Zeit zuwenden, gilt es jedoch noch auf zwei weitere

Aspekte des Heirats- und Fortpflanzungsverhaltens einzugehen und uns mit der Verbreitung von Kindesmorden und dem Verkauf von Ehefrauen zu beschäftigen. Soweit sich das sagen läßt, hält man diesen Brauch zurecht für einen ausschließlich der Gesellschaft Großbritanniens eigentümlichen Zug.

29. Oktober: In der zu unserer Grafschaft gehörenden Pfarre Blythburgh verkaufte heute Samuel Balls seine Ehefrau um einen Shilling an Abraham Rade, dem sie übergeben wurde, nachdem man ihr einen Strick um den Hals gelegt hatte.

Wenn wir diese 1789 im *Ipswich Journal* abgedruckte Notiz ernst nehmen, und das müssen wir wohl oder übel tun, erscheint die Haltung unserer Vorfahren der Ehe und der Frau gegenüber in einem schlechteren Licht als uns lieb sein kann. Ein Mensch mit Gefühlen treibt keinen Handel mit Menschen und schon gar nicht mit seiner Ehefrau. Ein Mensch mit Gefühlen legt niemandem in aller Öffentlichkeit einen Strick um den Hals und besteht auch nicht darauf, daß seine Gemahlin im Hemd zur Kirche kommt, um sich dadurch der Verantwortung für ihre Schulden zu entledigen. Ebensowenig kann sich ein Mensch mit Gefühlen damit einverstanden erklären, wenn jemand — und sei es auch nur zum Scherz — über einen Besen springen muß, um seine Verehelichung öffentlich kundzutun. Alle diese Bräuche gab es bei unseren Vorfahren aber. Der Kauf und Verkauf von Ehefrauen läßt sich wohl kaum als Form der Scheidung rechtfertigen und damit erklären, daß es damals nur reichen und mächtigen Männern gelang, sich von ihren Frauen trennen zu lassen. Man könnte auch herablassend behaupten, daß sich solche Bräuche auf den Abschaum der Gesellschaft beschränkten. Dagegen spricht aber unter anderem ein Bericht, der keinen Zweifel daran läßt, daß ein so stolzer und erfolgreicher Karrierist wie Sir Godfrey Kneller die Frau eines Quäkers kaufte.[19]

Wie bei der Frage der Kinderehen muß man sich aber auch hier vor Augen halten, daß der Handel mit Frauen ein für sensationslüsterne Autoren besonders attraktives Thema war und dadurch einer wahrscheinlich sehr geringen Zahl von Fällen ein verhältnismäßig großes Maß an Aufmerksamkeit zuteil wurde. Natürlich werden auch in den Aufzeichnungen der kirchlichen Gerichtsbehörden hin und wieder Vorgänge erwähnt, wie sie sich etwa um 1696 in Oxfordshire um einen gewissen Thomas Heath aus Chinner zugetragen haben dürften; die meisten Hinweise jedoch stammen aus den ersten Zeitungen und Traktaten des späten 18. und des 19. Jahrhunderts. Der Handel mit Frauen ist sicher nicht als ein für die Moral unserer Vorfahren insgesamt wesentliches Moment anzusehen. Daran ändern auch verschiedene Hinweise auf die leicht spöttische Einstellung nichts, die manche Leute aus dem Volk dem offiziellen Verhaltenskodex in Sachen Ehe entgegengebracht zu haben scheinen. Obgleich gewiß nichts dagegen einzuwenden ist, den Schacher mit Frauen als Gemeinheit anzugreifen, wie das auch manche Zeugen der Auktionen auf den Marktplätzen und Verfasser von Zeitungsartikeln damals getan haben, sollte man dabei dennoch nicht aus den Augen verlieren, daß diese Form des Menschenhandels vom Grauen eines Kindesmords bei weitem in den Schatten gestellt wird.

Soweit sich das aus den heute verfügbaren Unterlagen ersehen läßt, ging man nur ganz selten soweit, ein neugeborenes Kind umzubringen. Zwischen 1610 und 1620 hatten sich die Londoner Strafgerichtsbehörden jährlich mit weniger als drei Anklagen wegen Kindesmord zu befassen, was bedeutet, daß sich für 100.000 Personen ein Satz von 1,35 ergibt. Für die Grafschaft Essex steht uns für diese Jahre ein Näherungswert von 1,44 zur Verfügung. Man kann also in diesem Fall unter keinen Umständen von einer Gefahr für den Fortbestand des gesellschaftlichen Ganzen sprechen, obgleich natürlich die genannten Werte ein dermaßen unsicherer Gradmesser für die tatsächliche Häufigkeit dieses Verbrechens sind, daß es vielleicht irgendwie riskant erscheinen mag, sie hier überhaupt anzuführen.[20] Keith Wrightson hat angenommen, daß man, um einen den wirklichen Verhältnissen entsprechenden Eindruck zu gewinnen, mit dem 2,5fachen Betrag wird rechnen müssen. Aber auch dann wäre das noch immer ein im Vergleich zu einem Land wie Japan ganz und gar zu vernachlässigender Prozentsatz. Dort kam der Tötung neugeborener Kinder im Rahmen der Aufrechterhaltung des Gleichgewichts zwischen Bevölkerungswachstum und Subsistenzmöglichkeiten eine entscheidende Rolle zu.

Und trotzdem wurde 1624 vom Parlament ein Gesetz verabschiedet, das die Tötung von Neugeborenen abermals als Mord verurteilte. Es läßt sich feststellen, daß man in der Folgezeit eher dazu neigte, Frauen zu verurteilen und hinzurichten, die ein uneheliches Kind erschlagen hatten. Die meistens englischen Mütter jener Zeit dürften ihre Kinder jedoch trotz oftmals schwieriger Umstände angenommen und über die Runden zu bringen versucht haben, was ihnen, wenn auch nur geringfügig, besser gelungen zu sein scheint als französischen Frauen.

Wie die Tötung von Neugeborenen fällt auch Selbstmord für den Zusammenhang von Moral und gesellschaftlicher Kontinuität nicht ins Gewicht. Wenn auch verschiedene zeitgenössische Autoren wie der Dichter John Donne den Selbstmord verteidigten, wurde diese Tat doch insofern bestraft, als man allen, die durch eigene Hand aus dem Leben geschieden waren, ein kirchliches Begräbnis verweigerte. Obgleich es im großen und ganzen nur äußerst selten dazu kam, daß jemand Hand an sich legte, begegnet man doch hin und wieder in den Pfarregistern entsprechenden Eintragungen, die auch auf den erst 1823 abgeschafften Brauch verweisen, den für die christliche Gemeinde beleidigenden Leichnam an einer Wegkreuzung zu begraben. In Ashton-under-Lyne dürfte man in dieser Hinsicht nachsichtiger gewesen sein, wie z. B. eine Eintragung in das Pfarrbuch vom 11. Juni 1683 zeigt:

Roger Peeke aus Treehouse Bank, der sich am neunten in seiner Scheune erhängte, wurde heute insgeheim auf den Friedhof gebracht und um ein Uhr nachts an der Nordmauer bestattet.

Auch Ophelia mußte man heimlich beerdigen.

Die Offenheit dieser Registereintragung verrät, daß der Pfarrer den Verstoß der Nachbarn des Toten gegen die Vorschriften der Kirche geduldet haben muß. Im Pfarrbuch von Ashton stößt man im Laufe des gesamten 17. Jahrhunderts mit einiger Regelmäßigkeit auf vereinzelte Selbstmorde. Während im zweiten und vorletzten Jahrzehnt je zwei und in den zwanziger Jahren gar vier Menschen Hand an sich legten, dürfte allerdings sonst nur alle zehn Jahre höchstens ein Fall zu beklagen gewesen sein. Derart beschränkte Werte können zwar keine Grundlage für eine Berechnung der damaligen Selbstmordrate bieten, verweisen aber zumindest auf die Krise des Textilgewerbes der zwanziger Jahre und die damalige Hungersnot. Das Elend der Jahre 1623 und 1624 in Ashton und anderen Dörfern dieses Gebiets ist ja oben bereits zur Sprache gekommen. Die im Pfarregister erwähnten Selbstmorde fielen aber keineswegs ausschließlich in die Zeit der Krise, sondern verteilten sich auf die Jahre 1623, 1625, 1626 und 1628.

Wenn auch wahrscheinlich ökonomische Verschiebungen eher als Grund in Frage kommen, könnten die Selbstmordfälle in dieser Niederlassung daher also doch mit demographischen Krisen in Beziehung stehen. In seinem heute schon klassischen Werk zu diesem Thema hat Durkheim nicht nur festgestellt, daß die Zahl der Selbstmorde in wirtschaftlich schlechten Zeiten zunimmt, sondern in diesem Zusammenhang auch eine Reihe anderer sozialer Phänomene angeführt, die man häufig für den Verfall des gesellschaftlichen Lebens verantwortlich macht. Durkheim bezeichnet unter anderem auch die Verstädterung als Ursache. Wir sind nun in der Lage, einige Punkte zum Thema Selbstmord im Lichte des städtischen Lebens der Stuartzeit aufzuklären, weil sich auf Grundlage der von Graunt durchgeführten Analyse der wöchentlichen Sterbelisten der Hauptstadt eine Art Selbstmordrate für London um 1650 errechnen läßt und die Unterlagen aus späterer Zeit dazu herangezogen werden können, die Reihe der bereits verfügbaren Werte bis zum Ende des 18. Jahrhunderts fortzusetzen.

Wenn wir der Berechnung ein Minimum von 400.000 Einwohnern zugrundelegen, ergibt sich, daß in den beiden Jahrzehnten vor 1660, für die uns die von Graunt erarbeiteten Werte vorliegen, von 100.000 Personen 2,5 „ihrem Leben durch Erhängen ein Ende setzten". Im Vergleich zu heute, wo man schon mit Sätzen von 10 zu 100.000 zufrieden sein muß und, wie im Jahre 1950, in Städten wie San Francisco die Rate unter Umständen auf 25,9 ansteigen kann, liegt dieser Wert freilich recht niedrig. Es ist jedoch ziemlich wahrscheinlich, daß viele oder sogar alle derer, die den Sterbelisten zufolge nicht bei Sinnen gewesen sein sollen, als sie aus dem Leben schieden, in Wahrheit selbst Hand an sich legten. Wenn dem so ist, lag die Selbstmordrate in London damals sicher bei 4 oder 5 von 100.000.[21]

Obgleich es uns nicht möglich ist, diese recht problematischen Näherungswerte mit Angaben zur damaligen Selbstmordrate der Landbevölkerung zu vergleichen, steht doch aufgrund dieser ersten vorläufigen Ergebnisse zweierlei fest: Erstens war Selbstmord eine der alten Welt bekannte, ja vertraute Erscheinung und stellt keine Besonderheit der modernen städtischen Industriegesellschaft dar. Dies wäre durch verschiedene literarische Äußerungen leicht zu belegen, wobei, was mir gerade in diesem Fall sehr wichtig erscheint, der Bezug solcher Belege auf die tatsächlichen Verhältnisse von Anfang an im Auge zu behalten ist. Zweitens führte das enorme Wachstum Londons zur Stuartzeit trotz der dadurch sicher bedingten Auflösung überkommener Lebenszusammenhänge allem Anschein nach nicht zu einer für unsere Verhältnisse hohen Selbstmordrate. Vielleicht wird es weiteren Untersuchungen gelingen, für das vorindustrielle England eine Beziehung zwischen Verstädterung und Normverfall nachzuweisen. Unglücklicherweise wurden Selbstmorde aber so selten in das Pfarrbuch eingetragen, daß uns unter Umständen für ländliche Gebiete nie wirkliche Werte vorliegen werden. Es ist noch darauf hinzuweisen, daß sich wie in Ashton-under-Lyne die Selbstmordrate in London von Jahr zu Jahr änderte; auch die Zehnjahresmittel weichen voneinander ab. Was das 17. Jahrhundert betrifft, waren die Jahre 1648, 1657 und 1660 die schlimmsten. Im 18. Jahrhundert lag die Selbstmordrate der Stadt stets höher als im vorhergehenden; ab 1735 steigen die Werte immer weiter an.

Bedenkt man vor allem, daß es höchstwahrscheinlich nie gelingen wird, sich die Welt unserer Vorfahren mit den subtilen Methoden zu erschließen, deren sich Durkheim bei seiner Analyse der sozialen Determinanten des Selbstmords bediente, muß man sagen, daß wir den unzuverlässigen und alles andere als überzeugenden Werten, die uns in diesem Bereich zur Verfügung stehen, sicher mehr Aufmerksamkeit geschenkt haben, als angebracht gewesen wäre. Es liegt auf der Hand, daß Abweichungen von den gültigen Normen geschlechtlicher und ehelicher Beziehungen aufgrund ihres gesellschaftlichen Charakters schon viel eher einen Zugang zu den persönlichen Erfahrungen der Menschen jener Zeit eröffnen könnten. Wir wollen nun im folgenden den Erklärungsversuch umreißen, von dem weiter oben bereits die Rede war (53-59).

Wir haben dieses Erklärungsmodell als *courtship-intensity hypothesis* bezeichnet, um zu unterstreichen, daß das Ausmaß der Heiratsabsichten in der Bevölkerung für eine Reihe von Faktoren eine entscheidende Rolle spielt. Dieser Hypothese liegt die Annahme zugrunde, daß sich keineswegs alle heiratsfähigen, aber noch unverheirateten Personen stets darum bemühten, jemanden zu finden, der für eine Ehe in Frage kam. Das war nur dann der Fall, wenn die betreffenden Individuen das Alter für eine zeugungsfähige Verbindung erreicht hatten,[22] dessen Eintreten sowohl von individuellen Besonderheiten als auch von allgemeinen Bedingungen abhing, die vor allem wirtschaftlicher Art waren. Wenn es um die Aussichten gut bestellt war bzw. schien, kamen bei mehr und mehr jungen Männern und Frauen Heiratsabsichten auf, was sich dann schließlich in einem niedrigeren Heiratsalter und höheren Heiratsziffern niederschlug. Wenn sich das auch in verschiedenen Gebieten recht unterschiedlich ausdrückt, so brachte doch der Entschluß zu einer Verbindung in den meisten Fällen die Gefahr einer Schwangerschaft mit sich, was dazu führte, daß es in Zeiten vermehrter Heiratspläne auch mehr voreheliche Schwangerschaften und uneheliche Geburten gab. Der Hypothese zufolge ist dies der Grund für das umgekehrte Verhältnis in der Entwicklung von Heiratsalter und Zahl der unehelichen Geburten und vorehelichen Schwangerschaften in England.

So erklärt sich auch die Zahl der unehelichen Kinder bei Dienstboten. „Dienstboten warteten gewissermaßen immer darauf, heiraten zu können", trafen aber nur dann wirklich ernsthafte Vorkehrungen, wenn der richtige Zeitpunkt gekommen war. Die „Kosten" dieser Form des Zustandekommens von Familien kommen im Anteil jener Frauen zum Ausdruck, bei denen der Beginn der ersten Schwangerschaft in die Zeit vor der geplanten Ehe fiel, wobei ein Teil der Kinder dann auch unehelich zur Welt kam. Die regional und zeitlich oft recht unterschiedlichen Werte lagen manchmal erstaunlich hoch. Man vermutet, daß sich der tiefste Satz um „10% und der höchste um etwa 50% bis 55% bewegte, wobei die meisten Werte der Verteilung in den Bereich zwischen 20% und 40% fielen" (55). Wie naiv daher, davon auszugehen, daß die Hochzeitsnacht immer den traditionellen Vorstellungen entsprechend verlief.

Das läßt darauf schließen, daß die meisten unehelich geborenen Kinder unter Bedingungen gezeugt wurden, die denen sehr ähnlich sind, die auf die Zeugung der ersten ehelich geborenen Kinder zutreffen. Verschiedene Unterlagen, über die wir inzwischen verfügen, belegen das auch. Um sogenannte Jugendsünden handelte es sich gewiß nicht. Die Eltern unehelicher Kinder waren im allgemeinen bereits alt genug, um zu heiraten, und nicht nur von sich aus dazu in der Lage, sondern hatten sich oft auch entschlossen, eine Ehe einzugehen, wurden dann aber von äußeren Umständen daran gehindert. Logisch gesehen bestand also ein enger Zusammenhang zwischen vorehelichen Schwangerschaften und unehelichen Geburten.

Es wäre ein Irrtum, davon auszugehen, daß Frauen, die schon mit einem Mann ein uneheliches Kind gehabt hatten, deshalb für eine Ehe mit einem anderen Mann nicht mehr in Frage kamen. Manchmal brachte eine Frau sogar die Kinder zweier in Erwägung gezogener Männer zur Welt, ehe sie sich dann schließlich zur Ehe mit einem dritten Mann entschloß. Es erübrigt sich wahrscheinlich der Hinweis, daß Männer sich Frauen gegenüber noch größere Freiheiten herausnahmen, auch wenn sie sich dabei meist an die jeweils üblichen Gepflogenheiten der Werbung hielten. Daß sich ein recht hoher Anteil der Abweichungen in diesem Bereich so erklären läßt, ändert nichts daran, daß eine nicht geringe Zahl unehelicher Geburten auf Ursachen ganz anderer Art zurückzuführen ist. Manche Frauen waren – vielleicht sogar von einem Fremden – vergewaltigt, manche von ihrem Herrn oder einem seiner Söhne sexuell mißbraucht worden, andere wiederum führten einfach ein liederliches Leben oder verdienten sich als Huren ihren Unterhalt. Wie Huren überhaupt gehören auch die meisten freizügigeren Frauen zum Kreis derer, die für uneheliche Kinder besonders in Frage kamen.

Fälle der genannten Art sind es auch, die in den Büchern festgehalten sind, weil sie von den Kirchenaufsehern den Gerichten eher zu Gehör gebracht wurden. Daher rührt vielleicht auch der Eindruck, daß es damals weit mehr Unterdrückung und Gemeinheit gab, als tatsächlich der Fall war. Es liegt mir aber fern, die Grausamkeit herunterzuspielen, die ledige Frauen unter Umständen zu erdulden hatten, wenn sie schwanger wurden, oder die Härte des Schicksals zu bestreiten, das ganz besonders wehrlose Arme traf, wenn ihr Geschlechtsleben in den Augen der Gemeinschaft nicht den Normen entsprach.

Der Hypothese von der Signifikanz des Ausmaßes bestehender Heiratsabsichten liegt vor allem die Annahme zugrunde, daß diese bei den ärmeren und das heißt natürlich umfangreichsten Teilen der Bevölkerung im Leben der heiratsfähigen Unverheirateten nicht ein ständig, sondern ein nur gelegentlich entscheidendes Moment darstellen und dementsprechend eine je nach sozialer Stellung des betreffendes Paars unterschiedliche Rolle spielen. Die Tochter eines Gutsherrn oder wohlhabenden Bürgers wurde zwar ständig zum Gegenstand der verschiedensten Heiratspläne, sobald sie einmal in die Gesellschaft eingeführt worden war. Sich der Gefahr einer Schwangerschaft auszusetzen, war jedoch unter allen Umständen verboten, bevor der Ehevertrag nicht unterschrieben, besiegelt und dann an dem dafür vorgesehenen öffentlichen Ort, in der Kirche, durch die Hochzeit erfüllt worden war. Nur so war es möglich, Nachfolge und Eigentum der Familie zu sichern.

Man weiß nun also, wie sich die Inhalte der von den Autoren einer Minderheit für diese Minderheit geschriebenen Stücke,

Gedichte und Abhandlungen erklären. Es sind die Väter der Reichen und Mächtigen, die ihre umschwärmte Tochter um jeden Preis zu beschützen versuchen, wenn diese einmal alt genug geworden ist, um zu heiraten, und dann stets zu verhindern trachten, daß sie sich wie ein Mädchen aus dem Volk benimmt. Es ist also nur ein Mißverständnis, das Verhalten der Frauen in der Literatur als für das Verhalten aller Frauen von damals repräsentativ anzusehen. Sowohl was das Volk als auch was die herrschende Minderheit angeht, unterschieden sich die Heiratsgepflogenheiten von Gebiet zu Gebiet, und selbst in den Ländern, die im allgemeinen westeuropäische Familienstrukturen aufweisen, sind, das umgekehrte Verhältnis von Heiratsalter und Anteil unehelicher Geburten betreffend, allem Anschein nach gewisse Abweichungen zu beobachten. Obwohl sich in Frankreich dieser Zusammenhang, regional unterschiedlich ausgeprägt, für das 19. Jahrhundert feststellen läßt (273), finden sich diesbezüglich im 18. Jahrhundert so gut wie keine Anhaltspunkte. Man trifft in dieser Zeit in Frankreich sogar hin und wieder auf Spuren eines Zusammenhangs, den wir im Fall Englands nicht nachweisen konnten; außerdem liegen die Zahlen für uneheliche Geburten im allgemeinen bei späten Heiraten etwas höher als bei frühen.[23] Im Hinblick auf die Rolle des Ausmaßes bestehender Heiratsabsichten ist also ebenso Vorsicht angebracht wie im Punkt Moral und soziale Kontinuität in der Welt von einst überhaupt. Ehe wir dieses Thema abschließen, wollen wir noch kurz auf die beinahe beiläufig aufgetauchte Frage der Privatheit geschlechtlicher Beziehungen in jener Zeit eingehen.

Man hört oft, daß sich die heutige Gesellschaft von der uns verlorenen Welt im wesentlichen durch die zusehende Privatisierung des Familienlebens unterscheidet. Man hat behauptet, daß sich vor allem daher auch der Gegensatz zwischen bürgerlicher und bäuerlicher bzw. proletarischer Häuslichkeit erklärt.[24] Wie nicht anders zu erwarten, stehen uns so gut wie keine Unterlagen zur Verfügung, denen zu entnehmen wäre, inwiefern bei Bauern und Arbeitern der Geschlechtsverkehr eines Paares von anderen beobachtet oder überhört werden konnte. Aufgrund der gedrängten Wohnverhältnisse und der unter den klimatischen Bedingungen West- und Nordeuropas gegebenen Notwendigkeit, sich um das Feuer zu scharen und das Bett zu teilen, muß man freilich davon ausgehen, daß damals sicher nicht immer alle Menschen in den Genuß jener heute als unabdingbar, ja fast als Recht jedes Menschen vorausgesetzten Privatheit kamen. Alle, die, wie ich etwa auf einem schwer überbemannten Schiff der Marine, erfahren haben, was es heißt, unter äußersten räumlichen Beschränkungen zu leben, wissen allerdings, daß physische Privatheit keine rein physische Angelegenheit ist. Auch soziale Barrieren können die Unverletzlichkeit des einem Individuum vorbehaltenen Raumes garantieren und vor fremden Blicken und Geräuschen bewahren. In den Baracken, Hütten und jenen in mehrere Einheiten unterteilten Behausungen unsere Vorfahren dürften soziale Barrieren dieser Art auch eine Rolle gespielt haben. Es sind uns freilich eine Reihe von Hinweisen überliefert, die zeigen, daß die Menschen es trotzdem ganz entschieden vorgezogen hätten, wirklich allein zu sein, wenn sie miteinander schliefen. In den Unterlagen des Gerichts über einen berühmten Fall, der sich im 17. Jahrhundert in New England zutrug, ist davon die Rede, daß der Angeklagte seinen Begleiter aufforderte, den Raum zu verlassen, weil er sich mit einer gewissen Susan einlassen wollte.

Wenn sich auch nicht wirklich mit Bestimmtheit angeben läßt, inwiefern heute in physischer Hinsicht ein größeres Maß an Privatheit in geschlechtlichen Dingen herrscht, kann man das vom psychologischen Standpunkt durchaus bezeichnen. Wir haben gesehen, daß in England ab der Mitte des 18. Jahrhunderts Leute, die einen Fehltritt sexueller Art begangen hatten, nicht mehr öffentlich gedemütigt wurden. Damals hatte die Industrie weder die Dimensionen des Lebens noch die gesellschaftlichen Verhältnisse überhaupt wirklich zu tangieren begonnen. In der uns verlorenen Welt hielt es jeder für berechtigt, daß sein Geschlechtsleben von seinen Nachbarn in aller Offenheit verfolgt und beurteilt wurde. Innerhalb eines solchen Systems werden Verstöße gegen die Norm sowohl öffentlich als auch privat sanktioniert. Seit dem Verschwinden dieses Systems gibt es hingegen neben verschiedenen Formen des Geredes nur mehr eine Schande als Sanktion für bestimmte geschlechtliche Verhaltensweisen, die vollkommen subjektiv ist. Im Unterschied zur öffentlichen Schmach von einst läuft diese Sanktion über das individuelle Gewissen.

Daß sexuelle Ängste auf die Privatisierung des Geschlechtslebens zurückzuführen sind, dürfte wohl mit einiger Sicherheit feststehen. Nicht nur die Psychoanalyse ist so erst zum Zug gekommen. Die Persönlichkeitsstruktur des Menschen von heute ist auf jeden Fall ohne diese Veränderung nicht zu erklären.

KAPITEL 8

Sozialer Wandel und Revolution
Zum Begriff der Englischen Revolution

Trotz der bescheidenen Dimensionen und einfachen ökonomischen Strukturen war die Gesellschaft von einst ein höchst komplexes Gefüge, das Konflikten und Veränderungen unterworfen war. Bis zum Untergang der eigentlichen Feudalwelt wurden alle Länder Europas immer wieder von Bürgerkriegen heimgesucht. In den Stücken Shakespeares ist uns ein Kapitel dieser schier endlosen Auseinandersetzungen erhalten. Im 15. Jahrhundert war es in England den Häusern von York und Lancaster gelungen, Barone, Ritter, Kirche, Bürger und Volk in einen düsteren dynastischen Machtkampf zu verwickeln, der allerdings nie so dramatisch verlief, wie sich das für Shakespeare dargestellt haben muß und in Wirklichkeit nur gelegentlich zu offenen Kampfhandlungen führte.

Die Auseinandersetzung aber, die in unserer Vorstellungswelt einen zentralen Platz einnimmt und jedem sofort einfällt, wenn man von Bürgerkrieg und Revolution in England spricht, ist der Konflikt zwischen Roundheads und Cavaliers, der mit der Niederlage und Enthauptung Karls des Ersten endete und als letzte Konfrontation dieser Art überhaupt anzusehen ist. Man bezeichnet heute die Jahre zwischen 1640 und 1660, als vereinzelte Scharmützel in verzweifelten Feldzügen endeten und die Krise des Staatswesens zur Einrichtung einer unrechtmäßigen Herrschaft führte, gemeinhin als Puritanische Revolution. Der üblichen Darstellung zufolge war dann die außergewöhnliche Geschichte der Englischen Revolution nach den zwar für die Verfassung nicht minder entscheidenden, aber weit weniger dramatischen Wirrnissen der Jahre 1688 und 1689 vorbei. Jeder weiß, daß neben der Französischen, Amerikanischen und Russischen die Englische Revolution im allgemeinen Verständnis zu den großen Ereignissen der Geschichte zählt. Unterstellt ist natürlich, daß es sich dabei jeweils um einen für die Nation einmaligen Bruch handelt.

Es soll in dieser Einführung nicht versucht werden, den Verlauf jener sich über mehrere Jahrhunderte erstreckenden und alle Bereiche umfassenden Umwälzung im Detail nachzuzeichnen, die dazu geführt hat, daß sich unsere Welt so sehr von der unserer Vorfahren unterscheidet. Da es uns hier eher um einen

Vergleich geht, genügen einige kurze Ausführungen zu den Verhältnissen des frühen 20. Jahrhunderts, um den Gegensatz in aller Deutlichkeit anschaulich zu machen. Da dieses Kapitel ausschließlich analytischen Zwecken dient und hier weitaus akademischer zu verfahren war als sonst, kann der einfach an Tatsachen und konkreten Ergebnissen interessierte Leser diesen Abschnitt getrost überblättern.

Nach der Darstellung des Alltags der Menschen jener Zeit müssen wir, ehe zu umreißen versucht werden soll, wie die damalige Welt politisch aussah, in diesem Einschub den Ursachen des Bürgerkriegs und der damals aufbrechenden inneren Spannung auf den Grund gehen. Es stellt sich die Frage, ob der Revolutionsbegriff den Verhältnissen im England des 17. Jahrhunderts überhaupt entspricht, weil Revolution ja immer zumindest auf bestimmte gesellschaftliche Umwälzungen verweist.

Wenn wir hier von gesellschaftlicher Umwälzung sprechen, meinen wir damit eine nicht umkehrbare Veränderung des gesamten sozialen Gefüges, die so abrupt und gewalttätig erfolgt, daß von evolutionären Schritten nicht mehr die Rede sein kann. Auch noch so grundsätzliche und endgültige soziale Veränderungen sind in diesem Sinn nicht als revolutionär zu bezeichnen, wenn sie allmählich und geradlinig vor sich gehen. Man muß auch zwischen gesellschaftlichen und politischen Revolutionen unterscheiden. Von politischen Revolutionen spricht man, wenn eine neue Regierung oder Herrschaft an die Macht kommt oder sich die Zusammensetzung der politischen Führung bzw. das Verhältnis ändert, das sie als Institution der Gesellschaft gegenüber einnimmt. Auch Verschiebungen dieser Art müssen rasch und meist gewalttätig geschehen, um als revolutionär bezeichnet zu werden, und können mit Aufruhr und Kämpfen im ganzen Land einhergehen. Da im fraglichen Zeitraum solche Veränderungen in England an der Tagesordnung standen, meinen viele Historiker, je nach persönlichem Dafürhalten entscheiden zu können, welche Umstände sie als politische Revolution verstanden wissen wollen.

Während gesellschaftliche Revolutionen fast ausnahmslos von politischen Umwälzungen begleitet werden, bringen politische Umwälzungen keineswegs notwendigerweise gesellschaftliche Revolutionen mit sich. Da uns hier vor allem um den Begriff der Englischen Revolution zu tun ist, gilt es zu klären, ob es sich bei den genannten Vorgängen in einigen oder vielleicht sogar in allen Fällen um Ereignisse von nationaler Tragweite handelt, aufgrund deren es gerechtfertigt wäre, von einer Englischen Revolution zu sprechen.

Im Fall der Vereinigten Staaten kann man sagen, daß die Nation in gewisser Hinsicht der Erfahrung der Amerikanischen Revolution im 18. Jahrhundert ihre Existenz verdankt. Dasselbe trifft auch auf verschiedene im Laufe des 19. und 20. Jahrhunderts entstandene Staaten zu. Die Frage, ob eine Revolution sich für die Menschen von einst immer als eigener Prozeß darstellte, der von seinen Anhängern fortgeführt und von seinen Verrätern untergraben wurde, müssen wir hier ebenso auf sich beruhen lassen wie eine Reihe anderer Punkte, die in diesem Zusammenhang eine Rolle spielen. Es soll nur darauf hingewiesen werden, daß der Begriff des Verrats der Revolution im politischen Leben vieler Gesellschaften des 20. Jahrhunderts seinen festen Platz hat. Schließlich ist noch zu erwähnen, daß man, wie etwa im 17. Jahrhundert im Bereich der Wissenschaft, auch in bezug auf Entwicklungen ganz anderer Art von revolutionären Veränderungen spricht. – Hier müßte es darum gehen, die gar nicht leicht zu beantwortende Frage nach dem Zusammenhang der verschiedenen Momente zu klären und festzustellen, ob und inwiefern aus den einzelnen Entwicklungen eine Revolution resultiert oder nicht.

Daß wir uns mit dem Revolutionsbegriff und dem Wesen revolutionärer Veränderungen auseinandersetzen, hat weniger mit dem Gegenstand unserer Untersuchung, den letzten Stadien in der Entwicklung der vorindustriellen englischen Gesellschaft, zu tun als mit hartnäckigen Vorurteilen in der Geschichtswissenschaft und dem Umstand, daß viele Historiker politischen Ideologien und Fronten in den gesellschaftlichen Auseinandersetzungen ihrer Zeit verpflichtet sind. Für den historischen Soziologen ist es gewiß von Nutzen, sich vor Augen zu halten, daß jede Einschätzung sehr von der gegenwärtigen Situation bestimmt wird und im nachhinein immer gut reden ist. Es ist jedenfalls stets ebenso aufschlußreich wie entscheidend, die Voraussetzungen der in einer Gesellschaft aufbrechenden Konflikte zu kennen, auch wenn man die betreffende gesellschaftliche Krise trotz ihrer vielleicht als noch so tief und weitreichend empfundenen Konsequenzen gar nicht im Detail darzustellen hat. Zweifellos hat die Beschäftigung mit den Gegensätzen, um die es 1645 in der Schlacht von Naseby und vierzig Jahre später in der Schlacht von Sedgemoor ging, dazu beigetragen, das Bild der englischen Gesellschaft von einst im Bewußtsein der Menschen von heute zu verfälschen. Da sich aber Professoren wie Schüler so häufig mit der Frage konfrontiert sehen, welche Gründe denn „für das politische Chaos und die Auseinandersetzungen der Stuartzeit" verantwortlich sind, können wir wohl in diesem Zusammenhang kaum umhin, gewissen Verkürzungen und Mißverständnissen entgegenzutreten, die in vielen Fällen auf die erste Bekanntschaft mit dem Thema im Schulunterricht zurückzuführen sind.

Diese Frage beginnt heute für immer mehr Leute auf der ganzen Welt eine größere Rolle zu spielen. Da sich revolutionäre Ideologien in so vielen Staaten einer großen Beliebtheit erfreuen und jedes Land eine Revolution durchgemacht haben muß, um auch wirklich als Nation zu gelten, ist es tatsächlich dringend notwendig, die Frage zu klären, ob es sich bei den Ereignissen, die sich im 17. Jahrhundert in England zutrugen, um die erste Revolution dieser Art handelt. Kommt der ersten gesellschaftlichen Umwälzung im Hinblick auf Entwicklung und Wesen des Staats nicht ein ebenso entscheidendes Gewicht zu wie der ersten industriellen Revolution? Soweit also zu den Gründen, weshalb nicht nur jeder Engländer einige Dinge über die Geschichte des Landes der uns verlorenen Welt wissen sollte.

Als man in Mittel- und Osteuropa autoritäre sozialistische Systeme einzurichten und diese Form der Herrschaft nach Asien und in andere unterentwickelte Gebiete der Welt zu exportieren begann, hat sich Christopher Hill in wirklich eindeutiger Weise zu diesem Thema geäußert. Hill, später Master des Balliol College in Oxford und bereits damals auf dem besten Weg, zum bekanntesten und einflußreichsten Historiker der Englischen Revolution zu werden, meinte 1949 in bezug auf die Ereignisse in den Jahren 1640 bis 1649: „Es geht hier um die Erklärung der Entmachtung einer Klasse durch eine andere." Das Buch, aus dem dieser Satz stammt, trug den Titel *The Good Old Cause* und war unter der Mitwirkung des späteren Labour Ministers Edmund Dell entstanden.[1] Was immer man auch gegen die Darstellung der Dinge in diesem Werk, das damals ungeheures Aufsehen erregte, einzuwenden haben mag, ist ihm doch ein offensichtlicher Vorteil nicht abzustreiten.

Es ist eindeutig definiert, daß man sich unter einer nationalen gesellschaftlichen Revolution den Kampf zweier Klassen vorzustellen hat, von denen eine an der Macht ist, die andere an die Macht will, und es um politische Vorherrschaft geht. Unterstellt ist dabei, daß eine der beiden Klassen Erfolg hat; schlägt der

Versuch, die herrschende Klasse zu stürzen, fehl, kann von einer gesellschaftlichen Revolution nicht die Rede sein. Im Fall Englands muß man sich das nun so vorstellen, daß eine bürgerliche Kapitalistenklasse den Kampf gegen die bislang herrschende Klasse der adeligen Grundeigentümer gewonnen, diese entmachtet und die politische Kontrolle wirklich übernommen hat. Dies also das Bild, das man sich von den Ereignissen jener Zeit machen muß, wenn man daran glauben will, daß die damalige Bevölkerung die erste nationale Revolution in der Geschichte der Menschheit erlebte.

Den Theoretikern der Revolution zufolge war es nämlich genau das, was sich nach 1789 in Frankreich im Laufe der revolutionären Veränderungen zutrug, wo nachweislich dieselben Klassen um die Macht gekämpft haben sollen wie in England. Als sich 1917 in Rußland, später in Mittel- und Osteuropa und in den vierziger und sechziger Jahren in China die heutigen politischen Verhältnisse durchsetzten, war die siegreiche revolutionäre Klasse nicht mehr die besitzende Bourgeoisie, sondern das dritte Glied der marxistischen Triade, die Arbeiterklasse, das Proletariat. Wie in Nordamerika zur Zeit der Revolution gilt andernorts aber auch eine ausländische Macht im Land als Klassenfeind. So wichtig dieses Moment nationaler Befreiung auch heute vor allem für die revolutionären Bewegungen in Afrika, Asien und Lateinamerika geworden ist, für die Geschichte Englands im 17. Jahrhundert kommt ihm keinerlei Bedeutung zu.

Es stimmt, daß man, was das Einbringen revolutionärer Theorien in die Wissenschaft betrifft, seit den vierziger Jahren zusehends differenzierter und vorsichtiger verfährt. In der 1969 erschienenen Neuausgabe von *The Good Old Cause* finden sich keine Spuren jener radikalen Position mehr, die Christopher Hill ursprünglich in der Frage des Kampfes sozialer Klassen um die politische Macht eingenommen hat. Es ist heute üblich, vereinfachende Äußerungen dieser Art als Ausdruck „vulgärmarxistischer Tendenzen" abzutun, mit denen natürlich kein Wissenschaftler etwas zu tun haben will. Trotzdem trifft man auch heute noch auf viele Untersuchungen sozialer Veränderungen, die zwar davon ausgehen, daß in England im 17. Jahrhundert eine nationale bürgerliche Revolution stattgefunden hat, aber nur in ganz seltenen Fällen zu definieren versuchen, was einen solchen Einschnitt denn eigentlich genau ausmacht. Und nicht anders verhält es sich, wenn sich Leute aus anderen Ländern zu Vergleichszwecken des englischen Präzedenzfalles bedienen wollen. Als es etwa 1974 innerhalb des französischen Marxismus zu einer Debatte kam, die unter dem Titel „La revolution Française a t'elle eu lieu?" geführt wurde, der in offensichtlich ironischer Absicht bezweifelt, ob die Französische Revolution überhaupt stattgefunden hat, galt es als zwingendes Argument, darauf hinzuweisen, daß sich damals bereits ein Jahrhundert zuvor in England eine nicht umkehrbare bürgerliche Revolution der Gesellschaft mit nationalen Ausmaßen ereignet hatte.

Wenn man die Ereignisse in England in diesem Licht sehen will, muß man dabei als wesentlich voraussetzen, daß die erfolgreiche Klasse, der die Früchte des Bürgerkriegs und der gesellschaftlichen Auseinandersetzungen zufielen, sich am Kampf auch wirklich selber beteiligt haben und für ihre Interessen eingetreten sein muß. Es kann für einen Vertreter der revolutionären Geschichtstheorie nicht angehen, sich auf die Position zurückzuziehen, die Christopher Hill in seinen vorläufig letzten Auslassungen zu diesem Thema eingenommen hat. In einer Erklärung aus dem Jahr 1980 gibt er zu bedenken, daß der marxistische Begriff der bürgerlichen Revolution durchaus „keine Umwälzung bezeichnet, die von der Bourgeoisie ins Werk gesetzt oder geplant worden sein muß". Was die historische Wahrheit der bürgerlichen Revolution in England betrifft, sei es daher, wie Hill weiter ausführt, schlicht belanglos, daß sich eine aktive Teilnahme der Bourgeoisie bzw. einzelner Vertreter dieser Klasse an den Auseinandersetzungen nicht nachweisen läßt. Hill zufolge kommt es einzig darauf an, daß schließlich die Kapitalisten und deren Verbündete von den Ergebnissen der Veränderung profitiert haben.

Hier zieht sich Hill auf einen Standpunkt zurück, dem alles, was geschieht, als revolutionär gelten muß. Ob es sich nun um gewalttätige oder friedliche, plötzlich hereinbrechende oder sich allmählich anbahnende Vorkommnisse handelt, spielt keine Rolle mehr. Da es ja auf die von den Subjekten der Revolution selbst verfolgten Zwecke nicht ankommt, lassen sich auch gewalttätige Ereignisse der jüngsten Zeit wie die 1968 in Paris nicht wirklich einschätzen. Da die Zeit ja nicht ins Gewicht fällt, gibt es kaum eine historische Entwicklung, die mit dieser Sichtweise nicht gleichzeitig als bürgerliche und als proletarische Revolution zu begreifen ist. Man denke etwa nur an die Durchsetzung des allgemeinen Wahlrechts im Laufe des 19. und 20. Jahrhunderts. Wie schön läßt sich da illustrieren, daß von jedem Schritt Bourgeoisie wie Proletariat profitiert haben.

Geht man so weit, ist nicht mehr einzusehen, was Begriffe wie revolutionärer Klassenkampf und gesellschaftliche Umwälzung als Instrumente der historischen Soziologie überhaupt noch taugen sollen. Ein solches Wort bezeichnet so kein bestimmtes Ereignis mehr und verweist weder auf die Dauer des Geschehens noch auf die Erfolgsaussichten eines Vorhabens. Da mögliche Berührungspunkte zwischen bürgerlicher und proletarischer Revolution in diesem Sinn nicht mehr auszumachen sind, ist man mit Phänomenen konfrontiert, die überhaupt nichts miteinander zu tun haben scheinen. Unter solchen Umständen kann es einem nur schwerfallen, einen Grund dafür anzugeben, warum es zweckmäßig sein sollte, den Begriff der Englischen Revolution als Bezeichnung für bestimmte Ereignisse des 17. Jahrhunderts beizubehalten. Dies gilt zumindest dann, wenn man gesellschaftliche Umwälzungen als Klassenkonflikte begreift, die dazu führen, daß eine andere politische Gruppe die Macht übernimmt. Tatsache ist, daß es die verschiedensten Auffassungen darüber gibt, was unter gesellschaftlicher Umwälzung zu verstehen ist, und man sich sogar mehr und mehr des Begriffs der Englischen Revolution bedient. Daher können wir nicht umhin, den gewalttätigen Konflikten der Stuartzeit auf den Grund zu gehen.

Wie man im letzten Kapitel sehen wird, fallen Historiker der Soziologie oft lästig, weil sie es sich nicht abgewöhnen können, derart direkte und einfache Fragen zu stellen. Und damit nicht genug: Sie erwarten auch noch, eine ebenso direkte Antwort zu bekommen. Im vorliegenden Fall ist die Fragestellung aufgrund der mit der Antwort verbundenen Erwartungen überhaupt alles andere als einfach. Diese soll nämlich nicht nur die gesellschaftlichen Ursprünge einer bestimmten Krise angeben, sondern auch den Zusammenhang zwischen der sogenannten Englischen Revolution und jenen langfristigen sozialen Veränderungen klären, die schließlich zur Entstehung der teils „kapitalistisch", teils „sozialistisch" ausgerichteten Industriegesellschaft von heute geführt haben. Welche Verbindung gibt es zwischen den Roundheads Oliver Cromwells und den gesellschaftlichen Kräften, denen es zuzuschreiben ist, daß die patriarchale Familie ihre ökonomische Schlüsselrolle verlor? Welcher Zusammenhang besteht zwischen der Glorreichen Revolution von 1688 und dem Ursprung des Fabrikwesens? Setzt man sich mit solchen Fragen auseinander, sieht man sich sofort seltsamen Unklarheiten gegenüber, was das wesentlichste Moment der industriellen Welt angeht. Niemand scheint wirklich genau angeben zu können, wann es die ersten Fabriken gab. Die tatsächlichen Ursprünge solcher Dinge wie der Grundlage der mechanischen Massenproduktion zu klären, ist viel schwieriger, als man sich vielleicht vorstellt. Geht man der Geschichte dieser Einrichtungen nach, ist man mit ähnlichen Schwierigkeiten konfrontiert, wie wenn man der Quelle eines Flusses nachspürt. Nach einer Reihe von Verzweigungen, wo man nicht weiß, welcher man folgen soll, verlieren sich schließlich die Ursprünge mehr und mehr.

Einer der Ursprünge liegt im *ergasterion* der Antike, wo Sklaven hingebracht wurden, um gemeinsam zu arbeiten. Ein anderer findet sich den Untersuchungen des großen Soziologen Max Weber zufolge in der *fabrica* des Mittelalters, einer Kellerwerkstätte, der man auch auf dem Land begegnet, wo sie sich nicht im Besitz mehrerer Handwerksmeister befand, sondern dem Gutsherrn gehörte.[2] Obgleich sich Weber und andere mit Wissen und Umsicht ans Werk gehende Autoren überrascht zeigen, daß sich für die Existenz von Fabriken in früherer Zeit keine Hinweise finden, meinen sie, was die Tudorzeit angeht, bereits festen Boden unter den Füßen zu haben.

In einem 1619 veröffentlichten und der Zunft der Londoner Weber gewidmeten Roman Thomas Deloneys findet sich ein Gedicht, in dem von einem Gebäude die Rede ist, das 200 Webstühle zu fassen vermag. Die dort beschäftigten 200 Männer, 100 Frauen, 200 Burschen und 200 Mädchen arbeiten für den berühmten englischen Tuchhändler Jack of Newbury.[3] Deloney teilt dem Leser mit, daß der Ruf dieser Einrichtung bis an den Königshof drang und Heinrich der Achte mit seiner Frau Katharina der Weberei sogar einen Besuch abstattete.

Jack of Newbury dürfte aber allem Anschein nach ein Mythos sein. Die „Fabrik", die der Tuchhändler eingerichtet haben soll, gibt wahrscheinlich nicht weniger zu Mißverständnissen Anlaß als Shakespeares Verse über das Heiratsalter Julias, wenn man das Werk Deloneys als Hinweis auf damals tatsächlich existierende Einrichtungen und das Verhalten der Menschen jener Zeit versteht. Der Verfasser bezeichnet die Manufaktur an verschiedenen Stellen seines zotigen und formlosen Werks immer wieder als „Haushalt". So heißt es einmal, daß „diese Familie einen eigenen Fleischhauer hatte, der, um alle Mitglieder des Haushalts zu versorgen, in der Woche zehn Ochsen schlachtete". Man merkt beim Lesen sehr bald, daß es dem Autor darauf ankam, zur Belustigung der Zunft eine Geschichte über einen seltsamen Weberhaushalt zu erfinden. Sein panurgischer Handwerker vermag vielleicht, wenn er Wasser läßt, nicht eine ganze Stadt zu überschwemmen wie der Held Rabelais', ist aber sicher nur ein mit gargantuesken Zügen ausgestatteter Meister in der Art jenes Bäckers, den wir zu Beginn dieser Untersuchung vorgestellt haben. Dieses Fragment aus dem Bereich zwischen Literatur und Folklore schildert also einen Haushalt mit phantastischen Dimensionen und belegt keineswegs, daß es in der Tudorzeit bereits Fabriken gab. Es zeigt allerdings, daß ein erfolgreicher Tuchhändler als Held verklärt und sein Hauswesen zum Gegenstand poetischer Übersteigerung werden konnte.

Dies mag uns nochmals davor warnen, literarische Hinweise wörtlich zu nehmen und uns so ein falsches Bild über die gesellschaftlichen Verhältnisse der Vergangenheit zu machen. Wenn es auch nicht möglich ist, eindeutig nachzuweisen, daß es in der uns verlorenen Welt überhaupt keine Fabriken gab, kann man doch festhalten, daß auf großer Stufenleiter betriebene Unternehmen zur Herstellung von Gütern in allen Beschreibungen der vor dem späten 18. Jahrhundert in England herrschenden Verhältnisse fehlen. Sicher gab es vor der Industriellen Revolution gewisse Ansätze; im ersten Kapitel war von einigen Beispielen die Rede. Bergwerke, Baustellen, Werften, Salinen und eine ganze Reihe anderer manufakturartiger Betriebe erforderten sicherlich den auf die eine oder andere Weise koordinierten Einsatz größerer Gruppen von Arbeitern. Im Rahmen der Armee und der Flotte durchzuführende Arbeiten und die Herstellung von Wandteppichen und anderen feinen Manufakturgütern für Hof und Adel führten in ganz Europa zur Einrichtung königlicher Werkstätten und Betriebe. Manche englische Institutionen wie das unter Königin Elisabeth entstandene Arsenal der *Mineral and Battery Works* gehören ebenfalls hierher.

Ehe man Einrichtungen dieser Art als Fabriken gelten lassen kann, bedarf es allerdings einer Reihe recht komplexer Definitionsschritte. Insgesamt gesehen spielten Fabriken jedenfalls eine für die Wirtschaft des Landes ganz unwesentliche Rolle. Interessanterweise finden sich die am weitesten gehenden Ansätze in den Arbeitshäusern der Städte, die infolge verschiedener Parlamentsbeschlüsse eingerichtet wurden und zu jenen Maßnahmen zu zählen sind, die von den Stadtverwaltungen ergriffen wurden, um — wie es hieß — „die Armen zum Arbeiten zu bringen". Und doch wurden in zeitgenössischen Berichten Manufakturen nicht nur als segensreiche Einrichtungen gefeiert, die untätigen Menschen eine Möglichkeit boten, ein Auskommen zu finden, sondern von allem Anfang an auch mit Not und Ausbeutung in Zusammenhang gebracht.

In jüngster Zeit ist verschiedentlich von einem etwas anderen Übergang zwischen dem Handwerkerhaushalt der in der Familie verankerten Gesellschaft und dem heutigen Fabrikswesen die Rede gewesen. Es handelt sich dabei um den bereits mehrfach erwähnten proto-industriellen Haushalt, dem man gegen Ende des 18. Jahrhunderts vor allem in England derart häufig begegnet, daß eine wesentliche deutsche Arbeit, die sich mit dieser Haushaltsform und deren gesellschaftlicher Stellung befaßt, den Titel *Industrialisierung vor der Industrialisierung* trägt.[4]

Von proto-industriellen Haushalten spricht man, wenn eine ganze Familie — manchmal trifft man sogar auf eigene Dienstboten und Lehrlinge — von jemandem außerhalb beschäftigt wird, für einen kapitalistischen Unternehmer arbeitet, der oft nicht nur die Rohstoffe bereitstellt und die fertigen Produkte übernimmt, sondern auch im Besitz der Webstühle und Spinnräder ist und dafür entgolten wird. Ein einzelner Kapitalist, der mehrere, manchmal Dutzende Haushalte teils oder gar ganz für sich beschäftigt und auf einen kollektiven Arbeitsprozeß hin organisiert, ist als Industrieller anzusehen. Von unserem Standpunkt zeichnet sich dieses System jedoch vor allem gerade dadurch aus, daß Familienform und Stufenleiter der Produktion dabei unverändert bleiben. Da der proto-industrielle Haushalt als Ergänzung bzw. Alternative der Fabrik überlebte, kann man ihn nicht einfach als Zwischenform und Übergang zur modernen industriellen Produktion verstehen.

Andererseits besteht jedoch kein Zweifel daran, daß die Einführung solcher Organisationsformen unter Umständen zu gesellschaftlichen Veränderungen führen konnte. Dies gilt besonders für die wichtigen Woll- und Stoffindustriegebiete, die einmal in der Geschichte Englands eine so entscheidende Rolle spielten. Selbst wenn man nur die Menge und den Verkauf der Produkte auf fernen Märkten in Betracht zieht, unterscheiden sich proto-industrielle Haushalte ganz wesentlich von auf die lokale Nachfrage ausgerichteten dörflichen Handwerksbetrieben. Sie waren dadurch sowohl von den internationalen Marktbewegungen als auch von der eigenwilligen Geschäftspolitik der kapitalistischen Unternehmer abhängig. Man hat eine Reihe von

Nachforschungen — und Spekulationen — angestellt, um herauszufinden, wie diese Organisationsform demographisch zum Ausdruck kam, sich in den Arbeitsverhältnissen, der sogenannten Rollenstruktur der beteiligten Familieneinheiten niederschlug und die geschlechtliche Arbeitsteilung, ja das Fortpflanzungsverhalten und die Einstellung zur Sexualität veränderte.

Logischerweise lag unter diesen Umständen jedem Haushalt daran, über möglichst viele Arbeitskräfte zu verfügen. Die Folge davon war, daß die Fruchtbarkeit stieg, das Heiratsalter zurückging, umgekehrt aber auch wiederum Kinder länger bei ihren Eltern blieben, Familien- und Haushaltsgröße zunahmen und die Zahl der im Haus wohnenden Verwandten wuchs. Da es im Unterschied zur einstigen Landbevölkerung nicht mehr die Eltern bzw. überhaupt die der älteren Generation angehörenden Menschen waren, die den Zugang zu den Mitteln des Lebensunterhalts kontrollierten, kam es infolge des nicht nur Heiratsangelegenheiten betreffenden Autoritätsverlusts häufiger und in manchen Fällen wahrscheinlich sogar wiederholt zu unehelichen Geburten. Insofern sie, was ihr Auskommen betraf, ganz und gar von den vereinten Kräften ihrer Angehörigen abhingen, waren proto-industrielle Haushalte proletarisch.

Hier stoßen wir wieder auf den Zusammenhang zwischen bestimmten Haushaltsformen und Heiratsgepflogenheiten. Obgleich wir hier diesen möglicherweise relevanten Beziehungen nicht näher nachgehen können, läßt sich doch festhalten, daß in England Entwicklungen in diesem Bereich mit der Durchsetzung proto-industrieller Strukturen in einem notwendigen Zusammenhang stehen und nur in erstaunlich seltenen Fällen Verhältnissen zuwiderliefen, die für das bestehende gesellschaftliche Gefüge bereits konstitutiv waren. Bei ausschließlich auf Manufakturarbeit ausgerichteten Haushalten war die Zahl der Kinder sicher recht hoch und lag im allgemeinen über dem für Arbeiterfamilien charakteristischen Durchschnitt, die oft zur Gänze proletarisch waren. Was aber Fruchtbarkeit, Heiratsalter, erweiterte Haushalte und Verarmung betrifft, lassen sich nur recht vage Angaben machen. Dies gilt besonders, was das Vorkommen erweiterter Familienhaushalte angeht. Obgleich es in England eine enorm große Zahl solcher Hauswesen gab, waren außerdem nicht alle ausschließlich auf diese Art der Arbeit hin ausgerichtet. Für viele Familien war die Herstellung von für den gewinnbringenden Verkauf auf dem internationalen Markt bestimmten Gütern nur eine Nebenbeschäftigung.

Im Laufe der diese Zusammenhänge betreffenden Nachforschungen hat sich immer mehr herausgestellt, daß, von der Entwicklung des proto-industriellen Bereichs abgesehen, auch in der Welt von einst die Produktion nicht ganz und gar in den Händen einzelner Haushalte lag. In England gab es vom Hochmittelalter an nur mehr eine Minderheit von Haushalten, die — sei es in der Landwirtschaft, sei es im Bereich des Handwerks — als Arbeitseinheiten funktionsfähig waren. Man kann sich heute nicht der Einsicht entziehen, daß die Menschen jener Zeit dazu neigten, in Wahrheit nicht auf einzelne Häuser oder Haushalte beschränkte Arbeitseinheiten mit der Welt der Familie und patriarchalen Verhältnissen entlehnten Begriffen zu bezeichnen. Die in Europa gebietsweise recht unterschiedliche Ideologie der Arbeit deckte sich nicht mit den tatsächlichen Bedingungen. In England dürften patriarchale und auf familiäre Beziehungen gegründete Vorstellungen für das Bild aller Arbeitsverhältnisse besonders bestimmend gewesen sein.[5]

Proto-industrielle Haushalte lebten also wenn auch keineswegs immer, so doch unter Umständen in ebenso elenden Verhältnissen wie jene Pauperfamilien, die die Wolle, den Flachs und die Weiden verarbeiteten, mit denen das Armen- oder Arbeitshaus, wie man es bezeichnenderweise auch nannte, von den Kirchenaufsehern versorgt wurde. Erst nach einer langen Reihe historischer Erfahrungen konnte sich die Fabrik, die auch heute noch als die für die industrialisierte Welt zentrale Einrichtung anzusehen ist, als selbständige Organisationsform durchsetzen. Als dann schließlich die Urkunde einer rechtens als erste Fabrik Englands bezeichneten Einrichtung auftaucht, ist bereits in auffälliger Weise vom Elend der Betroffenen und bestimmten Gegenmaßnahmen die Rede.

Das Eisenwerk Winlaton in Swalwell in der Grafschaft Durham, das der Hüttenbesitzer Ambrose Crowley im Jahre 1691 in Betrieb nahm, arbeitete im Krieg Wilhelms des Dritten gegen Frankreich für die Flotte. Innerhalb weniger Jahre beschäftigte Crowley bereits Hunderte von Arbeitern. Aus seinen uns überlieferten „Gesetzen" geht hervor, daß eine große Zahl von Menschen auf ein Gebäude zusammengedrängt gewesen sein dürfte und von ihm als Abteilung einer industriellen Armee, als eine Arbeitskraft behandelt wurde.[6] Eine Reihe von verschiedensten Maßnahmen sollte der Armut der Leute abhelfen. Es gab eine eigene Kapelle, die der für die Armenfürsorge zuständige Geistliche überhatte, der auch den Arbeiterkindern Unterricht erteilte. Man spürt hier bereits etwas von jener Atmosphäre, die der dicht patriarchal strukturierten Gesellschaft Japans unter der Herrschaft der Meiji-Kaiser gegen Ende des 19. Jahrhunderts eigentümlich ist.

Auch im Fall der recht weitläufigen Ausführungen dieses umfangreichen Dokuments fällt heute vor allem die ungewöhnliche Mischung der Maßnahmen auf, die Momente der alten und der neuen Ordnung aufnehmen und für den handwerklichen Familienbetrieb charakteristische Formen mit Strukturen kooperativer Arbeit verbinden. Ein nicht unbeträchtlicher Teil der tatsächlichen Produktion fand damals allem Anschein nach noch in den Häusern der von Ambrose Crowley beschäftigten Arbeiter unter keineswegs neuen Bedingungen statt. Aufgrund der uns heute zur Verfügung stehenden Unterlagen muß man davon ausgehen, daß die ersten Fabriken des am frühesten industrialisierten Landes in der zweiten Hälfte des 18. Jahrhunderts eingerichtet wurden. Es ist kaum vorstellbar, daß uns die Entdeckung neuer Quellen einmal zwingen wird, dieses Urteil zu revidieren.

Es geht nicht an, das England der Tudor- und Stuartzeit mit Maßstäben einer anderen Zeit zu messen und der Entfremdung des Arbeiters von seiner Tätigkeit und dem Bruch in der Kontinuität des emotionalen Empfindens in Zusammenhang zu bringen, den wir für das mit dem Untergang der traditionellen Welt verbundene Trauma verantwortlich machen. Kapital und Kapitalismus waren zwar damals bereits recht verbreitet, den industriellen Kapitalismus, den wir kennen, gab es aber nicht. Die Durchsetzung des Fabrikwesens verurteilte den Arbeiter zu dem Schicksal, das einst den Armen bestimmt war.

Es könnte jedoch trotz alledem so sein, daß den neuen Maßstäben, die sich fünf oder sechs Generationen vor den Anfängen der großen Industrie durchzusetzen begannen, im Hinblick auf die politische Misere jener Zeit eine bestimmte Rolle zukommt. Will man das politische Leben und die sozialen Entwicklungen der Alten Welt wirklich verstehen, ist es wahrscheinlich notwendig, alle Einflußfaktoren in Betracht zu ziehen, die sich auf die Bewahrung der politischen Stabilität ausgewirkt haben könnten. Vielleicht stellt die Intensivierung des Handels einen entscheidenden Schritt dar, weil dadurch nicht nur neue Beziehungen zustande kamen, sondern auch eine der Alten Welt vollkommen fremde Einrichtung, die Aktiengesellschaft, aus diesem Zusammenhang entstand. Diese neue Form der Organisation gab es schon vor dem 18. Jahrhundert. In der Ostindischen Handelsgesellschaft und der Bank von England war bereits ein Modell für die institutionellen Vorformen des modernen Unternehmertums gegeben. Im Verhältnis zur Gesamtheit aller Tätigkeiten im Bereich von Handel und Industrie kann der Einfluß der Aktiengesellschaft vor dem frühen 18. Jahrhundert eine sicher nur ganz unbedeutende Rolle gespielt haben. Und doch ist der Begriff der „Revolutionierung des Handels im 16. und 17. Jahrhundert" eine zwar noch ziemlich neue, aber bereits recht angesehene Wendung in der Liste der der Geschichtswissenschaft lieben Ausdrücke. Wenn es zu einer Veränderung in diesem Bereich kam, muß sie, so meint man, auch die politischen Strukturen in irgendeiner Weise berührt haben.

Es läßt sich jedoch zeigen, daß damals im Handel enorme Expansionen und Kontraktionen stattfinden konnten, ohne Organisationsform und Ausmaß der betreffenden Unternehmen zu verändern. Man kann auch nachweisen, daß die gesellschaftlichen Konsequenzen der Expansion in diesem Bereich in erster Linie die geographische Mobilität betreffen und sich besonders im verblüffenden Wachstum der Londoner City abzeichnen. Trotz des im Bergbau und anderen Branchen zügigen Wachstums gilt dasselbe auch für die bekannten Formen der Entwicklung der Manufaktur und Reichtumsvermehrung in der Tudor- und Stuartzeit. Was den Bereich der staatlichen Verwaltung angeht, dürfte es sich recht ähnlich verhalten, obgleich sich in diesem Fall vielleicht herausstellen mag, daß dort Ausweitungen von strategisch weitaus wichtigeren Strukturveränderungen begleitet wurden. Vielleicht war Samuel Pepys als Sekretär der Admiralität ein ebenso wichtiger Wegbereiter des englischen Industriekapitalismus wie Samuel Smiles.

Wenn, wie wir zu zeigen versuchen werden, soziale Mobilität ein konstantes Merkmal der traditionellen Gesellschaft darstellt, sind weder Handel und Industrie noch städtisches Leben und Bürokratie aufgrund der ihnen immanenten Tendenz zur Expansion stets mit Auflösungserscheinungen verbunden. Es gab aber eine ökonomische Entwicklung, die weit mehr Menschen betraf als alle übrigen zusammen und zwangsläufig zu Unruhen führte. Obwohl es uns angebracht erschien, die Konsequenzen der Einfriedung des Gemeindelandes für den Untergang der Dorfgemeinschaft als eher unbedeutend darzustellen, steht außer Zweifel, daß es — wenn auch nur relativ wenige Gemeinden betroffen waren — dadurch zu einer Reihe von gesellschaftlichen Verschiebungen kam. Veränderte Bedingungen im

Hinblick auf verfügbares Land und zunehmender Ausschluß von Grund und Boden waren insbesondere dann von entscheidender Bedeutung, wenn damit ein sprunghafter Anstieg des Bevölkerungswachstums einherging, wie das verschiedenen Untersuchungen zufolge im Laufe des späten 16. und frühen 17. Jahrhunderts durchwegs der Fall gewesen zu sein scheint.

Wir haben bereits gesehen, daß sich der Gegensatz von arm und reich innerhalb der Dorfgemeinschaft seit der elisabethanischen Zeit zusehends verschärfte. Als sich gegen Ende des 18. Jahrhunderts die Folgen der Industrialisierung abzuzeichnen begannen, spitzten sich die Dinge in einer Weise zu, die man als tragisch bezeichnet hat. Diese Tragödie ist Thema der Gedichte George Crabbes, des lyrischen und erzählerischen Werks von John Clare, der Gemälde George Morlands und der Berichte des Geistlichen David Davies, die sich mit dem Elend der arbeitenden Bevölkerung auseinandersetzten.

Diesen Akt in der dramatischen Entwicklung der Dinge erlebte allerdings erst die fünfte Generation nach dem Bürgerkrieg. Das bis 1620 hundert Jahre lang anhaltende Sinken der Reallöhne und der dann etwa um die Jahrhundertmitte einsetzende Rückgang des Bevölkerungswachstums sind sicherlich als die Grundlagen des sozialen Gefüges berührende Folgen davon zu verstehen. Diese Entwicklungen betrafen alle europäischen Länder und es gibt — wie bereits erwähnt — eine Diskussion über eine allgemeine Krise, die damals den ganzen Kontinent heimgesucht haben soll, obgleich die betreffenden Anzeichen nicht gerade eindeutig sind und mit plötzlichen Veränderungen in Zusammenhang stehen. Krisen dieser Art dürften als Auslöser von Revolutionen nicht in Frage kommen, und auch wenn, wie das oft geschieht, unterschiedslos alle Faktoren zusammengenommen werden, scheint völlig unwahrscheinlich, daß gesellschaftliche Umwälzungen nationalen Ausmaßes dadurch überhaupt zustandekommen können. Eine Diskussion, die sich auf der Ebene der genannten Debatte um die Gründe des englischen Bürgerkriegs bewegt, geht an der Sache vorbei und vermag nicht wirklich zu überzeugen — und sei es auch nur deshalb, weil so viele gesellschaftliche Entwicklungen und deren Tempo und Umfang betreffende Detailfragen mit den heute der historischen Soziologie verfügbaren Mitteln einfach nicht zu klären sind.

Man behauptet oft, daß das Jahrhundert vor dem Bürgerkrieg rascheren Veränderungen unterworfen war als je eine Zeit zuvor. Das soll wahrscheinlich die Katastrophe erklären helfen. Da es jedoch keinerlei Unterlagen gibt, die den Grad der gesellschaftlichen Entwicklung zu verschiedenen Zeiten einzuschätzen erlauben würden, weiß man nicht recht, was man von einer solchen Behauptung halten soll. Und was die Revolution selbst betrifft, gilt es zu berücksichtigen, inwiefern es bereits zu Veränderungen gekommen sein muß, bevor die Anpassungsfähigkeit des sozialen Gefüges erschöpft ist und der Zusammenbruch unausweichlich erscheint. Die seit unvordenklichen Zeiten bestehende gesellschaftliche Ordnung, die wir zu umreißen versucht haben, muß in einem hohen Maß anpassungsfähig gewesen sein — sonst hätte sie nicht so lange bestehen können. Man sollte, wenn man sich mit dieser Frage auseinandersetzt, den Revolutionsbegriff ausschließlich für Veränderungen verwenden, die jenseits des ständigen Prozesses üblicher Entwicklungen liegen, mit denen man immer und überall konfrontiert ist.

Zieht man für die Untersuchung gesellschaftlicher Veränderungen in England eine ganz andere Zeit heran und bezieht sich auf das sogenannte Jahrhundert der Revolution, die Jahre 1603 bis 1714, könnte man mit derselben Entschlossenheit den entgegengesetzten Standpunkt vertreten. Versucht man sich einen Überblick über die grundsätzlichen Rahmenbedingungen dieser Zeit zu verschaffen, fällt auf, wie wenig — und nicht wie viel — damals anders geworden zu sein scheint. Es gibt keinen Hinweis darauf, daß um die Jahrhundertmitte, die man gemeinhin mit revolutionären Umbrüchen in Zusammenhang bringt, ein rascherer Wandel vor sich gegangen wäre. Auch hier fehlen uns die für einen Vergleich erforderlichen Angaben. Weder im wirtschaftlichen noch im sozialen Bereich scheint eine die Grenzen der Kompromißfähigkeit sprengende und so zur politischen Katastrophe führende Verschiebung eingetreten zu sein. Die Veränderungen, zu denen es kam, dürften eher allmählich vor sich gegangen sein.

Es ist überaus schwierig, historisch nachzuweisen, daß etwas nicht war — und das besonders dann, wenn die Unsicherheit so groß ist wie in diesem Fall. Auch wenn sich vielleicht einmal herausstellt, daß unsere Einschätzung des Tempos der Entwicklung in jenen Jahren nicht stimmt, kann wenigstens im Unterschied zu anderen Ansätzen von mangelnder Vorsicht nicht die Rede sein. Es kommt häufig vor, daß wesentliche Veränderungen ausgemacht werden, die man dann einfach als „revolutionär" anzuerkennen hat. So wird etwa oft aus dem wechselnden Geschick des

Adels, dem Erfolg einer bestimmten Neuerung in der Textilindustrie oder der Möglichkeit eines deutlichen Fortschritts im Bildungswesen jene entscheidende gesellschaftliche Veränderung, aus der sich alles andere erklärt. Sobald man aber einmal erkannt hat, daß vom Aufstieg einer Kapitalistenklasse zu sprechen ebenso mißverständlich wie aufklärerisch sein kann und es in der Welt von einst so etwas wie soziale Mobilität gab, wird die Vorstellung einer wenn auch noch so bedingten gesellschaftlichen Revolution für das Verständnis des politischen Zusammenbruchs eher hinderlich.

Es wäre vielleicht ganz anders, wenn die bisher entdeckten Hinweise etwa auf die Möglichkeit einer grundsätzlichen Veränderung von Umfang, Struktur und Funktion der Familie und des Haushalts in jener Zeit schließen ließen. Es würde wahrscheinlich auch einiges ändern, wenn man aufgrund der mehr und mehr städtischen Lebensverhältnisse mit schwerwiegenden gesellschaftlichen Verschiebungen rechnen müßte oder eindeutige Anzeichen dafür vorhanden wären, daß sich bei einer im Laufe jener Zeit zusehends mächtigeren, umfangreicheren, besser organisierten und doch immer wieder in der Verfolgung ihrer Interessen enttäuschten Gruppe von Personen Klassenbewußtsein und gemeinsamer Widerstand geregt hätten.

Allem Anschein nach trifft jedoch keiner dieser Punkte zu. Freilich kam es überall zu gewissen Veränderungen und im familiären Bereich sogar zu einem Wandel allgemeiner Art. Bevölkerungsbewegungen und Umgestaltungen der Lebenswelt müssen in Verbindung mit dem ungeheuren Wachstum von London auf jeden Fall zu Brüchen in der Erfahrung geführt haben, auch wenn diese sich nicht in tatsächlichen Abweichungen von den gültigen Normen niederschlugen. Diese langfristigen, allmählichen Entwicklungen können aber nicht die Ursache der politischen Umbrüche um die Mitte des 17. Jahrhunderts gewesen sein. Jenen spektakulären Ereignissen, die in der Hinrichtung Karls des Ersten und der Verbannung Jakobs des Zweiten, den bekannten Höhepunkten der sogenannten Englischen Revolution, gipfelten, dürfte daher für den Untergang der Alten Welt eine ebenso unbedeutende Rolle zukommen wie in der Frage des für uns hier interessanten Unterschieds zwischen den heutigen Verhältnissen und den Lebensbedingungen unserer Vorfahren.

Und doch ist es verständlich, daß Historiker immer versuchen, politische Konflikte mit jenen als „soziale Voraussetzungen" bezeichneten Bedingungen in Zusammenhang zu bringen. Wenn man das tut, kann man nur mit größter Vorsicht bestimmten Mißverständnissen aus dem Weg gehen, die einfach entstehen, wenn man gesellschaftliche Strukturen dem politischen und geistigen Leben gegenüberstellt und dabei von „voraussetzen", „reflektieren" und „zum Ausdruck bringen" spricht. In der Regel hat man religiöse und politische Einstellungen als äußerliche Symptome von in der materiellen Struktur der Gesellschaft liegenden Phänomenen begriffen, die sich, wie man das nennt, „ideologisch manifestieren". Allem Anschein nach dürfte es noch lange dauern, bis sich bei Geschichtswissenschaftlern die Einsicht durchsetzt, daß es nie einen derart einfachen, wirksamen und anpassungsfähigen Mechanismus gab.

Geht es darum, den Zusammenhang zwischen gewalttätigen Auseinandersetzungen und sozialen Ordnungsstrukturen zu verstehen, ist es vielleicht von Nutzen, sich vor Augen zu führen, welche Stellung die Soziologie heute zu gesellschaftlichen Konflikten einzunehmen beginnt. Nachdem man lange Zeit darauf bestanden hat, daß der Normalzustand menschlicher Gesellschaften stabil ist und alle wie auch immer gearteten Momente der Sozialstruktur eine integrative Funktion erfüllen, gibt man nunmehr nicht nur offen zu, daß es in allen sozialen Systemen stets Konflikte gibt, sondern unterstreicht sogar deren Notwendigkeit.

Da und dort stehen die der Austragung von Gegensätzen inhärenten gesellschaftlichen Zwecke dermaßen im Vordergrund, daß es hinsichtlich der Funktion von Konflikten keine Zweifel mehr zu geben scheint. Während manche also darauf verweisen, daß Konflikte eine unabdingbare Voraussetzung allen Wandels und Fortschritts sind, meinen andere hingegen, daß es nicht notwendig sei, das Verhältnis so zu fassen, und gehen davon aus, daß es immer und überall zu Desintegrationserscheinungen kommt, die für die gesellschaftliche Entwicklung entweder auf lange Sicht förderlich sind oder ihr zuwiderlaufen. Folgt man bei der Analyse des Zusammenhangs zwischen den politischen Erschütterungen der Stuartzeit und den in England zu beobachtenden langfristigen, allgemeinen Veränderungen diesem zweiten Ansatz, gelangt man zu den im folgenden dargestellten Schlüssen.[7]

Es ist nicht mehr notwendig, die damaligen Auflösungserscheinungen als ungewöhnliche, wider alle Erwartung auftretende Vorkommnisse zu begreifen. Die Widerspenstigkeit der puritanischen Geistlichkeit und Gentry, die Unnachgiebigkeit der Zivilgerichte und die Anmaßung der Parlamentarier am Anfang des 17. Jahrhunderts sind so gesehen keine Phänomene mehr, über deren bloßes Zustandekommen man sich schon den Kopf zerbrechen müßte. Man braucht als Geschichtswissenschaftler Widersprüche nicht mehr eigens zu problematisieren und für ganz besonders wichtig halten, Konflikte als Ausnahme von der zu erwartenden Regel verstehen und alle nur irgendwie „revolutionär" erscheinenden Ereignisse als allein durch Aufbietung aller Mittel zu erschließende Rätsel begreifen. Wenn man einmal erkannt hat, daß alle Gesellschaften — und auch eine dermaßen stabile wie die im ersten Kapitel umrissene Welt — manchmal auch zu militärischen Konfrontationen führenden Konflikten unterworfen sind, wird es möglich, Phänomenen der politischen Gewalt gelassener zu begegnen. Das gilt nicht nur für England in den vierziger Jahren des 17. Jahrhunderts, sondern ebenso für Frankreich im ausgehenden 18. Jahrhundert und für Rußland in der Zeit nach 1917. Führt man sich, um nur zwei Beispiele zu nennen, die Zustände in Nordirland und die Ereignisse vor Augen, die sich in den sechziger Jahren in Paris zutrugen, dürfte es sich wohl erübrigen, diesen Punkt in unserer von bewaffneten Konflikten heimgesuchten Zeit näher auszuführen.

Wir haben einmal davon gesprochen, daß Konflikte eine beinahe alltäglich zu nennende Form sozialer Interaktion darstellen.[8] Da logischerweise fast jedem daran liegt, daß unterschiedliche Interessen nicht zu Zusammenstößen führen, setzen die beteiligten Parteien sicher stets alles daran, Vorkehrungen gegen eine drohende Kollision zu treffen. Doch trotzdem kommt es im politischen und sozialen Bereich ebenso zu Zusammenstößen wie im Straßenverkehr. Wenn ein Unfall geschieht, erscheint es sinnvoll, den Grund sowohl in allgemeinen Umständen als auch in bestimmten Fehlern des Fahrzeuglenkers zu suchen. So mag es etwa angebracht sein, sich zu überlegen, ob denn die Straßen dem immer dichteren und schnelleren Verkehr nicht zusehends weniger entsprechen. Es muß aber nicht sein, daß ein dramatischer Zusammenstoß mit schwerwiegenden Folgen auch entsprechend tiefliegende Gründe hat und deshalb als Höhepunkt eines wie auch immer gearteten „Prozesses" anzusehen ist.

Wenn auch vielleicht ungerechtfertigterweise, geht man natürlich doch davon aus, daß großen Ereignissen ebenso große

Ursachen zugrundeliegen. Die fesselnden und folgenschweren Geschehnisse des Bürgerkriegs, der puritanischen Herrschaft und der Glorreichen Revolution des Jahres 1688 wurden so sehr mit dem Ursprung der politischen Wertvorstellungen der gesamten englischsprachigen Welt in Zusammenhang gebracht, daß es niemanden überraschen kann, wenn man sie als völligen Umsturz aller bisherigen Verhältnisse und als Krönung einer gewaltigen historischen Entwicklung ansah. Und das war bereits so, als sie kaum stattgefunden hatten. Schon Thomas Hobbes, der wohl aufmerksamste zeitgenössische Beobachter, war „voll davon überzeugt", daß „die Jahre 1640 bis 1660 einen Höhepunkt in der Geschichte darstellen".[9] Die parlamentarischen Kämpfe und das Blutvergießen auf den Schlachtfeldern können nur das Ergebnis eines tief im sozialen Gefüge verwurzelten Prozesses mit einer langjährigen Vorgeschichte und ebenso weitreichenden Folgen sein. Daß dieser Schluß gerade im Fall Englands besonders naheliegt, erklärt sich daraus, daß man vor allem auf die Kontinuität des politischen Lebens große Stücke hält und meint, daß diese von den genannten Ereignissen abgesehen ungebrochen war. Was könnte daher selbstverständlicher sein als der Umstand, daß Historiker einen Zeitraum von hundert Jahren für die Ursachen des Bürgerkriegs und die Zeit von 1640 bis 1688 oder gar von 1625 bis 1714 für die Englische Revolution reserviert haben?

Daß aber auch die Wahrheit trivial sein kann, erklärt wahrscheinlich, warum die Debatte um diese entscheidende Frage inzwischen so langweilig geworden ist. Liegt einem daran zu beweisen, daß sich auf der Suche nach Gründen für den Krieg zwischen Roundheads und Königstreuen auch „soziale", „ökonomische", ja sogar „soziostrukturelle" Faktoren ausmachen lassen, was ein an und für sich endloses Unterfangen darstellt, weil man jedes Ereignis so sehen und als Moment „revolutionärer" Entwicklungen darstellen kann, ergibt sich notwendigerweise nichts anderes als eine noch vollständigere Illustration der These, daß es überall Konflikte gab.[10] Bringt man die Auseinandersetzungen der Stuartzeit in der herkömmlichen Weise mit der Struktur der Gesellschaft und dem sozialen Wandel in Verbindung, begibt man sich aber damit eines noch entscheidenderen Zugangs, von dem bisher noch nicht die Rede war. Wir wollen uns nun dieser Frage und damit der zweiten in diesem Zusammenhang entscheidenden Konsequenz der Konflikttheorie zuwenden.

Wer sich unter „Revolution" sozusagen nur mehr eine geologische Katastrophe vorstellen kann, in der ein zusehends prekärer gewordenes Ungleichgewicht plötzlich in felsenfeste Beständigkeit umschlägt, übersieht, daß die Gesellschaft jener Zeit über besondere Konfliktmechanismen verfügte. Daß man diese oft nicht zur Kenntnis nimmt, ist umso außergewöhnlicher, als sich die Leistung der gesamten Zeit gerade darin zusammenfaßt, aus einer mittelalterlichen Einrichtung ein klassisches Instrument zur Bestimmung, Einschränkung und Lösung von Konflikten gemacht und parlamentarische Verlaufsformen mit Opposition, Einspruchsmöglichkeiten, Parteien und endlosen, an genaueste Regeln gebundenen politischen Auseinandersetzungen eingerichtet zu haben.

Hat man sich einmal von den gängigen Vorstellungen befreit, zeigt sich, daß für einen Vergleich mit den Verhältnissen der Stuartzeit eine ganze Reihe von Formen der sozialen Organisation in Frage kommt. Dies gilt zum Beispiel für die von Anthropologen als segmentäre Gesellschaften bezeichneten Formen. Der inzwischen verstorbene Max Gluckman hat im Lauf seiner Untersuchungen afrikanischer Gemeinschaften festgestellt, daß dynastische Nachfolgekämpfe ganz wesentlich zum politischen Leben gehören. Konflikte schwächen oder zerstören nicht nur nicht den Zusammenhalt der Gemeinschaft, sondern sind für diesen sogar förderlich. Dies gilt sicher auch in mancher Hinsicht für das politische Leben in England zur Tudor- und Stuartzeit, unter der Herrschaft des Hauses Hannover und sogar für die viktorianische Zeit.[11] Wir werden im folgenden Kapitel auf den segmentären Charakter der politischen Struktur des vorindustriellen England zurückkommen und uns mit der Aufgliederung des Reichs in ein Netz von kleinen Grafschaften und deren Rolle als Austragungsort von Konflikten auseinandersetzen.

Man könnte sich schließlich von den politischen Einrichtungen und Vorgängen jener Zeit ein Bild machen, das infolge eines entsprechend breiten Spektrums für die beiden Extreme der „Gewaltherrschaft Karls des Ersten" und des parlamentarischen Regimes Platz hat. Daß solche Alternativen auf Dauer nebeneinander bestehen können, ist unwahrscheinlich; beide fallen aber noch unter die Definition dessen, was politisch möglich ist. Wenn auch jede der beiden Formen in Frage kommt, liegt doch die Durchsetzung der herkömmlichen Lösung eines Arrangements von König und Parlament am nächsten. Das für uns wesentlichste Ergebnis der soziologischen Analyse von Konflikten in industriellen Gesellschaften betrifft jedoch nicht die Extrempositionen an sich, sondern ist wegen der Umstände relevant, die dazu führen, daß sich Entwicklungen als eine Abfolge radikaler Alternativen gestalten. Es geht hier nicht mehr darum, ob es im 17. Jahrhundert in England zu einer „Revolution" im Sinne einer Lösung unerträglich gewordener sozialer Spannungen durch eine Umgestaltung der gesamten Gesellschaft kam. Ralph Dahrendorfs Analyse der für solche Entwicklungen im 20. Jahrhundert verantwortlichen Prozesse kann uns jedoch helfen, die unversöhnlichen Gegensätze zu verstehen, die die Geschichte Englands vor 300 Jahren bestimmten.[12]

Politische Umwälzungen können nur unter der Voraussetzung zustandekommen, daß verschiedene Konfliktquellen einander *überlagern,* wie Dahrendorf sagt. Neben bereits bestehenden Widersprüchen brechen bestimmte Gegensätze auf, die den Menschen so sehr am Herzen liegen, daß sie dafür zu kämpfen bereit sind. Eine politische Beilegung kommt oft deshalb nicht in Frage, weil die einander sonst mäßigenden oder gar aufhebenden Kräfte einen Kompromiß zu verunmöglichen trachten. Obgleich diese Sicht der Dinge nicht besonders originell und wahrscheinlich auch nicht allzu aufschlußreich ist, hat sie doch das Verdienst, daß dabei jeder Interessensgegensatz als im wesentlichen unabhängige Variable begriffen wird. Diesem Ansatz gilt kein Konflikt als „Ausdruck" oder „Voraussetzung" eines bzw. aller anderen.

In dem hier fraglichen Fall könnte man davon sprechen, daß die zum Bürgerkrieg führende Krise aus der Überlagerung einer wilden Auseinandersetzung um Formen der politischen Verfassung und einer ganzen Reihe anderer Konflikte durch eine ungemein akute religiöse Kontroverse zu erklären ist. Bei manchen der sich damals zuspitzenden Gegensätze handelte es sich wahrscheinlich um ökonomische Interessenskonflikte. In den meisten Fällen sah sich wohl die Ordnung der alten Welt mit der Herausforderung kapitalistischer Organisationsformen und marktwirtschaftlicher Vorstellungen konfrontiert. Aber die oben erwähnten Brüche, die im Bereich von Handel, Industrie und Verwaltung entstanden waren, sind sicher nicht ausschließlich darauf zurückzuführen und können, wie bereits erwähnt, lediglich als Verstärker gewirkt haben, deren Rolle nicht leicht einzuschätzen ist, ja unter Umständen sogar belanglos war. Erst ein oder zwei Jahre nach Ausbruch des Bürgerkriegs, als die *Leveller* ihr Programm vorlegten, zu dem die *Digger*-Fraktion wenn auch nur wenige, so doch eindeutig kommunistische Einwände hinsichtlich der Verteilung des Eigentums hatte, kann man davon sprechen, daß es so etwas wie einen Konflikt um die Zusammensetzung der herrschenden Minderheit gab. Nur in diesem Sinn lassen sich einzelne Momente der allgemeinen Auseinandersetzung als Konflikte bezeichnen, in denen es um einen „Klassenunterschied" geht.

Der Begriff der Überlagerung verschiedener Konfliktmomente hat ganz entschieden nichts damit zu tun, eine Auseinandersetzung als Grundlage bzw. Ausdruck aller übrigen zu bestimmen und offene Aggression als verdrängtes Symptom eines anderen Phänomens zu begreifen. Andererseits aber zeigt sich ziemlich deutlich, daß es in den vierziger Jahren zu einer allgemeinen Entladung der aufgestauten Spannungen kam, und der Hinweis, daß wie bei anderen politischen Umwälzungen eine bestimmte Eigendynamik zu beobachten ist, hat ebenfalls etwas für sich. Außerdem bemerkten damals wie heute manche Beobachter, daß sich mit der Verschärfung der Kämpfe auch die in der Struktur der Gesellschaft angelegten Widersprüche deutlicher abzuzeichnen begannen. Das Erscheinen der *Clubmen* in Dorset belegt, daß die Herrschenden sehr wohl um die Empörung ihrer Untertanen wußten, die sich im Stich gelassen fühlten, und die Angst vor Bauernaufständen keineswegs aus der Luft gegriffen war. In der Auseinandersetzung kamen aber nicht alle Widersprüche ins Spiel – es ist daher völlig ungerechtfertigt und übertrieben, aus der Summe dieser Spannungen auf das Aufbrechen eines allgemeinen und grundsätzlichen Gegensatzes im Gefüge der Gesellschaft zu schließen. Es gibt dafür einfach keinen Anhaltspunkt. Von einer gesellschaftlichen Revolution kann nicht die Rede sein.

Soweit also zum Zusammenhang von politischer Gewalt im 17. Jahrhundert, Sozialstruktur der vorindustriellen Welt und Einbruch der großen Industrie. Ehe wir der Frage nachgehen, warum sich denn unsere Vorfahren der Herrschaft einiger weniger fügten, sollten wir vielleicht unsere Darstellung der Geschichte des 17. Jahrhunderts in aller Kürze zu Ende führen. Wenn dabei auch erst im nächsten Kapitel zur Sprache kommende Bestimmungen über den Landadel in den Grafschaften unterstellt sind, läßt sich doch der vermutliche Verlauf der Verfassungskrise zur Stuartzeit in seinen formellen Aspekten darstellen, ohne auf die Natur der damals bestehenden politischen Verbindungen näher einzugehen.

Die politische Stabilität im England der Stuartzeit hing davon ab, wie die Gentry in den einzelnen Grafschaften der ihr übertragenen Verantwortung entsprach und sich die Zusammenarbeit zwischen diesen Gruppen und dem zentralen Herrschaftsapparat der Krone und deren Einrichtungen gestaltete. Die hin und wieder stattfindenden Versammlungen des Parlaments boten kurzfristig Gelegenheit für eine Begegnung von lokalem und nationalem politischen Bewußtsein. Was Ausmaß und Kontinuität betrifft, ist die auf Grafschaftsebene abgewickelte Politik nicht mit den auf nationale Inhalte und Fragen der Verfassung beschränkten Entscheidungen des Parlaments zu vergleichen. Zwischen den einzelnen Sitzungen des Parlaments war dessen kollektives Gedächtnis auf das politische Leben der Grafschaften verwiesen.

Wenn viele Abgeordnete einander vermutlich auch bereits begegnet waren, über parlamentarische Angelegenheiten gesprochen hatten und sich in großer Zahl in London einfanden, wird man in der Hauptstadt des Landes nicht den Grund dafür finden, warum es einem neuen Unterhaus möglich war, dort fortzufahren, wo man bei der vielleicht schon ein Jahrzehnt oder länger zurückliegenden letzten Sitzung stehengeblieben war. Über parlamentarische Angelegenheiten verständigte sich die Gentry, wenn deren Angehörige als Friedensrichter zusammentrafen, sich in den Provinzstädten zu den vierteljährlichen Gerichtssitzungen einfanden, bei entsprechenden Versammlungen in kleineren Gemeinden erschienen oder einander vor einer Truppenübung oder Sportveranstaltung sahen. Jene, die wirklich Politik machten, werden zu diesem Zweck wahrscheinlich eigens zusammengekommen sein. Wie immer es aber auch gelungen sein mag, die Kontinuität in parlamentarischen Belangen zu sichern, wenn keine Sitzungen stattfanden und sich die Versammlung in alle Winde zerstreut hatte, war die Einheit aufgehoben, bis sich die alten und neuen Abgeordneten mit ihren Erinnerungen an die in den letzten Jahren mit Nachbarn, Freunden und Gegnern in ihrer Grafschaft geführten Gespräche in Westminster einfanden.

Und worum ging es der Gentry in den Grafschaften? Auf dem Lande bemühte man sich um die Gunst des Hofes und intrigierte wegen lokaler Posten; da verlor jemand einen Sitz im Parlament, dort blieb das Abgeordnetenamt über Generationen in der

Hand einer Familie, auch wenn die materiellen Interessen und ideologischen Inhalte, um die es ging, sich im Laufe der Zeit änderten. Sowohl auf der Ebene nationaler Politik als auch im Bereich der Grafschaft konnte die Kontinuität gewahrt bleiben, weil Widersprüche durch Argumente und Kompromisse gelöst wurden, indem sich in der politischen Auseinandersetzung eine Person, ein Beamter, eine Familie oder eine Fraktion gegen andere durchzusetzen verstand.

Diese Ansätze zu einer Anatomie des politischen Bewußtseins jener Zeit können erst im nächsten Kapitel weiterverfolgt werden. Hier gilt es einmal zu klären, wie sich diese Zusammenhänge unmittelbar vor dem Ausbruch des Bürgerkriegs gestalteten.

Nachdem die Stuarts die Macht übernommen hatten, kam es sowohl auf nationaler als auch auf lokaler Ebene in der Politik mehr und mehr auch zu gedanklichen Auseinandersetzungen und gewissen theoretischen Abgrenzungen. Sofern man sich dessen bewußt ist, daß die Politik der Gentry sich nicht auf die nur sporadischen Versammlungen des Parlaments beschränkte, kann man diese Entwicklung als Ursprung des Konstitutionalismus bezeichnen. Was alle paar Jahre einmal im Palast von Westminster geschah, gehörte auf dem Lande zum Alltag: Wenn man einander begegnete, kam es nicht nur zu beredten Debatten um die gerade aktuellen Fragen, sondern auch zu Auseinandersetzungen um Einfluß und Ämter, zu Streitigkeiten wegen ökonomischer Interessen und Vorgangsweisen und vor allem zu in familienpolitischen Plänen begründeten Konflikten. In erster Linie waren es in den Anfängen der Stuartzeit religiöse Gegensätze, die sich auftaten. Unterschiedliche Auffassungen über die Inhalte des wahren Glaubens und den richtigen Aufbau der christlichen Kirche brachten Menschen und Familien gegeneinander auf. Manche hielten ihre Haltung in diesen erbitterten Auseinandersetzungen schriftlich fest, manche veröffentlichten ihre zu Papier gebrachten Überlegungen und manche nahmen sogar in Predigten zu der Kontroverse Stellung — die Kirche hatte ihr Monopol als geistige Instanz also ziemlich eingebüßt.

Es war freilich immer nur eine kleine Minderheit der Gemeinde, die sich an solchen Auseinandersetzungen beteiligte — Politik ist stets Sache einiger weniger, die sich auszudrücken vermögen und über genügende Energien und Fähigkeiten verfügen, um sich von der Masse abzuheben und aktiv zu werden. Die Fragen, die von diesen Menschen aufgeworfen wurden, fielen vielleicht oft gar nicht mit jenen zusammen, die dem einfachen Volk am Herzen lagen. Jeder aber, der sich gegen den Eifer eines Angehörigen der puritanischen Gentry auflehnte, sich den fanatischen Verteidigern der alten Ordnung oder jenen Predigern widersetzte, die auf der Notwendigkeit bestanden, die Urkirche wiederherzustellen, wurde in die Auseinandersetzung mit hineingezogen. Unter diesen Bedingungen fiel es jeder County-Gemeinschaft und überhaupt der herrschenden Schicht zusehends schwerer, die politische Kontinuität zu wahren und die Spannungen zu bewältigen. Wenn es auch kaum jemanden gab, der zugab, etwas anderes im Sinn zu haben, ließen sich selbst jene, die wirklich loyal zu bleiben versuchten und an den traditionellen Verhältnissen festhalten wollten, immer schwerer unter Kontrolle halten. Obgleich man sich in grundsätzlichen Dingen einig war, wie alle einander stets versicherten, standen nun mehr und mehr die Gegensätze im Vordergrund. Und Menschen, die es verstanden, zur Verschärfung dieser Widersprüche beizutragen, gab es genug.

Durch Ungeschick und Unfähigkeit bei der Führung der Regierungsgeschäfte durch Karl den Ersten kam es soweit, daß der politische Konsens auf dem Spiel stand. Nach einer Reihe von Schwierigkeiten mit den Staatsfinanzen wurde es schließlich der Krone im Lauf der Krise in den vierziger Jahren unmöglich, Billigung zu finden. Es kann also niemanden überraschen, daß die Stuarts auf das Parlament verzichten wollten und so der Unruhe Vorschub leisteten, weil sich die Gentry dadurch in ihren Befürchtungen bestätigt sah, daß ihre Vorrechte in Gefahr waren.

Diese Ausführungen klingen vielleicht wie ein weiterer Versuch, der zwar umstrittenen, aber doch eingängigen Wendung „Aufstieg der Gentry" eine neue Bedeutung abzugewinnen. Es ist freilich vorstellbar, daß sich die mehr oder weniger theoretischen Auseinandersetzungen mit Fragen der Politik und Verfassung seitens der Gentry in den Grafschaften einmal als wesentlicher Schritt in der Entwicklung des politischen Verhaltens der späten Tudor- und frühen Stuartzeit darstellt. Angesichts dessen, daß die Gentry eigene Ursprünge und eine eigene Geschichte hat, ist es vielleicht möglich, diesen Begriff nur als zusammenfassende Bezeichnung für diesen Prozeß zu verwenden. Man assoziiert diese Wendung aber so sehr mit inzwischen mißverständlichen Interpretationsmustern, daß es angebracht sein dürfte, heute überhaupt darauf zu verzichten, vom „Aufstieg der

Gentry" zu sprechen. Wenn möglich, sollte man diese Bezeichnung zusammen mit dem Begriff „Aufstieg der Mittelklasse" in der großen und zusehends volleren Schublade für aus der Mode gekommene historische Ausdrücke verschwinden lassen. Dort sind die ohne Zweifel recht kunstvollen Konstruktionen sicher am besten aufgehoben und werden vielleicht einmal jemandem als Material für eine Geschichte der Geschichtsschreibung willkommen sein.

Wenn man einmal erkannt hat, daß der streng revolutionstheoretische Ansatz den Blick auf den Untergang der alten Ordnung verstellt, wird man auch den übrigen Bestimmungen gegenüber einen anderen Standpunkt einzunehmen haben, von denen manche eine für uns heute noch wesentlichere Rolle spielen. Schließlich handelt es sich für England ja um „eine Blütezeit des Geistes" und die Welt, deren Sozialstruktur wir zu umreißen versucht haben, war nicht nur die Welt Cromwells und Karls des Ersten, sondern auch die Welt Shakespeares, Miltons, Lockes und Donnes. Bedenkt man, wie sich die Verhältnisse seither entwickelt haben, sollte man vielleicht allerdings eher an Bacon, Boyle, Harvey und Newton denken, wurden damals mit der neuen „Naturphilosophie" doch die ersten Kapitel der modernen Naturwissenschaft geschrieben. Da Geschichtswissenschaftler im allgemeinen und Theoretiker der Wissenschaftsgeschichte im besonderen davon ausgehen, daß diese überraschende Wendung nur im menschlichen Verhalten ihren letzten Grund haben kann, neigt man dazu, alles, was geschah, als Aufstieg der Bourgeoisie zu interpretieren, und tut damit nichts anderes als die Anhänger des marxistischen Ansatzes in ihren Arbeiten über den Aufstieg der Gentry.

Nur die rücksichtsloseste Verfälschung ideologiekritischer Theorien könnte eine derartige Letztbegründung überhaupt glaubwürdig erscheinen lassen. Aber auch wenn man es für unhaltbar erachtet, davon auszugehen, daß das, was damals in England geschah, in einer allgemeinen Entwicklung wie etwa dem „Aufstieg der Bourgeoisie" seinen Grund hat und die Entstehung der neuen Naturphilosophie nicht als ideologischen Ausdruck eines solchen Prozesses begreift, ist damit über das positive Verhältnis zwischen Wissenschaft und Gesellschaft noch nichts gesagt. Wie bereits an anderer Stelle ausgeführt, war die wissenschaftliche Entwicklung in jenen Jahren des nicht zuletzt von Engländern getragenen Aufbruchs derart vielgestaltig, daß man eigentlich von *einer* Entwicklung gar nicht reden kann.¹³ Was damals in diesem Bereich geschah, ging in den kleinsten Zwischenräumen und Nischen des sozialen Gefüges vor sich: Es waren selbst im Verhältnis zum Umfang der damaligen Bevölkerung nur ganz wenige und getrennt voneinander arbeitende Menschen, die zu dieser Entwicklung beitrugen. Untersucht man diesen Prozeß, hat man es sozusagen mit vereinzelten Rückständen und nicht mit einem allgemeinen Interesse zu tun, das man unmittelbar mit einer sich überall abzeichnenden gesellschaftlichen Veränderung in Zusammenhang bringen könnte.

In der letzten Zeit hat sich herausgestellt, daß auch im Fall einer Reihe anderer Wendungen die schon in den sechziger Jahren für den Begriff „Aufstieg der Gentry" zögernd vorgeschlagene Lösung die beste wäre. Vor allem sollte man auch darauf verzichten, von einer „Englischen Revolution" zu sprechen. Dieser Begriff wird inzwischen unmittelbar auf die verschiedensten Umstände bezogen und mit so vielen Dingen in Zusammenhang gebracht, daß man damit mehr verdeckt als erklärt. Während es sich im Falle Frankreichs um einen fragwürdigen Begriff handelt, weil dort alle zwei oder drei Generationen einmal eine Revolution stattfindet, bestehen, was England betrifft, ganz grundsätzliche Zweifel, ob man überhaupt von einer Revolution sprechen kann. Man ist sich nicht nur nicht einig darüber, worin die sogenannte Englische Revolution denn eigentlich bestanden haben soll, sondern kann sich selbst über Zeitpunkt, Ursachen und mögliche Folgen nicht klar werden.¹⁴

Deshalb und vor allem weil sich stets ein Vergleich mit anderen nationalen Revolutionen anbietet, sollte man den Begriff der „Englischen Revolution" begraben. Es handelt sich um einen Ausdruck, der einem gesellschaftlichen und politischen Diskurs entstammt, innerhalb dessen er eine tatsächlich nationale Befreiung von sozialen und politischen Zwängen bezeichnet. Dieser Diskurs ist ein Diskurs über Prozesse des 19. und besonders des 20. Jahrhunderts, die durch Sozialrevolutionäre vom Kaliber Lenins getragen wurden, die ganz bewußt und gezielt an einer Umwälzung der Gesellschaft arbeiteten. Der Begriff einer nationalen gesellschaftlichen Revolution hat daher in einer Untersuchung älterer englischer Staatsformen nichts zu schaffen.

Läßt man den Begriff der Englischen Revolution fallen, muß man vielleicht auch darauf verzichten, von einer bürgerlichen Revolution des 17. Jahrhunderts zu sprechen, schon so ans Herz gewachsene Bezeichnungen wie Puritanische und Wissenschaftliche Revolution über Bord werfen und eine schier endlose Reihe zwar weniger gebräuchlicher, aber doch infolge ihres Einflusses recht wesentlicher Wendungen wie Bildungsrevolution, Protestantische Revolution usw. ad acta legen.

Man müßte diese Wendungen durch Begriffe ersetzen, die keine Analogie zwischen einem massiven, durch eine kleine Gruppe religiöser Neuerer entfachten Aufruhr und einer blutigen, zum Sturz der herrschenden Klasse führenden gesellschaftlichen Auseinandersetzung oder einer Flut von auf das Konto einiger weniger Wissenschaftler zu verbuchender Entdeckungen über Zusammenhänge im Bereich der Natur nahelegen. Wenn man den Charakter dieser verschiedenen Prozesse und deren Zusammenhänge verstehen will, muß man sie aus der Gesamtstruktur der gesellschaftlichen Verhältnisse herauszulösen versuchen und in ihrer Eigenart aufarbeiten, darstellen und analysieren. Faßt man alle diese Entwicklungen mit demselben unscharfen und überzogenen Begriff, der an Aufstand, Gewalt, Umkehr, Zuspitzung und Befreiung denken läßt, ist das der Aufklärung der Umstände sicher alles andere als förderlich. Zugang und Verständnis werden dadurch zumindest insofern erschwert, als unterstellt wird, daß die unterschiedlichsten Veränderungen alle in ein und demselben Tempo, nämlich dem der politischen Prozesse, vor sich gingen.

Die strukturellen Zusammenhänge zwischen den verschiedenen Formen von Entwicklung sind als eine historische Realität anzusehen, deren Untersuchung sich ebenso faszinierend wie schwierig gestaltet. Subsumiert man manche oder gar alle Veränderungen unter einen so schwerfälligen und groben Begriff wie den der „Englischen Revolution", wird man nicht weiterkommen. Wir müssen versuchen, die uns für Entwicklungen und Veränderungen zur Verfügung stehenden Begriffe neu zu formulieren und um treffendere Bezeichnungen zu ergänzen. Sofern man den Revolutionsbegriff überhaupt beibehalten will, wird man wahrscheinlich auf den ursprünglichen Zusammenhang und Zeitkontext zurückzugreifen haben. Selbst wenn man sich auf eine Verbindung beschränkt und nur die Wendung „Industrielle Revolution" zuläßt, kann das zu Problemen führen, obwohl sich der Begriff in diesem Fall treffend auf eine Reihe äußerst schwerwiegender Umwälzungen bezieht.

Revolution ist ein im 17. Jahrhundert geprägter Begriff, der entstand, als die für die Menschen jener Zeit so leidvollen politischen Veränderungen die Form bestürzender Umbrüche annahmen und es zu einer umfassenden Machtablöse kam. Das war besonders dann der Fall, wenn auch die Regeln des politischen Spiels — die den Historikern früherer Generationen so teure „Verfassung" — abgeändert oder einer grundsätzlichen Umgestaltung unterworfen wurden. So gesehen kam es in England im Laufe des 17. Jahrhunderts zu einer Reihe von Revolutionen: Die Ereignisse von 1642, 1646—1649, 1660, 1668—1690 und eine Zahl weiterer Umbrüche würden wahrscheinlich genügen, um die Bezeichnung „Jahrhundert der Revolutionen" zu rechtfertigen. Man müßte das Wort aber im Plural verwenden und sich gegen jede Unterstellung teleologischer Inhalte verwahren. Offen bliebe auch, ob man niedergeschlagene Aufstände ebenso miteinbeziehen sollte oder nicht.

Daß sich in jener Zeit, als es im Bereich der Theorie und Forschung zu beinahe jedem Thema eine Flut von Äußerungen gab, auch revolutionäre Gedanken finden, ist nicht zu bestreiten. Obwohl diese eher an uralte religiöse Vorstellungen und Ideale einer vollkommenen Gesellschaft anknüpfen, wurden sie doch häufig mit Aufruhr und Umbruch in Zusammenhang gebracht. Es mag vielleicht richtig sein, daß kleine selbstbewußte Gruppen wie die *Leveller* und *Digger* die ersten waren, die eine politische Utopie vertraten, und in ihrem Vorgehen entfernt an die auf eine breite Masse hin ausgerichtete Politik unserer Tage erinnern. Aus vereinzelten Schritten dieser Art kann man aber keineswegs schließen, daß es damals zu einer Veränderung kam, die man als Revolution bezeichnen könnte. Niemand klagte jemanden des Verrats am Staatsganzen an und auch *The Good Old Cause* war damals noch kein Argument.

Die Unterscheidung zwischen nationalen gesellschaftlichen Revolutionen und politischen Revolutionen kann natürlich keine endgültige sein. Ereignisse wie gewaltsame Staatsstreiche, die sich innerhalb eines kleinen Kreises herrschender Militärs abspielen, sind von ihren Zwecken bzw. Konsequenzen her gesellschaftlich gesehen zwar kaum von Gewicht. Weil politisches Handeln aber immer auch gesellschaftliches Handeln ist, spielen jedoch stets in einem gewissen Maß soziale Momente herein.

Es gilt festzustellen, welches Kapitel in der Geschichte der politischen Umwälzung Englands im 17. Jahrhundert mehr soziale Momente aufweist als die übrigen und inwiefern sich manche oder vielleicht auch alle Veränderungen in diesem Bereich diesbezüglich von anderen Revolutionen in politisch anders strukturierten Gesellschaften unterscheiden. Dabei wird sich sicher herausstellen, daß besonders symbolisch belastete Vorgänge wie die Verurteilung und Hinrichtung des Königs für das nationale politische Bewußtsein und Identitätsverständnis lange Zeit von entscheidender Bedeutung waren. Wenig sinnvoll wäre jedoch die Anstrengung, diese Prozesse einfach alle unter den von uns kritisierten Begriff zu subsumieren.

Daß es keine als Englische Revolution zu bezeichnende Veränderung gab, heißt aber keineswegs, daß die politischen Erfahrungen jener Menschen der Welt von einst für das Leben späterer Generationen ohne Bedeutung waren. Dieses auch heute noch wichtige politische Erbe soll uns nun im folgenden Kapitel beschäftigen.

KAPITEL 9

Das politische Erbe
der alten Herrschaftsstrukturen
*Ergebenheit, politischer Gehorsam
und das Lager der Gentry in den Grafschaften*

Hatfield House in Hatfield, Hertfordshire, Sitz der Marquis von Salisbury, bringt die Bedeutung des berühmten Hauses Cecil innerhalb der politischen Geschichte Englands anschaulich zum Ausdruck. Hatfield House, eine Belohnung der Krone für geleistete Dienste und lange Zeit Zentrum des politischen Einflusses dieser Familie, ist ein Symbol. Heute ist die Anlage der Öffentlichkeit zugänglich und mit ihrer Spielzeugsoldaten-Sammlung als besonderer Attraktion ganz unverhohlen um zahlende Besucher bemüht.

Es gibt heute zwei englische Marquis mit dem Namen Cecil; der älteste Nachkomme William Cecils, der als Ratgeber für Elisabeth die Erste tätig war, lebt noch als Marquis von Exeter in Burghley House in der Nähe von Stamford. Der jüngere Sohn jenes Mannes, der den Ruhm dieser Familie begründete, stand Elisabeths Nachfolger, Jakob dem Ersten, als Berater zur Seite. Er war es, der Hatfield House erbauen ließ. Der diesen beiden bis heute nicht unterbrochenen Linien entstammende Clan der Cecils schuf sich eine politische Stellung, deren Gewicht von den Anfängen des 17. Jahrhunderts bis ins frühe 20. Jahrhundert zu verfolgen ist. Für ihren Apparat arbeiteten direkte und angeheiratete Verwandte ebenso wie alle Klienten, Verbündeten und Anhänger der Cecils aus dem Kreis der Gentry in den verschiedenen Grafschaften.

Zwanzig Meilen südwestlich von Hatfield liegt Syon House im benachbarten Middlesex. Dieses Anwesen am Ufer der Themse ist die südliche Residenz einer noch viel älteren englischen Adelsfamilie normannischen Ursprungs namens Percy. Der eigentliche Sitz der Herzöge von Northumberland ist in Alnwick in Northumberland selbst, an der schottischen Grenze, wo dieser Name seit mehr als sechs Jahrhunderten Gewicht hat. Wie Burghley und Alnwick ist auch Syon House heute um Besucher bemüht und der Öffentlichkeit mit Ausnahme der Tage um Weihnachten immer zugänglich. Beschäftigt man sich eingehender mit dem Stammbaum des Herzogs von Northumberland, entdeckt man allerdings, daß die heutige Familie nur aufgrund eines königlichen Entscheides aus dem Jahr 1766 den Namen Percy trägt.

Die männliche Linie der Percys von Alnwick, der Harry Hotspur entstammte, war damals bereits seit langem ausgestorben. Der Name Northumberland wurde durch das Dekret einem Nachkommen übertragen, dem die Familiengüter durch die weibliche Linie zugefallen waren. Wenn die Krone nicht so entschieden hätte, hieße der heutige Herzog von Northumberland Smithson. Daß ein reicher unehelicher Sproß dieser Familie Wissenschaftler wurde und sich durch die von ihm gegründete und finanzierte Smithsonian Institution in Washington einen Platz in der Geschichte sicherte, gehört zu den Launen nationaler Genealogie. — Auf das Vorrecht der Krone, Stammbäumen auf diese Weise nachzuhelfen, werden wir noch zurückzukommen haben, um auf die Bedeutung der Erneuerung männlicher Linien einzugehen.

Trotz des auch heute noch spürbaren Glanzes von Syon House, Hatfield, Burghley und anderen Anwesen wie Blenheim, dem Sitz der Herzöge von Marlborough, empfindet jeder diese großen englischen Häuser als Widerspruch. Und doch beeinflußt das politische Denken und Leben, das aus der Gentry in den Grafschaften ein Mittel seiner lokalen Macht zu schmieden verstand, unser Verhalten sogar heute noch in gewisser Weise. Diese Strukturen verschwanden nicht einfach plötzlich mit der Durchsetzung der industriellen Produktionsweise und widersetzten sich da und dort sogar dem Straßenbau. Das politische System der Cecils, Percys, Churchills, Pitts und Walpoles war schließlich eines der effektivsten, gefürchtetsten und — menschlichsten, die es je gab.

Und doch war der politische Apparat der über Grund und Boden verfügenden Familien der Welt von einst in eine gesellschaftliche Landschaft eingebunden, die sich ganz grundsätzlich von den heutigen Verhältnissen unterschied. Daß dieser Apparat auch wirklich funktionierte, setzt eine bei den Menschen verankerte Vorstellung von politischer Organisation voraus, von der wir uns heute nur mehr mit Mühe ein Bild machen können. Damals war der von einem Park umgebene Landsitz das einzige Zentrum der Macht neben dem Königshof — und seine Größe und Pracht das Mittel, den politischen Einfluß und Erfolg der dort ansässigen Familie und ihres Oberhauptes auf monumentale Weise zum Ausdruck zu bringen.

Familie ist hier in zweifacher Weise zu verstehen: Einerseits ist damit die Gruppe der tatsächlichen Bewohner eines Anwesens, also auch die dort beschäftigten Dienstboten, gemeint, andererseits bezeichnet das Wort die Gesamtheit der ein und derselben Linie entstammenden Blutsverwandten, die auf verschiedenen, über mehrere Grafschaften oder gar das ganze Land verstreuten Anwesen wohnten. Wir haben bereits gesehen, daß sich nicht einmal die Haushalte des englischen Hochadels jener Zeit in der Regel aus erweiterten Verwandtenverbänden zusammensetzten. Es ist jedoch richtig, daß sich politische Verbindungen bis zu einem bestimmten Punkt aus verwandtschaftlichen Beziehungen erklären. Wie entscheidend Familienbande gerade für die Angehörigen der herrschenden Minderheit sein konnten, illustriert vielleicht folgende Episode aus dem Leben am Hofe zur Zeit Queen Annes.

Um dem Drängen Sarah Churchills ein Ende zu bereiten, die zwar von niedriger Geburt war und ursprünglich Sarah Jennings hieß, der Nachwelt jedoch als Frau des berühmten Feldherrn und Herzogs von Marlborough John Churchill bekannt ist, nahm Queen Anne schließlich ein Kammermädchen ihrer Gegnerin namens Abigail Hill in ihre Dienste. Ein Mädchen in dieser Stellung hatte die Aufgabe, den Nachttopf Ihrer Majestät zu leeren und mußte am Boden des königlichen Schlafgemachs die Nacht zubringen. Die Herzogin hatte Abigail diese bescheidene Stellung selber verschafft, weil sie erfahren hatte, daß eine ihrer zahlreichen Verwandten in ganz armen Verhältnissen lebte. Abigail und Sarah waren eigentlich Cousinen ersten Grades.[1]

Soweit das Vorspiel, das sich in den ersten Jahren des 18. Jahrhunderts zutrug. Kaum hatte das der Hochkirche verbundene Kammermädchen, das von seiner Verwandten unter die Fittiche genommen worden war, das Vertrauen der Königin gewonnen, entdeckte Sarahs politischer Widersacher Robert Harley, ein Meister der Intrige, seine Blutsverwandtschaft mit dem neuen Günstling. Ob er tatsächlich mit Abigail verwandt war, hat sich bis heute nicht feststellen lassen. Seine nicht zuletzt mit Hilfe des Kammermädchens ins Werk gesetzten Ränke waren auf jeden Fall so erfolgreich, daß die Churchills endgültig in Ungnade fielen und im Jahre 1713 der Friedensvertrag von Utrecht zustandekam. Der französische Dramatiker Scribe schrieb ein Stück über die Verhandlungen für dieses Abkommen, die — wie er es darstellt — dadurch verzögert wurden, daß eine Tasse Kaffee sich über das Kleid der damals bereits Lady Masham gewordenen Abigail ergoß. Sarah Churchill ließ sich jedoch nicht davon abhalten, den Bau von Blenheim Palace in Oxfordshire als Gedenkstätte für ihren Gemahl zu Ende zu führen.

Dort war es auch, wo nach einer aufsehenerregenden Erneuerung einer männlichen Linie durch die Krone Sir Winston Churchill, der heute im allgemeinen wohl bekannteste englische Politiker, das Licht der Welt erblickte. Auch in diesem Fall hatte man die weibliche Nachfolge durch eine Änderung des Familiennamens zurechtgerückt. Wenn es demographisch gesehen richtig ist, den Herzog von Northumberland als Smithson und nicht als Percy zu betrachten, muß man auch daran festhalten, daß Sir Winston Churchill eigentlich kein Churchill ist, sondern ebenso aus dem Hause Spencer kommt wie Lady Diana, die Gattin des Prinzen von Wales. Als um 1550 den Percys bereits eine entscheidende Rolle am Hof und in der nationalen Politik zukam und der erste Cecil sich die Gunst der Krone erwarb, waren die Spencers aus Leicestershire noch wohlhabende, in der Schafzucht erfolgreiche Freisassen, die erst zwei Generationen später die Pairswürde erhalten sollten.

Unterstreicht die Geschichte von Anne, Sarah und Abigail auch, wie sehr verwandtschaftliche Bindungen in politischen Entwicklungen ihren Niederschlag finden konnten, ein charakteristisches Beispiel für die Konsequenzen höfischer Gunst ist sie wohl kaum. Außerdem vermitteln, wie wir bereits gesehen haben, die riesigen Haushalte der besitzenden Minderheit ein nur sehr verzerrtes Bild dessen, was damals eine Familie wirklich war. Was für die Haushaltsführung gilt, trifft vielleicht auch auf verwandtschaftliche Beziehungen zu. Vor allem für einen politisch aktiven Menschen von Stand gab es mehr als gute Gründe, zumindest seine gerade einflußreichen Verwandten zu kennen, um so in der Lage zu sein, seine Beziehungen auch ausnützen zu können. Bei Bauern und Arbeitern spielten natürlich politische Motive dieser Art keine Rolle, auch wenn man sich seiner Verwandten auf andere Weise bedienen konnte. Wir haben schon darauf hingewiesen, welche Funktion den verschiedenen Haushaltsgrößen einer Gemeinschaft für die Aufrechterhaltung der Herrschaftsstrukturen, die Absicherung der Hierarchie und die Durchsetzung jener Achtung zukam, die Bauern, die oft als Pächter der Gentry über kleinere Ländereien verfügten, Geschäftsleute, Handwerker und Landarbeiter allen entgegenbrachten, die besser gestellt waren. Daß das von entscheidender Bedeutung war, zeigt sich deutlich, wenn wir jetzt noch einmal auf die Gründe des politischen Gehorsams zu sprechen kommen.

In diesem Abschnitt unserer Darstellung der Welt von einst und ihrer Andersartigkeit im Vergleich zu den Verhältnissen unserer Tage geht es um jene fraglose Unterordnung, die damals für viele Beziehungen so charakteristisch war und uns heute in dieser Form nicht mehr begegnet. Nach einem kurzen Abriß der politischen Erziehung unserer Vorfahren wollen wir uns dann im folgenden den tatsächlichen Mechanismen des politischen Lebens zuwenden.

Es ist wahrscheinlich angebracht, eingangs auf den im gesellschaftlichen und politischen Leben wie in beinahe der gesamten politischen Literatur jener Zeit vorherrschenden Ton näher einzugehen. In der Welt von einst gründeten soziale Unterordnung und politischer Gehorsam auf Tradition. Sich mit den Gründen für gesellschaftliche Unterschiede kritisch auseinanderzusetzen, kam daher kaum in Frage. Kommen Menschen jener Zeit auf sich und ihre Stellung zu sprechen, spürt man stets diese grundsätzliche Ergebenheit. „There is degree above degree. As reason is ..." „Take but degree away, Untune that string, And hark what discord follows." Man hat das Gefühl, daß alle Männer und Frauen der Alten Welt, denen es gelang, sich eine Stellung zu erringen, die es ihnen erlaubte, die gesellschaftliche Landschaft zu überblicken, davon überzeugt waren, daß eine festgefügte Rangordnung zum Wesen dieser Gesellschaft gehörte. Ohne ein solches Ordnungsgefüge, fraglose Ergebenheit und die verschiedensten Privilegien war Anarchie und Zerstörung Tür und Tor geöffnet. Jede Bedrohung der gegebenen Ordnung war auch eine Bedrohung jedes einzelnen.

Sehr zum Nachteil aller Untersuchungen ist es leider so, daß Äußerungen dieser Art im allgemeinen von Mitgliedern der herrschenden Minderheit stammen, die natürlich allen Grund hatten, jede Bedrohung der gegebenen gesellschaftlichen Verhältnisse als Gefahr für alle darzustellen. Es wäre an und für sich jedoch keineswegs überraschend, wenn die durch die bestehende Ordnung unterdrückten Menschen diese Gefahr als ebenso real empfunden hätten wie jene, die von diesen Verhältnissen profitierten. Ergebenheit als tradierte Einstellung funktioniert so. Sicher gab es auch Ausnahmen, und ob man noch zur Gentry gehörte oder nicht, spielte gewiß eine Rolle, was den Grad der Verbundenheit mit diesem Ordnungssystem betraf.

Es gibt kaum eine deutlichere Form dessen, was man als soziale Blindheit bezeichnen könnte, um die absolute Unfähigkeit zu unterstreichen, sich die Lage eines anderen Menschen auch nur vorzustellen, als die Einstellung, die Herren und Herrinnen ihren Dienstboten, Grundbesitzer ihren Pächtern, Arbeitgeber ihren Angestellten und Sklavenhalter ihren Leuten gegenüber an den Tag legen. Daß Untertanen die Stellung der Herrschenden nicht als Notwendigkeit empfinden und sich auflehnen könnten, kommt diesen so wenig in den Sinn, daß sie fast immer überrascht sind und verwundert und verletzt reagieren, wenn sich jemand nicht fügt und Widerstand zeigt. Wenn sich ein Individuum auch bis zu einem bestimmten Punkt fraglos unterordnen und keinen Begriff seiner Stellung haben mag, spielen in diesem Fall doch gewisse Gründe herein, die es angeraten erscheinen lassen, sich zu verstellen, seinen Groll zu verbergen und Zuneigung oder Ehrerbietung vorzutäuschen bzw. zu übertreiben. Außerdem verfügen Andersdenkende meist nicht über die Mittel, ihre Position öffentlich darzulegen. Wenn das — wie bis zu einem bestimmten Punkt in England in den bewegten vierziger Jahren des 17. Jahrhunderts — doch der Fall ist, kann man damit rechnen, daß die Herrschaftsverhältnisse bereits allgemein durchschaut werden. Die selbsternannten Vertreter der Unterdrückten entstammen aber sogar in diesem Fall meist der herrschenden Minderheit.

Es gibt verschiedene Gründe dafür, warum gerade die, die nicht der Elite angehörten, sich den Verhältnissen fügten.[2] Erstens war die Stellung fast aller Mitglieder der herrschenden Minderheit prinzipiell festgeschrieben und nicht Ergebnis persönlicher Bemühungen und Verdienste. Die meisten waren schon so zur Welt gekommen. Zweitens blieb der für Urteile über das gesellschaftliche Gefüge und dessen Ordnung gültige Maßstab so gut wie immer und für alle Menschen derselbe. In der Sprache der Sozialwissenschaft ausgedrückt heißt das, daß es für die Freisassen, Kleinbauern, Armen und Handwerker der vorindustriellen Welt, ja sogar für die Angehörigen der damaligen Gentry kaum in Frage gekommen sein dürfte, die Bezugsgruppe in einer Weise zu wechseln, die sozusagen ein Bewußtsein der relativen Deprivation hätte aufkommen lassen. W. G. Runciman hat in seiner 1966 veröffentlichten Arbeit *Relative Deprivation and Social Justice* nicht nur diesen Zusammenhang in beeindruckender Weise dargestellt, sondern auch die Sozialgeschichte Englands seit 1918 im Lichte dieser Entwicklungstheorie einer Analyse unterzogen.

Hat man einmal diesen Standpunkt eingenommen, stellt sich sofort die Frage, ob es nicht auch in England im 17. Jahrhundert gelegentlich dazu kam, daß ein Wechsel der Bezugsgruppe erfolgte. Wenn es auch nur ganz wenige waren, die wie der Herzog von Marlborough groß wurden, waren die, denen ein Aufstieg gelang, vielleicht wirklich einfach mit Macht und Reichtum überhäuft worden. Außerdem könnte man auch davon ausgehen, daß die durch den Bürgerkrieg und vor allem durch die Rekrutierung und die Truppenbewegungen der parlamentarischen Einheiten verursachten Unruhen die in bescheidenen Verhältnissen lebenden Menschen zum ersten Mal mit jenen in Berührung brachten, die besser gestellt waren und höhere Ziele verfolgten. Man kann sich vorstellen, daß ein wesentlicher Zweck, den man Monate, ja Jahre gemeinsam verfolgte, genügen konnte, um bei diesen Menschen ein bestimmtes Bewußtsein ihrer gesellschaftlichen Stellung und politischen Rechte herzustellen. Will man sich eines Modeworts bedienen, kann man auch sagen, daß die Soldaten der Cromwellschen Armee *politisiert* worden waren.

Wenn sich zeigen ließe, daß die Literatur aus dem Kreis der Leveller im Heer Cromwells und in der City von London auch nur irgendwie diesen Zusammenhängen geschuldet ist, würden sich dadurch faszinierende Parallelen mit Entwicklungen unseres Jahrhunderts ergeben. Man geht heute im allgemeinen davon aus, daß Krieg, Wehrpflicht und Entlassung aus der Armee zu starken Deprivationsgefühlen und revolutionären Absichten führen. Auch durch die soziale Mobilität in Industriegesellschaften zeigen sich, wie man weiß, bei Bezugsgruppen dementsprechende Wirkungen. Sobald sich einmal die Möglichkeit eines Aufstiegs abzeichnet und Mittel und Wege der Realisierung gegeben erscheinen, beginnen Menschen auch an der Vernunft der herrschenden sozialen Ordnung zu zweifeln und sich dessen bewußt zu werden, daß sie vom Genuß der den Herrschenden zugänglichen Dinge ausgeschlossen sind. Die Deprivationsforschung hat festgestellt, daß gegebene Ordnungszusammenhänge vor allem dann in Frage gestellt werden, wenn der erhoffte Aufstieg nicht gelingt.

So interessant dieser Ansatz auch sein mag, so wenig wissen wir noch immer über das Gewicht dieser Momente nicht nur in den vierziger Jahren des 17. Jahrhunderts Bescheid. Für die Annahme, daß in der von uns in ihren Grundzügen umrissenen Welt im großen und ganzen Ruhe herrschte, spricht auch, daß der Begriff der stabilen Armut auf die damaligen Verhältnisse in weiten Teilen des Landes zutrifft. Es erübrigt sich wohl, darauf hinzuweisen, daß damit ein Sich-Abfinden mit den gegebenen Zuständen bezeichnet ist. Aus Gregory Kings Tabelle läßt sich gewiß kein anderer Eindruck gewinnen, auch wenn man sich die Kräfte vor Augen hält, die im Laufe seiner und der vorhergehenden Generation in England nicht nur in politischer und militärischer Hinsicht, sondern auch im Bereich des Handels und der Industrie frei wurden. Es gibt nicht den geringsten Anhaltspunkt dafür, daß es in der Stuartzeit infolge gestiegener Erwartungen beim Volk zu Vorgängen gekommen wäre, die auch nur im entferntesten an eine Revolution erinnern. Obgleich weitere Entdeckungen und Nachforschungen vielleicht einmal zu gewissen Einschränkungen Anlaß geben werden, dürfte doch feststehen, daß das Hinnehmen des immer gleichen Elends, unter dem die meisten Menschen jener Zeit zu leiden hatten, für die von uns untersuchten Dorfgemeinschaften ebenso charakteristisch gewesen sein muß wie für die von King aufgeschlüsselten Verhältnisse der ganzen Nation.

Trotzdem ist man im allgemeinen davon überzeugt, daß solche Umstände immer eine Hand von Verzweifelten hervorbringen und ein Pauper seiner Empörung über die ihm aufgezwungene Not immer Luft machen wird, sobald sich ihm eine Gelegenheit dazu bietet. Wir haben erwähnt, daß man sich damals dessen bewußt war, daß die vom Reichtum ausgeschlossenen Teile der Bevölkerung zur Gewalt greifen könnten. Während manche Männer, die von ihrer Konstitution her dazu in der Lage waren, ihrer Not auf eigene Faust ein Ende zu bereiten versuchten, nahmen viele alte Frauen zur Zauberei Zuflucht.[3] Sieht man von Extremfällen ab, liegt auf der Hand, daß es gewisse Maßstäbe gegeben haben muß, an die man sich halten konnte, wenn es darum ging, jenen entgegenzutreten, die, aus welchem Grund auch immer, die Vernunft der bestehenden Ordnung in Frage stellten und sich der Pflicht zu Gehorsam und Subordination zu entziehen drohten. Die Absicherung gesellschaftlicher Macht und politischer Autorität war sicher, wenn auch nur in geringem Maße, auf äußere Sanktionen angewiesen.

Ist man sich dessen bewußt, daß das Verhältnis der Religion zum sozialen System kein äußerliches war, kann man davon sprechen, daß die Autorität der traditionellen Welt durch die Religion abgestützt wurde. Aus verschiedenen Quellen lassen sich einige überraschende Einblicke in die Art und Weise gewinnen, in der man damals den Kindern in den entscheidenden Jahren bestimmte Formen des Gehorsams einschärfte.[4] Es war die ausdrückliche Pflicht jedes Pfarrers, allen Kindern und Jugendlichen seiner Gemeinde den Katechismus beizubringen, der die Grundsätze des christlichen Glaubens in der von der Kirche vertretenen Form enthielt. Am Sonntag nach dem Morgengebet versammelten sich in jeder der zehntausend Pfarren des Landes die Sprößlinge der Gentlemen und Freisassen, der Bauern, Handwerker, Taglöhner und Armen, um von ihrem Geistlichen zu erfahren, was es hieß, Christ zu sein. Alle Kinder mußten die im folgenden zitierten Worte nachsprechen und auswendig lernen:

Es ist meine Pflicht, meinen Nächsten zu lieben wie mich selbst und alle Menschen so zu behandeln, wie ich von ihnen behandelt werden möchte: Vater und Mutter zu lieben, zu ehren und ihnen beizustehen: mich allen meinen Vorgesetzten, Lehrern, Seelsorgern und Herren zu unterwerfen; allen, die über mir stehen, demütig und ergeben zu begegnen; niemanden durch Wort oder Tat zu verletzen; immer die Wahrheit zu sagen und das Rechte zu tun; nicht auf Böses zu sinnen und keinen Haß zu hegen: nicht zu stehlen und meine Zunge im Zaum zu halten, auf daß keine bösen Worte, Lügen und Verleumdungen über meine Lippen kommen: maßvoll, enthaltsam und keusch zu sein in körperlichen Dingen: nicht zu begehren meines Nächsten Gut: sondern aufrecht zu lernen und zu arbeiten, um mir meinen Unterhalt zu verdienen, und zu erfüllen, was mir aufgegeben ist, was Gott für mich auch immer vorgesehen haben mag.

Diese Worte werden dem Leser, wenn auch in anderer Form, vertraut sein und sicher so manche Erinnerung wachrufen. Der Text aus dem Katechismus der Englischen Hochkirche wurde 1549 geschrieben und ist in der Fassung aus den sechziger Jahren des 17. Jahrhunderts heute noch offiziell in Verwendung. Freilich muß man seiner historischen Phantasie schon ein wenig Lauf lassen, um verstehen zu können, welches Gewicht diesen Worten in einer Zeit zukam, da so gut wie alle Bewohner des Landes nicht nur gläubige und gottesfürchtige Christen, sondern zwangsläufig auch Mitglieder der Nationalkirche waren. „Wir meinen", sagte einmal Richard Hooker, der offizielle Vertreter der englischen Ordnung, „daß es in der Kirche von England nie-

manden gibt, der nicht auch dem Commonwealth angehört. Ebensowenig gibt es jemanden, der dem Commonwealth angehört und nicht auch Mitglied der Kirche von England wäre."
Man darf nie aus den Augen verlieren, daß jeder laut Gesetz dazu verpflichtet war, der Hochkirche anzugehören.

Alles, was die jungen Menschen dieser Welt je über Gehorsam, Autorität und die gesellschaftliche und politische Ordnung erfuhren, war im Katechismus enthalten. Viele waren außerdem nicht in der Lage, zu überprüfen, was der Geistliche ihnen zu sagen hatte, weil sie nicht lesen konnten. Er brachte ihnen mündlich bei, was sie dann einmal beim Konfirmationsgottesdienst in Anwesenheit des Bischofs aufzusagen hatten.

Damit nicht der Eindruck entsteht, daß Förmlichkeit und Strenge der orthodoxen Kirche vorbehalten waren, führen wir zwei Abschnitte aus dem sogenannten *Shorter Catechism* des Jahres 1644 an, einem Dokument jener Zeit also, in der die puritanischen Geistlichen am Höhepunkt der Kämpfe zwischen Krone und Parlament die Herrschaft über die Hochkirche zu übernehmen begannen:

Frage 64: Was verlangt das Fünfte Gebot?
Antwort: Das Fünfte Gebot verlangt, jedem die ihm gebührende Ehre und Schuldigkeit zu erweisen, ob er nun über oder unter uns steht oder uns ebenbürtig ist.
Frage 65: Was verbietet das Fünfte Gebot?
Antwort: Das Fünfte Gebot verbietet uns, gegen unsere Pflichten zu verstoßen, die wir den verschiedenen Menschen in ihrer Stellung gegenüber haben, und nicht jedem die gebührende Schuldigkeit zu erweisen.

Die englischen Presbyterianer erklären sich hier ganz offen für den in der herkömmlichen Deutung der Bibel allgemein gültigen Standpunkt, der von den Sektierern und Separatisten ebenso eingenommen wurde wie von den Priestern, die sich mit der Autorität im Einvernehmen befanden. Diesem Standpunkt zufolge beruhte die Pflicht zum christlichen Gehorsam auf dem Gebot „Ehre Vater und Mutter". Die puritanischen Prediger hielten alle „Familienväter und Herren" an, ihre Kinder und Dienstboten zu Hause im Katechismus zu unterweisen. Es war auch ein Dissenterprediger, der, wie wir am Ende des ersten Kapitels gesehen haben, die Rechte des Grundherrn aus dem Fünften Gebot ableitete. Gleichgültig, ob ein Pfarrer mit Pfründen, ein mittelloser Wanderprediger oder einfach ein gewissenhaftes Familienoberhaupt — es gab kein vertrauteres Gefühl, auf das man sich hätte berufen können, wenn es darum ging, die Kinder in ihren christlichen Pflichten zu unterweisen. Die Unterwerfung unter das Gebot der herrschenden Mächte vertrug sich sehr gut mit dem gewohnten Gehorsam, den es dem Oberhaupt der patriarchalen Familie zu erweisen galt. Kann man sich für jemanden, der sich nicht fügte, eine wirksamere Sanktion vorstellen als die Furcht vor drohender Verdammnis? „Ein früher Tod" galt dem Wort der Kirche zufolge als „Strafe für unfolgsame Kinder".[5]

Andererseits darf man die Bedeutung des geistlichen Einflusses auch wieder nicht überschätzen. Wir haben bereits gesehen, daß man sich in geschlechtlichen Dingen nicht immer an die Gebote der Kirche hielt. Der Pächter gehorchte seinem Grundherrn aus vielleicht viel zwingenderen Gründen als seinem Katechismusunterricht und der Sorge um das Heil seiner Seele. Er lief Gefahr, den Hof zu verlieren, wenn er nicht genügend Ergebenheit an den Tag legte und vor allem bei der Ausübung seines Wahlrechts seinen politischen Verpflichtungen nicht nachkam. Unter Umständen war der Grundherr auch Friedensrichter und hatte auf alle Fälle die Kräfte der herrschenden Ordnung ausnahmslos auf seiner Seite. Wer über kein Land verfügte, sah sich seinen Dienstgebern von gestern, heute und morgen gegenüber. Mancher Tagelöhner, Häusler und sogar Kleinbauer hatte einmal in einem der größeren Häuser des Dorfes gedient und seine Söhne und Töchter waren wahrscheinlich ihr ganzes Leben lang auf eben diese wohlhabenden Haushalte angewiesen, um Tag für Tag von neuem Arbeit zu finden.

Es ist nicht notwendig, hier weiter auf die in der Familiensituation gegebenen gesellschaftlichen Grundlagen der Unterwerfung einzugehen. Sonst wundert man sich vielleicht noch, daß überhaupt jemand die Kühnheit aufbrachte, Widerstand zu leisten und hält es schließlich gar für ausgeschlossen, daß im 17. Jahrhundert in England Menschen an die Rechte des Individuums, die Verantwortung der Herrschenden und eine verfassungsmäßige Grundlage der Regierung zu denken wagten.

Es handelt sich hier um einen jener paradoxen Umstände, die dringend einer systematischen Analyse im Rahmen der historischen Soziologie bedürfen. Wir müssen uns den tatsächlichen Mechanismen des politischen Lebens jener Zeit zuwenden, um zu verstehen, warum eine im Bereich der Disziplin und deren Aufrechterhaltung derart statische, autoritäre und kompromißlose Gesellschaft auf der Ebene des politischen Denkens und

Handelns oft so viel Unabhängigkeit und innovativen Geist zuließ. Was damals manche Menschen gelegentlich über die Rechte des einzelnen sagten, deckte sich ganz sicher nicht mit den Rechten, die ein Individuum jener Zeit tatsächlich hatte.

Alle Männer und Frauen, die jemals das Licht der Welt erblickt haben, sind von Natur aus gleich an Macht, Ehre, Einfluß und Würde, und keinem ist es (von Natur aus) gegeben, über andere Gewalt zu haben, zu herrschen oder zu gebieten.[6]

Diese berühmt gewordenen Worte John Lilburnes, des aus der Gentry stammenden Führers der Leveller, aus dem Jahre 1646 nehmen sich vom Standpunkt der bisherigen Hinweise auf die damals allgemein herrschende Unterdrückung und Ungleichheit recht seltsam aus. Die Kühnheit solcher Aussagen sollte einen davon abhalten, sich durch offizielle Erklärungen wie die im Katechismus enthaltenen Sprüche irreführen zu lassen. Nimmt man Äußerungen dieser Art beim Wort, verstellt man sich von vornherein den Blick auf eine ganz andere Welt gesellschaftlicher Haltungen und Gedanken. Vielleicht war Ergebenheit nur eine notwendige Maske, hinter der sich ein Gesicht verbarg, das der mündlichen Kultur des Volkes zugewandt war, gegen die bestehende Unterdrückung aufbegehrte und das Recht auf das Auskommen aller Menschen zum Ausdruck brachte. Trat diese Einstellung nicht mehr als offen zutage, wenn sich die Frauen für einen gerechten Brotpreis einsetzten? Irgendwoher müssen die Ideen der Leveller ja schließlich gekommen sein.

Sicher war die Haltung der Leveller ein in jeder Hinsicht einzigartiges Phänomen. Daß und wie sie in den letzten Jahren des Bürgerkriegs und den Anfängen der puritanischen Herrschaft in der parlamentarischen Armee und in London auftraten, gibt uns sicher über das Leben der nicht der Elite der Nation angehörenden Teile der Bevölkerung mehr Aufschluß als alle anderen Quellen. Wenn überhaupt irgendwo, dann muß man hier nach jenem Empfinden suchen, das auf alle Menschen Rücksicht genommen wissen wollte und nicht durch die Vorstellung verzerrt war, daß die Anrechte einiger weniger eben nicht für alle da waren. Es ist äußerst schwierig, wirklich genau anzugeben, wie groß die Zahl der Leveller war und aus welchen Teilen der Gesellschaft sie kamen. Beschränkte sich diese Einstellung auf London, die Armee und einige Grafschaften in der Nähe der Hauptstadt, oder hätte jeder auch nur etwas gebildetere Dorfbewohner diese Leute unterstützt, wenn er dazu Gelegenheit gehabt hätte? Vielleicht gab es schon lange vor dem Bürgerkrieg Formen eines gewissermaßen kollektiven politischen Lebens auf dieser Ebene, das mehrere Jahrhunderte überdauerte, bis dann die Chartisten wieder mit den Forderungen der Leveller an die Öffentlichkeit traten und sich in diesem Zusammenhang schließlich eine Haltung entwickelte, die heute sicher von der Mehrzahl der politischen Kräfte in England geteilt wird.

Wenn sich zeigen läßt, daß diese Vermutung auch nur zum Teil zutrifft, ergibt sich ein ganz neuer Zugang zum Verhältnis der politischen Einstellungen von damals und heute, der nicht mehr auf die wirklich gebildete Minderheit beschränkt ist. Ein solcher Ansatz wäre vielleicht in der Lage, nicht mehr gute Gründe dafür zu liefern, sich den überkommenen Herrschaftsverhältnissen zu unterwerfen, sondern würde angeben können, warum diese zu kritisieren und aus der Welt zu schaffen sind.[7]

Auch wenn oft alle Menschen gemeint zu sein scheinen, hatten vielleicht manche Kritiker der politischen Verhältnisse von einst nur einen ganz kleinen Teil der Bevölkerung im Auge. John Lilburne dürfte noch weit mehr Leute der politischen Menschheit zugezählt haben als dreißig Jahre später John Locke in seiner Erklärung, die zwar deutlich an Lilburne erinnert, doch so gemäßigte Töne anschlägt, daß der Text zu einer klassischen Apologie der von der englischen Gentry und dem amerikanischen Bürgertum des 18. Jahrhunderts in Anspruch genommenen Freiheiten werden konnte.

Um sich einen richtigen Begriff davon zu machen, was politische Macht ist, und den Ursprung dieser Macht zu verstehen, ist zu bedenken, in welchem Zustand sich alle Menschen von Natur aus befinden; es ist ein Zustand der vollkommenen Freiheit, frei in den Zwecken ihres Handelns, der Verfügung über ihr Eigentum und im Verhalten anderen Menschen gegenüber, innerhalb der durch das Gesetz der Natur gegebenen Schranken, ohne Abhängigkeit von der Erlaubnis oder dem Willen anderer. Und auch ein Zustand der Gleichheit, wo Macht und Recht auf Gegenseitigkeit beruhen und keiner mehr Einfluß hat als der andere.

Obwohl Locke vorsichtigerweise nicht von Frauen spricht und in den folgenden Ausführungen über die natürliche Gleichheit Kinder ausschließt, scheint sich die zitierte Passage tatsächlich auf die gesamte Menschheit zu beziehen. Man kann davon ausgehen, daß Locke das wahrscheinlich auch wollte, darf aber nicht aus den Augen verlieren, was die Leser jener Zeit im allgemeinen unter an der Politik beteiligten Menschen wirklich verstanden. Weiter — und das gilt auch für Lilburne — ging in jenen Tagen kaum jemand. Daß sich nur ganz wenige überhaupt je die Frage stellten, ob es tatsächlich eine auf der Zustimmung aller verantwortlichen Individuen beruhende Regierung geben könnte bzw. sollte, zeigt, wie weit man damals von den demokratischen Voraussetzungen des 20. Jahrhunderts entfernt war. James Tyrrell, der auf Lockes Seite stand, stieß zwar einmal auf diese Möglichkeit, verwarf sie aber, wie man sehen wird, ganz entschieden.

Daß es, weil dieser gemeine Pöbel zu Wahlen nicht fähig ist, unter keiner Regierung je auf die Stimmen der Frauen und Kinder ankam, heißt jedoch keineswegs, daß nicht jeder Rechtsstaat auf der Zustimmung des Volks beruht, denn es war und ist tatsächlich so, daß die Familienväter und unabhängigen Bürger das Volk sind, auf dessen Stimme es ankommt ... Da Kinder unter dem Einfluß der Dienstboten stehen und weder Vermögen noch Land besitzen, sind sie auch nicht berechtigt, an der Wahl der Regierung teilzunehmen.[8]

Locke und Tyrrell wandten sich beide gegen Sir Robert Filmer, einen Landedelmann aus Kent und Parteigänger der Krone, der bereits vor dem Ausbruch des Bürgerkriegs eine Verteidigung der absoluten Monarchie verfaßt hatte, der er den Titel *Patriarcha, or the Natural Power of Kings* gab. In dieser Schrift, die von manchen als Kodifizierung unbewußter Vorurteile angesehen wurde, richtete sich Filmer an die ihm nahestehenden Angehörigen der damaligen Gentry von Kent und nicht an Intellektuelle späterer Generationen, die dafür gesorgt haben, daß es heute zur Geschichte der englischen Politik wohl kaum eine Theorie gibt, die mehr abgelehnt wird. Wenn auch weder Locke noch Linburne aus einer eingesessenen Grundbesitzerfamilie kamen, gehörten Locke, Tyrrell und selbst Linburne doch ebenso zur englischen Gentry wie die Filmers von East Sutton Park. Während es bei Sir Robert Filmers Kritikern nur um das Recht einer Minderheit auf Widerstand ging, begründete sein patriarchalischer Standpunkt die Pflicht aller Menschen zum Gehorsam. Daran ändern auch die verschiedensten sonderlichen Ausfälle und der vollkommen unkritische Bezug zur Heiligen Schrift nichts. Filmer hielt Charles Stuart tatsächlich für den wahren Erben Adams in England und deshalb auch für berechtigt, den Bewohnern des Landes gegenüber die dem Stammvater aller Menschen zugestandenen Privilegien zu vertreten. Freilich darf man sich nicht vorstellen, daß es Filmer auf das in wirklich bescheidenen Verhältnissen lebende Volk mehr ankam als seinen Gegnern. Wenn es um Politik ging, war das kaum je der Fall.

Am ehesten an das Volk dachte vielleicht noch Oberst Rainborough in seiner oft zitierten Rede an das 1647 bei Putney siegreiche parlamentarische Heer, als er sich der Zukunft von Staat und Gesellschaft seines Landes zuwandte: „Ich meine nämlich tatsächlich, daß dem ärmsten Mann in England dasselbe Leben zusteht wie dem höchsten." Als die einflußreichen Konkurrenten um die Macht dazu Stellung nahmen, fiel ihre Antwort genauso aus, wie wir uns das vorstellen: Man berief sich auf das Fünfte Gebot. — Aus dem Mund von Cromwells Schwiegersohn Ireton hörte sich das folgendermaßen an: „Du sollst Vater und Mutter ehren, und dieses Gebot gilt auch für alle, die über uns herrschen."[9]

Rainboroughs Erwiderung war bei weitem nicht mehr so entschieden wie die emphatisch herausfordernden Worte, mit denen er seine Rede begonnen hatte. Dem Katechismus wollte auch er nicht widersprechen. Außerdem kann man mit einiger Sicherheit davon ausgehen, daß Rainborough, der als Sohn eines Marinekommandanten selbst nicht gerade ein Mann aus dem Volk war, nicht wirklich alle armen Menschen des Landes vor Augen hatte.

Wie alle Leveller nahm vermutlich auch er Dienstboten und Paupers vom Wahlrecht aus. Da, wie aus der Formulierung klar ersichtlich ist, Frauen von vornherein nicht in Frage kamen, bezog sich seine Forderung also nur auf einen ganz kleinen Teil der erwachsenen Bevölkerung. Wie alle Menschen seiner Zeit dürfte Rainborough kein sehr klares Bild davon gehabt haben, was mit *Gesamtheit* des englischen Volkes denn eigentlich gemeint sein könnte. Darunter wirklich *alle* Bewohner des Landes zu verstehen, dürfte aufgrund der politischen Tatsachen und Mechanismen jener Zeit sogar im Jahre 1647 nicht möglich gewesen sein. Nirgends war das augenfälliger als gerade im lokalen Bereich.

Im Lauf unserer Analyse der politischen Einbrüche zur Zeit der Stuarts war schon wiederholt von jenen für das vorindustrielle England so charakteristischen lokalen politischen Kreisen die Rede, die sich, wie wir auch bereits angemerkt haben, in manchen Dingen dem Lauf der Zeit bis heute erfolgreich widersetzt haben. In diesem politischen Lager der Grafschaft als vollwertiges Mitglied zu gelten, war so sehr Vorrecht der Gentry, daß man in Snobkreisen auch heute noch von *counties* spricht, um darauf hinzuweisen, daß man aus einem guten Stall kommt. Die Bedeutung dieser politischen Einheiten für die Aufrechterhaltung der Herrschaftsverhältnisse liegt auf der Hand.

Doch weder setzten sich die politischen Kreise in den Grafschaften ausschließlich aus Angehörigen der Gentry zusammen, noch war die Herrschaft über das Land überhaupt Sache einer bloßen Föderation dieser in den Grafschaften verankerten Einheiten. Wie immer, wenn man sich näher mit den lokalen Strukturen großer nationaler politischer Gemeinschaften befaßt, stellt sich heraus, daß die Verhältnisse einfach viel komplexer sind. Wir werden in dieses Dickicht von Beziehungen eindringen müssen, wenn wir verstehen wollen, was denn das politische System des traditionellen England seinen Erben wirklich hinterlassen hat.

Als man sich vor nun fast vierzig Jahren zum ersten Mal vom Standpunkt der Herrschaftsverhältnisse und ihres politischen Erbes mit den Machtstrukturen in den Grafschaften zu beschäftigen begann, ging man von einer Wendung in einer Bittschrift aus, die von einer Anklagejury im Namen einer Grafschaft verfaßt worden war. Das Dokument stammt aus dem Juli des Jahres 1642, einer in nationaler Hinsicht also brisanten Zeit. Es ging um die Worte „Die Gentry und das Volk der Grafschaft Kent" *(The Gentry and the Commonalty of the County of Kent).*[10]

Die Gentry von Kent war sich also sehr wohl dessen bewußt, daß es nicht nur zwischen ihr und der Geistlichkeit, sondern auch zwischen Gentry und Volk einen Unterschied gab. Wie kam es dann, so fragte man sich im Jahre 1948, daß die Gentry dieser alten Grafschaft, dem in jenen Tagen vermutlich einheitlichsten Gebiet des Landes, damals und bei allen ähnlichen Anlässen so vorging, als ob alle Einwohner hinter ihr stünden. Die Antwort war, „daß schwer vorstellbar ist, welches andere Lager für das politische Bewußtsein eine wesentliche Rolle hätte spielen können", und daher das Interesse der Gentry an einer stetigen politischen Teilnahme auf der Hand liegt.

Die Geistlichen der Grafschaft gehörten einer Institution an, die sich sicherlich durch in manchen Dingen eigene politische und geistige Lebensformen und Vorstellungen auszeichnete. Es handelte sich aber nur um einen kleinen Kreis von Menschen, der, wie wir wissen, in seinen Lehren die damals bestehende politische und soziale Ordnung rechtfertigte. Was das Volk betrifft, wären die vermögenderen Bürger von Maidstone, Chatham und anderen Städten wahrscheinlich in gewisser Hinsicht dazu in der Lage gewesen, einen mehr oder weniger unabhängigen Standpunkt einzunehmen. Eine Untersuchung der verschiedenen Verbindungen zeigt jedoch, daß diese Bürger kaum von den Angehörigen der Gentry auseinanderzuhalten sind. Die des Lesens und Schreibens kundigen Freisassen wußten zweifellos über bestimmte politische Zusammenhänge Bescheid und verfolgten gewiß dann und wann eigene Interessen. Es waren aber eher einzelne Menschen, auf die das zutrifft, und nicht ein geschlossenes politisches Lager. Wenn die genannten Gruppen also an der Politik teilnahmen, lief das über ihre Verbindungen zur Gentry, deren Anspruch, für alle Menschen der Grafschaft zu sprechen, nicht nur in Kent niemals in Frage gestellt wurde, soweit man das heute sagen kann.

Das heißt natürlich nicht, daß die tatsächlichen politischen Akteure sich die Freiheit herausnehmen konnten, die Interessen, Meinungen und Ziele der anderen Bewohner „ihrer" Grafschaft zu übergehen. Das konnten sie sich wirklich nicht leisten. Neuere Arbeiten über Wahlen und Wähler — es gab nämlich damals recht oft Parlamentswahlen, für die auch Kampagnen veranstaltet werden mußten — haben gezeigt, daß die gewöhnlichen Wähler in der nachelisabethanischen Zeit zusehends an Bedeutung gewannen und im Laufe des 17. Jahrhunderts eine wahrscheinlich so entscheidende Rolle spielten wie erst wieder nach der *Great Reform Bill* von 1932. Keith Wrightson hat diese Entwicklungen als das mit den Konflikten um die Mitte des 17. Jahrhunderts verbundene Entstehen eines „Volkes" interpretiert. Wie viele andere vor ihm kommt er zu dem Schluß, daß die damaligen Geschehnisse

keineswegs nur vom Hochadel, den oberen Rängen der Gentry und deren Gefolgsleuten, sondern auch von vielen Menschen aus der unbedeutenderen Gentry und Mittelklasse der Stadt- und Landgemeinden getragen wurden.[11]

Die Politiker aus der Gentry mußten sich daher über ihre Wähler absichern. Während diese auf dem Land größtenteils aus der freien Bauernschaft kamen, waren es in der Stadt meist Hausbesitzer mit von Ort zu Ort recht unterschiedlichen Voraussetzungen. Man versicherte sich seiner Wählerstimmen, indem man nicht nur seine Pächter dazu brachte, ihrer Pflicht nachzukommen, sondern man mußte auch andere Menschen zu „überzeugen" verstehen. Die politisch aktive Gentry mußte also auf all jene Rücksicht nehmen, auf die es bei den Wahlen ankam. Aber es galt auch im Auge zu behalten, wie es den ärmeren Teilen der Bevölkerung ging, wie es also um die breite Masse des Volks, die Handwerker, Tagelöhner und Kleinhäusler stand, die nicht unruhig werden durften, auch wenn sie keine Stimme hatten. Alle Politiker und Angehörigen der Gentry in den Grafschaften waren sich dessen bewußt, daß es zu Aufständen kommen konnte, wenn sie in dieser Hinsicht versagten. Und wem lag schon an einer unregierbaren Grafschaft? Die Stellung der Gentry wies daher einen der politischen Soziologie vertrauten Widerspruch auf: So sehr sie einerseits die Grafschaft *war,* so sehr *beherrschte* sie das Land andererseits.

Das war aber nicht der einzige Widerspruch. Die in der Grafschaft herrschenden Adeligen waren ja zum einen die Spitzen der dortigen Gesellschaft, zum anderen aber die Vertreter der Krone, der nationalen Zentralmacht. Die angesehensten Politiker bewegten sich sowohl in nationalen als auch in lokalen Kreisen; sie spielten am Hof und im Parlament von Westminster ebenso eine Rolle wie bei den Assisen und vierteljährlichen Gerichtssitzungen der Grafschaft. Die unbedeutenderen Abgeordneten mit schlechten Verbindungen zum Hof und nur wenigen Verbündeten in der Hauptstadt scharten sich außerdem oft um gewisse Protagonisten der Politik, während diese wiederum in vielen Fällen eine Klientel in einigen Grafschaften hatten, denen sie angehörten, weil sie dort überall Ländereien und Güter besaßen. In den Dörfern gab es dann noch eine weitere Gruppe von Menschen, deren Macht — wenn auch nur gelegentlich — ins Gewicht fiel: Die Richter der Krone besuchten die Gemeinden als beamtete Diener, um den Willen des Herrschers kundzutun und in seinem Sinne Recht zu sprechen. Häufig waren diese Beamten weder in der Grafschaft ansässig noch dieser als Eigentümer verbunden. Selbst diese Skizze läßt also an der Komplexität des damaligen Systems keine Zweifel. Freilich waren dessen Strukturen keineswegs grundsätzlich vielschichtiger als die anderer territorialer politischer Einheiten.

Es war notwendig, diesen Verhältnissen nachzugehen, um gewissen Vorstellungen über die gesellschaftlichen Zusammenhänge in den Grafschaften und das Ausmaß der den dort verankerten Kreisen möglichen Autonomie entgegenzutreten, denen man in der recht umfangreichen Literatur der letzten Jahre über die Gentry in den Grafschaften zu Beginn des 17. Jahrhunderts begegnet. Die Überschätzung der Unabhängigkeit dieser Kreise erklärt sich aus dem entscheidenden Umstand, daß, wenn die Zentralmacht sich aus der Grafschaft zurückgezogen hatte, die Gentry dort auf eigene Faust regierte. So kam es auch, daß während des Bürgerkriegs in den Grafschaften Ausschüsse gebildet wurden, um nicht nur die Regelung der lokalen Angelegenheiten, sondern in gewissem Ausmaß auch die Kriegsführung selbst zu übernehmen.

Das soll aber nicht heißen, daß die damaligen Konflikte als Auseinandersetzungen um die lokale Vorherrschaft zu verstehen sind oder gar das englische Reich überhaupt nur aus einem Verband einzelner Grafschaften bestand. Wenn auch Everitt entdeckt hat, daß die Bevölkerung Kents in jenen unruhigen Tagen die alten Grenzen des einstigen angelsächsischen Königreichs zu befestigen begann und es keine Seltenheit war, daß sich während des Bürgerkriegs eine Grafschaft einer anderen zu helfen weigerte, wollte sich weder in Kent noch sonstwo jemand von England unabhängig machen. Es gab auf beiden Seiten niemanden, dem der Fortbestand der englischen Nation als einheitliches Gemeinwesen keine Selbstverständlichkeit gewesen wäre. Die politischen Kreise in den Grafschaften fungierten als vermittelndes und nicht als trennendes Moment.

Trotzdem zeichneten sich diese Einheiten des politischen Systems der Vergangenheit oft durch gewisse Besonderheiten aus. Die Beschreibung der 1640 in Kent herrschenden Verhältnisse, aus der wir bereits zitiert haben, läßt erkennen, daß die damalige Gentry der Grafschaft in intellektueller Hinsicht durchaus eigenständig war. So ist es auch zu erklären, daß jemand wie Filmer sich mit seiner politischen Theorie an die ihm nahestehenden Grundherren wandte und seine Schrift nicht in der Hauptstadt veröffentlichte. Manche Mitglieder der Gentry von Kent dürften einer Art universitärem Verband angehört haben, der sich nicht nur mit den Gegenständen der Klassiker und Theologen auseinandersetzte, die in den über die Grafschaft verstreuten Bibliotheken zu finden waren, sondern auch der Geschichte der Familien und ihrer Privilegien nachging.

In der Darstellung der damaligen Verhältnisse aus dem Jahr 1948 heißt es weiter:

Die englische Gesellschaft jener Zeit zeichnet sich durch zwei Besonderheiten aus, die vielleicht entscheidender sind als alle Spannungen, die dann zu einer offenen Auseinandersetzung führten. Erstens stand die dauernde Beschäftigung mit politischen Fragen um 1640 und im Lauf der beiden folgenden Generationen im Mittelpunkt des geistigen Lebens. Diesen Überlegungen verdanken wir letzten Endes die Grundlagen der politischen Einrichtungen in der gesamten englischsprachigen Welt von heute. Zweitens fällt die Bemühung auf, bei der Gründung neuer Gesellschaften stets den im Mutterland gegebenen Verhältnissen zu folgen bzw. auf deren Ideale zurückzugreifen, die sich zwar bereits dem Selbstbewußtsein der elisabethanischen Zeit verdankten, praktisch aber erst um 1640 eine entscheidende Rolle zu spielen begannen, als in Virginia eine Kolonie entstand, die im Keim die Wesensmerkmale der amerikanischen Gesellschaft aufwies.

So mancher virginische Pflanzer war der jüngere Sohn eines Gutsherrn aus Kent, und auch ein Filmer ließ sich dort nieder. In den letzten Jahrzehnten hat sich gezeigt, daß sich die politischen Strukturen des Reiches um 1640 so ziemlich mit jenen decken, die sich im Falle Kents feststellen ließen. Wenn auch die Auswanderung als Besonderheit gewisser Landstriche an der Küste zu betrachten ist und in anderen Grafschaften ein Gedankenaustausch zwischen den Bewohnern einzelner Landsitze weniger üblich gewesen sein mag, scheint das politische England jener Zeit doch die Form jenes Beziehungsgeflechts zwischen verschiedenen Familien gehabt zu haben, das für das Leben Sir Robert Filmers maßgeblich war.

Wenn das im Rahmen dieser Arbeit möglich wäre, könnten wir jetzt die Zusammenhänge im einzelnen nachzeichnen und auf die Besonderheiten der Dorfgemeinde eingehen, deren Bewohner mit wenigen Ausnahmen in politischer Hinsicht isoliert waren. Obgleich es stets die interne Politik der einzelnen Gemeinden zu berücksichtigen galt, bestand doch zwischen der Elite des Dorfs und der Gentry der Grafschaft durch den Gutsherrn und manchmal auch den Pfarrer eine Verbindung. An dieser Stelle geht es allerdings eher um die Formen des politischen Spiels zwischen Grundherren und Adeligen — darum, daß auch einem kleinen Adeligen über die Familie seiner Frau eine politisch wichtige Rolle zufallen konnte, wenn er Geschick bewies; darum, daß auch ein alter Name und ein prunkvoller Landsitz einem jungen Lord nichts half, wenn er einen falschen Standpunkt vertrat und über niemanden verfügte, der sich entsprechend um seine Angelegenheiten kümmerte, intrigierte oder einfach zusah, daß sein Schützling politisch weiterkam. Man muß sich dessen bewußt sein, daß nie viele Gentryfamilien politisch eine wirklich entscheidende Rolle spielten und auf nationaler Ebene immer nur ganz wenige Familien aus jeder Grafschaft etwas zu sagen hatten. Wie in anderen Fällen war es auch hier so, daß die meisten Einheiten nicht aktiv waren und auf ihre Gelegenheit oder eine neue Generation warteten. Im Prinzip verfügte aber jedes Haus über eine politische Schlagkraft, mit deren Unterstützung oder Widerstand in Krisenzeiten auf alle Fälle zu rechnen war.

Trotz ihres Einflusses und ihrer politischen Effektivität hätten die großen Häuser und Familiendynastien von sich aus das Land also gar nicht beherrschen können. Übten sie einerseits eine Manipulations- und Kontrollfunktion aus, agierten sie andererseits als Mittler und Vertreter ihrer Anhängerkreise in den Grafschaften. Nur so war es möglich, daß die Herrschaft einer Minderheit von Grundbesitzern aufrechterhalten und mit den Vorgängen im Zentrum des gesellschaftlichen Lebens zur Deckung gebracht werden konnte. Wenn wir wirklich verstehen wollen, wie es denn dazu kam, daß die Herrschaft einer Minderheit so lange Zeit hindurch als Notwendigkeit galt und erst allmählich Formen der Vertretung durch Abgeordnete und dann schließlich demokratischen Einrichtungen wich, müssen wir uns etwas näher mit dem Grad der damaligen Bildung und dem Umfang und Charakter der sozialen Mobilität jener Zeit auseinandersetzen.

KAPITEL 10

Ausschluß und Herrschaft
Bildung und soziale Mobilität in der Welt von einst

Es gehört auch zu den Aufgaben der historischen Soziologie, die in der Vergangenheit im Bereich der Bildung gegebenen Verhältnisse zu untersuchen. Man hat hier in den letzten Jahren wesentliche Fortschritte erzielt. Unsere These lautet, daß es damals nur den wirklich gebildeten Menschen möglich war, aktiv an der Politik teilzunehmen oder deren Verlauf zu beeinflussen. Mit wirklicher Bildung ist gemeint, daß jemand lesen und schreiben kann und es zu seinem Alltag gehört, daß er dies auch tut, mit schriftlichen und unter Umständen sogar gedruckten Unterlagen befaßt ist und Bücher besitzt. Wir verfügen heute bereits für die Anfänge des 17. Jahrhunderts über Hinweise, die uns den maximalen Umfang der in diesem Sinn gebildeten Minderheit einzuschätzen erlauben.

Aus den Untersuchungen Roger Schofields und David Cressys, die auf den diesbezüglichen Unterlagen in den Archiven der *Cambridge Group* und anderen Quellen beruhen, geht eindeutig hervor, daß damals weniger als ein Drittel aller Engländer ihren Namen schreiben konnten.[1] Daraus folgt, daß — auch wenn sich der genaue Anteil nicht angeben läßt — mehr als zwei Drittel der erwachsenen Männer des Landes von vornherein nicht in der Lage waren, im Rahmen der politischen Umbrüche des 17. Jahrhunderts, die uns beschäftigt haben, eine wirklich entscheidende Rolle zu spielen. Freilich konnten sich diese Teile der Bevölkerung besonders in Zeiten der Spannung auf nationaler Ebene durch den Druck bemerkbar machen, den sie in den Gemeinden auf politisch einflußreiche Personen auszuüben imstande waren. Obwohl es, wie wir sehen werden, in elisabethanischer Zeit manchen außergewöhnlichen Menschen gelang, sich durchzusetzen und ein Amt in einer Kleinstadt übertragen zu bekommen, obwohl sie nicht schreiben konnten, war im großen und ganzen eine Teilnahme am politischen Leben ohne Bildung nicht möglich.

Die Zahl der deshalb politisch nur eine Rolle am Rande spielenden Einwohner des Landes schwankte. Wenn auch im späten 16. und dann im 18. Jahrhundert dieser Teil der Bevölkerung deutlich zurückging, konnten zu Beginn der Industrialisierung doch noch immer viele nicht schreiben. Mit dem Einbruch der großen Industrie dürften es anfangs sogar eher mehr geworden sein. Das Prinzip, um das es hier geht, spielt für unsere Fragestellung eine Schlüsselrolle. Herrschaft, Verwaltung und Politik gingen im allgemeinen schriftlich vonstatten und waren Sache der wirklich Gebildeten, die ihren Willen in Form von Manuskripten und gedruckten Schriften in die Tat umsetzten. Daneben konnte niemandem mehr als eine höchstens gelegentliche Rolle im Rahmen der politischen Vorgänge zukommen.

Wir wollen uns nun den in Tabelle 14 zusammengestellten Werten zuwenden, die regional aufschlüsseln, wie viele Menschen ihren Namen schreiben konnten.

Tabelle 14:
Unterschriften auf den Protestation Returns, *1641–1644*

25–29%	Berks, Bucks, Cornwall, Derbyshire, Durham, Herts, Lincs, Norfolk, Notts (24%), Sussex, Yorks
30–34%	Hunts, Dorset, Oxon, Shropshire, Surrey
35–39%	Essex, Middlesex, Somerset, Staffs 48% Chester city, 55% Suffolk, 78% London allgemeines (nicht bereinigtes) Mittel ... 30% n = 29.000

Quelle: nach David Cressy, *Literacy and the Social Order: Reading and Writing in Tudor and Stuart England,* Cambridge 1980, S. 73.

Obgleich nicht alle Unterlagen erhalten sind, handelt es sich bei den *Protestation Returns* um Erklärungen, die in jedem Dorf des Landes aufgelegt und von allen Männern der Pfarre unterzeichnet wurden, um dem Parlament schriftlich ihre Loyalität zum Ausdruck zu bringen. Es ist deutlich, daß die von Gebiet zu Gebiet unterschiedlichen Fähigkeiten mit geographischen Gliederungen und dem Stand der regionalen Entwicklung in Zusammenhang zu bringen sind. Wenn aber auch z. B. die Grenze zwischen Hoch- und Tiefland hier nicht relevant zu sein scheint, läßt sich doch festhalten, daß in städtischen Gebieten der Anteil höher war als in ländlichen und in London höher als in allen anderen Gemeinden. Was mit Geschlecht und sozialer Stellung einhergehende Abweichungen betrifft, gibt Tabelle 15 einen Einblick in Cressys Ergebnisse.

Tabelle 15:
Unterschriften in den Aufzeichnungen der kirchlichen Gerichtsbehörden des 16. und 17. Jahrhunderts (%)

	Diözese Norwich 1580—1726		Diözese Exeter 1576—1688		Diözese Durham 1561—1631		Diözese London und Middlesex 1580—1700	
Geistliche und freie Berufe	100	(332)	100	(101)	[98]	(5)	100	(168)
Gentry	98	(450)	97	(263)	79	(53)	98	(240)
Freisassen	65	(944)	73	(367)	27	(1326)	70	(121)
Gewerbetreibende und Handwerker	56	(1838)	53	(889)	35	(727)	72	(391)
Kleinbauern	21	(1198)	21	(598)	9	(379)	11	(132)
Dienstboten	[18]	(28)	[50]	(8)	[22]	(18)	*69	(134)
Tagelöhner	15	(25)	[0]	(1)	2	(176)	[22]	(27)
Frauen	11	(1024)	16	(512)	2	(706)	24	(1794)

Umfang der Stichproben in runden Klammern; auf weniger als 10% der Gesamtsumme der jeweiligen Spalte beruhende Werte in eckigen Klammern.
*Es gab auch 33 Lehrlinge, von denen 82% unterschrieben.

Quelle: nach David Cressy, *Literacy and the Social Order: Reading and Writing in Tudor and Stuart England,* Cambridge 1980, S. 119—121.

Daß dort der Anteil derer, die ihren Namen schreiben konnten, höher liegt als bei den *Protestation Returns* hat seinen Grund darin, daß die an Sitzungen der Kirchengerichte beteiligten Menschen für die Gesamtbevölkerung nicht repräsentativ waren. Menschen der armen und ärmsten Teile der Bevölkerung waren viel zu selten vertreten. Daß Tagelöhner und Dienstboten unterrepräsentiert sind, geht aus den Zahlen ebenso deutlich hervor wie der Umstand, daß es sich nur um ein Viertel der Frauen handelt, die notwendig gewesen wären, um von gleichen Grundlagenwerten für beide Geschlechter ausgehen zu können. Trotzdem belegen die Zahlen recht deutlich, daß ein Zusammenhang mit der gesellschaftlichen Stellung besteht: Ein Vergleich mit der Hierarchie, die sich im vierten Kapitel für Haushaltsgröße, Anteil von Haushalten mit Dienstboten usw. (vgl. Tabelle 7) ergab, läßt auffällige Entsprechungen erkennen. Wie Cressy hervorhebt, ist besonders der krasse Sprung zwischen Freisassen *(yeomen)* und Kleinbauern *(husbandmen)* bemerkenswert, weil die Unterscheidung zwischen den beiden Gruppen sonst recht unsicher ist.

Wahrscheinlich stellen diese Werte für niemanden eine große Überraschung dar, weil man heute im allgemeinen um das niedrige Bildungsniveau unserer Vorfahren Bescheid weiß. Man sollte jedoch deshalb nicht davon ausgehen, daß der Mangel an Bildung bei Leuten aus dem Volk im allgemeinen und bei Frauen im besonderen ausschließlich auf die Unaufgeschlossenheit der Menschen und die Unmöglichkeit eines entsprechenden Angebots für die breite Bevölkerung zurückzuführen ist. In einem ärmeren und viel später industrialisierten Land wie Schweden etwa konnten bereits im frühen 18. Jahrhundert alle Einwohner ihren Namen schreiben. Wer sich mit der Lage in England auseinandersetzt, muß zu dem Schluß kommen, daß man dort immer wieder davor zurückschreckte, der breiten Masse ein zu großes Maß an Bildung zuteil werden zu lassen, weil man eine Gefährdung der gesellschaftlichen Ordnung, sprich: der politischen Macht der herrschenden Minderheit, befürchtete. Das gilt in gewisser Weise auch für das sogenannte schwächere Geschlecht. Wäre die Mutter Richard Brinsley Sheridans, die sich selbst als Schriftstellerin einen Namen machte, nicht heimlich

Tabelle 16:
Unterschriften von Ehemännern in den Heiratsregistern nach 1753 (%)

	1754–1784		1785–1814		1815–1844	
Gentry u. freie Berufe	100	(68)	99	(170)	97	(204)
Amtspersonen etc.	100	(20)	[95]	(43)	98	(94)
Kleinhandel	[95]	(19)	90	(94)	95	(150)
Forstwirtschaft	84	(187)	83	(361)	89	(448)
Grundeigentümer	83	(29)	82	(66)	70	(87)
Freisassen und Bauern	81	(97)	82	(262)	83	(315)
Nahrungsmittel	81	(57)	82	(189)	82	(277)
Textil	[80]	(20)	61	(83)	[84]	(38)
Metall	78	(60)	71	(170)	81	(301)
Geschäftsleute	77	(78)	70	(232)	78	(320)
verschiedene	70	(81)	68	(129)	75	(130)
Transportwesen	69	(154)	62	(462)	70	(549)
Bekleidung	65	(63)	79	(112)	86	(135)
Heer (Gemeine)	59	(100)	49	(773)	68	(122)
Kleinbauern	54	(665)	44	(560)	48	(123)
Bauwesen, Bergbau	49	(146)	53	(352)	62	(499)
Taglöhner, Dienstboten	41	(192)	35	(596)	34	(1632)
unbekannt	76	(37)	75	(130)	[74]	(19)
insgesamt	64	(2126)	61	(4784)	65	(5443)

Quelle: 23 Pfarren mit Angaben zum Beruf der Ehemänner im Heiratsregister; nach Schofield, in: Graff, 1981, S. 211.

von ihren Brüdern unterstützt worden, hätte ihr Vater, ein angesehener Geistlicher, es nicht zugelassen, daß sie lesen und schreiben lernte.

Das im allgemeinen als *Hardwick Marriage Act* bekannte Heiratsgesetz des Jahres 1753 ist für eine Untersuchung des Analphabetismus insofern von entscheidender Bedeutung, als damals festgelegt wurde, daß beide Brautleute sich ins Heiratsregister entweder mit ihrem Namen oder einem deutlichen Zeichen einzutragen hatten. Da man in manchen Gemeinden auch den Beruf vermerkte, ist es möglich, auf Zusammenhänge zwischen Art der Tätigkeit und Bildungsstand zu schließen. Die Ergebnisse einer solchen Analyse von Roger Schofield finden sich in Tabelle 16.

Der Rückgang der Anteile in den Jahren der zusehends rasanteren ökonomischen Umwälzungen ist nur allzu deutlich. Die verläßlichsten Werte einer Stichprobe aller englischen Pfarren aus der Zeit nach 1753 ergaben, daß im ausgehenden 18. Jahrhundert etwas mehr als 60% der männlichen Einwohner imstande waren, ihren Namen zu schreiben. Nach einigen Schwankungen in den ersten Jahrzehnten des 19. Jahrhunderts lag dann 1840 der Schnitt bei 66%. Für die weibliche Bevölkerung ergibt sich hingegen für die Zeit um 1750 ein Mittel von nur 40% und für die Zeit um 1840 ein Schnitt von knapp über 50%.

Daß diese Ergebnisse nicht so recht zu den oben angeführten Werten für die Zeit davor passen, verweist darauf, daß die historische Soziologie sogar in diesem Punkt noch am Anfang steht. Aus den Unterlagen geht hervor, daß es um die Allgemeinbildung von Geistlichen und in freien Berufen tätigen Menschen besser bestellt war als bei der Gentry, wo — wie z. B. in der Diözese Durham vor dem Bürgerkrieg — das Niveau manchmal weit unter jenem lag, das für eine wirkliche Teilnahme am politischen Leben vorauszusetzen gewesen wäre. Umfassende Bildung einfach mit politischem Einfluß gleichzusetzen, wäre allerdings auch ein Kurzschluß. Wenn sich unser Hauptaugenmerk hier auch auf die Möglichkeiten der Teilnahme am politischen Leben richtet, ist doch immer wieder festzuhalten, daß der Unterschied zwischen schriftlichen und mündlichen Formen der Kommunikation eine zentrale Rolle spielt und einen Angelpunkt darstellt, wenn es darum geht, die Besonderheit der Welt unserer Vorfahren zu verstehen.

Den Anteil derer festzustellen, die zu einer bestimmten Zeit lesen und schreiben konnten, gehört zu den dringlichsten Aufgaben aller, die sich mit der Geschichte gesellschaftlicher Zusammenhänge beschäftigen und sich dabei numerischer Methoden bedienen. Es handelt sich aber nicht einfach darum, entsprechende Quellen aufzuspüren und Ansätze zu erarbeiten, die es möglich machen, aus diesem Material verläßliche Angaben zu gewinnen. Die Beschäftigung mit solchen Fragen ist auch und vor allem eine Sache des geschichtlichen und literarischen Einfühlungsvermögens.

Wenn wir uns die Verhältnisse jener Zeit wirklich vergegenwärtigen wollen, müssen wir uns vor Augen halten, daß nur wenige so weit schreiben und lesen konnten, daß sie in der Lage waren, etwas festzuhalten, schriftlich Stellung zu nehmen, Kritik zu üben und ihre Auffassungen und Vorstellungen zu vertreten; die meisten Menschen konnten ihre Gedanken anderen nur im Gespräch mitteilen. Es ist noch gar nicht lange her, daß sich die Geschichtswissenschaft in ihrer Einschätzung der Dinge ausschließlich auf das Urteil jener verließ, die schriftliche Aufzeichnungen zu hinterlassen in der Lage waren. Es gilt daher jetzt zu begreifen, was es heißt, so lange Zeit nur den schriftlich festgehaltenen Bereich einer Welt zur Kenntnis genommen zu haben, deren Leben sich im wesentlichen mündlich abspielte, und vor allem der Frage nachzugehen, inwiefern denn die Anschauungen der ungebildeten Masse der männlichen und weiblichen Bevölkerung des Landes jene beeinflußten, die lesen und schreiben konnten, und so in den gesellschaftlichen und politischen Prozessen ihren Niederschlag fanden.

Hier liegt sicher der wesentlichste Grund dafür, daß ein überwiegender Anteil der ländlichen Bevölkerung keinerlei politische Verbindungen mit den Einwohnern anderer Gemeinden unterhielt und die wirklich gebildete Minderheit das Gefühl haben konnte, für die große Mehrheit der Bevölkerung zu denken und zu handeln. Wie soll man von einem kleinen Bauern, der keinen Zugang zu Büchern hat und meist nicht einmal seinen eigenen Namen schreiben kann, auch erwarten, daß er politische Anschauungen entwickelt und verteidigt? Und wenn die Mehrzahl derer, die über Grund und Boden verfügten, schon nicht in der Lage war, ihre Gedanken zu Papier zu bringen, wie stand es dann erst um die Tagelöhner und Handwerker, die Müller, Wagner, Weber, Schafhirten, Viehtreiber, Maurer, Schuhmacher und all jene, die auf Almosen angewiesen waren?

Es geht hier aber um mehr als das System der politischen Verhältnisse von damals. Da die meisten Leute aus dem Volk nicht lesen und schreiben konnten, ist wahrscheinlich davon auszugehen, daß die Erkenntnisse der modernen Familiensoziologie weniger auf die Struktur der Verwandtschaftsverhältnisse der größtenteils in vereinzelten ländlichen Gemeinden lebenden Menschen von einst als auf die Massen der städtischen Ballungsräume unserer Tage zutreffen. Ein des Lesens und Schreibens unkundiges Mädchen, dessen Stelle fünf oder zehn Meilen von seinem Dorf entfernt war, dürfte von seiner Familie sicher mehr abgeschnitten gewesen sein als etwa eine EDV-Angestellte in Woking von ihren Eltern in Glasgow. In der Regel steht einem solchen Mädchen heute ein Telephon und neben der Eisenbahn auch manchmal ein eigenes Auto zur Verfügung. Vor allem aber ist es in der Lage, Briefe zu schreiben und kann damit rechnen, daß diese sicher und sofort zugestellt werden. Ein Dienstmädchen von damals konnte eine Nachricht nur zu Papier bringen, wenn sich jemand fand, der schreiben konnte, und den Brief seinen Eltern nur zukommen lassen, wenn gerade jemand in die Heimat unterwegs war. Zu einem echten Gespräch mit den Eltern kam es nur dann, wenn es sich — sofern der Meister damit einverstanden war — zu Fuß nach Hause aufmachte, bei seinen Eltern übernachtete und am darauffolgenden Tag wieder den Rückweg antrat. Man kann davon ausgehen, daß die meisten verwandtschaftlich verbundenen Haushalte räumlich gesehen damals weniger weit voneinander entfernt waren als heute. Der Kontakt miteinander dürfte sich jedoch trotzdem schwieriger gestaltet haben.[2]

Wenn auch nur die wirklich gebildeten Menschen so etwas wie ein politisches Bewußtsein entwickelt haben können, gab es doch auch eine Verbindung zwischen den für die politischen Entscheidungen Verantwortlichen und jenen, die nicht schreiben konnten. Die erste Kopfsteuererhebung in den sechziger Jahren des 17. Jahrhunderts etwa war so angelegt, daß jeder Haushalt des Landes eine schriftliche Erklärung abzugeben hatte. Wie bereits bemerkt, waren es sicher nicht immer die Haushaltsvorstände, die den Bogen ausfüllten. Dieser Umstand verweist darauf, daß es für alle des Lesens und Schreibens unkundigen Menschen Mittel und Wege gegeben haben muß, eine Erklärung, Mitteilung, Bewerbung oder Verfügung zu Papier bringen zu lassen. Wenn sich in der Nachbarschaft niemand fand, konnte man ja auf jenen damals geheimnisumwitterten Stand zurückgreifen und die Dienste eines Schreibers in Anspruch nehmen.

Natürlich sahen daher damals auch die Straßen ganz anders aus, weil jedes Haus ein Zeichen haben mußte. Wenn man weder mit Buchstaben noch mit Zahlen etwas anfangen konnte, hätte man sich sonst nicht zurechtgefunden. Während man bei Handwerksbetrieben auf verschiedene für das jeweilige Gewerbe charakteristische Werkzeuge zurückgriff, hatten sich in manchen Bereichen schon einheitliche Zeichen eingebürgert. Wer etwas trinken wollte, brauchte sich nur nach einer Tür mit einem grünen Zweig darüber umzusehen; und ein gestreifter Stab zeigte an, wo man sich die Haare schneiden und sich rasieren lassen konnte. Die wesentlichsten gesellschaftlichen Inhalte, die es zu vermitteln galt, waren selbstverständlich religiöser Art: Die Glasfenster und Kirchenbilder des christlichen Mittelalters verkünden in für heutige Augen ermüdender Insistenz die immergleiche Botschaft, die für die Menschen von damals darüber entschied, ob man gerettet wurde oder der Verdammnis anheimfiel.

So versteht man auch, warum die Protestanten und vor allem die Puritaner sich bemühten, daß die Leute zumindest lesen lernten. Sie setzten alles daran, Glasfenster, Bilder und Statuen zu vernichten, und waren entschlossen, andere Wege zu beschreiten. Manche Historiker behaupten, daß es der puritanischen Gesinnung der ersten Siedler zuzuschreiben ist, daß das Bildungsniveau in den Kolonien recht bald höher lag als bei den Vorfahren und Zeitgenossen des Mutterlandes. Man hat diesen Zusammenhang aber ebenso in Frage gestellt wie die Überlegung, daß einem Mann aus dem Volk, der lesen bzw. lesen und schreiben konnte, andere Wege offenstanden als jemandem, der dazu nicht in der Lage war. Es wird auch verschiedentlich bezweifelt, ob es überhaupt eine Voraussetzung wirtschaftlichen Fortschritts darstellt, daß mehr Leute lesen und schreiben können.

Besonders bei ärmeren Familien war es durchaus nicht selbstverständlich, daß die Bildung der Kinder der der Eltern entsprach. Die bisher einzige Untersuchung zu diesem Thema, die auf einer nicht gerade umfangreichen Stichprobe beruht, hat ergeben, daß einerseits Kinder dazu in der Lage waren, sich mit ihrem Namen ins Heiratsregister einzutragen, während ihre Eltern das nicht konnten, andererseits aber Eltern, die unterschrieben hatten, Kinder großzogen, die ihren Namen nicht schreiben konnten. Da Kinder dazu eher in der Lage waren, wenn väterlicherseits dafür die Voraussetzungen gegeben waren, dürfte der mütterliche Einfluß hier nicht in erster Linie ins Gewicht gefallen sein. Es läßt sich auch eindeutig feststellen, daß es bei Brautleuten im allgemeinen nicht darauf ankam, ob der andere auch schreiben konnte.[3]

Es ist bereits mehrfach darauf hingewiesen worden, daß Bildung viel mehr sein muß als seinen Vor- und Nachnamen schreiben zu können, wenn dies verlangt war. Um vor allem im nationalen Bereich auf Dauer und mit Erfolg politisch zu agieren, bedurfte es einer dafür zweckmäßigen Bildung, die neben den allgemeinen Grundlagen die Voraussetzungen für einen entsprechend selbstverständlichen Umgang mit Dokumenten und Büchern herzustellen vermochte. Während mit einiger Sicherheit anzunehmen ist, daß, wer seinen Namen schreiben konnte, auch zu lesen imstande war, dürfte kaum festzustellen sein, wie viele von denen, die ihren Namen schreiben konnten, von Berufs wegen Bücher zur Hand zu nehmen und sich mit Dokumenten auseinanderzusetzen hatten. Daß das vor allem in den Städten und besonders in London bei Geistlichen, in gehobenen Berufen tätigen Menschen und Geschäftsleuten, d. h. vermögenderen Händlern und Handwerkern, zutraf, ist anzunehmen – wie weit das aber auch für die Gentry galt, ist nicht so leicht einzuschätzen. Einer sorgfältigen Untersuchung des Lebens der städtischen Handwerker und Gewerbetreibenden in Kent ist es gelungen, anhand von Güterinventaren der zwischen den sechziger Jahren des 16. und den dreißiger Jahren des 17. Jahrhunderts verstorbenen Haushaltsvorstände nachzuweisen, daß im fraglichen Zeitraum der Anteil derer, die Bücher hinterließen, von höchstens einem Fünftel auf fast ein Viertel der in Frage kommenden Einwohner anstieg. Man darf aber trotzdem nicht vergessen, daß wahrscheinlich nur wohlhabendere Leute solche Verzeichnisse anlegen ließen.[4]

In Leicestershire ist in den zwanziger und dreißiger Jahren des 17. Jahrhunderts in 17 von 100 Nachlässen von Büchern die Rede. Daß, die Gentry für sich betrachtet, der Anteil bei nur 50% liegt, verweist abermals darauf, daß für politische Absichten taugliche Bildungsvoraussetzungen selbst in den Herrenhäusern keine Selbstverständlichkeit waren. Umgekehrt besaßen selbst bescheidene Handwerker manchmal Bücher, wie sich in jüngster Zeit bei einer Untersuchung der Bedingungen im Raum von Glasgow um 1750 herausgestellt hat. Es gibt Hinweise darauf, daß in diesem Gebiet Bauern, Schuhmacher und sogar Bergleute, besonders aber Textilarbeiter und vor allem Weber um teures Geld theologische Schriften erstanden.[5]

Wo die meisten männlichen und weiblichen Bewohner einer Gemeinde zur Schule gingen, wurde vor allem im Laufe des 18. Jahrhunderts das Bildungsmonopol der herrschenden Minderheit allmählich gebrochen. Der Versuch, die Besonderheiten dieser Entwicklung durch eine Untersuchung der vorhandenen Bücherinventare zu erschließen, konnte allerdings nicht zufriedenstellen, weil die meisten Nachlaßaufstellungen viel zuwenige Bücher anführen, um wirklich glaubwürdig zu sein. In den letzten Jahren hat man gewisse zeitgenössische Äußerungen und den in der Tudor- und frühen Stuartzeit rapiden Zuwachs an Schulen häufig verwendet, um für das England des 16. und 17. Jahrhunderts auch in diesem Bereich eine revolutionäre Entwicklung zu entdecken: Zwischen 1550 und 1640 soll die englische Gesellschaft infolge einer Revolution ein bis dahin noch nirgendwo dagewesenes Bildungsniveau erreicht haben. In Zusammenhang bringt man diese Umwälzung mit Veränderungen des höheren Bildungswesens, die sich damals durchgesetzt haben sollen. Beim heutigen Stand unseres Wissens sind jedoch Behauptungen dieser Art schlichtweg verfehlt.

Sicher gab es damals Veränderungen, was die höhere Bildung, d. h. das Bewußtsein der Gentry, der Geistlichkeit und anderer Gruppen, betraf. Wir haben bereits auf das wachsende Interesse für politische Angelegenheiten hingewiesen, das bei der englischen Gentry des frühen 17. Jahrhunderts festzustellen ist. Auch die Entwicklung der Universitäten in dieser Zeit ist heute hinlänglich bekannt. Neu sind verschiedene aufschlußreiche Hinweise aus letzter Zeit, die einen Zusammenhang zwischen sozialem Abstieg und Veränderungen im Bildungsbereich nahelegen. An den Bedürfnissen der im großen und ganzen ungebildeten Gesellschaft der frühen Stuartzeit gemessen, dürfte es einige Jahrzehnte lang zu viele Menschen mit höherer Bildung gegeben haben. Vor allem überstieg die Zahl der an einer Universität ausgebildeten Geistlichen die Zahl der für einen entsprechenden Unterhalt tauglichen Pfründe, die zur Verfügung standen.

In Afrika und Indien herrschen heute ähnlich paradoxe Verhältnisse. Auch dort gibt es bei einem extrem niedrigen Allgemeinniveau einen Überschuß an Menschen mit höherer Bildung. Wenn man auch die zur Zeit Karls des Ersten an einer Universität ausgebildeten überflüssigen Geistlichen als „entfremdete Intellektuelle" bezeichnet hat, ist doch im Hinblick auf deren mögliche Rolle auch in diesem Zusammenhang noch einmal daran zu erinnern, daß ein fallweiser Überschuß keineswegs den gegebenen Umständen widersprechen mußte. Daß es Menschen mit höherer Bildung ohne entsprechende Stellung gab, hatte keineswegs unbedingt eine allgemeine Verbesserung des üblichen Niveaus zur Folge. Freilich erteilte der eine oder andere armen Leuten Unterricht, um sich sein Brot zu verdienen. Um das gesellschaftliche und politische Leben jener Zeit wahrnehmbar zu verändern, hätte in vielen Gemeinden die Zahl der Haushalte, in denen man schreiben konnte und sich mit Büchern auseinandersetzte, merklich zunehmen müssen.

Geht man diesem möglichen Zusammenhang weiter nach, kommt man zu dem Schluß, daß, wenn auch nicht im siebzehnten, so doch im achtzehnten Jahrhundert eine Entwicklung dieser Art eingetreten sein könnte. Die Freisassen der damals bereits gewissermaßen suburbanen Grafschaft Middlesex begannen die seit unvordenklichen Zeiten gültigen Strukturen zu durchbrechen, indem sie sich in den sechziger Jahren wiederholt den überkommenen politischen Prinzipien entgegenstellten und John Wilkes als ihren Vertreter ins Parlament entsandten. Die radikale Haltung seiner Anhänger könnte man mit Recht als Zeichen eines neuen Verhältnisses zwischen Volk und Gentry bezeichnen, dessen Besonderheit darin bestand, daß das Verlangen nach Anteilnahme an nationalen Entscheidungen sich allmählich gegen politische Unkenntnis und Passivität durchzusetzen begann. Bedient man sich des Jargons der modernen Gesellschaftswissenschaften, könnte man sagen, daß sich diese Menschen ihrer relativen Deprivation bewußt wurden, indem sie sich — was ihren politischen Einfluß betraf — weniger an ihresgleichen als an den Mitgliedern der herrschenden Minderheit orientierten und von dieser Bezugsgruppe ausgingen. Wenn das der Fall war, ist so gut wie sicher, daß sie mehr wußten als ihre Vorfahren und sich besser in jener Welt zurechtfanden, in der kaum jemand, der nicht gebildet war, auch nur auf den Gedanken kommen konnte, eine politische Rolle zu spielen.

Die Macht lag also in den Händen der selbstbewußten Gentry und der dieser verbundenen Kaufleute und in höheren Berufen tätigen Menschen. Das heißt aber nicht, und damit wenden wir uns dem letzten Aspekt der Welt von einst zu, dem in dieser Untersuchung nachgegangen werden soll, daß diese Klasse, die im großen und ganzen als das Subjekt der politischen Geschichte jener Zeit anzusehen ist, starr abgegrenzt gewesen wäre. Wie sollte es auch ausgerechnet auf der Ebene der für das politische und gesellschaftliche Leben von damals so wesentlichen Kreise keine soziale Mobilität gegeben haben? Es gehört zu den grundsätzlichen Eigenschaften jeder Elite mit festen Umrissen, daß sie auf Dauer unmöglich sich selbst genügen kann. Stets wird es früher oder später gegenüber dem Rest der Gesellschaft in beiden Richtungen zu Bewegungen kommen. Während die einen in die Gentry aufstiegen, fielen andere aus diesem Kreis heraus.

Die Gründe für diese den Umfang der Gentry mehr und mehr reduzierenden Verschiebungen sind sowohl in demographischen Bedingungen als auch in strukturellen Besonderheiten der Gesellschaft zu suchen und können infolge der Komplexität der Zusammenhänge hier nur andeutungsweise zur Sprache kommen.

Wer auch nur ein wenig über Adelsfamilien und deren Nachfolgelinien weiß, ist sich dessen bewußt, daß die Unterbrechung der männlichen Linie bei den Percys und Churchills durchaus keine Ausnahme darstellt. Zieht man nicht nur eine kleine Zahl von Familien, sondern eine umfangreichere Stichprobe wie z. B. den 1611 von Jakob dem Ersten eingerichteten Stand der Baronets in Betracht, ergibt sich, daß 1769 dieser in der männlichen Linie vererbbare Ehrentitel bereits in 116 von 204 Fällen erloschen war, was einem Satz von etwa 60% entspricht. Innerhalb der Samurai-Elite Japans scheint die männliche Linie nicht weniger häufig unterbrochen worden zu sein.[6]

Es ist unmöglich, daß eine Linie deshalb erlosch, weil jemand nicht gewußt hätte, daß ein Anspruch auf die Baronetwürde gegeben war. Man hat jedoch einzuschätzen versucht, wie viele Väter unter den gegebenen demographischen Bedingungen jener Zeit überhaupt mit einem männlichen Nachfolger rechnen konnten. Wenn man die demographischen Werte so ansetzt, daß man von einem konstanten Umfang der Bevölkerung ausgehen kann, stellt sich heraus, daß bei einem breiten Spektrum möglicher Bedingungen im Schnitt nur drei von fünf Vätern ein männlicher Erbe geboren wurde. In einem von fünf Fällen gab es eine weibliche Erbin und ebenso oft überhaupt keine Nachkommenschaft.

Das heißt also, daß 40% aller Familien sich anderswo umsehen mußten, um sicherzustellen, daß Name und gegebenenfalls auch Titel nicht verlorengingen. Diese Zahlen decken sich mit den Werten zur Entwicklung der Nachfolge bei den Baronets: Obwohl der Titel auf Vettern und entferntere männliche Nachkommen des Hauses übergehen kann, wird pro Nachfolge durchschnittlich fast ein Achtel aller männlichen Linien unterbrochen.

Das Vorrecht der Krone, eine unterbrochene männliche Linie wiederherzustellen, erklärt sich daher als notwendige Hilfsmaßnahme, die es manchen Familien — in diesem Fall jenen des Hochadels — möglich macht, den Schein einer in Wahrheit nicht gegebenen demographischen oder biologischen Kontinuität zu wahren. Ohne sich an die für die Elite der herrschenden Minderheit gültigen Formen halten zu müssen, verfuhr man auch innerhalb der Gentry auf ähnliche Weise. Oft verlangte man vom Bräutigam eines Mädchens, das der letzte Sproß einer Familie war, den Namen der vom Aussterben bedrohten Familie anzunehmen. Und wenn sich überhaupt kein geeigneter Nachfolger finden wollte, kam es manchmal sogar zur Adoption oftmals entferntester Verwandter, denen man Haus und Eigentum überließ, wenn sie den Namen der Familie annahmen — und das, obwohl das englische Recht bis zum 20. Jahrhundert den Begriff der Adoption gar nicht kennt.

Ein besonders bemerkenswertes Beispiel ist der Fall von Jane Austens jüngerem Bruder, Mr. Edward Austen, der von einem Esquire namens Thomas Knight „adoptiert" wurde, um die ohne Erbe gebliebene Linie von dessen Familie fortzusetzen. Eine Generation zuvor war bereits Thomas Knights Vater „adoptiert" worden, um die Familie vor dem Aussterben zu bewahren. So kam es, daß der Bruder der Schriftstellerin, Edward Knight, Esq., ein schönes Anwesen und einen Gutteil der Ländereien in jenem Dorf in Hampshire besaß, wo in einem kleinen Haus, das auch den Knights gehörte, ein Teil der Romane Jane Austens entstand. Eigentümlich ist jedoch vor allem die Verbindung zwischen den beiden männlichen Linien: Edward Austen war nämlich der Urenkel des Bruders von Thomas Knights Großmutter väterlicherseits. In diesem Fall kann also von einer Unkenntnis der Verwandtschaftsverhältnisse wirklich nicht die Rede sein.

Wenn der Monarch eine unterbrochene männliche Linie nicht wiederherzustellen gedachte und es nicht genug Pairs gab, konnte es vorkommen, daß dafür geeignete Familien geadelt wurden. Die Krone setzte also in manchen Fällen einen sozialen Aufstieg in Szene, um demographisch bedingte Ausfälle zu kompensieren und einem gesellschaftlichen Bedürfnis nachzukommen.

Was die Gentry betraf, war keine Intervention der Krone notwendig. Zum einen galt es, wie etwa im Fall Edward Austens, Ersatz für eine ausgestorbene männliche Linie zu finden, was ja sozusagen bloß eine laterale Verschiebung mit sich brachte. Andererseits jedoch kam es sehr wohl zu vertikalen Bewegungen in der Hierarchie, sobald der Markt an freien Stellen, männlichen Linien, Erbinnen und heiratswilligen unbegüterten Söhnen auch nur im geringsten aus dem Gleichgewicht geriet: Das war dann der Fall, wenn sich niemand fand, um für vom Aussterben bedrohte Linien einzuspringen, obwohl es männliche wie weibliche Angehörige der Gentry gab, die jemanden suchten, der sie vor dem gesellschaftlichen Abstieg hätte bewahren können. Auch wenn der Umfang der Elite schneller zu- oder abnahm als der des Rests der Bevölkerung, wurden die üblichen Grenzlinien durchbrochen.

Adelsverzeichnisse und ähnliche Unterlagen sind uns hier ebenso von Nutzen wie die betreffenden Geburts- und Sterbelisten. Obwohl infolge der im allgemeinen üblichen Verwendung von Ammen und trotz einer gewissen Ablehnung des Ledigenstandes und empfängnisverhütender Maßnahmen die Kindersterblichkeit bei der herrschenden Minderheit relativ hoch war, scheint es doch aufgrund der in jeder Hinsicht besseren Lebensbedingungen in der Regel zu demographischen Überschüssen gekommen zu sein. Sowohl wegen des Verhältnisses von Angebot und Nachfrage als auch aufgrund der demographischen Strukturen war wohl im großen und ganzen die Mobilität nach unten hin stärker als in umgekehrter Richtung. − So ist es also um den historischen Rahmen der bekannten Geschichten um verarmte Adelige und in die Gentry oder gar den Hochadel aufgestiegene Kinder bescheidener Kaufleute bestellt. Fälle von sozialem Aufstieg stehen auf dieser Ebene stets deutlich im Vordergrund. Auch in den Quellen ist es weit weniger leicht, den Bewegungen in entgegengesetzter Richtung nachzugehen. Und doch war es für die traditionelle Ordnung Europas charakteristisch, daß immer wieder Leute aus dem Kreis der Elite ausschieden.

Allem Anschein nach unterschied sich England hierin von den übrigen europäischen Ländern. Wie sehr in diesem Sinn überflüssige Kinder reicher Familien von der gesellschaftlichen Ordnung jener Zeit benachteiligt wurden, belegen die zahllosen Klagen jüngerer Brüder. Die folgenden Zeilen stammen aus einem im Jahr 1600 abgeschlossenen Werk Thomas Wilsons:

Ich kann nicht für alle jüngeren Brüder sprechen, auch wenn ich selbst einer bin; und doch gibt es niemanden, der die Verhältnisse besser kennt, niemanden, der weniger damit zufrieden ist. Bei den Vätern hat sich aufgrund der üblichen Gepflogenheiten ein krankhaftes Verlangen breitgemacht, nur ja ein prächtiges Anwesen zu hinterlassen und den ältesten Sohn unter allen Umständen zum Herrn seiner Geschwister zu machen, so brüchig der Sproß auch sein mag. Der Älteste bekommt auf jeden Fall alles und noch mehr, während unsereinem gnädigerweise eine armselige Leibrente ausgesetzt oder ein ähnliches Almosen zuteil wird, wenn man sich mit Seiner Ehren und der neuen Herrin gutzustellen versteht. Ich muß zugeben, daß uns das in mancher Hinsicht gar nicht schlecht bekommt, denn so bemühen wir uns kräftig, es in der Wissenschaft oder im Waffenhandwerk zu etwas zu bringen, was oft dazu führt, daß wir dann Herren unserer ältesten Brüder werden oder sie zumindest an Ansehen und Ehre übertreffen, während sie zu Hause hinter dem Ofen sitzen, und keine Ahnung haben, was in der Welt draußen vorgeht.[7]

Es waren die eifrigen jüngeren Söhne der Kenter Gentry, die ihr Land verließen, um in den südlichen Kolonien Nordamerikas ihren Weg zu machen und dem Namen ihrer Familien eine neue Zukunft zu geben. Sicherlich hatten die Nachkommen, die auswanderten, nicht alle Hoffnung aufgegeben, doch noch einmal Erben jener Güter zu werden, auf denen sie geboren worden waren. So wenig jemand mit Sicherheit sagen konnte, was die Wechselfälle von Geburt, Heirat und Tod wirklich mit sich bringen würden, so ungewiß war allerdings auch der Erfolg ihrer Bemühungen, sich entweder unter den so ganz anderen Bedingungen einer jungen Kolonie oder gar jenen der alten Heimat die Mittel zur Gründung einer eigenen Familie mit einem entsprechenden Platz innerhalb der Hierarchie zu sichern. Man kann sich vorstellen, daß sich jüngere Brüder wie unverheiratete Frauen und alle Menschen ohne unmittelbare Aussicht auf einen ihnen gemäßen Platz in der Gesellschaft überhaupt der herrschenden Minderheit gegenüber in einer abwartenden Haltung befanden. Es ist durchaus möglich, daß diese einmal als Halbschatten der Elite bezeichnete Gruppe von Menschen größer war als die Elite der Gesellschaft selbst. Bis heute liegen uns allerdings diesbezüglich keine wirklichen Angaben vor.

Das Oberhaupt einer angesehenen Familie konnte seine Söhne entweder irgendwo ohne größeren Aufwand unterbringen oder sie schlichtweg übergehen, sofern sie sich nicht dagegen zur

Wehr setzten. Andererseits war es jedoch auch durchaus möglich, daß ein Vater seinen Söhnen gegenüber Zuneigung und Verständnis zeigte und ihnen entweder von sich aus ein entsprechendes Leben gewährleisten wollte oder sich den Unterhaltsforderungen einfach nicht verschließen konnte. Während so — immer vorausgesetzt, daß es auch gut verwaltet worden war — im einen Fall das Familienvermögen unversehrt in andere Hände überging, wurde es im anderen aufgelöst. Wenn es viele Töchter gab, war ein Schwund des Kapitals kaum zu vermeiden, weil Frauen aus der Gentry ohne Mitgift keinen Mann fanden. Da sie nicht arbeiten durften, konnten sie ihre Mitgift nicht einmal aufbessern, wie das bei Frauen aus dem Volk meist der Fall war. Lear war nicht der einzige Patriarch, der von seinen Töchtern in den Ruin getrieben wurde.

Es ist wahrscheinlich überflüssig, darauf hinzuweisen, daß wir uns hier mit einigen Andeutungen begnügen müssen. Die Zahl der Geburten und die Lebenserwartung spielen in diesem Zusammenhang natürlich eine entscheidende Rolle. Wirtschaftshistoriker haben die Mitgift- und Wittumverhältnisse — Frauen erhielten ein sogenanntes Wittum zugesprochen, um ihren Unterhalt bestreiten zu können, wenn sie ihren Mann verloren — untersucht und dabei feststellen müssen, daß sich die Kosten einer guten Partie für ein Kind im Laufe der Zeit sehr unterschiedlich gestalteten. Es liegt auf der Hand, daß es um eine Familie mit nur einer Tochter oder gar einem Sohn ganz anders bestellt war. Auch wenn sich durch den frühen Tod des geschwisterlosen Vaters der Frau eine unerwartete Erbschaft einstellte, durch eine neue Heirat eine vermögende Erbin ins Haus kam, oder ein junger Tunichtgut, der zur See gefahren war, plötzlich als reicher Mann aus Westindien heimkehrte, kam es zu außergewöhnlichen Situationen. Was sich da hinter der Bühne in Indien und später dann in Neuseeland und Südamerika zutrug, schlug sich in zahlreichen Romanen und Schauspielen des 18. und 19. Jahrhunderts nieder, die sich in der Mehrzahl mit den Höhen und Tiefen der Geschichte bestimmter Linien beschäftigen. Daß da stets auch arme Verwandte auftauchen, erhält vor diesem Hintergrund ein anderes Gewicht. Enkel und schon gar Neffen und Nichten konnten keineswegs immer damit rechnen, das glückliche Schicksal zu teilen, das Held und Heldin meist schließlich widerfährt.

Daß sich die Stellung in der gesellschaftlichen Hierarchie nicht allein am Namen entschied, war zeitgenössischen Beobachtern sicher bewußt. So heißt es etwa in einem im Jahr 1656 erschienenen Buch mit dem Titel *The Vale Royal of England, or the County Palatine of Chester:*

Hier (in Chester) hat die Gentry eine ältere Geschichte als der übrige englische Adel. Mein Anliegen war es, alle Wappen der Gegenwart und Vergangenheit zu erfassen und in alphabetischer Reihenfolge wiederzugeben, ohne sie ihrem Rang nach zu ordnen. Mit dem Adel verhält es sich hier wie in allen anderen Grafschaften des Landes. Anders als sonst oft in Europa ist hier der Adel überall eine Frage des Reichtums. So kann es vorkommen, daß von sechs Männern eines Namens, die vielleicht noch dazu aus ein und demselben Haus kommen, alle einem anderen Stand zugehören, einer den Rang eines Knight, ein anderer den eines Esquire und ein dritter den eines Gentleman einnimmt, ein vierter als Freisasse, ein fünfter als Yeoman und ein sechster gar als einfacher Bauer lebt.

Der städtischen Kreisen entstammende Verfasser dieser Zeilen war von der Besonderheit dieses Umstands so überzeugt, daß er seine Aussage in der Marginalspalte mit den Worten „Überall in England ist Adel eine Sache des Reichtums" hervorstreicht.

Daß sich der Name einer Gentryfamilie häufig mit dem einer viel ärmeren Familie in der Nachbarschaft deckt, läßt sich anhand der Einwohnerlisten überprüfen. Es kam jedoch nicht bloß vor, daß jemand nur auf dem Höhepunkt seiner Karriere dem Kreis der Gentry angehörte; umgekehrt gelang es auch manchen, sich aus ganz bescheidenen Verhältnissen emporzuarbeiten und es im Lauf ihres Lebens zu immer größerem Ansehen zu bringen. Die eindringlichsten Beispiele hiefür stammen aus dem Bereich der Wissenschaft und Literatur.

William Shakespeare und Isaac Newton gehören wohl in verschiedenster Hinsicht zu den wichtigsten Persönlichkeiten der vorindustriellen Welt Englands. Was familiäre Verhältnisse und Erziehung des Dichters angeht, weiß man, daß „die Söhne und Töchter von John und Mary Shakespeare in einem Haushalt aufwuchsen, in dem man des Lesens und Schreibens nicht kundig war; sowohl der Vater als auch die Mutter trugen sich nicht mit ihrem Namen in das Register ein." 1569 — William war damals fünf — bekleidete John Shakespeare jedoch nicht nur das Amt des Bürgermeisters von Stratford-on-Avon, sondern hatte dort auch andere Ämter inne, ja war sogar Friedensrichter und Vorsitzender des Stadtgerichts.[8] Wenn er dann auch gegen Ende seines Lebens ins Unglück geriet, ist seine Laufbahn doch ein weiteres Beispiel dafür, daß es im Bereich des ausschließlich mit lokalen Belangen befaßten politischen Lebens Mittel und Wege gab, es auch ohne Bildung zu etwas zu bringen.

Auf jenem Hof in Woolsthorpe in Lincolnshire, auf dem im Jahr 1642 Isaac Newton als Sohn einer Freisassenfamilie geboren wurde, gibt es heute außer einem beleuchteten Exemplar der *Principia Mathematica* in einer Ecke des Schlafzimmers so gut wie keine Bücher. Das entspricht insofern den historischen Umständen, als der Vater Isaac Newtons, der bereits vor der Geburt seines einzigen Sohnes starb, ebenso ein Analphabet war wie die Eltern Shakespeares. Newtons Mutter Hannah heiratete erst drei Jahre nach dem Tod ihres Gemahls Isaac mit dem Pfarrer der Dorfgemeinde einen umfassend gebildeten Menschen. Wie wir von Newton selber wissen, ließ sie damals ihren kleinen Sohn „bei seinen beiden Großmüttern" in Woolsthorpe und ist so für einen von seiner Zusammensetzung her in den englischen Quellen einzigartigen Haushalt verantwortlich.

Wir müssen daher davon ausgehen, daß ein in einem Haushalt ohne Bücher geborener Mensch als weithin bekannter Verfasser bedeutender Werke sterben konnte. Hingegen sind wir im allgemeinen davon überzeugt, daß derartige Voraussetzungen heutzutage eine unüberwindliche Schranke für eine intellektuelle Laufbahn dieser Art darstellen müssen. Die vorhandenen Hinweise legen also die Vermutung nahe, daß damals die wirklich Gebildeten und die nur des Lesens Kundigen mit den ganz und gar Ungebildeten in einer Art und Weise zusammenlebten, die für uns heute kaum mehr vorstellbar ist. Als John Locke im Jahr 1704 starb, hinterließ er allen Dienstboten des Hauses von Sir Francis Masham etwas Geld. Das Haus, in dem Newton gewohnt hatte, gehörte übrigens dem späteren Schwiegervater der oben erwähnten Abigail Hill. In nur zwei Fällen findet sich die Unterschrift der Erben; alle anderen zeichneten mit einem Kreuz. Der große Philosoph, den Newton dort oft besuchte, muß von Menschen umgeben gewesen sein, die nicht im entferntesten verstehen konnten, womit sich die beiden beschäftigten.

Wir wollen unsere Entdeckungsreise in die Welt von damals aber nicht mit einem Blick in das Arbeitszimmer eines berühmten Geistes beenden. Zum Abschluß daher ein Zeitdokument, das Edward Thompson in seiner großartigen Untersuchung der Entstehungsgeschichte der englischen Arbeiterklasse zitiert. Die Drohung eines Ludditen aus dem Jahr 1803 richtet sich gegen einen Tuchfabrikanten aus Gloucester, dem eine Frist von vierzehn Tagen eingeräumt wird, um seine Schermaschinen abzubauen:

Wee Hear InFormed that you got shear in mee sheens (shearing machines) and if you Dont Pull them Down in a Forght Nights Time Wee will pull them Down for you Wee will you Damd infernold dog.

So sah es also aus, wenn ein kaum des Schreibens kundiger Mensch seine leidenschaftliche Ablehnung der neuen Maschinerie schriftlich zum Ausdruck zu bringen versuchte. Bei aller Mühe gelang es ihm gerade noch, verständlich zu Papier zu bringen, worauf es ihm ankam. Diese Zeilen sind ein Hinweis auf das Ausmaß der Angst, die das Aufkommen der Industrie damals bei den ländlichen Tagelöhnern und Handwerkern auslöste, deren Lebensumständen wir hier nachgegangen sind. Diese Zeilen sind aber auch ein unmißverständlicher Ausdruck dessen, was es geheißen haben muß, auf mündliche Formen der Mitteilung beschränkt zu sein und in einer Welt zu leben, in der der Lauf der Dinge von Menschen abhing, die in der Lage waren, Vorgänge schriftlich festzuhalten und ihre Einstellung zu Papier zu bringen. Will man den Unterschied zwischen den für unsere Zeit bestimmenden Lebensformen und der uns verlorenen Welt der vorindustriellen Zeit verstehen, ist es gewiß unumgänglich, sich gerade dieses Verhältnis zu vergegenwärtigen.

KAPITEL 11

Die englische Gesellschaft am Anfang des zwanzigsten Jahrhunderts
Die Arbeiterklasse nach 1901

Rattle his bones, over the stones
He's only a pauper whom nobody owns

— als Königin Viktoria zu Beginn des zwanzigsten Jahrhunderts starb, traf das auf jeden fünften Einwohner Londons zu: ein einsames Begräbnis durch das Armenhaus, die Irrenanstalt oder das *poor-law*-Hospital. Insgesamt betrachtet war jedoch das Jahr 1901 für England ein gutes Jahr ohne tiefgreifende wirtschaftliche Krisen. Der Marquis von Salisbury war noch immer Premierminister — er hatte das Amt mit einigen Unterbrechungen bereits seit 1885 inne. Es wurde zwar ein Krieg geführt, dessen Verlauf den Untergang Englands als führender Weltmacht einleitete, die sozialen Auswirkungen des Konflikts in Südafrika hielten sich jedoch in Grenzen. Die riesigen Kohlereviere in Yorkshire und Lancashire, die durch den Schiffbau gewachsenen Städte und die ausgedehnten Textilgelände hatten ja wegen der Nachfrage nach Waffen, Maschinen und Uniformen mehr zu tun. Trotzdem lebte etwa ein Viertel der Gesamtbevölkerung in Armut.

Es ist anzumerken, daß sich die Armut von damals viel einfacher bestimmen läßt als für das England des Jahres 1688, für das dem vom Standpunkt Gregory Kings aus zurückblickenden Historiker das Kriterium des „den Reichtum der Nation schmälernden Teils der Bevölkerung" zur Verfügung steht. Um 1900 lebte eine Familie dann in Armut, wenn „ihr gesamtes Einkommen nicht ausreicht, um das für die Erhaltung der bloßen körperlichen Leistungsfähigkeit unbedingt Notwendige zu erlangen."

Diese genaue Beschreibung findet man in Seebohm Rowntrees 1901 erschienenem Buch *Poverty,* in dem der Verfasser die düsteren Ergebnisse einer in seiner Heimatstadt York, wo der Familienbetrieb der Rowntrees Schokoladen herstellte, mit peinlichster Genauigkeit durchgeführten Haus-zu-Haus-Umfrage vorlegte. Im übrigen ist die Süßwarenerzeugung ein für die Leichtindustrie des zwanzigsten Jahrhunderts ebenso kennzeichnendes Beispiel wie die Eisenbahnen für die Schwerindustrie des neunzehnten, die die weltweite industrielle Überlegenheit Englands und vor allem Nordenglands ermöglicht hatte. Der damals noch junge Rowntree wollte mit seiner Arbeit herausfinden, ob eine im großen und ganzen typische Provinzstadt mit London zu vergleichen war. Und er kam zum Schluß, daß seiner Definition zufolge 27,84% der Bürger von York in Armut lebten. In London, der reichsten Stadt der Welt, in der ein Fünftel der Gesamtbevölkerung des Königreiches lebte, waren es nach den Untersuchungen seines Vorgängers und Mentors Charles Booth 30,7%.

Im England des Jahres 1901 sah man sich also der beunruhigenden Tatsache gegenüber, daß in einer vollindustrialisierten Gesellschaft das Elend alles andere als ausgestorben war — die Arbeiterklasse war auch in jenen Tagen ständig von materieller Not und sozialem Abstieg bedroht. Mehr als die Hälfte der Arbeiterkinder, das heißt 40% aller Kinder des Landes, lebten in Armut.

Es waren diese abgezehrten, hungrigen, zerlumpten, verlausten, schmutzigen Buben und Mädchen, die zur englischen Arbeiterklasse des zwanzigsten Jahrhunderts heranwuchsen. Es war die Generation, welche die Armeen des Ersten Weltkriegs stellte, auch wenn die meisten um einige Zentimeter kleiner und einige Kilogramm leichter waren. Und die Überlebenden wurden die Väter und Mütter der Arbeiter, welche die Einbrüche der zwanziger und die Weltwirtschaftskrise der dreißiger Jahre erleben mußten und dann sahen, wie die Bomben Hitlers ihre armseligen Straßen in grelles Licht tauchten. Es waren aber auch die Männer und Frauen der Labour Party, die ihrer Partei in den zwanziger Jahren zur Reife, 1945 zu einem überwältigenden Sieg und nach 1964 für einige Jahre zu stabiler politischer Macht verhalfen. Man muß sich eingestehen, daß diese Männer und Frauen auch heute noch oft das am meisten vernachlässigte Element im politischen und historischen Bewußtsein Englands sind.

Obwohl die Erinnerung der Labour-Politiker und Labour-Wähler an die gar nicht so weit zurückliegenden Tage des Elends Beweis genug ist, soll die umrissene Entwicklung durch ein Beispiel veranschaulicht werden. Beatrice Potter hatte in jungen Jahren an Booths Umfrage mitgearbeitet. Sie war eine der talentiertesten und außergewöhnlichsten Frauen der herrschenden Minderheit, die an der „Sozialreform", wie die Edwardianer sie nannten, teilnahmen. Sie gab sich jedoch nicht wie manch andere nach ein oder zwei Jahren mit dem Rahmen der *Charity Organisation Society,* Spenden für edle Zwecke und einem Mann ihres Standes zufrieden, sondern heiratete Mr. Sidney Webb, ein Mitglied des *London City Council* und der *Fabian Society* und gründete mit ihm die *London School of Economics* und die Zeitschrift *New Statesman.* Als Lord Passfield und Mrs. Webb — die aristokratische Beatrice wollte mit Sidneys dummem Titel nichts zu tun haben — besuchten sie Anfang der dreißiger Jahre Rußland. Daher auch der Titel ihres letzten Buches, das eine lange Reihe von Veröffentlichungen abschloß: *Soviet Communism, a New Civilisation.* Die unentrinnbare Armut der Londoner Bevölkerung in den neunziger Jahren des vorigen Jahrhunderts und das Elend der Arbeitslosen vierzig Jahre später trugen dazu bei, daß aus diesen Vertretern des liberalen Sozialismus und der allmählichen Reform Parteigänger des Kommunismus wurden.

Erst dann — und nur dann — deckte sich ihre Einstellung nicht mehr mit der ihrer Landsleute, wenn es — wie es in ihrer Jugend damals im allgemeinen hieß — um „die Frage der englischen Verhältnisse" ging. Die genauen Prozentangaben bei Booth und Rowntree sind für unsere Generation keine einfache Grundlage, sind wir doch an viel vorsichtiger erstellte Statistiken gewöhnt, in denen kaum je zwei Dezimalzahlen vorkommen. Niemand würde sich heute eine wissenschaftliche, physiologische Definition der Armut zutrauen, bei der die biologischen Bedürfnisse eines durchschnittlichen Menschen bei der Verrichtung der täglichen körperlichen Arbeit ins Auge gefaßt werden. Deswegen wäre es nicht überraschend, wenn jemand daran zweifelt, ob es zwischen den Untersuchungen von 1668 und 1901, zwischen der Gemeindezählung und Gregory King einerseits und den Haus-zu-Haus-Umfragen und Mr. Booth und Mr. Rowntree andererseits wirklich einen Unterschied gibt, was die Zuverlässigkeit der Daten betrifft. Kann man denn so sicher sein, daß das Problem der Armut nach mehr als hundert Jahren des wirtschaftlichen Wachstums und Wandels immer noch so akut war? Das traditionelle Bild Englands am Beginn des zwanzigsten Jahrhunderts ist ja im allgemeinen weniger düster.

Wie war die Lage in den ländlichen Gegenden und den kleineren Städten wirklich? Was war mit den blühenden Industriezonen, die dem England Edwards VII. zu einer bis George VI. und dessen Premierminister Mr. Attlee nie wieder erreichten ökonomischen Expansion verhalfen? Freilich, die wirklichen Lebensbedingungen der Gesamtbevölkerung werden uns für immer unbekannt bleiben, obwohl man in den zwei darauffolgenden Generationen viele Städte nach den Mustern von London und York untersuchte und sogar weitaus realistischere Kriterien in bezug auf Reichtum und Armut anwandte. Rowntree aber war es um das ländliche England gegangen. Erst nach einigen Jahren gelang es ihm, seine Analyse der Landwirtschaft fertigzustellen. In seinem Buch über York hatte er schon darauf hingewiesen, daß 1899 mehr als drei Viertel der Bewohner in „städtischen Gebieten" lebten. Die im Zusammenhang mit den für die traditionelle Welt kennzeichnenden Dorfgemeinden bereits zur Sprache gekommene Epoche war damals schon fast angebrochen: In dieser Zeit kehrte sich das Verhältnis zwischen Stadt und Land völlig um; von wenigen Ausnahmen abgesehen wuchs der typische Engländer nicht mehr von Bäumen und Feldern umgeben, sondern zwischen Beton, Ziegeln und Mörtel auf. Außerdem trifft wahrscheinlich Rowntrees Vermutung zu, daß diejenigen, die nach drei oder vier Generationen ständiger Abwanderung dennoch am Lande blieben, eher unter dem Standard ihrer die städtischen Straßen bevölkernden Vetter, Enkel und Großneffen zu leben hatten.

1903 untersuchte man den Kriterien von Booth und Rowntree folgend das kleine Dorf Ridgmont in Bedfordshire, eine Niederlassung im Schatten der Mauern des großen Parks von Woburn, dem Sitz des Herzogs von Bedford. Das Jahr 1903 war für die Herzoge von Bedford ein äußerst gutes: Die Einkommensteuer betrug elf Pennies pro Pfund, und die Erbschaftssteuer hatte einen Satz von elf Prozent erreicht. Wie die meisten adeligen Familien hatte die Familie sowohl städtische als auch ländliche Besitztümer und verfügte über Liegenschaften und Vermögen in Handel und Industrie. Die *Fabian Society* behauptete, daß das *Bedford Estate* in jenen Tagen, als Professor Higgins Eliza Doolittle vor dem *Royal Opera House* traf, von *Covent Garden* jährlich 15.000 Pfund erhielt. Das Eigentum würde allerdings in beispielhafter Weise verwaltet. Ridgmont wurde Hütte um Hütte wieder aufgebaut: Auch heute noch sieht man im Dorfe die hohen Ziegeldächer jener durch wenn auch oft schwerfällige, so doch wohlgeformte architektonische Strukturen gekennzeichneten Zeit. Und doch mußte die Untersuchung zu dem Schluß kommen, daß 41% der dort ansässigen Bevölkerung in Armut lebten, d. h. Verhältnissen unterworfen waren, in denen die biologischen Bedürfnisse nicht befriedigt zu werden vermochten.

Wir können uns nicht lange mit Ridgmont aufhalten, obwohl die Hinweise auf das Verhältnis von Stadt und Land, die Einkommensunterschiede und die Kontinuität der politischen Rolle des Landsitzes in einer völlig andersgearteten Gesellschaft für unser Thema von größter Bedeutung sind. Im Oktober des Jahres 1900 unterbreitete der Marquis von Salisbury Königin Viktoria bei der Umbildung des Kabinetts den Namen des Herzogs von Bedford: Ihre Majestät aber lehnte den Vorschlag wegen der durch die Verwaltung seines Guts gegebenen Interessen ab — Woburn blieb aber trotzdem ein Zentrum der politischen Macht. Das Jahreseinkommen dieser angesehenen Adelsfamilie betrug ungefähr 100.000 Pfund und zählte so zu den bedeutendsten im Lande. Daß es sich sogar mit den großen im Handel und in der Industrie erworbenen Vermögen messen konnte, ist umso bemerkenswerter, als es ja damals bereits viele Herzöge von Vorteil fanden, eine amerikanische Erbin zu heiraten; ein Beispiel dafür ist der Herzog von Marlborough, der sich 1895 zu einem solchen Schritt entschloß. Ein Einkommen von 100.000 Pfund hebt sich wirklich deutlich von den etwa 50 Pfund ab, die ein Landarbeiter in Ridgmont verdienen konnte. Dieses Mißverhältnis ist sogar noch größer als das zwischen einem Herzog, der etwa das Doppelte des mittleren Einkommens eines Adeligen bezog, und einem Landarbeiter zu Zeiten Gregory Kings.

Obwohl am Anfang des zwanzigsten Jahrhunderts immer noch der größte Bevölkerungsanteil in der Landwirtschaft tätig war, traf Kings Unterscheidung nicht mehr zu, derzufolge etwas weniger als die Hälfte der Familien des Landes über ein Einkommen verfügte, das sich auf den sechsfachen Betrag dessen belief, was der anderen Hälfte der Familien des Landes zur Verfügung stand. Wir können nicht wissen, in welchem Verhältnis die jährlichen 6 Pfund und 10 Shilling, die nach Kings Schätzung zu seiner Zeit das Familieneinkommen jenes Viertels der Bevölkerung ausmachten, das er als „Häusler und Arme" bezeichnete, zu den höchstens hundert Pfund stehen, die nach Rowntree notwendig waren, damit 1899 eine Familie nicht verarmte. Feststeht jedoch, daß es den Menschen der traditionellen, noch immer auf Landwirtschaft beruhenden Gesellschaft Ridgmonts nicht besser ging als jenen der auf Handel und Industrie gegründeten Gesellschaft Yorks. Außer Ackerbau und Viehzucht gab es in jener Gegend Bedfordshires damals nichts; Formen ländlicher Industrie waren schon fast ganz ausgestorben. Einige Dorfbewohner flochten zwar noch Stroh, niemand klöppelte aber mehr Spitzen.

Die Hutmacherei war in die Fabriken von Bedford und Luton abgewandert. Alles kam auf Pferdefuhrwerken aus den Städten, nicht einmal ein Laib Brot wurde mehr im Dorfe gebacken. Und alle Dorfkinder lebten in Armut.

Die Tatsache, daß Ridgmont 1901 zu den letzten Gebieten einer ländlichen Gesellschaft innerhalb eines bereits viermal so großen und ständig expandierenden industriellen Ganzen gehörte, stellt für den das frühere England betrachtenden Historiker eine ebenso deutliche wie schwerwiegende Besonderheit dar. Dadurch unterscheidet sich nämlich die englische Gesellschaft von allem, was je zuvor in Europa oder sonstwo geschehen war. Die umrissenen Verhältnisse belegen, daß der von uns als „industrielle Revolution" bezeichnete Prozeß wirtschaftlicher und sozialer Veränderungen in England so gut wie abgeschlossen war. Dieser Umstand unterscheidet die englische Gesellschaft von heute so grundsätzlich von anderen Gesellschaften. England ist das einzige Land, das über einen längeren Zeitraum hinweg die Bedeutung einer wirklich reifen Industrialisierung erfahren hat.

Es ging freilich nicht um die Erfahrung eines bestimmten Zustandes, sondern um die eines mehr oder weniger ständigen Wandels. Denn die Industrialisierung ist kein einmalig stattfindender und damit abgeschlossener Prozeß; das anzunehmen ist ein in England verbreiteter Irrtum. Seit 1901 fällt England im Kampf weiterer Industrialisierung mittels technologischer Neuerungen zusehends hinter andere Nationen zurück; und trotzdem ist auch für England die Geschichte des 20. Jahrhunderts eine Geschichte des Wandels. Die für den Gegensatz, den wir hier zu umreißen versuchen, wesentliche Frage ist die des Wohlstands. Insofern der Industrialisierungsprozeß nach den im ersten Kapitel beschriebenen Kriterien vor allem als eine Veränderung der Dimensionen des Lebens zu kennzeichnen ist, scheint er 1901 nur in England wirklich abgeschlossen gewesen zu sein. Seither hat sich der Lebensstandard gebessert, die Lebenserwartung verlängert, die Armut verringert und eine allgemeine Schulbildung durchgesetzt. Vielleicht war das keine direkte Folge der in den Untersuchungen Booths und Rowntrees so plötzlich an den Tag gekommenen Mißstände. Trotzdem begann gerade zu jener Zeit — offen bleibt, ob absichtlich oder unbewußt — ein Prozeß der Umverteilung sowohl durch politischen Druck als auch vielleicht durch die Eigendynamik der Ereignisse.

Vielen mag dies als eine allzu einfache und bequeme Verallgemeinerung erscheinen, weil man sogar heute noch in reichen Gesellschaften immer wieder große und verborgene Bereiche entdeckt, in denen die Armut regiert. Wir dürfen aus der Idee des Wohlfahrtsstaates, der in England der von Rowntree vertretenen Haltung vieles zu verdanken hat, nicht den Schluß ziehen, daß er die Armut in der industriellen Gesellschaft ganz abzuschaffen vermochte. Im Gegenteil: Der Wohlfahrtstaat war bloß das letzte und wirksamste Mittel, die bewußteren Schichten vom Ende der Armut zu überzeugen. Und doch gibt es einen Unterschied zwischen den in den sechziger Jahren für viele verblüffenden Enthüllungen über die Lebensbedingungen alter Menschen in Großbritannien und jenen der Farbigen in den Vereinigten Staaten. Es ist für uns heute nicht leicht zu begreifen, was es für England 1901 geheißen haben muß, anerkennen zu müssen, daß nach einem Jahrhundert weltweiter wirtschaftlicher Vormacht, in dem das Land ohne jeden Zweifel zur bedeutendsten und in vieler Hinsicht auch reichsten politischen und militärischen Nation der Welt geworden war, ein Viertel der Bevölkerung in elenden Verhältnissen lebte.

Wenn Kings Zahlen mit den Angaben Rowntrees überhaupt vergleichbar sind und beide in ihren Daten bis zu einem gewissen Grad der Wahrheit nahekommen, dann gelang es dem durch die Industrialisierung erzielten Reichtumszuwachs, Abhängigkeit und Armut in einem Zeitraum von etwa zwei Jahrhunderten auf mehr als die Hälfte zu reduzieren. Sollte dies den Tatsachen entsprechen, dann hat die Industrialisierung sehr viel erreicht; das gilt umso mehr, wenn wir daran denken, wie wenige Anzeichen für einen solchen Fortschritt sich in jener Welt von einst feststellen lassen, in der der Satz „Die Armen werden immer zu Dir kommen" als ewige Wahrheit angesehen wurde. Doch ist der Unterschied zwischen dem *Pursuivant-at-Arms* der Stuartzeit und dem von seinem Gewissen motivierten edwardianischen Industriellen so gewaltig, daß wir diese schwierigste und herausforderndste aller Fragen zumindest für den Augenblick auf sich beruhen lassen müssen.

Leider kann derselbe Einwand gegen die bekannten Daten über die spätere Geschichte der Armut im England des zwanzigsten Jahrhunderts erhoben werden. Im Falle Seebohm Rowntrees ist wirklich bemerkenswert, daß er lange genug lebte, um aufgrund eigener Untersuchungen befriedigt das Ende der hoffnungslosesten Erscheinungsformen der Armut feststellen zu können. 1936, siebenunddreißig Jahre nach seiner ersten Analyse Yorks, untersuchte er die Stadt noch einmal. Diesmal wandte er eine weitaus genauere Methode an, weil die Arbeitslosenkatastrophe seinen Beobachtungen zufolge mit einem viel geringeren Rückgang der Armut verbunden war, als man erwartet hatte. Die Situation aber war sogar schlimmer als befürchtet: Seinem neuen und realistischeren Maßstab zufolge lebten Ende der dreißiger Jahre 31% der Arbeiter Yorks immer noch in Armut. Das ist eine im Verhältnis zu den mit weniger genauen Kriterien ermittelten 43% des Jahres 1899 enorme Zahl.

Zwischen den beiden Jahren gibt es aber auch andere Unterschiede. 1899 waren die ungenügenden Löhne die entscheidende Ursache der Armut gewesen — es läßt sich im übrigen kein besserer Anklagepunkt denken, wenn man die Industrialisierung kritisieren will. 1936 aber war die bei weitem wichtigste Ursache der Armut die Arbeitslosigkeit. 1961 konnte Rowntree im Alter von achtzig Jahren seine letzte und leider am wenigsten befriedigende Untersuchung der Stadt York fertigstellen. Er ging nach noch genaueren Kriterien vor und stellte fest, daß nur ein Anteil von 3% der Bevölkerung in Armut lebte und in erster Linie alte Menschen zu den Betroffenen zählten. Am Ende seines Lebens kam also Rowntree zu dem Schluß, daß aus einem einst wesentlichen Charakteristikum des gesellschaftlichen Lebens ein relativ bedeutungsloses Moment geworden war.

Wir müssen uns vor Augen halten, daß die Abschaffung der Armut — wenn es sich überhaupt um Abschaffung handelt — nicht schrittweise, sondern plötzlich — zwischen dem Ende der dreißiger und dem Ende der vierziger Jahre — als Ausdruck der Gründung und Dynamik des Wohlfahrtsstaates erfolgt ist. Schon innerhalb weniger Jahre glaubten einige Leute trotz der Warnungen von Rowntrees Nachfolgern bemerken zu müssen, daß das Problem der industriellen Gesellschaft in einem Überfluß an Freizeit und Gütern bestand.

Diese Einschätzung konnte sich aber nicht lange halten. Viele Anzeichen sprechen dafür, daß die Menschen in den letzten Jahrzehnten dieses Jahrhunderts ihre soziale Aufgabe auch darin sehen, sich einer Umverteilung des Reichtums zu widmen. Die Umverteilung wird diesmal nicht nur innerhalb der „reichen" Gesellschaften, sondern auch zwischen den „reichen" und „armen" Gebieten der Erde stattfinden müssen. Freilich gibt es offenkundige Unterschiede zwischen dem England des Jahres

1901 und den Verhältnissen von heute. Im folgenden soll an einige auf der Hand liegende Umstände erinnert werden, obwohl jeder auch noch so oberflächliche Versuch einer Beschreibung der englischen Arbeiterklasse des zwanzigsten Jahrhunderts nur dann Erfolg haben kann, wenn er sich zum Großteil auf den Leser und dessen Bereitschaft zu Vergleichen aus eigener Erfahrung verläßt.

1901 lag die Lebenserwartung der Oberschicht bei ungefähr sechzig Jahren, die der Unterschicht bei nicht mehr als dreißig. Die Lebenserwartung der Ärmsten lag sogar niedriger als die der Gesamtbevölkerung in der Stuartzeit. 1901 konnte man auf den ersten Blick erkennen, ob jemand zur Oberschicht oder zur Arbeiterklasse gehörte — Manieren, Kleidung, Sprache, Größe, Einstellung und Verhalten waren deutlich verschieden. Es gibt heute noch Menschen, die sich an die Kleidung der viktorianischen Landarbeiter erinnern. Damals standen die Schullehrer im Durchschnitt Klassen mit siebzig Schülern gegenüber. Nur zwei Fünftel der Bevölkerung waren wahlberechtigt. Frauen waren überhaupt ausgeschlossen. Verkäufer und Verkäuferinnen arbeiteten sieben Tage die Woche, 80 Stunden im Schnitt; und viele lebten zwangsweise unverheiratet, in einem über ihrer Arbeitsstätte eingerichteten Schlafraum. Da jemand, der kein eigenes Zimmer besaß, vom Wahlrecht ausgeschlossen war, durfte ein im Geschäft wohnender Gehilfe nur dann wählen, wenn die Trennwände zwischen den Betten die Decke erreichten. Dieses frühere England war dermaßen klassenbewußt, daß man damals in den Londoner Badehäusern folgende Aufschrift angeschlagen finden konnte:

Bäder für Arbeiter, warm 2 d., kalt 1 d.
Bäder für alle höheren Klassen, kalt 3 d., warm 6 d.

Freilich kann ein so grelles Bild nicht einmal eine von ungefähr angemessene Vorstellung dessen vermitteln, was hier bewiesen werden soll; im übrigen hat auch der Aspekt der Armut als Ausgangspunkt der gegenwärtigen Untersuchung schwerwiegende Nachteile. Dieser Weg verzerrt das Bild der Arbeiterklasse insofern, als die gutgestellten Arbeiter und deren Lebensverhältnisse nicht zur Sprache kommen. Darum könnte auch die Beweisführung etwas weiter oben in eine falsche Richtung geraten sein. Denn nicht die in hoffnungsloser Armut lebenden Menschen haben die Gewerkschaften gegründet und sich für sie eingesetzt; sie waren es auch nicht, die die Labour Party ins Leben gerufen haben und für die Entstehung und Vermittlung der uns heute so interessierenden Arbeiterkultur verantwortlich zeichnen.

Wir dürfen niemals vergessen, daß stets gut die Hälfte der Arbeiter ihr Auskommen hatte, auch wenn wir leider aus erster Hand nur sehr wenig über die tatsächlichen Lebensbedingungen wissen. Es war jedoch die Armut, die unsere Väter und Großväter beschäftigte. Eine Arbeiterfamilie, sagte Rowntree, und verzog dabei sicher den Mund, gab wöchentlich 6 Shilling, also ein Sechstel ihres Einkommens, für Bier aus — daher der Großteil vermeidbarer Fälle sekundärer Armut, für die viele auch von weniger verständnisvollen Leuten getadelt wurden. Für 6 Shilling konnte man 1901 einunddreißig Flaschen Bier bekommen — und mit einunddreißig Flaschen Bier konnte es sich damals eine Arbeiterfamilie schon gut gehen lassen, auch wenn sie so manchmal im Armenhaus landete.

Trotzdem waren, wie schon gesagt, die niedrigen Löhne die wichtigste Ursache der Armut um die Jahrhundertwende. „Die in York für unqualifizierte Arbeit gezahlten Löhne", stellte Rowntree fest, „reichen nicht aus, um für eine durchschnittlich große Familie die Lebensmittel, Kleider und Wohnverhältnisse zu garantieren, die für einen Zustand der bloßen physischen Leistungsfähigkeit erforderlich sind." Es gab also das Proletariat der marxistischen Theorie — und das Gesetz der zunehmenden Verelendung im Kapitalismus hatte sich in der einzigen damals reifen Industriegesellschaft für alle sichtbar bewiesen.

Das große Rätsel scheint also vielmehr in der Tatsache zu liegen, daß der aktive, intelligente und gutbezahlte Teil der Arbeiterklasse nicht den richtigen marxistischen Schluß zog und es im zwanzigsten Jahrhundert in England keine sich des Mittels der Gewalt bedienende soziale Revolution gab. Auf keinen Fall kann man von einem Mangel an geographischer oder persönlicher Nähe reden, wie er für die bäuerlichen Vorfahren dieser Menschen in der Stuartzeit kennzeichnend war. Die für die Existenz der Arbeiterklasse charakteristischen Verhältnisse gab es nicht erst seit 1901. Im weiteren Verlauf dieser Arbeit wird klar werden, daß die Frage revolutionärer Aktion sich nie so einfach stellt wie das hier vielleicht den Anschein hat und daß auch ohne Revolution einschneidende soziale Veränderungen stattfanden. Obwohl aber revolutionäre Veränderungen in diesem Sinn im letzten Teil dieses Kapitels zur Sprache kommen werden, geht die Frage der Fügsamkeit der englischen Arbeiterklasse im zwanzigsten Jahrhundert über den Rahmen dieser Untersuchung hinaus. Wir wollen uns vielmehr auf den zyklischen Charakter der Armut im letzten Jahrhundert konzentrieren, und zwar nicht so sehr auf den ständigen Wechsel von guten und schlechten Zeiten, sondern auf die Abfolge der Ereignisse im Leben des einzelnen Arbeiters. Hierin liegt nämlich einer der für einen Vergleich zwischen den Verhältnissen der Alten und Neuen Welt interessantesten Berührungspunkte.

Ein Arbeiter (so Rowntree) lebt in Armut und ist daher unterernährt:
In der Kindheit, wenn er sich entwickelt.
In der Jugend und den mittleren Jahren, d. h. in der Zeit, die allgemein als die beste gilt.
Im Alter.
Und schwangere Frauen leben fast stets in Armut.

Soviel also zum Lebenszyklus der Angehörigen der Arbeiterklasse. — 1899 gab es in York nur wenige Arbeiter mit Nachbarn, Freunden oder Verwandten, die nicht auch um das nackte Leben kämpften. Die Kindersterblichkeit der Mittelschicht betrug 94 : 1000, bei den Armen belief sich der Anteil auf nicht weniger als 247 Menschen von 1000. Die Ähnlichkeit mit Clayworth in den siebziger Jahren des siebzehnten Jahrhunderts liegt auch hier auf der Hand. In der Arbeiterklasse starb im Durchschnitt eines von sechs Neugeborenen. Ein Kindersarg auf einem Bett oder Tisch war damals sicher ein in jeder Familie vertrauter Anblick.

Die Feststellung des zyklischen Erlebens elender Verhältnisse ist gewiß eine der zwar leider allzu oft vergessenen, so doch interessantesten soziologischen Entdeckungen Seebohm Rowntrees. Auch wenn nicht jeder Angehörige der Arbeiterklasse von damals selbst unmittelbar betroffen war, kam er doch irgendwann in seinem Leben einmal mit unter dem erforderlichen Minimum lebenden Menschen in Berührung. Das heißt, daß die Angst vor Armut, die damit verbundene Unsicherheit und die Ablehnung des Gesellschaftssystems im Charakter des englischen Arbeiters verwurzelt waren. Die Vorstellung, daß diese Züge ein Erbe der Bauern, Handwerker und Armen der Welt von einst sind, hat sicher etwas für sich.

Alle, die heute von der Verbürgerlichung der Arbeiterklasse sprechen, sollten sich dies vor Augen halten. Das gilt auch für alle, die die Solidarität der Arbeiterklasse zu ergründen suchen, die immer wieder als das Herz und die Seele der Labour-Bewegung hervorgehoben wird. Das positive Verlangen, eine Welt ohne Armut zu schaffen, entspringt dem negativen Gefühl der das Leben unserer Eltern und Großeltern beherrschenden Angst. Und die Arbeiterfamilie der zweiten Hälfte des zwanzigsten Jahrhunderts als bürgerlich zu bezeichnen oder der Mittelschicht zuzurechnen entspricht einer oberflächlichen historischen Fehldeutung. Es handelt sich ja in Wirklichkeit um die Arbeiterfamilie der Jahrhundertwende und der zwanziger und dreißiger Jahre, bloß daß sie jetzt die Armut etwas weniger fürchten muß. Neben seiner historischen Rolle und einer Reihe von anderen wesentlichen Aspekten hat daher das Klassenbewußtsein in der gesellschaftlichen Entwicklung Englands im 20. Jahrhundert auf jeden Fall seine Berechtigung, was Haltung und unmittelbare Reaktion betrifft.

Damit schließen wir diesen der Entwicklung der englischen Arbeiterklasse nach 1901 gewidmeten Titel der Untersuchung ab. Bei aller Übervereinfachung – die ja unvermeidlich ist, wenn sich die Schilderung komplexer Zusammenhänge auf Andeutungen beschränken soll – muß klar geworden sein, daß solche Verhältnisse vor dem Aufkommen der großen Industrie undenkbar gewesen wären. Mögliche Ähnlichkeiten und unmittelbare Folgen sind aber auf jeden Fall ein faszinierendes Thema.

Die solide Mittelklasse

Man spricht oft von der soliden Mittelklasse. Der Ausdruck steht mit zahlreichen Klischees in Zusammenhang, die immer wieder auftauchen, wenn die Entwicklung der englischen Gesellschaft und vor allem die jüngste Geschichte des Landes Thema ist. Dann ist vom Rückgrat der Nation und sogar vom Salz der Erde die Rede. Gemeinplätze dieser Art sind zwar gerade in den achtziger Jahren wirklich nicht angebracht, die Vorstellung der Mittelklasse als Angelpunkt der Stabilität einer Gemeinschaft geht jedoch sehr weit zurück. Der von Aristoteles stammende Begriff wurde im Laufe der Zeit auf fast alle dem Historiker geläufigen politischen Systeme und Situationen angewandt. Wir sahen schon, wie oft man diesen Begriff in Zusammenhang mit den Verhältnissen in England vor 1700 verwendete. Das viktorianische und edwardianische England wird gar im allgemeinen für das Musterbeispiel einer Apotheose der Mittelklasse als

Gemeinschaft und Kulturform gehalten. Den Verfall dieser soliden Mittelklasse deuteten manche als zentrales Element der sozialen Entwicklung Englands nach 1900. Und inzwischen geht man heute bereits davon aus, daß die Arbeiterklasse dieser soliden Schicht ähnlich zu werden und sich deren Haltungen und Werte zu eigen zu machen begonnen hat.

Auf den Begriff der Verbürgerlichung der Arbeiterklasse des Landes sind wir schon kurz eingegangen. Sehen wir uns die Beweise genauer an, so entdecken wir zunächst, daß es etwas irreführend ist, von einer 1901 in England existierenden soliden Mittelklassengemeinschaft zu sprechen. Und noch irreführender ist es, die soziale Entwicklung seit jener Zeit als die Geschichte des Verfalls dieser Mittelklassengemeinschaft darzustellen. „Gemeinschaft" ist dabei das Wort, auf das es ankommt. Sicherlich gab es in der Zeit Arnold Bennetts, Thomas Hardys und George Merediths eine Reihe von Personen in der englischen Gesellschaft, auf die der Begriff zutrifft. Fraglich ist jedoch, ob es sich je um eine im ganzen Staat fest verankerte Gemeinschaft handelte.

Die bloße Tatsache, daß der Begriff immer in Umlauf war, verleiht der soliden Mittelklasse eine in gewisser Weise abgehobene Existenz. Die im folgenden untersuchten Menschen waren zumindest als Individuen im eigentlichen Sinn des Wortes solide: Sie verfügten über Reichtum, standen großen Unternehmen vor und übten nicht geringen Einfluß in allen Staatsangelegenheiten aus. Es wird sich zeigen, daß die Vorstellung einer in ihren Inhalten und Interessen mehr oder weniger homogenen und aus in etwa gleichwertigen Einheiten bestehenden Gemeinschaft der gesellschaftlichen Hierarchie mehr als fraglich ist. Die Arbeiterklasse des 20. Jahrhunderts hat zwar diese beiden Eigenschaften, wird aber kaum als solide bezeichnet. Die Wirklichkeit der Mittelklasse ist eine ganz andere. Glücklicherweise beruhen die Daten in diesem Fall nicht mehr auf Vermutungen und gewagten Schlußfolgerungen, so daß wir anders vorgehen können als bei der Besprechung der Zusammenhänge im siebzehnten Jahrhundert. Hier stehen uns im großen und ganzen hinreichende Unterlagen zur Verfügung.

Auf wenn auch ungenaue und suggestive Weise kommt der für eine gewisse Haltung seiner Zeit sicher sehr charakteristische Arnold Bennett der Wahrheit ziemlich nahe, wenn er sich in einem seiner zahlreichen Aufsätze mit der Frage beschäftigt, wer denn seine Bücher kauft und liest, und dazu folgendes notiert:

„Wenn meine morbide Neugierde mich wieder einmal überfällt", heißt es da in diesem Aufsatz aus dem Februar des Jahres 1901, „gehe ich zu *Mudies* oder in den *Times Book Club* oder drücke mich bei Smiths Buchstand am *Strand* herum. Die Leute dort sind wohlhabende Leute — Leute, die Einkommensteuer zahlen und darüber murren." Der Einkommensteuersatz lag damals bei fünf Prozent. „Im letzten Jahr haben 375.000 Personen Einkommensteuer gezahlt", fährt Bennett fort, „und sie haben unter Protest gezahlt. Diese Leute vertreten ungefähr eine Million Seelen, und diese Million ist bei einer Bevölkerung von vierzig Millionen eine kleine Minderheit, die mehr oder weniger sorglos obenschwimmt."

Interessant ist Bennetts Definition der Einkommensteuerzahler als kleiner Minderheit der Bevölkerung; auch die Formulierung „mehr oder weniger sorglos obenschwimmen" ist sehr bezeichnend.

Die selbstsichere und brüske Stimme, der Gang, die Kleider, das Benehmen — alles beweist, daß diese Menschen einer bestimmten, im Lebenskampf erfolgreichen Kaste angehören. Man hat sie zwar als Mittelklasse bezeichnet, sollte jedoch eher von Oberklasse sprechen, weil fast alles unter ihnen liegt. Wenn ich gewisse Geschäfte wie *Harrods* und *Rumpelmeyer's* aufsuche, die *Royal Academy* betrete oder einem der in der *Albemarle Street* und *Dover Street* gelegenen Clubs einen Besuch abstatte, sehe ich genau dieselben Leute — wohlgenährt, gut gekleidet und völlig frei von den Sorgen, die mindestens fünf Sechstel der englischen Bevölkerung betreffen. Ich stamme zwar aus etwas bescheideneren Verhältnissen, verschaffte mir aber mit Gottes Hilfe und strenger Zucht in geschäftlichen Dingen Zugang zu dieser Klasse.

In der sich anschließenden Auflistung der für die solide Mittelklasse charakteristischen Eigenschaften jagt ein nostalgisches Bild das andere. Da ist von der aufrichtigen und frommen Verehrung von Geld und Erfolg ebenso die Rede — die Welt, heißt es da, sei wie ein Dampfschiff, bei dem die Mittelklasse in der Kajüte reist — wie vom Unverständnis — das sie den Architekten und den Bauherrn gleichermaßen verehren läßt, was dem Autor einer Verwechslung von Dichter und Drucker nahekommt — und der Dumpfheit, Humorlosigkeit und Gleichgültigkeit dieser „großen, soliden und bequemen Klasse, die das Rückgrat des Romanpublikums bildet."

So sah ein Zeitgenosse die solide Mittelklasse des beginnenden 20. Jahrhunderts. Wir stellen aber auch in diesem Zusammenhang einen leichten Widerschein jenes Schattens der Armut fest, der oben zur Sprache kam und die Lebensverhältnisse jenes anderen Teils der Gemeinschaft bestimmte, der im Kampf um Nahrung, Wohnung, Kleidung und Befreiung von ständiger Unsicherheit nicht so erfolgreich war. Daß Bennett offen eingesteht, nicht als Angehöriger der soliden Mittelklasse geboren worden zu sein, ist zwar interessant, sollte aber nicht als besonders aufschlußreich gewertet werden: Wir wissen, daß sein Vater einmal in Hanley eine Pfandleihe besessen hat. Auch die übrigen Unsicherheiten und Unstimmigkeiten sind recht erhellend – die Gründe dafür sind aber freilich ganz andere.

Bennett spricht im Zusammenhang mit der ihn beschäftigenden Minderheit manchmal eher von „Kaste" als von „Klasse". Dennoch glaubt er, daß dieser eine Million Menschen angehören. Wie sich bald herausstellen wird, irrt er in den Zahlen, hatte allerdings Gespür genug, um an die Einkommensteuer zu denken, als er die Größe seines potentiellen Lesepublikums berechnen wollte. Hätte man Bennett ernster genommen, seinen Vorschlag befolgt, die Einkommensteuerlisten durchgesehen und die darin enthaltenen Ziffern wirklich allgemein bekannt gemacht, wäre das, was man als den numerischen Trugschluß in Sachen Umfang der soliden Mittelklasse bezeichnen könnte, niemals in Umlauf gebracht worden. Und man hätte sich so auch die andere Seite dieses falschen Bildes erspart und nie von einer homogenen Gemeinschaft gesprochen.

Numerischer Trugschluß meint die unkritische Annahme, daß die Mittelklasse damals einen beträchtlichen Teil, vielleicht ein Achtel, ein Fünftel, ein Viertel oder gar ein Drittel der englischen Gesamtbevölkerung ausgemacht haben soll. Dies war nicht der Fall. Es handelt sich höchstens um ein Siebzehntel oder sogar noch weniger, wenn man allein die Einkommensteuerziffern heranzieht. In England war 1909, als Arnold Bennett seinen Aufsatz schrieb, nur einer von fünfundzwanzig reich genug, um den berühmten Lebensstandard der Mittelklasse genießen zu können. Die Ähnlichkeit mit den für die privilegierte Minderheit der vorindustriellen Welt zitierten Zahlen mag zwar nur ein Zufall sein, die Übereinstimmung ist aber sicher alles andere als uninteressant.

Einkommensverhältnisse sind allerdings nicht das einzige Kriterium für Klassenzugehörigkeit. Die wenigen Zahlenbeispiele beweisen keineswegs, daß nur diese winzige Minderheit sich zur Mittelklasse zählte. Im Gegenteil: Das ganze Jahrhundert ist ja dadurch gekennzeichnet, daß einige Millionen Menschen danach trachten, so zu leben, wie es sich in der Praxis nur wenige wirklich leisten können. Das Geheimnis des vielen Historikern lieben Klischees einer soliden Mittelklasse liegt im Begriff der Nachahmung oder, um mit Arnold Toynbee zu sprechen, der „Mimesis". Nur wenn man Nachahmung oder Mimesis als konstituierendes Element betrachtet, kann man einen ins Gewicht fallenden Teil der Bevölkerung von damals, aber auch späterer Jahre als „solide Mittelklasse" bezeichnen.

„Verfall der Mittelklasse" — viele Historiker neigen dazu, die Sozialgeschichte seit jener Zeit unter diesem Gesichtspunkt zu interpretieren — kann leider vieles besagen. Als Begriff ist „Verfall der Mittelklasse" so unpräzise wie „Aufstieg der Gentry". Sieht man aber von den möglichen qualitativen Implikationen ab und stützt sich allein auf den numerischen Aspekt, dann entpuppt sich der Begriff als völlig unzutreffend, was das England am Anfang des zwanzigsten Jahrhunderts betrifft. Die Zahl derer, die im ökonomischen Sinn zur Mittelklasse gerechnet werden können, ist nämlich seit 1901 ohne Unterbrechung angestiegen. Das Wachstum wurde zwar durch die verschiedenen Krisen eingedämmt, aber nicht unterbrochen, und war nach 1945 schneller als je zuvor.

Den falschen Vorstellungen über den Umfang der Mittelklasse jener Zeit ist also ebenso einfach auf den Grund zu gehen wie zu begegnen. Schwerer zu verstehen ist die Tatsache, daß sowohl Historiker als auch Sozialwissenschaftler trotz gegenteiliger Versicherungen an diesen Vorstellungen festhalten. Um zu begreifen, warum die Daten nicht leicht einzuschätzen waren, müssen wir einen Blick auf die für die Berufe und Angehörigen der Mittelklasse verfügbaren Unterlagen werfen.

Es ist freilich schwer zu entscheiden, wieviel Geld nötig war, um sich eine Villa in einem Vorort leisten, die Dienerschaft bezahlen, fünf oder sechs Kinder erziehen, sich eine Kutsche halten und noch dazu Bennetts Bücher kaufen zu können. Man kann annehmen, daß es zwischen siebenhundert und eintausend Gold-Sovereigns jährlich gewesen sein müssen, sofern der Wert des Geldes nicht sank. Obwohl uns die genaue Zahl der Steuerzahler jener Zeit nicht bekannt ist, wissen wir, daß es 1909 in England und Wales 280.000 Haushalte mit einem Einkommen von über 700 Pfund im Jahr gab. Das bedeutet, daß weniger als dreihunderttausend von insgesamt sieben Millionen Familien den für ein bequemes Mittelschichtleben notwendigen Standard erreichten. Es gab allerdings weder auf diesem Niveau noch auf einer anderen Ebene der britischen Einkommenstruktur in diesem Jahrhundert je irgendein Plateau. In Wirklichkeit waren die Schwankungen gerade über dem von uns gewählten Punkt enorm – die Unterschiede in diesem Bereich waren sogar weitaus größer als der Unterschied zwischen denen, die genug verdienten, um sich ein den Maßstäben der Mittelklasse entsprechendes Leben leisten zu können, und jenen, die dazu nicht in der Lage waren.

Am Anfang des 20. Jahrhunderts besaßen nach allgemeinen Schätzungen in England 120.000 „Kapitalisten" zwei Drittel des Reichtums. Ungefähr 40.000 Landbesitzer besaßen siebenundzwanzig der vierunddreißig Millionen Morgen im Lande. Da ein gewisser Anteil der Aristokratie zuzurechnen ist, wäre es unter Umständen sinnvoll gewesen, diese Leute zur Oberschicht zu zählen. Wir sahen bereits, daß sogar nach dem Untergang der Welt von einst die Reichsten und Mächtigsten vor allem in der Politik noch immer eine wesentliche Rolle spielten. Die Distanz von Landhaus und Vorstadtvilla bezeichnet das Verhältnis von Landbesitzerfamilien und Bourgeoisie.

Bennetts Zaudern zwischen Ober- und Mittelklasse ist insofern kennzeichnend, als sich daran ablesen läßt, wie schwer es sogar damals gewesen sein muß, eine Unterscheidung zu treffen. In der Tat war die Rolle der Oberschicht im zwanzigsten Jahrhundert ebenso unwichtig wie einst lange Zeit die zweite Klasse in den Eisenbahnzügen. Dem Historiker bleibt eigentlich nur ein gangbarer Weg: die Leute ganz an der Spitze zu den anderen Erfolgreichen zu zählen und zu begreifen, daß es sich um eine äußerst vielfältige Gruppe von Menschen handelt. Nun können wir uns auch dem anderen bei der Einschätzung der Mittelklassen jener Zeit so verbreiteten Klischee zuwenden und verstehen, was es mit der für die Geschichtswissenschaft oft selbstverständlichen Vorstellung einer homogenen Einkommens- und Beschäftigungsstruktur auf sich hat. Mag der Eindruck einer Gleichheit in Haltung und Geschmack der privilegierten Menschen von damals noch so stark gewesen sein, so waren Umgebung und Erfahrungswelt, Reichtum und Quelle des Reichtums dieser Anwälte, Geistlichen, Ärzte, Professoren, Rentiers und Aktionäre doch sehr unterschiedlicher Natur.

Die Verwirrung bezüglich der Klassenunterschiede und deren Beziehung zu politischen und anderen Formen der Macht führte zur Prägung eines Begriffs, der in Umlauf kam wie viele andere Worte dieser Art — als Mundartausdruck, als ein von Journalisten und Satirikern verwendetes Modewort. Mag der Begriff des Establishments, sofern er überhaupt noch eine bestimmte Bedeutung hat, auch noch so vage sein, so scheint er doch das, was Bennett sagen wollte, besser auszudrücken als alle anderen uns zur Verfügung stehenden Bezeichnungen. Was Bennett vor Augen hatte, war auf jeden Fall eher eine Art Establishment als eine Klassengemeinschaft, wie wir sie bei den Arbeitern und Armen feststellen konnten. Anstatt an eine solide Mittelklasse mit einer dieser übergeordneten Oberschicht zu denken, sollten wir vielmehr an der Vorstellung einer aus etwa 300.000 Familien bestehenden Minderheit festhalten, die von vielen Millionen ärmerer Familien emsig, aber erfolglos nachgeahmt wurde. 300.000 Familien gilt für die Anfänge des zwanzigsten Jahrhunderts — heutzutage ist die Zahl viel größer und nimmt auch schnell zu. Es ist aber immer noch eine kleine Minderheit, der anzugehören — trotz einer gewissen Isolation — das allgemeine gesellschaftliche Ziel ist.

Auch an dieser Stelle lassen sich sowohl Entsprechungen wie signifikante Unterschiede zwischen den Verhältnissen des 20. Jahrhunderts und den für die Welt von einst umrissenen Zusammenhängen festhalten. Mimesis oder soziale Nachahmung gibt es in England nicht erst in spätviktorianischer Zeit. Die immer wieder laut werdende Klage über bestimmte Bürger und Bürgersfrauen richtet sich ja seit dem Mittelalter gegen die Nachahmung der Höhergestellten, das heißt des Adels. Dies wurde aus mehreren Gründen übelgenommen: Gewöhnlicher Snobismus und Verachtung der Vermögenden denen gegenüber, die auch besser leben wollten, aber dazu nicht wirklich in der Lage waren, sind sicher als die wesentlichen Ursachen anzusehen. Gewiß war man sich auch dessen bewußt, daß zumindest gewisse Nachahmer sich in der Praxis mehr leisten konnten als so manche Angehörige der privilegierten Minderheit und in kurzer Zeit deren Plätze besetzen würden. In einer Gesellschaft, in der mehr Menschen sozial ab- als aufstiegen und in der die Stellung in der gesellschaftlichen Hierarchie als unveränderliche Bestimmung in einem unveränderlichen Universum angesehen wurde, führte das sowohl zu gesetzlichen Maßnahmen als auch zu satirischen Angriffen. In hochindustrialisierten Zeiten ist diese Haltung nicht mehr möglich — Bewegungen in jeder Richtung gestalten sich um vieles einfacher. Aufgrund des allgemeinen Bevölkerungswachstums und des mit dem ständig zunehmenden Wohlstand einhergehenden Steigens des relativen Anteils vermögender Menschen ist heute die kontinuierliche Ausdehnung des privilegierten Teils der Gesellschaft nicht nur möglich, sondern wirklich geworden.

Ein Merkmal ist den Systemen allerdings gemeinsam: die Existenz einer breiten marginalen Zone zwischen Armen und Reichen, die man als Schatten der privilegierten Minderheit bezeichnen könnte. Dieser wichtige Teil des gesellschaftlichen Spektrums kann im Fall der vorindustriellen Welt nur in groben Zügen angedeutet werden, zeichnet sich aber in seinen Umrissen zu Arnold Bennetts Zeiten mit ziemlicher Deutlichkeit ab. 1909 setzte die Einkommensteuer bei drei Pfund wöchentlich an. Die Zahlen zeigen, daß es zwischen diesem Minimum und der Ebene, auf der — mit 700 Pfund jährlich — ein sozusagen wirklich solides Mittelklasseleben möglich war, damals 800.000 Einkommen gab. Um eindeutig festzuhalten, wer diese Menschen waren, wollen wir noch einmal den Ort bezeichnen, den die oben als Nachahmer der privilegierten Minderheit bezeichneten Bezieher dieser Einkommen in der gesellschaftlichen Hierarchie einnahmen: Es war der Teil der Bevölkerung, der sich zwar keinen sogenannten Mittelklasse-Lebensstandard leisten konnte, aber dem allgemeinen Verständnis nach auch nicht der dem Elend ausgelieferten Arbeiterklasse zuzurechnen war.

Die Väter und Söhne der in diesem Zwischenreich anzusiedelnden Familien waren die, die es zu etwas bringen wollten. Sie waren es auch, die Bennett auf der Suche nach seinen Lesern übersah, obwohl er einer der ihren war. Sicher hätte man *Clayhanger* auf der Fensterbank in Mr. Pooters Wohnung finden können, wenn der Roman 1895 und nicht ers 1909 geschrieben worden wäre. Das Buch hätte schon in seine Welt gepaßt, nicht ganz so gut vielleicht wie die drei steinernen Löwen auf seiner Treppe, aber als Lektüre für Lupin, seinen rebellischen Sohn ... — Wie die Geschichten über Mr. Pooter belegen, besaßen George und Weedon Grossmith, die in den neunziger Jahren des vorigen Jahrhunderts für die Zeitschrift *Punch* schrieben, in Fragen des englischen Lebens eine Beobachtungsgabe, die der Bennetts, Wells' und sogar Shaws in nichts nachsteht.

Die Zahl dieser Leute belief sich etwa auf das Dreifache derer mit einem richtigen Mittelklasse-Einkommen. Einige taten freilich mehr als es bloß zu etwas bringen zu wollen — mit vier-, drei- oder sogar nur zweihundert Pfund im Jahr konnte man im Jahre

1909 schon einiges erreichen, insbesondere wenn man einen angesehenen Beruf ausübte: Man konnte sich einen Diener leisten und in manchen Fällen sogar hoffen, das Geschäft der Eltern zu übernehmen. Oder man entschloß sich, seinen eigenen Weg zu gehen, und da gab es Chancen, wenn man wirklich dynamisch und unternehmungslustig war und sich nicht scheute, ins Ausland zu gehen.

Zählt man selbst alle Familien, auf die der Begriff der Nachahmung zutrifft, ergibt das nicht mehr als eine Million Familien, die zur Mittelklasse gerechnet werden können, was einem Siebentel der Gesamtbevölkerung entspricht. Betrachten wir die Zusammensetzung dieses Siebentels, erkennt man sofort, wie unangebracht es ist, sich dieses Gesellschaftssegment als solide Gemeinschaft oder überhaupt als Gemeinschaft vorzustellen. Außerdem kann es einfach nicht stimmen, daß der gesamte Rest der Bevölkerung, also 85 Prozent, der Arbeiterklasse zuzurechnen ist. Es existiert nämlich eine zweite Zwischenzone, die viel breiter ist als die oben von uns umrissene. Um uns den Verhältnissen in diesem Bereich zuwenden zu können, müssen wir den mit weniger als drei Pfund lebenden Familien nachgehen und das etwas fragliche Spektrum der Einkommensteuerziffern verlassen. Nur wenn große Teile dieses Bereichs der Gesellschaft zur Mittelklasse zu rechnen sind, kann diese ein Fünftel, ein Viertel oder gar ein Drittel der Bevölkerung ausmachen.

Einige dieser Menschen konnten sicher den Anspruch erheben, zur Mittelklasse zu gehören. Zumindest fühlten sie sich als Angehörige der gelehrten und freien Berufe und nicht als manuelle Arbeiter. Obwohl über ihre Lebensweise nur wenige Tatsachen bekannt sind, kann man doch annehmen, daß bestimmte Formen der Mimesis auch ihnen nicht fremd waren, obwohl in ihrem Fall eine Anwärterschaft nicht in Frage kam. Da sie Haltung und Gebaren der Arbeiterschaft ablehnten, blieb ihnen ja nichts übrig als sich jene zum Vorbild zu nehmen, die über ihnen standen. Wenn wir also diese Menschen zur Mittelklasse zählen und die Bezeichnung „solide" als vagen Versuch fallen lassen, einen bloßen Teil der Mittelklasse näher zu charakterisieren, lassen sich bezüglich des Einkommens folgende Daten festhalten: „Volksschullehrer" ist ein in diesem Bereich relativ häufiger Beruf, 1909 betrug der Anteil der Frauen an dieser Gruppe 75 Prozent — das Durchschnittseinkommen belief sich auf etwa 75 Pfund jährlich. Ähnlich verhält es sich bei den Angestellten in der Privatwirtschaft und im Staatsdienst, die fast den gesamten Restanteil ausmachen. Diese heute als „white collar workers" bezeichneten Angestellten waren am Anfang des 20. Jahrhunderts fast ausschließlich Männer. — Hier nach dem üblichen Drei-Schichten-Modell vorzugehen, erscheint nicht zuletzt deshalb völlig unangebracht, weil es eine der drei Schichten überhaupt nicht gibt — auch in diesem Punkt benötigen wir eine den tatsächlichen Gegebenheiten weitaus angemessenere Terminologie.

Wie jede Beschreibung sozialer Tatsachen stellt sich auch hier ein gewisser Leerlauf ein, wenn man über einen bestimmten Punkt hinausgeht. Es ist schon genug, wenn der Leser erkennt, daß die solide Mittelklasse unvorsichtiger Historiker und Sozialwissenschaftler sich bei genauerer Betrachtung der britischen Gesellschaft am Anfang des zwanzigsten Jahrhunderts als leerer Füllbegriff erweist. Da viele aber vielleicht daran zweifeln, ob je ernsthaft solche Thesen über die Mittelklasse vertreten worden sind, wollen wir hier noch einige Hinweise anführen.

Sir Arthur Bowley, ein anerkannter Statistiker und Sozialhistoriker, was die erste Hälfte des zwanzigsten Jahrhunderts betrifft, zog alle „white collar workers" zusammen, bestand darauf, daß jeder, der nicht zur Arbeiterklasse gezählt werden konnte, zu dieser Gruppe gehörte, und kam so zu folgenden Zahlen: 1901 sind 23%, 1911 25% und 1931 26% der beschäftigten Männer der Mittelklasse zuzuzählen. Bonham stellt in seiner äußerst aufschlußreichen Studie über das Wahlverhalten der Mittelklasse fest, daß 1951 30,1% der Wähler dieser immer rascher zunehmenden Schicht angehören. Und kein geringerer als der verstorbene G. D. H. Cole nahm diese Zahl für die gesamten fünfziger Jahre an, auch wenn er Schwierigkeiten bei der Definition der Mittelklasse einräumt.

Wir haben hier schon einiges erreicht, wenn wir diese Theoretiker der Verwendung einer schwerfälligen, irreführenden und veralteten Terminologie überführt haben. Es gibt auch andere Möglichkeiten, die Mittelklasse zu beschreiben. Seebohm Rowntree zum Beispiel schlug für sein Vorhaben den Ausdruck „dienstbotenhaltende Klasse" vor und hielt sich auch an diesen Begriff. Auf diese Weise konnte er aus seinen Untersuchungen alle ausklammern, die weder in Armut lebten noch diesbezüglich bedroht waren. Sein Ausdruck ist auch nicht durch politische und andere Nebentöne des Wortes „Establishment" belastet. Da der Begriff Rowntrees allein die soziale Überlegenheit bezeichnet, wollen wir uns im nächsten Abschnitt bei der Frage revolutionärer Veränderungen seit 1901 auf diese Bezeichnung stützen.

Der soziale Wandel unserer Zeit

Als wir den sozialen Wandel der englischen Gesellschaft vor dreihundert Jahren besprachen und uns dabei mit einer Zeit auseinanderzusetzen hatten, die durch den Einsatz militärischer Gewalt in zivilen Angelegenheiten gekennzeichnet war, kamen wir zu dem Schluß, daß der Begriff einer sozialen Revolution für jene Epoche nicht angebracht war. Wir mußten die Vorstellung, die sozialen Strukturen hätten damals einen gewaltsamen und radikalen Wandel erfahren, verwerfen, auch wenn es Änderungen in der Verfassung und Risse im politischen Gewebe gab, die so plötzlich und heftig waren, daß man sie stets mit den grellsten Farben geschildert hat. Das dritte und letzte im Rahmen dieses kurzen Abrisses der englischen Gesellschaft am Anfang des 20. Jahrhunderts zu behandelnde Thema ist also die Frage, ob man für diese Zeit im landläufigen Sinne von einer gesellschaftlichen Revolution sprechen kann, obwohl es weder zu einem Bürgerkrieg noch zu grundsätzlichen konstitutionellen Konflikten gekommen ist.

Die Beantwortung dieser Frage muß davon ausgehen, daß der allgemeine Unterschied zwischen der englischen Gesellschaft des siebzehnten und der des zwanzigsten Jahrhunderts als grundsätzlichster Gegensatz der englischen Geschichte überhaupt anzusehen ist. Gelänge es, diesen Gegensatz wie raffiniert auch immer auf eine bestimmte Reihe von Ereignissen zu beziehen, könnte man ohne Zweifel von einer Revolution sprechen. So gesehen wäre jede seit 1901 stattgefundene Veränderung als nebensächliche Erscheinung einzustufen. Das Problem hat jedoch noch einen anderen Aspekt: Niemand könnte heute wirklich feststellen, ob in den ersten Jahren des 20. Jahrhunderts eine gesellschaftliche Revolution stattgefunden hat, weil er ja noch immer in diesem Prozeß befangen wäre. Nur der Entschluß, mit den Konventionen zu brechen und eine von der Gegenwart aus zurückblickende Geschichtsschreibung zu versuchen, versetzt uns in die unangenehme Lage, diese Frage überhaupt stellen zu müssen. Wir werden im letzten Kapitel auf dieses Grundsatzproblem zurückkommen.

Inzwischen werden wir uns mit der Frage auseinandersetzen, ob sogar unter dem Gesichtspunkt des allgemeinen Wandels, den wir zwischen der Gesellschaft von einst und der industriellen Welt beobachtet haben, seit 1901 eine unter Umständen sogar wesentliche Formveränderung der sozialen Strukturen stattgefunden hat. Wir meinen, daß es zu einer Art Kristallisierung kam, die zwischen 1940 und 1947 ihren Höhepunkt erreichte. Will man sich auch an diesem Punkt der Darstellung sozialer Zusammenhänge eines Bildes bedienen, kann man sagen, daß dieser Prozeß eine Reduktion der Höhen zum Ergebnis hatte und der schlank aufragenden Pyramide der englischen Gesellschaft allmählich die Form einer mehr und mehr an einen Apfel erinnernden Birne zu geben begann. Da die Gesellschaft also in der Tat ihre Gestalt verändert hat, beginnen auch die Menschen ihre Vorstellung von der englischen Gesellschaft zu revidieren. Die Männer und besonders die Frauen von heute schauen nicht mehr nur nach oben – der Blick richtet sich auch mehr und mehr nach draußen.

Kaum hat man Metaphern wie die oben zu Papier gebracht, erscheinen sie schon schwerfälliger und unpassender als die alten. Ehe wir sie also zu rechtfertigen versuchen, ist noch einmal festzuhalten, wie bescheiden die Absicht ist, die wir hier verfolgen. Es geht uns ja nicht um eine Umwälzung wie in Osteuropa, also nicht um Revolution im weiter oben genannten Sinn. Die von Djilas beschriebene jugoslawische Gesellschaft der fünfziger Jahre zum Beispiel ist natürlich ganz anders als die von 1939: Der Unterschied ist viel größer als der zwischen dem England unserer Tage und dem von Neville Chamberlain oder Lloyd George.

Daß die Produktionsmittel in England zum größten Teil in Privathand blieben, unterscheidet den sozialen Wandel in den genannten Ländern wesentlich. Sowohl in Jugoslawien als auch in anderen Staaten lassen sich deutliche Tendenzen zu einer umfassenden Industrialisierung und rasche Entwicklungen in Richtung einer von Büros und Fabriken beherrschten Gesellschaft feststellen. Dies kann ja für das England des zwanzigsten Jahrhunderts gar nicht in vergleichbarem Maße gelten, weil das Land bereits hochindustrialisiert war. Obwohl man es in der Praxis viel weniger genau nahm als früher, hat sich offiziell an den Strukturen der gesellschaftlichen Hierarchie in England nichts geändert, während in den kommunistischen Ländern das Statussystem einer grundsätzlichen Umwälzung unterworfen wurde. Wenn die soziale Leiter in England auch heutzutage weniger hoch ist, die Anzahl der Sprossen blieb ungefähr gleich.

Daß der Revolutionsbegriff für die Beschreibung der stattgefundenen Veränderungen nicht geeignet ist, wird klar, wenn man der Natur dieser Veränderungen auf den Grund geht. Es ist eine Tatsache, daß zum Beispiel 1898 nicht weniger als 13.000 Menschen in England und Wales an Masern starben; und sicher leben noch genug Menschen, die sich an den Schrecken erinnern können, den Infektionskrankheiten dieser Art vor allem bei Familien mit Kindern auslösten. 1948 betrug die Zahl der an Masern gestorbenen Menschen nur mehr ungefähr dreihundert; auch bei anderen Infektionskrankheiten ist sowohl hinsichtlich Häufigkeit als auch Folgen ein ähnlich erstaunlicher Rückgang zu verzeichnen. Im gleichen Zeitraum ging etwa die Anzahl der durch Diphterie verursachten Todesfälle von 7.500 auf 150 zurück, und bei Scharlach sank die Zahl auf ein Hundertstel.

Solche Veränderungen können nur als Hinweise auf eine bewußte Umwälzung interpretiert werden. Man neigt dann allerdings dazu, von Revolution zu sprechen, was an einen Konflikt, Wendepunkt oder fast materiellen endgültigen Sieg denken läßt. Solche Vorstellungen sind für eine richtige Deutung der Entwicklung aber eher störend als nützlich.

Trotzdem gab es im Laufe dieser medizinischen Fortschritte einen kritischen Punkt, als die Sterblichkeit plötzlich stark zurückzugehen begann. Dies geschah etwa, nachdem 1937 die Wirkungen der Sulfonamide spürbar wurden und man 1945 das Penizillin allgemein eingeführt hatte. Viele Fachleute halten jedoch diese neuen Medikamente für nur einen Faktor in einer langen Reihe von Veränderungen und unterstreichen die Bedeutung der allgemeineren und langfristigeren Entwicklungen wie der Verbesserung des Gesundheitswesens, des Wohnbaus und der Körperhygiene. Es handelt sich hier nicht nur um für England charakteristische Entwicklungen. Die genannten Tendenzen treffen auf die gesamte westliche Industriegesellschaft von heute zu. Es ist auch anzumerken, daß diese Errungenschaften das frühe zwanzigste Jahrhundert als eine Zeit kennzeichnen, deren Fortschritte die im neunzehnten Jahrhundert stattgefundenen Entwicklungen an Tempo und Intensität bei weitem übertreffen. Und dennoch ist das neunzehnte Jahrhundert oft als das Jahrhundert des Fortschritts bezeichnet und von der Geschichtswissenschaft bis heute stets unter diesem Gesichtspunkt betrachtet worden.

Es mag vielleicht verwundern, daß sich die Gestalt der englischen Gesellschaft ausgerechnet während des letzten Krieges verändert haben soll. Es war ja nicht nur die Zeit der größten militärischen Bedrohung des Landes in seiner Geschichte — auch die damalige Regierung, die Churchill-Koalition, war sicher nicht angetreten, um Reformen durchzuführen, geschweige denn die gesellschaftlichen Verhältnisse grundlegend zu verändern.

Die Soziologie freilich hat schon lange festgestellt, daß vor allem Kriege, die einen großen Teil der Bevölkerung in Anspruch nahmen, Veränderungen sozialer Einstellungen und politischer Strukturen im „reformistischen" Sinn herbeiführen. Tendenzen dieser Art lassen sich in und nach dem ersten Weltkrieg in ganz Europa feststellen. Wir haben auch das Programm der Leveller der späten vierziger Jahre des siebzehnten Jahrhunderts vorsichtig in diese Richtung einzuordnen versucht. Die allgemeine Wehrpflicht ist eines der Charakteristika, die die Gesellschaften des zwanzigsten Jahrhunderts von denen früherer Tage unterscheidet. Anfangs der vierziger Jahre erreichte in Großbritannien die Beteiligung an den nationalen Kriegsanstrengungen kaum je irgendwo erreichte Ausmaße. Es wurden damals nicht nur alle wehrfähigen Männer zu kämpfen, sondern alle erwachsenen Männer zu arbeiten verpflichtet. Und es ließen sich nicht nur viele Frauen freiwillig für Hilfsdienste anwerben — alle Frauen mußten sich für den Krieg nützlich machen. Alle Fabriken, Institutionen und Gemeinschaften, alles, was britisch war, wurde dem nationalen Zweck unterworfen — und der Erfolg und die Effektivität des Einsatzes rechtfertigen auch das hohe Ansehen der britischen Verwaltung jener Zeit, um das es heute freilich nicht mehr ganz so gut bestellt ist.

Wir dürfen aber nicht der Vorstellung erliegen, daß unter den ziemlich einzigartigen Umständen von damals die Bevölkerung des Landes oder zumindest eine bedeutende und von vielen unterstützte Gruppe in den frühen vierziger Jahren sozusagen bewußt den Entschluß faßte, so etwas wie eine Neuordnung der Gesellschaft durchzuführen. Gewiß hat man in jenen Tagen gewisse Erfolge erzielt — auch wenn diese sich nach einigen Jahrzehnten schon nicht mehr so drastisch darstellen. Die oben besprochenen Veränderungen allgemeiner Art waren nicht ausschließlich auf medizinische Fortschritte, den Rückgang der

Sterblichkeit, die steigenden Reallöhne und Umschichtungen in der Einkommensverteilung zurückzuführen. Solche Fortschritte hätten ja auch wie damals in den Vereinigten Staaten ohne politische oder staatliche Strategien stattfinden können. Und doch gab es in jenen Tagen in England bewußte gesellschaftliche Veränderungen. Bevor wir aber auf das Thema der Ursachen dieses Wandels zu sprechen kommen, müssen wir etwas näher auf die Fruchtbarkeit, Sterblichkeit und Familienstruktur der damaligen Bevölkerung eingehen.

Wir haben uns bereits ziemlich ausführlich mit der Anzahl der vor dreihundert Jahren in bäuerlichen Familien geborenen Kinder auseinandergesetzt und sind auch auf die Veränderungen des Heiratsalters bei Frauen wie die Anzahl der in einer Ehe geborenen Kinder eingegangen. Die Verschiedenheit der Daten könnte für zukünftige Untersuchungen der Sozial- und Wirtschaftsgeschichte ebenso wesentlich sein wie für die Analyse sozialer Strukturen. Bei Adel und Gentry waren ähnliche Schwankungen zu verzeichnen, obwohl dort die Entwicklung deutlichere Umrisse zeigte. Es handelt sich in diesem Fall mit ziemlicher Wahrscheinlichkeit um überlegte, auf eine sich verändernde Lage reagierende Schritte. In den letzten fünfzig Jahren hat sich diesbezüglich in England ein bewußter Wandel vollzogen, der sich heute nicht nur in jeder Gesellschaftsschicht, sondern in jeder Familie abzeichnet.

In den letzten Jahren des neunzehnten Jahrhunderts wurden noch immer mehr als vier Kinder pro Ehe geboren. Obwohl also, wie wir bereits feststellten, die durchschnittliche Haushaltsgröße in England zwischen dem siebzehnten und dem zwanzigsten Jahrhundert konstant blieb, ging sie in den fünfziger Jahren um ein Viertel zurück. Das ist unter anderem darauf zurückzuführen, daß die Geburtenziffer pro Familie auf 2,5 fiel, was einem Rückgang von mehr als einem Drittel im Laufe von weniger als zwei Generationen entspricht. Diese wirklich erstaunliche Abnahme der Kinderzahl bewirkte eine tiefgreifende Veränderung in Stellung und Haltung der Frau, obwohl freilich die Familie in der industriellen Welt eine andere Rolle spielt als in der vorindustriellen. Professor Titmuss zufolge hat dieser Wandel zusammen mit der Verlängerung der Lebenserwartung der Frauen völlig neue Verhältnisse geschaffen.

„Am Anfang dieses Jahrhunderts", schrieb er vor einigen Jahren, „lag die Lebenserwartung einer zwanzigjährigen Frau bei sechsundvierzig Jahren." Ungefähr ein Drittel dieser Zeit war damals von Schwangerschaften und Niederkünften bestimmt. Als Titmuss dies schrieb, lag die Lebenserwartung einer zwanzigjährigen Frau bereits bei fünfundfünfzig Jahren, von denen nur vier, das heißt etwa ein Fünfzehntel der Zeit, unter dem Zeichen von Schwangerschaft und Niederkunft standen. Der Unterschied zwischen Nachkriegszeit und Jahrhundertwende wird also immer deutlicher. Titmuss unterstreicht auch, daß am Anfang des zwanzigsten Jahrhunderts ungefähr die Hälfte aller Arbeiterfrauen um 40 zwischen sieben und vierzehn Kinder geboren hatten. Heute wäre das undenkbar.

Man könnte angesichts derart drastischer und rascher Veränderungen in einem so wesentlichen Punkt leicht zu dem Schluß kommen, daß es sich einfach um eine neue Gesellschaft handeln muß, die man da vor sich hat. Mit der durch eine Veränderung des Wahlrechts eingeleiteten Emanzipation der Frau hat ein neuer und ganz anders gearteter Teil der Bevölkerung am öffentlichen Leben der Gesellschaft teilzunehmen begonnen. Obwohl die unmittelbaren politischen Auswirkungen noch keineswegs so dramatisch sind wie diese Ausführungen das nahelegen könnten, ist das Ende der Entwicklung noch gar nicht abzuschätzen. All dies hat sich ja erst in diesem Jahrhundert ereignet. Im Vergleich zu solchen Veränderungen erscheinen auch in diesem Punkt die Umgestaltungen des 19. Jahrhunderts als verhältnismäßig bescheiden.

Der Rückgang der Anzahl der Familienmitglieder ist hier zweifellos ebenso auf eine bewußte Verhaltensänderung zurückzuführen wie der bei den bürgerlichen Familien Genfs am Anfang des achtzehnten Jahrhunderts; auch dort waren empfängnisverhütende Maßnahmen der Grund. Im Gegensatz zu den meisten von uns besprochenen Veränderungen aber vollzog sich diese nicht in den vierziger, sondern in den dreißiger Jahren, zur Zeit der Weltwirtschaftskrise. Die demographisch unvermeidlichen Konsequenzen dieses Einbruchs wurden erst in den späten siebziger Jahren durch die Veränderung der Altersstruktur der Bevölkerung wirklich sichtlich. In einer geplanten Untersuchung mit dem Titel *Britain, be your age* hoffe ich auch beweisen zu können, daß diese Entwicklung als die zentrale gesellschaftliche Veränderung des ausgehenden 20. Jahrhunderts anzusehen ist.

Freilich trugen sicher auch die in Paketen erlassenen Wohlfahrtsgesetze zu einer intensiveren Gestaltung des sozialen

Wandels im Bildungsbereich und im Sozialwesen bei und führten zu einer Stabilisierung des minimalen Lebensstandards. Gerechterweise müssen wir hinzufügen, daß die in den späten vierziger Jahren beschlossenen Maßnahmen die einschneidendsten und wirksamsten waren. Es war unter der Koalitionsregierung Churchills, daß eine Reihe von Berichten und Gesetzen vorgelegt wurde, die bis in die Jahre der Labour-Regierung nach dem Krieg hinein ihre Fortsetzung fanden. Der *Butler Act* von 1944 zum Beispiel galt fast zwanzig Jahre lang als Grundlage für die Bildungsmöglichkeiten unserer Generation: Seither ist jeder englische Bürger berechtigt, unentgeltlich eine höhere Schule zu besuchen, wenn es ihm gelingt, die dafür vorgeschriebene Prüfung entsprechend zu bestehen.

Freilich gehört heute dieses für uns bereits eher bescheidene Bildungsideal schon der Vergangenheit an. Auch die aus dem selben Jahr stammende Grundlage des modernen britischen Wohlfahrtsstaates, der *Beveridge Report,* erscheint uns heute mehr als nur ein wenig veraltet. Und doch wurde damals der von Lord Beveridge vorgelegte Bericht *Vollbeschäftigung in einer freien Gesellschaft* zu einem in allen Ländern des Westens vielgelesenen Bestseller. Heutzutage befällt einen natürlich angesichts der geäußerten Forderungen sicher ein Gefühl des Unwirklichen und eine gewisse Wehmut. Beveridge ging es im wesentlichen darum, daß jeder im Lande, von der Königin bis zum Kind armer Leute, gegen wirtschaftliche Not, das heißt gegen die Folgen des Verlusts seiner Arbeit, Gesundheit oder Jugend abgesichert sein sollte. Die meisten Punkte des Berichts wurden dann unter Attlee als Gesetz verabschiedet. Wie sich das analog auch bei den anderen in jener Zeit der Reform erlassenen Gesetzen feststellen läßt, wurden durch das *National Health Service* alle Schritte der Vergangenheit auf diesem Gebiet kodifiziert und zu einem Abschluß gebracht. Es entstanden neue Städte, Industrien wurden verstaatlicht, das parlamentarische System wurde entscheidend demokratisiert, usw. Alle diese Maßnahmen gehen auf vor 1945 entstandene Pläne zurück. In den achtziger Jahren aber begann man dieses ganze Gebäude abzubauen und so manchen Schritt zurückzunehmen; und doch orientieren sich andere, reichere und expansivere Länder, die selber umfassendere und wirksamere Formen des Wohlfahrtsstaates durchgesetzt haben, noch immer manchmal an Großbritannien. Auch wenn in den letzten Jahren viele Entwicklungen zurückgenommen worden sind, kann man der Entstehung dieser Einrichtungen den Titel eines wesentlichen gesellschaftlichen Wandels nicht bestreiten.

Man scheint sich etwa 1943 für radikale Reformen entschieden zu haben. Seit damals ist sozusagen eine „ideologische Politik" in England als Strategie akzeptiert. Das scheint auch grundsätzlich die These zu bestätigen, daß sich in den späten vierziger Jahren ein wesentlicher gesellschaftlicher Wandel vollzogen hat.

Die Labour-Party wurde im Jahre 1901 zu einer praktischen politischen Alternative und erzielte in den ersten fünfundzwanzig Jahren ihres Bestehens große Erfolge. Diese sind gewiß nicht überraschend, da die, sagen wir einmal, natürliche Basis der Partei, die Arbeiterschaft, seit damals mindestens zwei Drittel, wenn nicht sogar drei Viertel der Gesamtbevölkerung ausmacht. Aufgrund der umfassenden Erweiterung des Wahlrechts in den Jahren 1919 und 1929 war ein starker Rückgang der *Liberal Party* und ein Wechsel von konservativer Regierung und Labour-Regierung zu erwarten.

Dies traf aber nicht ein, obwohl die Labour Party 1924 und 1930/31 Minderheitsregierungen vorstand, die beide, wenn auch auf andere Weise, in politischen Katastrophen endeten. Auch die Liberalen büßten ihre Rolle nicht im erwarteten Umfang ein. Die englische Gesellschaft war eben nicht gewillt, ein ideologisches Vorgehen und zwei mögliche Regierungen zu akzeptieren, wobei eine von den ökonomisch Privilegierten und die andere von den ökonomisch Unterlegenen getragen wurde. Dazu kam es erst im Jahre 1948. In jenen Tagen begann man sich offensichtlich eine Labourregierung, Verstaatlichungen und sogar die sicher eher ferne Möglichkeit einer Einführung des Sozialismus vorstellen zu können. In den sechziger Jahren fing man aber an, eine ideologische Politik dieser Art als leicht veraltet zu empfinden. Und in den achtziger Jahren ist die Haltung natürlich eine ganz andere. Und doch haben die hier umrissenen Veränderungen dazu geführt, die beiden einander entgegengesetzten Positionen bis zu einem gewissen Grad zusammenzubringen. Insgesamt betrachtet scheint also der Wechsel tatsächlich entscheidend gewesen zu sein, auch wenn die Labour-Regierungen sich nicht lange halten konnten und sich die Furcht vor dem, was man so unter Sozialismus versteht, als unbegründet erwies.

Damit schließen wir den Versuch ab, die Sozialgeschichte Englands im hochindustriellen Zeitalter als eine Geschichte kritischer sozialer Veränderungen zu interpretieren, die zu einem Abbau der Spitze der Pyramide führten. Für alle, die mit diesem

Bild noch immer Schwierigkeiten haben, wollen wir noch auf ein letztes Detail der Wirren der sozialen Entwicklung Englands im zwanzigsten Jahrhundert eingehen, um zu veranschaulichen, worum es uns geht: 1901 war der Dienst in einem fremden Haus die häufigste Beschäftigung arbeitender Frauen im Lande; von vier Millionen beschäftigten Frauen waren es nicht weniger als anderthalb Millionen, die in diesem Bereich arbeiteten. Diese Berufsgruppe war auch insgesamt betrachtet die größte, an die auch Bergbau, Bauwesen und Landwirtschaft nicht herankamen. Am Ende des ersten Weltkrieges fielen die Zahlen so schnell und gewaltig, daß man sogar eine offizielle Untersuchung einleitete. Aber sogar in den zwanziger und dreißiger Jahren, als eigentlich jeder zufrieden hätte sein müssen, eine Arbeit zu finden, und die Nachfrage groß oder größer als zuvor war, gab es immer weniger Dienstboten. In den dreißiger Jahren war die Zahl der dieser sicher immer noch beträchtlichen Berufsgruppe zuzurechnenden Menschen auf die Hälfte gesunken. 1951 gab es praktisch keine in diesem Bereich tätigen Frauen mehr. Die Gesamtzahl der in privaten Haushalten und anderen Einrichtungen arbeitenden Dienstboten belief sich insgesamt auf nicht mehr als 175.000. Im selben Jahr erreichte die Zahl der in Büros tätigen Frauen genau die Zahl der Hausangestellten anno 1901. Die Kosten für Hilfskräfte im Haushalt sind in den letzten vierzig Jahren mehr gestiegen als fast alle anderen in diesem Bereich anfallenden Posten. Und trotzdem bekommt man keine Dienstboten. Um wen es sich auch immer handeln mag — heute wollen englische Frauen für andere Frauen keine persönlichen Dienste mehr verrichten. Das Spektrum der gesellschaftlichen Hierarchie ist dafür zu schmal geworden.

KAPITEL 12

Geschichte und Selbstverständnis

Es ist wirklich nicht schwer nachzuweisen, daß Unterschiede für das Auffassungsvermögen eine ganz wesentliche Rolle spielen. Sowohl der Architekt als auch der Maler verwenden menschliche Figuren, um dem Betrachter die Möglichkeit zu geben, die richtigen Maße einschätzen und das Dargestellte mit sich in Beziehung setzen zu können. Wenn der Astronom zu veranschaulichen versucht, wie die Erde beschaffen ist, so tut er dies auch, indem er auf andere Planeten, andere der Sonne verwandte Sterne und andere Systeme zu sprechen kommt. Wird festgestellt, daß der Erddurchmesser 12.714 km beträgt, ist auch davon die Rede, daß der Durchmesser des Planeten Jupiter fast elfmal so groß ist — und das trägt zu einem besseren Verständnis bei. Wir halten unser Verständnis eigentlich nur dann für vollständig, wenn wir wirklich sagen können, daß es auch hätte anders sein können, und dies mit Einzelheiten zu untermauern vermögen. Wäre die Erde hundertmal größer und fünfeinhalbmal weiter von der Sonne entfernt, wie schwer wären dann die Gegenstände, wie lang die Tage, wie kalt die Nächte?

Der Astronom interessiert sich wirklich für Jupiter, auch wenn er diesen Planeten neben anderen zum Vergleich mit der Erde heranzieht. So interessiert sich auch der Meeresbiologe für das Plankton und der Genetiker für die verschiedenen Formen der Taufliege — ihr Interesse ist leidenschaftslos und nicht nur der Absicht geschuldet, etwas über unsere Umwelt in Erfahrung zu bringen und Wege zu erschließen, diese unter Kontrolle zu bringen. Diese Haltung bezeichnen wir als wissenschaftlich — und oft besteht der Wissenschaftler darauf, daß es für seine Tätigkeit nur einen Grund gibt: das Interesse für den Gegenstand.

Man kann sich vielleicht über diese Einstellung wundern, wird jedoch zugeben müssen, daß man, wenn man ausschließlich sich selbst im Blickfeld hat, die Welt weder entdecken noch begreifen kann. Oder, um es anders auszudrücken, da dieser Punkt ja philosophische Fragen aufwirft: daß der Sinn, in dem jedes menschliche Wissen ein für menschliche Zwecke bestimmtes ist, sehr allgemeiner Art sein und in bestimmten Tätigkeitsbereichen wie der Mathematik und der allgemeinen Wissenschaftstheorie sogar entfallen kann.

Trotzdem trifft es aber zu, daß jedes menschliche Wissen in einem alles überragenden Interesse für uns selbst und unser Tun befangen bleibt. Sogar ein rein theoretisch arbeitender Mathematiker wird so antworten, wenn man ihn fragt, womit er sich beschäftigt. Eine für jedermann wirklich bemerkenswerte wissenschaftliche Entdeckung läßt beide Momente klar erkennen: Die für die Mitte des 20. Jahrhunderts so kennzeichnende Theorie der ständigen Entstehung von Materie zum Beispiel war einerseits für die Wissenschaft an sich außerordentlich befriedigend, weil sie ein Stück neues Wissen darstellte. Größer noch aber war andererseits das Interesse an den möglichen Auswirkungen auf uns selbst und unsere Erfahrung. Entsprach die Theorie der Wahrheit, so hatte die Welt, wie das Universum, weder Anfang noch Ende. Weder Zeitablauf noch Raumkontinuum hatten auf einmal mehr Grenzen. Das war ein Wissen, das uns betraf und faszinierte. Sogar heute, da man diese Theorie als Teil einer „wissenschaftlichen" Welterklärung fallenzulassen scheint, ist die Wirkung auf unser Selbstverständnis zum Teil sicher nie mehr rückgängig zu machen.

Nach diesen eher allgemein gehaltenen Erwägungen können wir uns nun der Tätigkeit des Historikers zuwenden. Da wir uns und unsere Welt hier und heute nur dann richtig zu begreifen vermögen, wenn uns Daten zur Verfügung stehen, die uns einen Vergleich ermöglichen, besteht die Aufgabe des Historikers darin, diese Daten zur Verfügung zu stellen. Es stimmt, daß sich Völker, Nationen und Kulturen in dem Maße voneinander unterscheiden, als sie sich so auf ihre Weise in der Zeit zu begreifen versuchen. Es wäre aber unangebracht zu behaupten, daß es irgendwo einmal eine Generation ohne Geschichtsbewußtsein gegeben hätte. In diesem Sinn ist historisches Wissen stets auch ein Wissen um sich und seine gegenwärtige Lage. Andererseits aber — und dies zum zweiten Aspekt — ist historisches Wissen auch an sich, objektiv, „wissenschaftlich" von Bedeutung. Die immanente Bedeutung historischen Wissens ist eigentlich fast immer größer als etwa im Fall der Jupitermonde oder der Flügelspannweite von Fliegen, weil es ein Wissen um Menschen ist, mit denen wir uns identifizieren können.

Weder das historische Wissen noch die Tätigkeit des Historikers bedürfen also einer Rechtfertigung. Ohne geschichtliches Wissen könnten wir uns gar nicht mit unseren Vorfahren vergleichen. So befriedigen wir auch unser spontanes Interesse für die Welt, die uns umgibt, und die Menschen, die darin leben. Zusammenfassend kann man also sagen, daß, obwohl der Hauptakzent auf der ersten Quelle des Interesses liegt, die Geschichte uns oft wertvolles und sonst unzugängliches Wissen vermittelt. Um zum Beispiel zu zeigen, wie in unserem Lande das *National Health Service* verändert und verbessert werden sollte, muß man natürlich wissen, worin es eigentlich besteht – und das heißt fast immer: seine Geschichte kennen. Daher setzen sich Politiker und Verwaltungsbeamte mit dem Werdegang der Einrichtungen auseinander und gehen den Entwicklungen nach, stellen fest, daß 1911 in England jeder für ärztlichen Beistand zahlen mußte, obwohl in Deutschland und Neuseeland die Krankenversicherung schon in Kraft war; daß in jenem Jahr Lloyd George das erste *National Health Insurance*-Gesetz durchsetzte; und daß dann im Laufe des Jahrhunderts noch verschiedene Gesetze verabschiedet wurden, bis 1948 Mr. Bevan und die Attlee-Regierung ... Selbstverständlich um ökonomische und geographische Erwägungen ergänzte chronologische Erklärungen benötigt man auch, um zu verstehen, warum Polen nicht in den kommunistischen Block paßt oder warum die Elginschen Marmorskulpturen sich im British Museum und nicht im Parthenon befinden.

Vielleicht ist das für praktische Zwecke erforderliche historische Wissen von dem zu unterscheiden, das man sich mit dem Ziel erwirbt, sich in der Zeit zu verstehen und seine Neugierde hinsichtlich der Vergangenheit zu befriedigen. Diese Unterscheidung weiter auszuführen, ist an diesem Punkt allerdings gar nicht unbedingt notwendig. Außerdem ist abzusehen, daß die für die heutige Geschichtswissenschaft gerade umrissenen Funktionen den Bereich der Möglichkeiten so ziemlich ausloten. Wenn die oben gelieferte Beschreibung auf die Tätigkeit des Historikers zutrifft, ist im übrigen nicht zu erwarten, daß sich das für die Vergangenheit – hier und anderswo – nicht so darstellt. Es kann eben weder eine „neue Geschichte" im Sinne der von Einstein begründeten „neuen Physik" noch einen neuen Zweig der Geschichtswissenschaft wie etwa die Radio-Astronomie geben, die ihre Entstehung einem neuen Gegenstand verdankt. Und doch könnte die Verschiebung des Interesses in Richtung auf Untersuchungen, wie wir sie in der vorliegenden Arbeit anzudeuten versucht haben, als neuer Zweig der Geschichtsschreibung betrachtet werden.

Obgleich man dafür verschiedentlich den Begriff „Sozialgeschichte" verwendet hat, wäre „Geschichte der sozialen Strukturen" in diesem Zusammenhang wahrscheinlich ein geeigneterer Ausdruck. Dieser neue Begriff ist vor allem deswegen notwendig, weil damit der Themenbereich deutlich abgegrenzt wird. Die bisherige Geschichtsschreibung hat sich nämlich weder mit Geburten, Ehen und Todesfällen noch ausschließlich mit Form und Entwicklung der sozialen Strukturen auseinandergesetzt. Aber nicht nur der Gegenstand ist ein anderer, auch die Perspektive ist eine neue — zumindest in ihrer Gewichtung. Die Besonderheit dieser neuen Betrachtungsweise liegt einerseits in der offenen Anerkennung der Tatsache, daß von einem bestimmten, sehr entscheidenden und auch berechtigten Standpunkt aus jedes historische Wissen ein Wissen um uns selbst ist, und andererseits im Nachdruck, mit dem an einem auf Vergleiche bauenden Begreifen festgehalten wird.

So erklärt sich auch eine gewisse Respektlosigkeit und Ungeduld gegenüber den in England üblichen Formen der Auseinandersetzung mit dem Gegenstand Geschichte. Die Suche nach Unterschieden gesellschaftlicher Zusammenhänge führt dazu, die englische Gesellschaft nicht nur für sich zu betrachten, sondern — als e i n e westeuropäische Variante — den Verhältnissen in Frankreich, Deutschland, Spanien, Italien, Skandinavien und den Niederlanden gegenüberzustellen. Damit aber nicht genug — sollte sich die Methode des Vergleichs tatsächlich als notwendig erweisen, so sind sowohl die russische und die osteuropäischen Gesellschaften als auch die asiatischen, afrikanischen und lateinamerikanischen für unsere Analyse heranzuziehen. Die Aufgabe eines sich dem Studium der Geschichte seines Landes widmenden Historikers besteht nunmehr also darin, die Gesellschaft seines Landes als eine unter vielen zu untersuchen.

Die Suche nach Unterschieden hört aber selbst an diesem Punkt nicht auf. Es geht nämlich nicht nur um geographische Besonderheiten. Wie unzufrieden man auch mit so verschwommenen Begriffen sein mag — feststeht, daß man die heutigen Gesellschaften Westeuropas als „fortgeschrittene" Industrienationen und, im Gegensatz zu „sozialistischen" Ökonomien, als „kapitalistisch" bezeichnet. Es gibt heute aber auch andere Gesellschaften, auf die die Bezeichnung „industriell" im Sinne dieser Ausführungen überhaupt nicht zutrifft: die von uns oft ein wenig herablassend als „primitiv" eingestuften Gesellschaften Afrikas, Asiens, Australiens, Südamerikas und Ozeaniens. Was aber bedeutet „Industrialisierung", was ist eine „kapitalistische" und was eine „sozialistische" Ökonomie? Was ist überhaupt „Gesellschaft"? Was wissen und was können wir über die Entstehung von Gesellschaften wissen? Wie funktioniert ihr Zusammenhalt, wie verändern und entwickeln sie sich, wie lösen sie ihre Konflikte und wie setzen sie ihren Willen durch?

Diese in der vorliegenden Untersuchung angeschnittenen Fragen sind aber nicht ausschließlich oder auch nur vorrangig als historische Fragen zu bezeichnen. In vielen Bereichen handelt es sich um ökonomische Aspekte, um Fragen also, die in das Gebiet der exaktesten und fortgeschrittensten Sozialwissenschaft fallen. Dafür sollte die Geschichtswissenschaft eigentlich dankbar sein. Das allzugroße Vertrauen in eine ausschließlich ökonomische Analyse allerdings führte in der Vergangenheit zu einer für wirtschaftsgeschichtliche Untersuchungen oft kennzeichnenden Sterilität. Eine wirklich umfassende Auseinandersetzung mit solchen Fragen muß sowohl soziologisch als auch ökonomisch arbeiten — daß man die Notwendigkeit dieser beiden Seiten in der Vergangenheit übersehen hat, gehört eigentlich mit zu den wesentlichen Einsichten der modernen Geschichtswissenschaft.

Heute beginnt man also mit einem gewissen Unbehagen zu begreifen, daß die bisherige Geschichtsschreibung so getan hat, als ob die soziale Strukturen, Gesellschaftsformen und Kausalzusammenhänge betreffenden Fragen ganz einfach und mit einer gewissen Portion Hausverstand und ein paar ökonomischen Kenntnissen zu beantworten wären. Man hat bis heute eigentlich diesen von uns als das Gebiet der sozialen Strukturen bezeichneten Problembereich so betrachtet, als wäre man mit seinen Besonderheiten schon immer eingehend vertraut gewesen. Man könnte diese nicht sehr geschichtliche Haltung als „naiven Soziologismus" bezeichnen.

Es ist jedoch nicht angebracht, die Unterschiede zwischen alter und neuer historischer Kritik zu übertreiben. Sicher wird einer späteren Geschichtsschreibung die Unterscheidung zwischen naiven und reifen soziologischen Ansätzen — sofern sich diese tatsächlich durchsetzen sollten — als eher vage erscheinen. Die plötzliche Erkenntnis, daß Historiker oft komplizierte Fragen sozialer Strukturen und Entstehungszusammenhänge durch Vermutungen und mit Hilfe unbedeutender Statistiken zu lösen versucht haben, hat sicher zu Verwirrungen geführt. Beim Durchblättern alter Geschichtsbücher stößt man überall auf gröbste soziologische Verallgemeinerungen und höchst unglaubwürdige Spekulationen über den Charakter sozialer Entwicklungen. Dies hatte eine gewisse Skepsis zur Folge – daß die neue Geschichtswissenschaft einen negativen Ausgangspunkt hatte, war also unvermeidlich. Diese Arbeit sollte jedoch nicht bei einer kritischen Analyse stehenbleiben, sondern mit Hilfe allgemeiner Vergleiche auch zumindest im Ansatz positive Ergebnisse vorzulegen versuchen.

Vor allem im letzten Abschnitt dieser Untersuchung sind einige Schwierigkeiten eines vergleichenden Vorgehens sichtbar geworden. Wir haben uns trotzdem gegen die sonst übliche Form des Berichtens entschieden, auch wenn aufgrund des in der gesamten Tradition der Geschichtsschreibung so tief verwurzelten Gefühls für Entwicklungen, Prozesse, Evolutionen und notwendige Zwischenschritte ein solches Unterfangen vielen als verfehlt erscheinen wird, vor allem wenn sie sich besonders für die hier nicht behandelte Zeit des 18. und 19. Jahrhunderts interessieren. Manche werden diese Arbeit auch für unhistorisch halten, weil auf Formen des Berichtens geschichtlicher Abläufe zurückgreifende Erklärungsmodelle überhaupt verzichtet wird. Sogar wohlgesinnte Kritiker werden vielleicht meinen, daß eine solche Untersuchung nur auf einer sehr oberflächlichen Ebene, gleichsam als Einführung, Erfolg haben kann und daß – sobald genügend Zeit und Material zur Verfügung steht, um unter die Oberfläche zu dringen – klar werden wird, daß es sich um alles andere als zwei starre, einander widersprechende Vorgangsweisen handelt.

Auf diesen zum Großteil berechtigten Einwand ist hier vielleicht etwas ausführlicher einzugehen. Man kann weder einfach die in England um 1700 herrschenden Verhältnisse wirklich als vorindustriell noch die Gesellschaft des Landes um 1900 als industriell bezeichnen. Man müßte dafür erstens davon ausgehen, daß diese Begriffe einen eindeutigen und konstanten Inhalt haben. Dies ist aber nicht der Fall. Der ja in der Tat schwer faßbare Prozeß der Industrialisierung hat so viele Definitionen, wie es Historiker gibt, die sich mit diesem Thema beschäftigt haben. Zweitens unterstellt die Bezeichnung, daß es einerseits überhaupt keine Industrie gab und andererseits das Land bereits vollständig durchindustrialisiert war. Viele Historiker werden hier einwenden, daß beide Voraussetzungen jeder Grundlage entbehren und im achtzehnten Jahrhundert nicht d i e , sondern bloß e i n e – besonders dramatische – „industrielle Revolution" stattgefunden hat, die mit vielen anderen, erstmals bereits vor 1600 und bis in unsere Zeit hinein zu beobachtenden ähnlichen Prozessen in einer Reihe steht. Nichts ist aber sicher aus unseren kurzen Betrachtungen der modernen englischen Gesellschaft klarer hervorgegangen als die Tatsache, daß die Welt von heute ständig tiefgreifenden Veränderungen unterworfen ist, sich also nicht in einem gleichbleibenden „postindustriellen" Zustand befindet, und sich viele Unterschiede zu den Verhältnissen von einst überhaupt erst in letzter Zeit niedergeschlagen haben.

Es wäre zumindest naiv, diesen Einwänden zu begegnen, indem man sich wieder auf die Vertrautheit des Lesers mit seiner Umgebung und den Dimensionen seines Lebens beruft. Wir hielten es jedoch nicht für notwendig, darauf hinzuweisen, daß der Arbeiter des 20. Jahrhunderts seine Arbeit nicht mehr im Kreise seiner Familie verrichtet und inzwischen fast völlig der Disziplin der Büros und Fabriken und dem Zwang unterworfen ist, täglich von seiner Wohnung zur Arbeit und von der Arbeit nach Hause zu fahren. Sicher sind diese Tatsachen der Alltagserfahrung viel unmittelbarer vertraut als der Geschichtswissenschaft. Diese Erfahrung darf freilich nicht zu der Annahme verführen, daß die Familie im wirtschaftlichen Leben keine Rolle mehr spielt, weil die ökonomische Organisation nicht mehr ausschließlich in ihren Händen liegt. Die unbestreitbare Bedeutung allgemeiner Vergleiche rechtfertigt es jedoch, in groben Zügen zu verfahren – nur eine unmittelbare Gegenüberstellung der Gesellschaft vor und nach dem zwischen 1700 und 1850 stattgefundenen Prozeß verleiht dem Vergleich den nötigen Nachdruck und macht es uns möglich, uns zu verstehen, weil wir so zu begreifen vermögen, daß es auch anders hätte sein können.

Im Unterschied zu den Verhältnissen der vorindustriellen Welt bedarf es sicher für heute keiner eingehenderen Begründung, daß eine elitäre Minderheit nicht das gesamte politische, intellektuelle und soziale Leben eines Landes zu tragen vermag. Die Zusammenhänge sind ja wirklich hinlänglich bekannt. Man weiß, daß die Entstehung der Abgeordnetenkammern, Parteien und Wahlen unseres Systems ebenso wie die der Apparate totalitärer Macht andernorts auf die Unfähigkeit der elitären Politik zurückzuführen ist, in unserer Welt mit der oben beschriebenen Leichtigkeit und Spontaneität zu verfahren. Man könnte höchstens zögern, was die Frage der Autorität in der modernen Politik und die Möglichkeit einer Revolution in der Welt von heute betrifft. Es ist jedoch wirklich nicht schwer, hier den wesentlichen, in zwei auf der Hand liegenden Veränderungen begründeten Unterschied festzustellen. Gemeint ist erstens die Abkehr von einem allen gemeinsamen religiösen Glauben und zweitens der allgemeine Zugang zum öffentlichen, politischen Leben. Beide Veränderungen stehen in engem Zusammenhang mit der Tatsache, daß die revolutionäre Theorie zu einem glaubhaften politischen Kredo und die tatsächliche Revolutionierung der Gesellschaft zu einer möglichen Strategie geworden ist.

Werden historische Unterschiede in allzu grellen Farben dargestellt, läuft man Gefahr, die subtileren Formen des Wandels und der Tradition zu verwischen. Deutlich wurde dies vielleicht im Laufe unserer Analyse der politischen Rolle des Landhauses in der Alten und der Neuen Welt — auch dieses Thema bedarf wie viele andere dringend einer eingehenden und fundierten Untersuchung. Wenn der unmittelbar in den patriarchal strukturierten Familien der Herrenhäuser begründete Autoritarismus auch der Vergangenheit angehört, so spielt die treue Ergebenheit der Vaterfigur gegenüber in der politischen Psychologie immer noch eine Rolle, obwohl die Väter von heute Kinderwägen schieben und keinen Stock mehr benützen. Wie an anderer Stelle schon festgehalten wurde, um Sir Robert Filmers Standpunkt verständlich zu machen, ist der Papst auch heute noch eine Vaterfigur — und, als er starb, war Stalin für das russische Volk „Väterchen" Stalin.

Wie man sich vorstellen kann, besteht die Möglichkeit, daß zeitliche Vergleiche den Blick auf räumliche Unterschiede oder, um einen in der Anthropologie geläufigen Ausdruck zu verwenden, interkulturelle Bezüge verstellen. Sich nur historisch zu begreifen bleibt freilich bloß eindimensional. Vielleicht wäre ein Vergleich mit den Bewohnern der Trobriand-Inseln, der Welt der Nuer oder nordjapanischen Ainu, die nach allgemeinem Dafürhalten letzte Reste vollkommen vorindustrieller Gesellschaften darstellen und daher einen viel tieferen Einblick in mögliche Unterschiede bieten, weitaus aufschlußreicher. Wir haben in dieser Untersuchung kaum einen Schritt in diese Richtung unternommen und mußten uns daher auch nicht mit dem alles andere als einfachen Problem der Vereinbarkeit kultureller und geschichtlicher Vergleiche auseinandersetzen. Es liegt auf der Hand, daß hier noch viel zu tun ist — die im Ansatz befindlichen Arbeiten zum europäischen Feudalismus im Vergleich zur afrikanischen Gesellschaft von heute werden vielleicht noch eine Reihe von neuen Erkenntnissen erbringen.

Es ist jedoch bemerkenswert, daß Louis Henrys Ansätze zu einer wirklich wissenschaftlichen historischen Demographie, welche die eigentlich historisch-soziologische Methode praktisch begründeten, eine Betrachtung der heute existierenden unterentwickelten Gesellschaften entschieden ablehnten und sich auf die Analyse der Gesellschaftsformen unserer westeuropäischen Vorfahren beschränkten. Louis Henry wollte wissen, was es mit der „natürlichen Fruchtbarkeit" auf sich hatte und dachte, daß dies durch eine Untersuchung des Dorfes Crulai in der Normandie im 17. und 18. Jahrhundert eher herauszubekommen sei als durch eine Analyse der Bevölkerung einer auch noch so großzügig verwalteten und sorgfältig erfaßten primitiven Gesellschaft des zwanzigsten Jahrhunderts. Seine Gründe waren jedoch ausschließlich statistischer Natur; bis heute gibt es für keine außereuropäische nicht-industrielle Gesellschaft Zahlen für Geburten, Eheschließungen, Todesfälle, etc., deren Genauigkeit an die der Listen und Aufzeichnungen der Pfarrer und Pfarrbeamten der Stuartzeit heranreicht. Quantitative Vergleiche sind daher wahrscheinlich für interkulturelle Untersuchungen weniger brauchbar als für geschichtliche Gegenüberstellungen. Vielleicht bedarf die Rechtfertigung unserer Methode noch einiger Ausführungen. Um zu veranschaulichen, worum es uns geht, sollen Größe, Struktur und Funktion von Familie und Haushalt als Beispiel dienen.

Die für Haushalte in England vor dem Einbruch der großen Industrie verfügbaren Daten sind im Laufe dieser Untersuchung mehrfach zur Sprache gekommen. Obwohl die verschiedenen Besonderheiten nicht systematisch dargestellt worden sind, scheint doch festzustehen, daß die unabhängige, aus Mann, Frau und Kindern bestehende Kernfamilie nicht als ausschließliches Charakteristikum der industriellen Gesellschaft anzusehen ist. Trotz aller Unterschiede und trotz der anders gearteten Verwandtschaftsbeziehungen jener Zeit bleibt die Tatsache bestehen, daß um 1600 gewöhnlich nur die Mitglieder der Kernfamilie — und nur wenn es sich nicht anders einrichten ließ, auch die Dienstboten — unter ein und demselben Dache schliefen. In diesem Sinne waren also unsere Vorfahren nicht anders als wir.

Im allgemeinen hat man aber das Gegenteil angenommen. Dies ist eher der Soziologie als der Geschichtswissenschaft zuzuschreiben, die allzusehr mit den ihr vertrauten Aufgaben befaßt war. Ein Großteil der heutigen Diskussion über die Frage der Entfremdung scheint auf der Hypothese zu beruhen, daß die verheerenden Auswirkungen der Industrialisierung zum Teil auf die Isolierung der Kernfamilie vom verwandtschaftlichen Gruppenverband zurückzuführen sind, den man sich im allgemeinen als zusammengesetzten oder erweiterten Familienhaushalt vorstellte.

Hier geht es um mehr als bloß um eine falsche Erklärung von Veränderungen. Unser Selbstverständnis ist ein grundsätzlich anderes, wenn wir nicht mehr an den Verlust einer menschlicheren und *natürlicheren* Beziehungsstruktur als der der heutigen Industriegesellschaft glauben. Wenn wir uns zum Beispiel fragen, was wir für die alten und vereinsamten Menschen tun können, deren Zahl in den letzten Jahrzehnten des zwanzigsten Jahrhunderts immer größer wird, dann ertappen wir uns bei dem Gedanken, sie wieder der Obhut ihrer Familie anvertrauen zu wollen, weil wir meinen, daß sie eigentlich dorthin gehören. Wahrscheinlich ist sich keiner von denen, die so eindringlich über diese Probleme schreiben, der Situation bewußt, die da wiederhergestellt werden soll. Nur wenige können begriffen haben, wie unangebracht es ist, an eine Wiederherstellung der Verhältnisse im Sinne einer Rückkehr in die geschichtliche Vergangenheit zu denken. Wir haben bereits zu zeigen versucht, daß unsere Vorfahren in dieser Hinsicht wahrscheinlich sogar größeren Schwierigkeiten gegenüberstanden als wir.

Wer bestimmte Probleme von heute als Ergebnis eines Verlustes begreift, geht also bei der Auseinandersetzung mit Fragen der sozialen Fürsorge von einer Geschichtsvorstellung aus, die in einigen Punkten nicht der Wahrheit entspricht. Daß die Vorstellung uns heute verlorener Bereiche auch einiges für sich hat, verrät ja schon der Titel dieser Untersuchung — wir haben verschiedentlich darauf hingewiesen, daß in der traditionellen Welt die Familie viele Funktionen erfüllte, die heute entweder anderen Einrichtungen überlassen sind oder überhaupt nicht erfüllt werden.

Aber ist der beschworene Zusammenhang wirklich „natürlicher"? War die uns verlorene Welt eine dem Menschen entsprechendere? Wenn das auch sehr vage und allgemein gehaltene Fragen sind, die hier gar nicht beantwortet werden sollen, unterstreichen sie doch einen für uns wesentlichen Fortschritt, nämlich, daß wir einen Punkt erreicht haben, der es notwendig macht, solche Fragen zu stellen. Wenn wir die Dringlichkeit dieser Fragen anerkennen, beginnen wir auch einen neuen Standpunkt in bezug auf unsere Stellung in der Zeit einzunehmen.

Und mehr als das: Es könnte und müßte sich vielleicht so auch unsere Auffassung darüber ändern, was es zu tun gilt. Dies wird uns nur dann gelingen, wenn wir die Bedeutung historischen Wissens für uns und unsere gegenwärtige Situation anerkennen.

Die Beantwortung dieser Fragen macht uns auch objektives Wissen über unsere Vergangenheit verfügbar. Der Nachweis, daß in der vorindustriellen Gesellschaft prinzipiell jede Eheschließung zur Gründung eines neuen Haushalts führte und die gesamte Sozialstruktur jener Zeit durch diese Besonderheit geprägt ist, darf mit Recht als neuer Beitrag zur „wissenschaftlichen" Erkenntnis – in der ja nicht alles auf uns und unsere gegenwärtige Lage bezogen ist – betrachtet werden und kann für die Anthropologie, die Soziologie und die anderen Sozialwissenschaften ebenso eine wesentliche Rolle spielen wie für die historische Gesellschaftswissenschaft im allgemeinen. Die Überzeugung, daß dieser Beitrag auf einer früher kaum üblichen Form der historischen Auseinandersetzung beruht, wird durch die Tatsache gestützt, daß die dafür notwendigen Daten keineswegs neu sind, sondern immer schon relativ einfach zugänglich gewesen wären.

Diese vielleicht etwas anmaßend erscheinende Einschätzung gilt – wenn dies auch nicht unmittelbar mit dem Prinzip des Ein-Ehe-Haushalts in Zusammenhang steht – vor allem für die Frage nach dem Umfang der vom Hunger bedrohten Landbevölkerung jener Zeit. Man hat in England mehr Pfarregister veröffentlicht als in jedem anderen Land. Man hat Millionen und Abermillionen Eintragungen schwer leserlicher und schlecht erhaltener Dokumente mit beträchtlichem Aufwand sorgfältig übertragen und allen zugänglich gemacht, die auf der Suche nach ihren Vorfahren waren. Sonst hat sich eigentlich niemand dieser Quellen bedient. Wie bereits erwähnt, kam die Geschichtswissenschaft erst in den sechziger Jahren auf die Idee, diese Register heranzuziehen und einmal nachzuschauen, ob vielleicht doch einige unserer Vorfahren dem Hunger erlagen.

Ein romantisch veranlagter Mensch könnte einwenden, daß diese Vorgangsweise auch den Cowlmans und Lancasters die Treue bricht, die, wie man sich erinnern wird, zu den wenigen Familien gehören, die den für England bisher verfügbaren Unterlagen zufolge – 1623 in Greystoke – dem Hunger zum Opfer fielen. Vielleicht ist diese Gleichgültigkeit einfach ein Ausdruck der Selbstverständlichkeit, Menschen der Vergangenheit nur dann für wichtig zu halten und sich mit ihrem Schicksal auseinanderzusetzen, wenn sie im Hinblick auf die politischen, ökonomischen, sozialen oder geistigen Entwicklungen, mit denen man sich gerade beschäftigt, von Aufschluß sein können. Die Gleichgültigkeit solchen Vorkommnissen gegenüber ist ein besonders unmenschlicher Fehler, der seinen Ursprung in einer übermäßigen Beschäftigung mit Abstraktionen haben dürfte. Trotzdem steht es keiner Historikergeneration zu, ihre Vorgänger einfach zu verdammen — wer kann denn wissen, ob wir unseren Nachfolgern nicht auch in bestimmten Punkten blind erscheinen werden?

Es heißt oft, daß heute die Zeiten Klios vorbei sind und Geschichte nicht mehr als Literatur geschrieben wird. Vielleicht sind dafür auch die beschriebenen Schwierigkeiten verantwortlich zu machen. Die Lage könnte sich aber wieder ändern, wenn die Geschichtswissenschaft von neuem begreift, daß ihr Wissen ein doppeltes ist: ein Wissen um die Gegenwart und ein Wissen um die Vergangenheit. Herodot verlor wie Lord Macaulay und Lord Clarendon niemals aus den Augen, daß seine Schriften vor allem für seine Generation bestimmt und von Bedeutung waren. Macaulay zum Beispiel — und deshalb wird er heute auch kritisiert — war sich ganz und gar der Tatsache bewußt, daß die Darstellung Englands unter Königin Viktoria der Höhepunkt seiner Arbeit war und seine Beurteilung der Vergangenheit sich daran zu orientieren hatte, inwiefern diese in ihren Entwicklungen seine Zeit vorbereitete und vorwegnahm. Er könnte wohl kaum verstehen, warum wir, seine Nachfolger, vor der Aufgabe zurückschrecken, unsere Vorstellung von der Vergangenheit literarisch festzuhalten.

Sicher vermag die Rekonstruktion einer Gesellschaft der Vergangenheit für deren Menschen nur als Angehörige dieser Gesellschaft ein Interesse zu wecken. Man hat die erwähnten Unzulänglichkeiten als einen Mangel an Einfühlungsvermögen und Methode bezeichnet — wenn es also in Zukunft zu einer Zusammenarbeit zwischen Historikern und anderen Sozialwissenschaftlern kommt, darf der menschliche Aspekt nie zu kurz kommen. Der naive Soziologismus ist vielleicht darauf zurückzuführen, daß das historische Vorstellen und Verstehen unwillentlich und zum Großteil auch unbewußt den dogmatischen sozialen Prinzipien einer früheren Generation unterworfen wurde. Diese waren ausschließlich in den hier kritisierten Klassenkategorien befangen und bestanden mit langwierigen Thesen auf einem sich in Katastrophen, Krisen und Revolutionen bewegenden Denken.

Die englische Geschichtswissenschaft hat sogar manche Positionen der marxistischen historischen Soziologie in Umlauf gebracht, ohne diese allerdings wirklich begriffen zu haben — wahrscheinlich waren ihr einfach die politischen Implikationen nicht genehm. Zu einer Zeit, in der diese Ansätze tatsächlich neu und entwicklungsfähig waren, hat sich kaum jemand darum bemüht, sie aufzugreifen, um daraus neue historische Thesen zu entwickeln. Heute jedoch steht diese meist nur halbherzig eingestandene Parteilichkeit einer offenen historisch-soziologischen Kritik im Wege, wie wir sie hier zu verteidigen versucht haben. In der neuen historischen Kritik wird das marxistische Element im soziologischen Denken eine wesentliche Rolle spielen, weil so eine ganze Reihe von Zusammenhängen erklärt werden können.

Trotzdem bin ich mir sicher, daß die Fragen, die dem Versuch entstammen, die Beziehung zwischen der Welt des späten zwanzigsten Jahrhunderts und der von uns als verloren bezeichneten Welt zu analysieren, von einem vorab definierten Erklärungsansatz nicht hätten aufgeworfen werden können. Ich glaube daran, daß die Geschichtswissenschaft bald eine neue und bedeutendere Stellung in der Gesamtheit menschlichen Wissens einnehmen wird.

Allgemeine Nachbemerkungen

Die Fortschritte bei der Veröffentlichung wissenschaftlicher Ergebnisse haben die Angabe von Verweisen gegenüber früheren Ausgaben des Buches wesentlich erleichtert. Die fünf am häufigsten zitierten Werke wurden mit Abkürzungen versehen:

HFPT *Household and Family in Past Time: Comparative Studies in the Size and Structure of the Domestic Group Over the Last Three Centuries*, hg. von Peter LASLETT unter Mitarbeit von Richard WALL, Cambridge 1972.
FLIL *Family Life and Illicit Love in Earlier Generations*, Peter LASLETT, Cambridge 1977.
Bastardy *Bastardy and its Comparative History: Studies in the History of Illegitimacy in Britain, France, Germany, Sweden, North America, Jamaica and Japan*, hg. von Peter LASLETT, Karla OOSTERVEEN und Richard SMITH, 1980.
W and S *The Population History of England, 1540—1870: A reconstruction*, E. A. WRIGLEY and R. S. SCHOFIELD, 1981.
Famforms *Family Forms in Historic Europe*, R. WALL unter Mitarbeit von J. ROBIN und Peter LASLETT, Cambridge 1983.

Die Quellen für die demographische Geschichte und die Geschichte der Sozialstruktur wurden von der *Cambridge Group for the History of Population and Social Structure* zusammengetragen und analysiert.

Die ersten Zusammenstellungen von Einwohnerlisten englischer Gemeinden vor 1801 waren für die erste englische Ausgabe von *Verlorene Lebenswelten* d i e Quelle für unveröffentlichte Dokumente. Diese Ergebnisse wurden dann zur Grundlage für einen wesentlichen Datenbestand der *Cambridge Group for the History of Population and Social Structure* (Datenbestand 3). Dieser Datenbestand ist auch für die Weiterführung der ansatzweise in diesem Buch beschriebenen Studien der wichtigste. Aber auch alle übrigen Datenbestände waren von Bedeutung und fanden Verwendung. Die gegenwärtigen Forschungsziele und Vorgangsweisen der Gruppe werden von Direktor Roger Schofield in *SSRC Newsletter*, 44, November 1981, unter dem Titel *Group for the history of population and social structure* beschrieben.

Eine laufende Bibliographie der bereits veröffentlichten oder in Vorbereitung befindlichen Arbeiten der *Cambridge Group for the History of Population and Social Structure*, einer Abteilung des *Social Science Research Council*, kann über die Adresse *27 Trumpington Street, Cambridge, CB2 1QA* angefordert werden.

Datenbestand 1 — Rekonstitution

Ausgewählte englische Pfarren, derzeit insgesamt 30: Southill und Campton-with-Shefford, Bedfordshire; Willingham, Cambridgeshire; Eccleshall, Cheshire; Bridford, Colyton, Dawlish, Hartland, Ipplepen, Kenton, Moreton Hampstead and Thurleston, Devonshire; Terling und Great Oakley, Essex; Aldenham, Hertfordshire; Ash-next-Sandwich, Kent; Hawkeshead, Lancashire; Ashby-de-la-Zouch, Bottesford und Shepshed, Leicestershire; Gainsborough, Lincolnshire; Hartley und Seaton in der Pfarre Earsdon, Whickham, Northumberland; Gedling, Nottinghamshire; Banbury, Oxfordshire; Odiham, Staffordshire; Alcester and Austrey, Warwickshire; Easingwold und Great Ayton, Yorkshire (North Riding); Birstall und Methley, Yorkshire (West Riding).

Für diese Pfarren wurde bzw. wird eine Familienrekonstitution durchgeführt und auf Computer erfaßt. Die Ableitung demographischer Statistiken aus den rekonstituierten Familienformen (FRF) erfolgt nun zur Gänze maschinell. Die Methoden der Rekonstitution werden von E. A. Wrigley in WRIGLEY (Hg.), *An Introduction to English Historical Demography*, 1966, beschrieben. In seinem Artikel *Transactions of the Royal Historical Society*, 1971, gibt Schofield die kürzeste und vielleicht beste Beschreibung der angewandten Technik und weist auf deren Nützlichkeit für Historiker hin, die sich mit Demographie, Sozialgeschichte und der Geschichte der Sozialstruktur beschäftigen. Ausgehend von der Familienrekonstitution ist es möglich, für eine Reihe einander überschneidender Fälle in den betreffenden Gemeinden genaue Informationen über die altersspezifische Geburten- und Sterberate sowie das Alter und die Stellung innerhalb der Familie bei der Heirat und weniger vollständige Aussagen über Lebenserwartung, voreheliche Schwangerschaften und die Kindersterblichkeit abzuleiten. Die Familienrekonstitution hat durch die Entwicklung der Rückprojizierung (s. Datenbestand 2) sicher in mancher Hinsicht an Bedeutung verloren.

Datenbestand 2 — Aggregierte Analysen

Etwa 750 englische Pfarregister mit monatlichen Angaben von Taufen, Hochzeiten und Begräbnissen von 1538 (Beginn der kirchlichen Registrierung) bis 1837 (dem letzten Jahr vor Beginn der staatlichen Registrierung). Diese Pfarren sind meist sehr groß (mit 1.000 oder mehr Einwohnern im Jahr 1801) und haben mehr ländlichen als städtischen Charakter. Sie wurden eher nach dem Kriterium der Rekonstitution als aufgrund ihres typischen Charakters ausgewählt. Es befindet sich keine Londoner Pfarre darunter. Diese Sammlung, die mit Hilfe freiwilliger Mitarbeiter der *Cambridge Group*, die diese Zahlen in den einzelnen Orten in Erfahrung bringen, ständig erweitert wird, stellt jedoch keineswegs eine zufällige Auswahl der insgesamt 10.000 englischen Pfarren dar. Die geographische Streuung ist jedoch unausgeglichen. Diese Sammlung umfaßt insgesamt ein Zwanzigstel aller Pfarren und vielleicht ein Zehntel, ein Achtel oder einen möglicherweise noch größeren Prozentsatz aller jemals erfolgten Eintragungen vor 1838. Das Material stellt schon jetzt den größten je für ein Land zusammengetragenen historisch-demographischen Datenbestand dar. *W and S* bringt die Analyseergebnisse der Statistiken von 404 Pfarren, aus denen es Rückmeldungen gab, die so gewichtet und verändert wurden, daß sie für die Gesamtbevölkerung des Landes stehen. Viele dieser Resultate wurden durch ein Verfahren abgeleitet, das aus einem Modell von Ronald Lee von der University of California, Berkerley, stammt und *Rückprojizierung* genannt wird. Dieses Verfahren erlaubt Größen wie z. B. die Lebenserwartung bei der Geburt, grobe demographische Angaben wie Geburtenrate, Heiratsrate und Sterberate, diffizilere Werte wie z. B. die Bruttoreproduktionsrate und Alters- und Emigrationsverteilung für die englische Gesamtbevölkerung in Fünfjahres-Intervallen zwischen 1561 und 1871 und in Bevölkerungsgesamtzahlen zu errechnen.

Datenbestand 3 — Listen

Photographien von Einwohnerlisten, die vor der Einführung des englischen Zensus (1801) beginnen und in manchen Fällen sogar bis 1841 reichen. Ab diesem Zeitpunkt gab es dann ausreichende Angaben über die Haushaltszusammensetzung durch den Zensus. Dieser Datenbestand stellt die Hauptquelle für einen Großteil des vorliegenden Buches dar; es muß jedoch betont werden, daß nur einige Arbeiten über einzelne Orte zitiert wurden und daß die Forschung bereits viel weiter fortgeschritten ist, als man vielleicht vermuten könnte. Dieser Datenbestand umfaßt etwa 600 Dokumente, was ebenfalls die größte jemals für irgendein Land zusammengetragene Materialsammlung darstellt. Einwohnerlisten aus dem übrigen Europa (vor allem Schottland, Irland, Frankreich, Deutschland, Österreich, Ungarn, Italien, Belgien und Rußland) sowie aus anderen Ländern (in erster Linie Japan) wurden ebenfalls in diese Sammlung aufgenommen, einige in jener ideographischen Form, die speziell für den Austausch zwischen verschiedenen Sprachen entwickelt wurde (siehe *HFPT*, S. 41 und 42). Leider konzentrieren sich die Listen von England und Wales auf einige Gebiete (Kent, London, Westmoreland, Staffordshire) und sind in anderen selten oder fehlen überhaupt (z. B. Lincolnshire, Oxfordshire, Cornwall, Cheshire). Vergleichbar sind die Daten für einige Jahre (Ende des 17. und Ende des 18. Jahrhunderts), für andere jedoch wieder nicht. Auch Kopien der Volkszählungslisten aus den Jahren 1851, 1861, 1871 und 1881 wurden der Sammlung zugeführt.

Das ursprüngliche Verfahren der händischen Analyse wird in LASLETTS Beitrag zu WRIGLEY (Hg.), *An Introduction to English Historical Demography*, 1966, beschrieben und in *HFPT* 1972 überarbeitet und erweitert. Das in diesem Band wiedergegebene Klassifikationsschema für Haushaltstypen (S. 31) wurde in die Fassung umgewandelt, die sich in Tabelle 17 wiedergegeben findet. Hier werden die Ergebnisse der Einwohnerlisten von Clayworth dargestellt; das Schema kann jedoch, und dies ist auch schon geschehen, für Hunderte andere Listen verschiedenen Datums und für viele Länder verwendet werden.

Datenbestand 4 — Bildung (Datenbestand Mitte der siebziger Jahre unseres Jahrhunderts abgeschlossen)

Angaben in einer Zufallsauswahl von 300 Pfarregistern über die Fähigkeit, im Heiratsregister selbst zu unterschreiben, nach Geschlecht und (wenn möglich) Beruf, von 1754, als eine solche Unterschrift erstmals gefordert wurde, bis in die vierziger Jahre des 19. Jahrhunderts. Dieses Material wurde in dem vorliegenden Buch nur begrenzt verwendet. Eine Reihe von Ergebnissen dieses Datenbestandes wurde von Roger SCHOFIELD und David CRESSY, veröffentlicht, s. vor allem CRESSY, *Literacy and the Social Order*, Cambridge 1980.

Datenbestand 5 — Parameter

Einzelheiten über ausgewählte ökologische Charakteristika für jede in den Datenbeständen 1—4 vorkommende Gemeinde, d. h. für mehr als 1.200 englische Niederlassungen.

Tabelle 17:
Verwandtschaftsstruktur der Haushalte in Clayworth, Notts., 1676

Art der Haushalte			Anzahl der Haushalte	Anteil der Haushalte (%)
1	ALLEINSTEHENDE	1a verwitwet	3	3
		1b unverheiratet oder Familienstand unbekannt	4	4
		Zwischensumme	7	7
2	KEINE FAMILIE	2a miteinander wohnende Geschwister	1	1
		2b andere miteinander wohnende Verwandte	0	0
		2c miteinander wohnende Personen ohne ersichtliches Verwandtschaftsverhältnis	0	0
		Zwischensumme	1	1
3	EINFACHE FAMILIENHAUSHALTE (Haushalte mit einem oder beiden Elternteilen und einem oder mehreren Kindern)	3a alleinstehende Ehepaare	8	8
		3b Ehepaare mit Kind(ern)	52	53
		3c Witwer mit Kind(ern)	5	5
		3d Witwen mit Kind(ern)	13	13
		Zwischensumme	78	79

Art der Haushalte		Anzahl der Haushalte	Anteil der Haushalte (%)
4 ERWEITERTE FAMILIENHAUSHALTE			
(einfache Familienhaushalte mit einem oder mehreren Verwandten)	4a nach oben erweitert (0 mit Vätern, 2 mit Müttern)	4	4
	4b nach unten erweitert (0 mit nur Enkelkindern)	2	2
	4c lateral erweitert (0 mit nur Brüdern, 1 mit nur Schwestern)	1	1
	4d Mischformen von 4a–4c und andere erweiterte Familienhaushalte	2	2
	Zwischensumme	9	9
5 VIELFACHE FAMILIENHAUSHALTE (Haushalte mit zwei oder mehreren miteinander verwandten Ehepaaren oder verwitweten Personen mit einem oder mehreren Kindern)	5a Haushalte mit (auch erweiterten) zweiten Einheiten einer älteren Generation als der des Haushaltsvorstandes		
	5b Haushalte mit (auch erweiterten) zweiten Einheiten einer jüngeren Generation als der des Haushaltsvorstandes		

5c Haushalte mit (auch in anderer Richtung erweiterten) zweiten Einheiten der Generation des Haushaltsvorstandes und einer der Generation der Eltern angehörenden Person

5d *frérèches*-Gemeinschaften mit (auch erweiterten) zweiten Einheiten der Generation des Haushaltsvorstandes ohne eine der Generation der Eltern angehörende Person

5e Mischformen von 5a–5d und andere (auch erweiterte) vielfache Familienhaushalte

	0	Zwischensumme 0
6 IN DIESEM SINN NICHT KLASSIFIZIERBARE HAUSHALTE	2 / 2	Zwischensumme 2 / 2
	98	insgesamt 100

401 EINWOHNER

Anmerkungen

Alle im folgenden angeführten Arbeiten sind, sofern nicht anders vermerkt, in London oder New York erschienen. Bei Verweisen auf Zeitschriften wurden folgende Abkürzungen verwendet:

EcHR	Economic History Review, 2. Reihe
JIH	Journal of Interdisciplinary History
LPS	Local Population Studies
P and P	Past and Present
Pop Studs	Population Studies

KAPITEL 1

1 Siehe Sylvia THRUPP, *History of the Bakers' Company of London*, Croydon 1933, v.a. S. 17.
2 „Kein Bäcker sollte in seinem eigenen Haus oder Geschäft Brot verkaufen, sondern lediglich auf dem Markt, und dies nur an Mittwochen und Samstagen." Dies war eine uralte Regel der Londoner Bäcker, die bis in die Zeit der Stuarts ihre volle Gültigkeit behielt (siehe THRUPP, *Bakers' Company*, S. 35); es wäre aber nicht gerechtfertigt anzunehmen, daß dies in allen Bereichen und Städten gleichermaßen der Fall war. Zweifellos lebten auch einige Londoner Gewerbetreibende in Häusern, die ihnen nicht auch als Arbeitsstätten dienten. Siehe *The Inhabitants of London in 1638*, hg. von T. C. DALE für die Genealogische Gesellschaft, 1931. Über Kaufgeschäfte unter freiem Himmel, ohne Verpackung, ja ohne genügend Münzen, um zu zahlen, siehe Dorothy DAVIS, *A History of Shopping*, 1966.
3 Siehe Edmund S. MORGAN, *The Puritan Family: Religion and Domestic Relations in 17th-century New England*, New York 1966 (überarbeitet und erweitert; 1. Auflage, Boston 1944), vor allem S. 42 und Anmerkungen. Sowohl in Neuengland als auch im alten England lagen die Finanzen der Familie häufig in den Händen der Frauen. Das beeindruckendste Zeugnis ihrer diesbezüglichen Fähigkeiten zeigten die offiziell untergeordneten Frauen, wenn ihre Männer im Gefängnis oder sonst verhindert waren. Dies geht aus Briefen von Frauen königlicher Edelleute hervor, die während der englischen Bürgerkriege in Gefangenschaft geraten waren.
4 Vertrag zwischen William Selman, Bauer, seinem Sohn Richard und Thomas Stokes von Wiltshire, Wollweber, gezeichnet 1705. Der Wortlaut entspricht den Gepflogenheiten der Zeit; offensichtlich wurden die Bestimmungen, selbst hinsichtlich der Unterbringung beim Meister, nicht immer eingehalten. Aus unseren Untersuchungen geht hervor, daß die tatsächliche Zahl wirklicher Lehrlinge von Historikern und vor allem von Zeitgenossen etwas überschätzt wurde. Von 1739 männlichen Dienstboten der 100 englischen Pfarren umfassenden Stichprobe der *Cambridge Group*, Datenbestand 3 (einschließlich neun Londoner Pfarren) (siehe Peter LASLETT, „Size and structure of the houshold in England over three centuries", *Pop Studs*, 1969, XXIII, Nr. 2, S. 199–223), wurden nur 229, d. h. weniger als ein Achtel, als Lehrlinge bezeichnet. Daß die Kategorie

„Dienstboten" Lehrlinge miteinschloß, geht jedoch aus allen Quellen hervor und ist vor allem aus den für die Stadt Bristol im Jahre 1696 verfügbaren Unterlagen ersichtlich. Hier konnte aus Steuerbescheiden erschlossen werden, daß bis zu 70 Prozent der männlichen „Dienstboten" Lehrlinge waren; siehe dazu Elizabeth RALPH und M. E. WILLIAMS, „The inhabitants of Bristol in 1696", *Bristol Record Society Publications*, 1968, XXV, XXIII—XXIV.
5 Unterlagen für das Handelsministerium, 1697, abgedruckt in H. R. Fox BOURNE, *Life of John Locke*, 1876, II, S. 377 ff. Arbeit und Schulbildung englischer Kinder in dieser Zeit werden mit einer Fülle von Details, meist aus Quellen zur Bildungsgeschichte, von I. PINCHBECK und M. HEWITT, *Childhood in English Society, I, From Tudor Times to the 18th Century* (1972 (1969)) eingehend behandelt.
6 Zu den Dienstboten siehe Kapitel 1, Anm. 17. In welchem Alter die Kinder das Elternhaus verließen behandelt R. WALL, „The age at leaving home", *Journal of Family History*, 3, Nr. 2, S. 181—202. Das heutige Interesse an den Dienstboten hat manchmal zu einer Überschätzung ihrer Anzahl und ihres Anteils im Verhältnis zu allen irgendwann einmal in Diensten stehenden Kindern geführt. Scheinbar waren diese in England, zumindest zwischen dem 16. und dem 18. Jahrhundert, stets eine Minderheit, obwohl die meisten Kinder irgendwann einmal zwischen Reife und Heirat in Diensten gestanden haben. Es verzerrt die Tatsachen, wenn die Einrichtung des Dienstes als weitgehend weibliche Angelegenheit dargestellt wird, wie das im Bürgertum des 19. Jahrhunderts aufkam.
7 Es gibt jedoch Anhaltspunkte dafür, daß sozial untergeordnete Menschen sich auch eine Welt ohne Herren vorstellen konnten, ja manchmal sogar daran dachten, sich ihrer Herren zu entledigen; siehe dazu Kapitel 8. Die Ideologie der Familie scheint im traditionellen Europa von Gebiet zu Gebiet unterschiedlich und vor allem in England sehr stark ausgeprägt gewesen zu sein: siehe Peter LASLETT, „Family and household as work group and kin group", in *Famforms*. Hier wird darauf hingewiesen, daß keineswegs alle, vielleicht auch nur eine Minderheit, je — selbst im Mittelalter — in Gemeinschaften wie jenen der Londoner Bäckermeister gelebt haben.
8 Grimms *Märchen* erschienen zunächst 1812—1814 auf deutsch, wurden aber bald ins Englische übersetzt und ergänzten das Repertoire einer bereits weitverbreiteten Literaturgattung. Hinsichtlich der Ursprünge der gleichzeitig ebenfalls in Deutschland auftretenden marxistischen Sozialkritik mag es von Bedeutung sein, daß das traditionelle industrielle Leben in Deutschland in starkem Maße romantisiert wurde.
9 Über das Umherziehen der Dienstboten von Ort zu Ort siehe Kapitel 3.
10 Siehe auch die bemerkenswerte Liste von Einwohnern jener Pfarre in *Newdigate Papers*, im *Warwick Record Office*, C. R. 136, 12, S. 64 ff. (Eine eingehende Analyse von Haushalt und Familie der Vergangenheit, die auch Definitionen und Analyseprinzipien darzustellen versucht, findet sich in *HFPT*, Kapitel 1.) J. HAJNAL, „Two kinds of household formation system", in *Famforms*, beschreibt die Unterschiede zwischen europäischen, vor allem englischen Familienhaushalten der Vergangenheit und jenen in China und Indien. Er weist auf das Paradoxon hin, daß die *Durchschnittsgröße* trotz aller Unterschiede ähnlich war.
11 Zur (oft hergestellten) Kontinuität der Linien adeliger Familien siehe Kapitel 10.

12 Zur Musterung in den Grafschaften siehe E. E. RICH, „The population of Elizabethan England" in *EcHR*, 1950, II, 3. Ein sehr aufschlußreicher Bericht über eine solche Musterung findet sich bei John SMITH OF NIBLEY, *Men and Armour for Gloucestershire*, 1608, veröffentlicht 1902.

13 Cromwell befehligte bei Marston Moor 26.000 oder 27.000 Mann: Es muß sich dabei um eines der umfangreichsten je in England vor der napoleonischen Zeit aufgestellten Heere gehandelt haben. Die bewaffneten Streitkräfte zählten zur Zeit des Commonwealth einmal 70.000 Mann; siehe C. H. FIRTH, *Cromwell's Army*, 1902, S. 35. Zweifellos waren die unorganisierten Massen, die sich während der Parlamentskrise der vierziger Jahre des 17. Jahrhunderts in London zusammenrotteten, recht zahlreich, doch gibt es in England kaum Untersuchungen über diese Zeit, die mit George RUDÉS Studie *The Crowd in the French Revolution*, Oxford 1959, konkurrieren können.

14 Zu Märkten, Markttagen und Marktgebieten siehe Alan EVERITT, „The marketing of agricultural produce", in: J. THIRKS (Hg.), *The Agrarian History of England and Wales*, IV, *1500–1640*, Cambridge 1967. Eine Liste der Schulen findet sich W. A. L. VINCENT, *The State and School Education, 1640–1660, in England and Wales*, 1950; Cressy behauptet, allerdings, daß die Zahlen stets sehr unzuverlässig sind: siehe David CRESSY, *Literacy and the Social Order: Reading and Writing in Tudor and Stuart England*, Cambridge 1980, v. a. S. 164–174.

15 Zu den Angehörigen des Baugewerbes siehe D. KNOOP und G. P. JONES, *The Medieval Mason*, Manchester 1933, und verschiedene andere Artikel zu diesem Thema. Zur Großindustrie und ihrer Organisation siehe mehrere Artikel von J. U. NEF, vor allem jenen in *EcHR*, 1934. Zu den Bergarbeitern siehe G. R. LEWIS, *The Stannaries*, 1908; J. W. GOUGH, *The Mines of Mendip*, Oxford 1930; J. U. NEF, *The Rise of the British Coal Industry*, 2 Bde., 1932.

16 *Das Leben in öffentlichen Einrichtungen und die soziale Lage der Verwitweten*
Größe, Anzahl und Organisation der zwischen 1480 und 1660 errichteten Armenhäuser zählen zu den Themen, mit denen sich für London und ausgewählte Grafschaften W. K. JORDAN in drei wichtigen Arbeiten beschäftigt – *Philantropy in England*, 1959; *The Charities of London*, 1960; *The Charities fo Rural England*, 1961. Nur wenige Armenhäuser scheinen mehr als ein Dutzend oder zwanzig Insassen gehabt zu haben, doch dürften 1660 etwa 1400 Leute in London in solchen Einrichtungen gelebt haben. Dem stand damals eine Gesamtbevölkerung von 400.000 gegenüber. Wie selten Menschen in solchen Häusern lebten, zeigt die Tatsache, daß in unserem Beispiel von 100 vorindustriellen Dörfern von insgesamt 70.000 Bewohnern nur 335 in solchen Institutionen lebten: siehe LASLETT, „Size and structure", S. 207. Was die Situation von Verwitweten betrifft, die nicht in solchen Häusern lebten, führten 74 Prozent der Witwer einen eigenen Haushalt, 18 Prozent lebten in anderen Haushalten, und 7 Prozent lebten allein. Bei den Frauen waren es 58 Prozent, die einen eigenen Haushalt führten, 24 Prozent, die in anderen Haushalten und 14 Prozent, die allein lebten; vgl. dazu *FLIL*, S. 204.

17 *Dienstboten*
Die Dienstboten machten 13,4 Prozent der Gesamtbevölkerung der betreffenden 100 Dörfer aus (siehe *HFPT*, S. 152); 28,5 Prozent aller Haushalte

beschäftigten Dienstboten, wobei das Verhältnis der Geschlechter zueinander 107 betrug, d.h. auf 107 Männer und Burschen kamen 100 Frauen und Mädchen. Angaben zur tatsächlichen Zahl der in England in Dienst stehenden Männer und Frauen finden sich nach Altersgruppen aufgeschlüsselt in *FLIL,* Tabelle 1—7. Es handelt sich dabei aber lediglich um sehr grobe Schätzungen, da nur spärliche Zeugnisse vorhanden sind. Viel verläßlichere Zahlen gibt es für Dänemark; siehe HAJNAL, „Household formation system". Die wesentlichen Einsichten in die Lebensbedingungen männlicher Dienstboten in der Landwirtschaft finden sich bei Ann KUSSMAUL, *Servants in Husbandry in Early Modern England,* 1981.

18 Siehe LASLETT, „Family and household", wo die Arbeit von Charles PHYTHIAN-ADAMS, *Desolation of a City,* Cambridge 1979, zitiert wird. Hinsichtlich des Alters, in dem Kinder von zu Hause weggingen, um in fremde Dienste zu treten, siehe WALL, „Age at leaving home", der betont, daß Dienstantritte vor Erreichung des zehnten Lebensjahres sehr selten waren, Kinder ihr Zuhause für gewöhnlich in einem Alter zwischen zehn und zwanzig Jahren verließen (Burschen früher als Mädchen), und einige bis zu ihrer Heirat zu Hause blieben.

19 Das Zitat stammt aus Richard STEELE, *The Husbandman's Calling,* 2. Auflage, 1672, S. 76 und 86.

20 *Bäuerlicher Nebenerwerb*
Die große Bedeutung verschiedener Hausarbeiten für das Budget bescheidener Tagelöhnerfamilien geht aus vielen Quellen deutlich hervor. Einige (eine bemerkenswerte Aufzählung findet sich beispielsweise in Datenbank 3 der *Cambridge Group* für das Dorf Corfe Castle in Dorset im Jahre 1790) zählen die kümmerlichen Einnahmen auf, die von Frauen, Burschen und Mädchen sowie abhängigen Witwen usw. erwirtschaftet wurden. „Strikken" galt als gängigste Methode, sich ein paar Groschen dazu zu verdienen. Die hoffnungslose Armut der Landbevölkerung in spätviktorianischer Zeit geht zum Teil auf das Verschwinden dieser ländlichen Nebenerwerbsmöglichkeiten zurück; z.B. Ridgmont im Jahre 1903, Kapitel 11.

21 Karl MARX und Friedrich ENGELS, *Manifest der Kommunistischen Partei,* 1848. In: Werke, hg. vom Institut für Marxismus—Leninismus beim ZK der SED, Berlin 1983 (1959), Bd. 4 (Mai 1846 bis März 1848), S. 464 f.

22 *Kapitalismus und Industrialisierung*
Vor allem dem Marxismus nahestehende Wirtschaftshistoriker der jüngsten Zeit neigen dazu, zwischen einem im frühen 19. Jahrhundert entstandenen und auf Großunternehmen beruhenden *Industrie*-Kapitalismus und Kapitalismus im allgemeinen zu unterscheiden. Die maßgebende Quelle für diese Sichtweise ist Maurice DOBB, *Studies in the Development of Capitalism,* 1946. Die in diesem Buch angesprochene Änderung des Familienlebens bezieht sich auf den drastischen Rückgang bzw. das allmähliche Verschwinden der produktive Arbeit schaffenden Funktion des Haushalts, d.h. die Auslagerung der wirtschaftlichen Aktivitäten.

23 Siehe STEELE, *Husbandman's Calling,* S. 104.

KAPITEL 2

1 Eine Analyse der Statuszuschreibung für die Beamten Cheshires, die in vieler Hinsicht äußerst aufschlußreich ist, findet sich in Graham KERBY, „Inequality in a pre-industrial society: a study of wealth, status, office and taxation in 17th-century Cheshire", phil. Diss., Cambridge 1983. Siehe auch Andrew SHARP, „The English lay peerage and heraldic thinking during the Civil Wars and Interregnum", phil. Diss., Cambridge 1971, und den Artikel desselben Autors „Edward Waterhouse's view of social change in 17th-century England", *P and P*, 62, 1971. Was den Titel „gentry" in den Gemeinderegistern anlangt, so kam er zwischen 1721 und 1740 in zwei Prozent aller Eintragungen in acht ländlichen Gemeinden und einer Stadt (Otley) vor, May PICKLES in *LPS* 1976, 16. Ein „Beruf" *(profession)* wird in dieser Quelle für weitere zwei Prozent angegeben. In Manchester kam „gentry" in den Eintragungen des frühen 17. Jahrhunderts häufiger vor. Zwischen 1653 und 1655 gaben 3,9 Prozent von 2.380 Begräbniseintragungen Titel wie „gentleman" oder eine andere Bezeichnung eines höheren gesellschaftlichen Status an; mit dem Hinweis „Mr." oder „Mrs." erhöht sich dieses Verhältnis auf 11,3 Prozent. Im allgemeinen waren Titel in städtischen Gebieten häufiger.
2 The Statute of Artificers, (5 Eliz. c. 4), Para. IV, zitiert nach R. H. TAWNEY und E. POWER, *Tudor Economic Documents*, 1924 (1951), I, S. 342, überarbeitet.
3 „Serjeant Thorpe, judge of assize for the Northern Circuit, his charge to the Grand Jury at York Assizes, March 20th 1648", abgedruckt in *Harleian Miscellany*, II, 1744, S. 12.
4 Die Aufstellung des vorsichtigen und sich selten festlegenden Gregory KING wurde erstmals 1699 in einem Buch seines Freundes Charles DAVENANT abgedruckt und ist seither wiederholt in verschiedenen Fassungen erschienen. Siehe *The Earliest Classics*, Farnborough 1973, das einige von Kings Arbeiten zu den *Observations* enthält. In dieser Ausgabe wird das Problem der Genauigkeit von Kings oft recht sorglosen Schätzungen zwar angeschnitten, ist aber seither immer wieder Gegenstand neuer Diskussionen. Geoffrey HOLMES („Gregory King and the social structure of pre-industrial England", *Transactions of the Royal Historical Society*, 1977, 41—69) zeigte auf, wie sehr an der Vergangenheit orientiert und voreingenommen King war, der aus sehr konservativen politischen Gründen vorsätzlich einige Zahlen heruntergespielt haben dürfte. Peter LINDERT und Geoffrey WILLIAMSON („Revising England's social tables, 1688—1867", *Institut für Wirtschaftswissenschaft*, University of California, Davis, Working Paper Series Nr. 176, Sept. 1981) haben Kings Schätzungen durch unabhängige eigene Zahlen ersetzt, die oft entmutigende Ergebnisse für alle gebracht haben, die sich ganz und gar auf seine Angaben verlassen haben. In der vorliegenden Arbeit sind eher die Vorschläge Kings, seine Beschreibungen und das Netz gesellschaftlicher Verbindungen, die diese voraussetzen, von Bedeutung als seine tatsächlichen Zahlen.
5 Siehe den wichtigsten Artikel von D. C. COLEMAN, „Labour in the English economy of the 17th century", in *EcHR* 1956, VIII, 3; zu den Folgen von Kings Feststellungen über die den Reichtum des Königreiches vermehrenden bzw. schmälernden Einwohner, d.h. das Vorhandensein einer beträchtlichen Masse von Transfereinkünften, siehe Peter LASLETT, „Hous-

hold and family as work group and kin group", in *Famforms*.
6 Sir Thomas SMITH, *The Commonwealth of England*, veröffentlicht 1583, Ausgabe des Jahres 1635, S. 66. Die Pfarreintragungen des 17. Jahrhunderts zeigen, daß Tagelöhner Ämter als Kirchenvorsteher und Konstabler innehatten und sich oft administrative Aufgaben zumuteten, die über ihre Fähigkeiten zu lesen und zu schreiben hinausgingen. Siehe vor allem Keith WRIGHTSON, *English Society, 1580–1680*, 1982.
7 William HARRISON, *Description of England*, 1577 usw., S. 113–114.
8 Act of 12 Car. II, c. 9.
9 Unter dem Einfluß Brough MACPHERSONS *(The Political Theory of Possessive Individualism*, Oxford 1962) scheint Christopher HILL in den vielen Überlegungen, die er zu diesem Thema seit den 40er Jahren unseres Jahrhunderts angestellt hat (vgl. Anm. 1, Kap. 8), zu dieser Schlußfolgerung gekommen zu sein. E. P. THOMPSON sieht in den Angehörigen der Gentry und des Hochadels im England des 18. Jahrhunderts ein hervorstechendes Beispiel für eine besitzende kapitalistische Klasse. Zu dieser Ansicht und zur Entwicklung dieser Meinung siehe R. S. NEALE, *Class in English History*, Oxford 1981, ein interessantes und nützliches Werk, in dem auch die Positionen von Laslett, Perkin und anderen behandelt werden. Sein Vergleich mit der Sozialstruktur im Japan der Tokugawa-Zeit scheint jedoch eher unangebracht.
10 Für die in dieser Untersuchung vorkommenden Definitionen von Klasse und Status wird kein allgemeiner Anspruch erhoben; sie sollen einzig den begrifflichen Zusammenhängen vor allem marxistischer und postmarxistischer historischer Auseinandersetzungen entsprechen. In strikt marxistischen Analysen neigt man (zumindest vor der in der vorangehenden Anmerkung angesprochenen Bedeutungsverschiebung) dazu, das in der Stuartzeit neu entstehende Bürgertum als eine „Klasse für sich" anzusehen, die die Initiative ergriff, sich auflehnte oder es zumindest versuchte. Wenn ähnliche Arbeitsverhältnisse als das entscheidende Kriterium einer Klasse („Klasse für sich") angesehen werden, wie etwa bei David LOCKWOOD (s. *The Blackcoated Worker*, 1958), oder „die Art und Weise, wie ein Mensch von den anderen behandelt wird", das wesentliche Moment abgeben soll, wie bei T. H. MARSHALL *(Citizenship and Social Class*, Cambridge 1950), wäre es möglich, im England der Stuarts viele soziale Klassen zu unterscheiden. Keine von diesen wurde jedoch – wie wir behaupten – je zu einer „Klasse für sich", d.h. stand so zu anderen Klassen, daß ein kollektiver Gruppenkonflikt wie der Bürgerkrieg der Jahre 1642 bis 1648 hätte entstehen können.
11 In seiner ausgezeichneten Arbeit über die Gentry *(The Gentry: The Rise and Fall of a Ruling Class,* 1976) zählt G. E. MINGAY den Adel nicht zur Gentry und meint, daß „gentleman" ursprünglich die Bezeichnung für jüngere Söhne, Brüder und Enkel eines Esquires war. Ich bin dieser Auffassung in keiner Abhandlung des Themas durch einen Historiographen der Stuart-Zeit begegnet und glaube, daß die hier angeführten Bezeichnungen in jener Zeit durchaus gebräuchlich waren.
12 Siehe T. H. HOLLINGSWORTH, „The demography of the British peerage", Ergänzung zu *Pop Studs*, XVIII, Nr. 2 (Nov. 1964). Nahezu 40 Prozent der Söhne von Pairs, die zwischen 1550 und 1674 geboren wurden, heirateten Töchter von Pairs; dieses Verhältnis sank dann für die zwischen 1700 und 1749 geborenen Angehörigen des Hochadels auf 25 Prozent. D. N.

THOMAS, „The social origins of the marriage partners of the British peerage in the 18th and 19th centuries", *Pop Studs*, 1971, XXVI, Nr. 1, 99, zeigt auf, daß Angehörige des Hochadels, die außerhalb ihrer Schicht heirateten, in erster Linie Partner aus der Gentry wählten, in zunehmendem Maße aber auch in das Bürgertum einheirateten oder jemand freiberuflich Tätigen, ja manchmal sogar jemand aus dem Volk zur Ehe nahmen.

13 Siehe KERBY, „Inequality", und SHARP, „English lay peerage" und „Edward Waterhouse". Kerby ist peinlichst darauf bedacht, die Ansicht zu widerlegen, daß es in England Stände gegeben hat.

14 Zu einer etwas anderen Ansicht über die Gentry und die Trennung zwischen der herrschenden Minderheit und den übrigen Angehörigen der Gentry siehe KERBY, „Inequality", MINGAY, *The Gentry*, und WRIGHTSON, *English Society*, Kap. 1 (siehe auch die Anmerkungen). Sie streichen die Kontinuität der sozialen Hierarchie stärker hervor als die vorliegende Arbeit, indem sie die scharfe Unterscheidung zwischen Gentry und Rest der Bevölkerung herunterspielen. Kerby sieht in der Gentry als sozialer Gruppierung nichts Besonderes. Ihm zufolge waren die Angehörigen der Gentry einfach reicher als die meisten Freisassen und ärmer als die meisten Esquires; er meint auch, daß einzelne oft anders angesprochen wurden. Seiner Ansicht nach war die für uns so wesentliche Unterscheidung nur Leuten wie Gregory KING und einigen Historikern geläufig, nicht aber der englischen Bevölkerung des 17. Jahrhunderts und vor allem nicht den Angehörigen ärmerer Bevölkerungsschichten.

15 6 und 7 William and Mary, c. 6. Dieses Gesetz und die dadurch bedingten Eingaben bis zu seiner Aufhebung im Jahre 1705 sind sowohl demographisch als auch soziologisch von großem Interesse für die englische Geschichte. Die Einwohnerlisten aus dem Datenbestand 3 der *Cambridge Group*, die als Grundlage für so vieles dienen, sind für die Zeit zwischen 1695 und 1705 viel häufiger als für irgendeine andere Zeit vor Einführung des Zensus. Es besteht also die Gefahr, daß unsere Sicht der vorindustriellen Gesellschaft deshalb (und aufgrund der auch diese Jahre betreffenden Arbeit Gregory KINGS; siehe Anm. 4, Kap. 2) nur für die 90er Jahre des 17. Jahrhunderts Gültigkeit besitzt. Dieses Gesetz, sein Ursprung, seine Bedeutung, seine Rolle für die heutige Geschichtswissenschaft und sein damaliger Vollzug, wird von Professor GLASS in „Two Papers on Gregory King", in D. V. GLASS und D. E. C. EVERSLEY (Hgg.), *Population and History*, 1965, ausführlich behandelt.

16 Siehe Anm. 8, Kap. 2. Bei den zwölf ersten Gruppen (Goldschmiede, Tuchhändler usw.) erfolgte die Steuerveranlagung wie folgt: Meister 10 Pfund (was dem Betrag für einen Esquire entsprach), Zunftmitglied 5 Pfund (was dem Betrag für einen Gentleman entsprach — die Zunftmitglieder waren ehemalige oder mögliche Meister und gehörten derselben sozialen Schicht an), Freisasse 3 Pfund (etwas mehr als ein Angehöriger des Klerus, der 2 Pfund zu entrichten hatte, aber weniger als ein Gentleman).

17 *Armut im England des 17. Jahrhunderts*
Die Familien, die King zu jener Hälfte der Bevölkerung zählte, die „den Reichtum des Königreiches schmälern", waren eine recht bunte Ansammlung: Seeleute, „arbeitendes Volk und Gesinde", Häusler und Arme, gemeine Soldaten und Vagabunden. Offensichtlich bemühte sich King nicht um genaue Angaben hinsichtlich der Zusammensetzung dieser armen Schichten. Das Interessanteste an dieser Beschreibung ist, wen er *nicht* da-

zu zählte. So lebten für ihn „Krämer und Kaufleute", „Handwerker und Gewerbetreibende" nicht in ständiger Armut, da er sie nicht zur „Reichtum vermindernden" Bevölkerungshälfte zählt, was jedoch nicht heißt, daß die Zimmerleute, Maurer, Steinmetze, Strohdecker, Weber, Faßbinder usw. nie unter Entbehrungen zu leiden hatten. Vermutlich lebten auch sie zu bestimmten Zeiten ihres Lebens, etwa während einer schlechten Saison, manchmal vielleicht auch einige Wochen in einer guten Saison, in Armut, doch waren sie nicht in dem Maße abhängig wie Tagelöhner, Häusler, Arme oder einfache Soldaten. Solcherart war das Bild, das das Proletariat des späten 19. und frühen 20. Jahrhunderts bot, als ROWNTREE und BOOTH (siehe Kap. 11) ihre Untersuchungen durchführten.

Die Ausführungen treffen zu, wenn auf Kings Schätzungen Verlaß ist. In einer Wirtschaft des von ihm beschriebenen Typs bedurfte ein großer Teil der Bevölkerung eines Einkommens, um überleben zu können. So ist Kings Theorie der „Vermehrung" und der „Schmälerung" des Reichtums der Nation vermutlich am besten zu verstehen. Es ist kaum vorstellbar, daß diese Zahlungen von Angehörigen einer reicheren Bevölkerungsschicht an Ärmere zur bloßen Umverteilung des Reichtums erfolgte oder Leute betraf, die ohnehin genug besaßen, um nicht in Armut leben zu müssen. Zweifellos profitierten die Handwerker, die oft von Armut bedroht waren, von diesen Zahlungen. Diese Gruppe war aber, insgesamt gesehen, mehr von anderen abhängig, weshalb sie King vermutlich auch nicht zu jenen zählte, die ständig den Reichtum „schmälerten". Vgl. Peter LASLETT, Einführung zu *The Earliest Classics.*

18 HARRISON, *Description of England,* S. 115.
19 William LAMBARDE, *Perambulation of Kent,* 1570, veröffentlicht 1576, überarbeitete Neuauflage bei Chatham, 1826, S. 6.
20 Thomas WESTCOTE, *A View of Devonshire in 1630,* hg. von G. OLIVER und P. JONES, Exeter 1845.
21 Thomas WILSON, *The State of England,* hg. von F. J. FISHER, 1936 (1600), Camden Society publication Lii, S. 20.
22 Siehe z. B. Sir John DODDRIDGE, *Honors Pedigree,* 1652. Diese Argumentation stammt bereits aus elisabethanischer Zeit, und Sir Thomas Smith vertrat die Meinung einer Minderheit, wenn er meinte, daß der Besuch einer Lehre dem Rang eines Gentleman abträglich war.
23 *Die städtische Gentry*
Siehe *The Visitations of London, 1633, 1634 and 1635,* 2 Bde., 1880–1883. Über Kaufleute, die bereits früher Landhäuser besaßen, siehe Sylvia THRUPP, *The Merchant Class of Medieval London,* Ann Arbor, Mich., 1962, und über städtische/ländliche Dynastien siehe Sir Anthony WAGNER, *English Genealogy,* Oxford 1960, S. 141 usw. Was die in den Städten lebende Gentry betrifft, wurden im Jahre 1695 vier der 67 in der Londoner Pfarre St. Mary le Bow lebenden Familien, deren Rang bekannt war (insgesamt 74 Familien), als Angehörige der Gentry bezeichnet. In der ähnlich strukturierten Pfarre St. Peter Mancroft in Norwich waren es im Jahre 1694 16 von 205 (255) Familien. 1696 gab es in Bristol 91 Gentlemen, 21 Esquires, 8 Ritter und einen Baronet. Alle hier angegebenen Verhältniszahlen liegen höher als die Schätzwerte für die Bevölkerung insgesamt.
24 WESTCOTE, *View of Devonshire,* S. 52. Über arbeitende Familien siehe LASLETT, „Household and family".

25 *Some Considerations of the Consequences of Lowering of Interest*, 1692, *Works*, 1801, 5, S. 71.

KAPITEL 3

1 Siehe A.M. CARR-SAUNDERS, D. CARADOG JONES und C. A. MOSER, *A Survey of Social Conditions in England and Wales as illustrated by Statistics*, Oxford 1958 (unter Verwendung der Volkszählung 1951), S. 50—55.
2 Zur Größe Londons am Vorabend der Industrialisierung siehe Roger FINLAY, *Population and Metropolis: the Demography of London 1580—1650*, Cambridge 1981, S. 51. 1500 zählte die Stadt 50.000 Einwohner, 1550 70.000, 1600 200.000, 1650 400.000, 1700 575.000, 1750 675.000 und im Jahre 1800 900.000 Einwohner. In der Tokugawa-Zeit von 1615 bis 1868 lebten in Tokio Schätzungen zufolge eine Million Einwohner, und Japan war, was Großstädte betrifft, sicherlich stärker urbanisiert als viele andere Länder, gab es doch in Städten wie Kyoto und Osaka etwa eine halbe Million Einwohner (Beitrag über *Town and City in Pre-Modern Japan*, c. 1967, von Prof. R. J. SMITH, Institut für Anthropologie der Cornell University).
3 *Größe der Dörfer*
Die Unterlagen über das Gebiet von Wingham befinden sich im *Kent County Record Office*. Wie bei allen Niederlassungen ist auch hier schwierig festzustellen, inwieweit der jeweils bezeichnete Ort tatsächlich eine unabhängige Gemeinschaft darstellte und nicht bloß ein willkürliches Gebiet, das aufgrund einiger traditioneller und administrativer Gründe bestand. Vielleicht waren die 16 Niederlassungen mit weniger als 100 Einwohnern, also nahezu 50% der Gemeinden, nicht alle Dörfer, sondern zum Teil wohl eher Landsitze der Gentry. Dennoch ist die Verteilung der Niederlassungen nach der Größe meist deutlich negativ verfälscht und bei den englischen Volkszählungen im 19. Jahrhundert waren Orte mit weniger als 100 Einwohnern durchaus noch üblich. Im Jahre 1801 gab es in 14 von 100 namentlich genannten Orten weniger als 100 Einwohner; der Mittelwert lag bei 476, der Median bei 278 Einwohnern. 1871 lag der Median immer noch bei lediglich 380 Einwohnern, und in 12 Prozent der Orte lebten weniger als 100 Einwohner. In beiden Volkszählungsjahren lebten 15 Prozent der Gesamtbevölkerung in Niederlassungen, die unter der Mediangröße lagen; 1801 lebte nur ein Viertel der Bevölkerung in Orten der Größenordnung, die jener der vorindustriellen städtischen Zentren Englands entsprach, d. h. 3.000 und mehr Einwohner zählten. 1871 hatte sich dieses Verhältnis mehr als verdoppelt und sollte sich bald verdreifachen.
4 Die Zahlen für London und die anderen Städte stammen aus FINLAY, *Population*, Tab. 1.1. Zu kleineren Orten siehe GLASS, „Two papers on Gregory King", in D. V. GLASS und D. E. C. EVERSLEY (Hgg.), *Population and History*, 1965, S. 186. Seine Zahlen über „andere Städte und Märkte" liegen wesentlich höher als die Finlays. Die dort in Auszügen wiedergegebene Quelle ist ein handgeschriebenes Notizbuch von King, das Glass als „Kashnor Manuscript" bezeichnet und sich derzeit in der Australischen Nationalbibliothek befindet. Kings Tabelle (MS S. 2) macht Angaben über die Gesamtzahl der *Häuser,* nicht jedoch über Einzelpersonen in jeder Stadt — in der vorliegenden Arbeit werden die Zahlen dann durch die Mul-

tiplikation mit 4,45 Personen/Haus in Bevölkerungszahlen umgewandelt. Die von Glass angegebene Zahl entspricht der von King selbst verwendeten.

5 Siehe Pierre GOUBERT, *Beauvais et le Beauvaisis de 1600 à 1730*, Paris 1960. Auf S. 255 bringt er eine Aufzählung der *feux* in den gemäß den Listen aus den Jahren 1718 und 1726 auf die drei größten Städte folgenden Niederlassungen. Diese wurden hier mit fünf multipliziert, um die angegebenen Schätzwerte zu erreichen. Professor Goubert zufolge war jedoch die urbanisierte Bevölkerung in Frankreich im Verhältnis nicht wesentlich größer als in England. Das Fehlen einer städtischen Ordnung, einer Stadt, die auch ein *Staat* sein konnte, prägte England noch stärker als die geringe Anzahl großer städtischer Zentren.

6 E. A. WRIGLEY, „A simple model of London's importance in changing English society and economy, 1650–1750", in P. ABRAMS und E. A. WRIGLEY (Hgg.), *Towns in Society*, Cambridge 1978, S. 221. Ich bin dem Autor für seine Unterstützung durch Unterlagen über die Urbanisierung in jener Zeit sehr dankbar.

7 Siehe Kapitel 7 und *Bastardy*, S. 63–64. Eine diesbezügliche Bestätigung für London im frühen 17. Jahrhundert findet sich in FINLEY, *Population*, S. 140.

8 Die Zahlen für die Pfarren Norfolks und der anderen Grafschaften, auf die hier Bezug genommen wird, finden sich bei Sir Henry SPELMAN, *Village Anglicum, or a View of all the Cities, Towns and Villages in England* (1656), 2. Auflage 1678.

9 Über den Einfluß ethnischer Besonderheiten auf das Sozialsystem in verschiedenen Gegenden Englands siehe George HOMANS, *English Villagers of the 13th Century*, Harvard 1942.

10 Der Unterschied zwischen Bottesford und Shepshed wird in David LEVINE, *Family Formation in an Age of Nascent Capitalism*, 1977, hervorragend beschrieben. Das genaue Verhältnis zwischen proto-industriellen Tätigkeiten und demographischen Zusammenhängen bzw. bzw. Familienstruktur ist jedoch noch keineswegs geklärt. Besonderheiten der Familienstruktur ist jedoch noch keineswegs geklärt.

11 Eine wertvolle Abhandlung über die Einfriedung unter Berücksichtigung der umfangreichen Literatur zu diesem Thema findet sich in G. E. MINGAY, *English Landed Society in the 18th Century*, 1963, vor allem S. 179–188 und die betreffenden Anmerkungen. Ein insgesamt viel düstereres Bild zeichnet Keith SNELL, der sich auf Untersuchungen von Niederlassungen stützt.

12 Siehe S. C. POWELL, *Puritan Village: The Formation of a New England Town*, Middletown, Conn., 1963. Der Vermutung, daß das Modell für neuenglische Städte in der kooperativen Gesellschaft von Bauern in einem Dorf mit offenen Feldern gefunden werden kann, wurde bereits 1910 von William CUNNINGHAM geäußert; siehe *Common Rights at Cottenham and Stretham*, Camden Miscellany, XII, und Anmerkungen.

13 Siehe LASLETT, „The gentry of Kent in 1640"; *Cambridge Historical Journal*, 1948, IX, Nr. 2.

14 Siehe W. G. HOSKINS, „Galby and Frisby", in *Essays in Leicestershire History*, Liverpool 1950. Hoskins zeigt die Sozialgeschichte des nahegelegenen, viel größeren Ortes Wigston Magna (*The Midland Peasant*, 1957) bis weit ins 17. Jahrhundert hinein als im wesentlichen von vermögenden Bauern und nicht von Angehörigen der Gentry beherrscht.

15 Zu John Adams siehe *Dictionary of National Biography*, zu seinem *Index Villaris* siehe GLASS, „Papers on Gregory King".
16 Wie dies beispielsweise bei dem Anwesen in Goodnestone der Fall war; siehe weiter unten. Die Grafschaftsgeschichten geben zahllose Beispiele für große Häuser, die Verwaltern überlassen wurden, z. B. Edward HASTED, *History of Kent*, 1782. Zur Gentry in den städtischen Gebieten siehe Kap. 2, Anm. 23, und zu ihrer Verbreitung in einer mittelenglischen Grafschaft sowie ihrer Präsenz in der Grafschaftsstadt Warwick siehe P. STYLES, „The social structure of Kineton Hundred in the reign of Charles II", in *Studies in West Midland History*, Kineton 1978.
17 Diese Anfrage ist als *Compton Census* bekannt und zog mehrere Dokumente nach sich, die nun Teil des Datenbestands 3 sind. Siehe dazu die umfassende Untersuchung von Ann WHITEMAN.
18 Vgl. dazu den Durchschnitt von 13,4 Prozent für das vorindustrielle England: siehe Kap. 1, Anm. 17 und *HFPT*, S. 150—157. Nicht alle Dienstboten jedoch tauschten ärmliche kleine Haushalte gegen reichere; siehe Kapitel 1.
19 Vor allem aufgrund der sehr unterschiedlichen wirtschaftlichen und ökologischen Verhältnisse wäre eine Verallgemeinerung für alle 10.000 Dörfer des Landes an der Wende vom 17. zum 18. Jahrhundert sehr gewagt. Nichtsdestotrotz gelten die Feststellungen über die Sozialstruktur von Goodnestone, Clayworth, den Dörfern in Kent, Ealing usw. im allgemeinen mit entsprechenden Abänderungen auch für folgende Orte: Terling und Earls' Colne in Essex; Petworth in Sussex; Kirby Lonsdale in North Lancashire; Fenny Compton und Chilvers Coton in Warwickshire; Bilston in Staffordshire; St. Bees in Cumberland; Grasmere in Cumberland (Wordsworths Grasmere); Myddle in Shropshire; Poole, Corfe Castle und Puddletown in Dorset; Donhead in Wiltshire. Hiebei handelt es sich um Niederlassungen, bei denen es möglich war, Vergleiche anzustellen, weil entweder Unterlagen zugänglich waren (im allgemeinen lag ein Einwohnerverzeichnis vor) oder seit den 60er Jahren unseres Jahrhunderts Arbeiten veröffentlicht worden sind — häufig war natürlich beides der Fall. Überzeugende Gegenbeispiele sind mir keine bekannt.
20 Siehe HASTED, *Kent*, S. 815.
21 Zwischen 1618 und 1628 schwankte die durchschnittliche Haushaltsgröße in Cogenhoe zwischen 4,92 und 5,11 und die Größe des Dorfes zwischen 150 und 185.
22 Der große Einfluß eines verheirateten Geistlichen auf die Sozialstruktur einer Dorfgemeinschaft wird durch das Beispiel der Stellung der Familie von Christopher Spicer in Cogenhoe deutlich, dessen Haushalt zwischen 1618 und 1628, als das Gutshaus leer stand, der größte des Dorfes war. Vgl. auch die Stellung in Clayworth: siehe *FLIL*, Kap. 2.
23 Siehe Keith WRIGHTSON und David LEVINE, *Poverty and Piety in an English Village: Terling 1525—1700*, 1979, vor allem S. 103—106 und die Tabelle auf S. 105, ein Werk, das eine einzigartige Untersuchung dieses wichtigen Themas darstellt. Nach Ansicht der Autoren zerfiel die Gemeinschaft von Terlin in Essex immer mehr in eine (der von Goodnestone vergleichbare) Elite und eine Reihe von armen Bewohnern, die sich in erster Linie als Tagelöhner und mittellose Handwerker durchschlugen.
24 Die Aufzählung wurde von K. J. ALLISON, *Bulletin of the Institute of Historical Research*, 1963, veröffentlicht. Es ist dies die früheste Aufzeich-

nung in der englischen Geschichte, die alle die Familienverhältnisse betreffenden Einzelheiten anführt und Altersangaben enthält.
25 Siehe *FLIL,* Tab. 2.16 und 2.17 usw.
26 Zur Sozialstruktur Londons im späten 17. Jahrhundert siehe Kap. 3, Anm. 2, sowie die angegebenen Verweise. In den neun Londoner Pfarren, die im Datenbestand 3 der *Cambridge Group* erfaßt sind, sind durchschnittlich 27 Prozent der Bevölkerung Dienstboten, wobei 66 Prozent der Haushalte Dienstboten beschäftigen. Die Anteile schwanken zwischen 20,2 und 48 Prozent (St. Andrew Wardrobe) und 35 und 80,5 Prozent (St. Mary le Bow). Diese hohen Raten beschränkten sich nicht allein auf die Hauptstadt: Nahezu 30 Prozent der Bevölkerung der angesehenen Hauptpfarre St. Peter Mancroft, Norwich, waren im Jahre 1694 Dienstboten, und 58 Prozent der Haushalte beschäftigten jemanden.
27 Siehe Henry BEST, *Rural Economy in Yorkshire in 1641, Being the Farming and Account Books of Henry Best, of Elmswell in the East Riding of the County of York,* hg. von C. B. ROBINSON, 1857 (1641), S. 93, überarbeitet. Wir erfahren nichts darüber, ob jeder Grundbesitzer im Dorf seine eigene Erntefeier veranstaltete oder ob es ein großes Fest für alle gab. Ich vermute, daß letzteres die Regel war, doch war die Praxis sicherlich von Ort zu Ort und von Zeit zu Zeit verschieden. Beschreibungen wie diese sind äußerst selten.
28 Die Forschung widmet der Zauberei heute breiten Raum; ein näheres Eingehen auf dieses Thema würde den Rahmen dieses Buches sprengen. Ein richtungsweisendes Buch auf diesem Gebiet ist Keith THOMAS, *Religion and the Decline of Magic: Studies in Popular Belief in 16th and 17th Century England,* 1971, ein Werk, das sicher auch in Zukunft beachtet werden wird. Daneben gibt es viele andere Untersuchungen, wie etwa jene von Alan MACFARLANE, die unter dem Blickwinkel des dörflichen Lebens alle bei Keith WRIGHTSON, *English Society 1580–1680,* 1982, Kap. 7, zusammengefaßt sind.
29 Zur Praxis der Osterkommunion, der Pflicht der Pfarrkinder, die Kommunion zu empfangen, und der Verantwortung des Priesters, sie den Sündern zu verweigern, sowie der Erstellung von Kommunikantenlisten (wie sie von den Kanonikern der Diözese Oxford gefordert wurden) siehe S. A. PEYTON, „The Churchwardens', presentments in the Oxfordshire peculiars of Dorchester, Thame and Banbury", *Oxfordshire Record Society,* 1928, S. XXXVI und XXXVII.
30 K. S. INGLIS, *Chruches and the Working Classes in Victorian England,* 1963.
31 Es gibt auch gelegentlich Berichte über derartige Zusammenkünfte in Schulhäusern, wenn es welche gab.
32 Siehe POWELL, *Puritan Village.*
33 Die Berichte über die vierteljährlichen Zusammenkünfte der Friedensrichter sind voller Hinweise auf die Gewährung, den Mißbrauch oder den Entzug der Erlaubnis, eine Schenke zu führen; die Anzahl der erwähnten Dorfgasthäuser ist allerdings sehr gering. Man hat sich in jüngster Zeit sehr mit Dorfschenken, ihrer Funktion im Leben der dörflichen und städtischen Gesellschaft, ihrer Verbindung zur Armut und zur Gefahr des Hungers, ihrer Rolle als Ort der Entspannung und des Feierns für das einfache Volk und der häufigen Unterdrückung durch die öffentlichen (vor allem puritanischen) Behörden auseinandergesetzt. Siehe WRIGHTSON, *English*

Society, Kap. 4, und die dort angegebenen Arbeiten, vor allem seine eigene Dissertation und die Abhandlung von Peter CLARK, die sich mit der Lage in den Städten beschäftigt.
34 Vielleicht Gregory King. Er besaß eine Kopie dieser Einwohnerliste von Harefield aus dem Jahre 1699, die unter seinen Papieren im *Public Record Office*, Ref. T64/302 eingesehen werden kann. Die als „Mr." geltenden Wirte Londoner Gasthäuser waren manchmal so reich wie Kaufleute.
35 So berichtet John AUBREY. Siehe sein *Brief Lives*, hg. von O. L. DICK, 1949, S. 148.
36 Zahlen aus *FLIL*, S. 98—99.
37 Peter LASLETT und John HARRISON, „Clayworth and Cogenhoe", in H. E. BELL und R. L. OLLARD (Hgg.), *Historical Essays 1600—1750, Presented to David Ogg*, 1963, S. 157. Erweitert und überarbeitet in *FLIL*, Kap. 2.
38 Der ursprüngliche Artikel wurde 1968 erweitert und enthält nun auch die Ergebnisse über zwei französische Dörfer des späten 18. Jahrhunderts (Département Pas de Calais). Die dort zu beobachtenden Verschiebungen entsprachen den in England festgestellten Bedingungen. In *FLIL* wurde die Studie nochmals überarbeitet, wobei die ursprünglichen Zahlen durch leicht divergierende ersetzt wurden. In WRIGHTSON, *English Society*, Kap. 2, findet sich eine sehr interessante Abhandlung über die Mobilität in den englischen Siedlungen des 17. Jahrhunderts; der Verfasser kommt zu dem Schluß, daß diese im Laufe des 17. Jahrhunderts abnahm.
39 Die Unterlagen über Clayworth enthalten keine Berichte über das Gut der Wawens, und es ist nicht bekannt, wie diese das Land bewirtschafteten. Das beste mir bekannte Beispiel eines Gutsbesitzers, der von solchen Entscheidungen berichtet, findet sich bei S. E. FUSSELL (Hg.), *Robert Loder's Farm Accounts, 1610—1620*, 1936.
40 E. CORBETT, *A History of Spelsbury*, Banbury, 1962, S. 170.
41 John SMITH of NIBLEY, *Men and Armour for Gloucestershire*, 1608, veröffentlicht 1902, zählt viele Orte auf, wo alle Männer im wehrfähigen Alter als „Dienstboten" des Gutsherrn ausgegeben werden.
42 Zum Einfluß der persönlichen Verschuldung auf die soziale Solidarität unter den Dorfnachbarn siehe WRIGHTSON, *English Society*, S. 52—53. Die lebendigste und informativste Beschreibung von Verwandtschaftsverhältnissen innerhalb der dörflichen Gemeinschaft und deren Bedeutung für die verschiedensten Formen der Zusammenarbeit ist Miranda CHAYTOR, „Household and kinship: Ryton in the late 16th and early 17th centuries", *History Workshop*, 10.

KAPITEL 4

1 Die Zitate stammen aus *Romeo und Julia*, I, II, Zeile 8—11; III, Zeile 69—73; Der Sturm, I, II, Zeile 44 und 54.
2 Siehe Kapitel 7.
3 Von Dr. Hollingsworth stammen auch die Angaben über Elizabeth Manners.
4 *Heiratsalter*
Das Beispiel ist eines von vielen möglichen aus Band II von J. M. COWPER (Hg.), *Canterbury Marriage Licences 1619—60*, Canterbury 1894. Das Heiratsalter, vor allem das Alter der Frauen bei der ersten Heirat, ist die

vielleicht bedeutendste Einzelvariable, durch die sich demographische und familiäre Strukturen voneinander unterscheiden. Siehe R. B. OUTHWAITE (Hg.), *Marriage and Society: Studies in the Social History of Marriage*, 1981, und seine Studie „Age at marriage in England from the 17th to the 19th century", *Transactions of the Royal Historical Society*, 1972. Siehe auch J. HAJNALS UND R. M. SMITHS berühmten Artikel aus dem Jahre 1965: „Some reflections on the evidence for the origins of the European marriage pattern", in C. HARRIS (Hg.), *The Sociology of the Family*, 1980. R. M. SMITH ist auch für ein im Rahmen der *Cambridge Group* durchgeführtes Projekt über den Zusammenhang von Eheschließungen und Familiengründungen verantwortlich.

5 Die zitierten Zahlen stammen aus der richtungsweisenden Arbeit *A History of the Study of Human Growth*, Cambridge 1981 (siehe Tabelle 11.3) von J. M. TANNER, dem großen Experten für die Rolle des Bevölkerungswachstums in der Vergangenheit. Ein Überblick unter dem Blickwinkel der Geschichte der Sozialstrukturen findet sich in *FLIL*, Kap. 6, „Age at sexual maturity in Europe since the Middle Ages", in dem ein Durchschnittsalter von höchstens 16 Jahren als historische europäische Norm vor Ende des 19. Jahrhunderts angegeben wird. In der jüngsten Fassung dieses Kapitels (französische Übersetzung, Paris 1984) wird angedeutet, daß es in dieser Hinsicht vor jener Zeit keine *historische* Entwicklung gegeben hat.

6 Das Durchschnittsalter bei der ersten Monatsblutung wurde für diese groben Schätzungen mit 15,75 Jahren und die Normalverteilung mit einer Standardabweichung von 1,1 Jahren angenommem. Siehe *FLIL*, Kap.6, addendum.

7 *Kinderheiraten*
Ich schulde Prof. Muriel BRADBROOK, die ehemals am Girton College in Cambridge unterrichtet hat, großen Dank für ihre Literaturangaben zu diesem Thema; es handelt sich hier größtenteils um ihre Gedanken. Was Beispiele von Kinderheiraten anlangt, die Shakespeare näher stehen als der Toskana der Renaissancezeit, wird aus dem Zentralmassiv in Frankreich berichtet, daß hier zwischen 1578 und 1599 16 von 50 Mädchen vor 18 Jahren und ein Mädchen bereits mit 11 Jahren verheiratet wurden: Jacques DUPÂQUIER, *Population rurale du bassin parisien, 1670–1720*, 1982 (1979). Dieses Mädchen ist vielleicht mit Susan Alford zu vergleichen, siehe dazu *Report and Transactions of the Devonshire Association for the Advancement of Science, Literature and Art*, Plymouth 1894, XXVI, S. 181. Der Fall Lady Rowecliffe stammt aus A. Percival MOORE, „Marriage contracts or espousals in the reign of Queen Elizabeth", *Reports and Papers of Associated Architectural Societies*, 1909, XXX, 1, wo WHITAKERS *History of Craven* zitiert wird. Dieses Buch ist eine wertvolle Abhandlung über das Thema der Vermählung im elisabethanischen Drama. Die Verzeichnisse von St. Botolph finden sich in T. R. FORBES, *Chronicle from Aldgate*, 1971 (siehe S. 37–38), exzerpiert.

8 Zu dieser Art der Literatur siehe Peter LASLETT, „The wrong way through the telescope: a note on the use of literary evidence in sociology and historical sociology", *British Journal of Sociology*, 1976, 27. Dort wird die Annahme, daß Literatur soziale Fakten widerspiegelt, zurückgewiesen und die Meinung vertreten, daß derartige Interpretationen beim Stand der heutigen Literatursoziologie äußerst unzulässig bleiben müssen.

9 Gemeinsam lebende verheiratete Geschwister
Diese Gesetzmäßigkeit wird durch alle bislang untersuchten Aufzeichnungen bestätigt: siehe *HFPT*. Die Kapitel dieses Buches zeigen, daß das Zusammenleben zweier verheirateter Paare im 17. Jahrhundert im nördlichen Teil Frankreichs und im 18. Jahrhundert in Holland und Korsika sehr selten, in England jedoch am seltensten war. Für weitere Vergleiche mit dem Kontinent siehe *FLIL*, Kap. 1, und *Famforms, passim*.

10 Die zusammengesetzten Haushalte der ärmsten Bewohner scheinen jedoch nicht auf persönliche Entscheidungen der Mitglieder dieser Familien zurückzuführen zu sein, sondern sind eher als Ergebnis bestimmter Strategien der Armenfürsorge zu verstehen.

11 Siehe z.B. James TAIT (Hg.), „Lancashire quarter sessions records, sessions rolls, 1590–1606", *Chetham Society*, Manchester 1917, S. 56, 145, 247, 260 usw. Zur Aufteilung von Unterkünften siehe N. GOOSE, „Household size and structure in early Stuart Cambridge", *Social History*, Okt. 1980.

12 King schätzt, daß im späten 17. Jahrhundert 2 bis 2,5 Prozent aller Häuser leer standen, in London sogar noch mehr: D. V. GLASS, „Two Papers on Gregory King", in D. V. GLASS und D. E. C. EVERSLEY, *Population and History*, 1965, S. 185. In Harefield standen 1699 8 von 117 Häusern leer. Hundert Jahre früher herrschte eine Wohnungsknappheit, die jedoch keine Auswirkungen auf Größe und Struktur der Haushalte hatte.

13 S. C. RATCLIFF und H. C. JOHNSON, *Warwick Quarter Sessions, 5, Warwick County Records*, 1939, S. 65.

14 Zu all diesen Punkten, über die bis heute kaum mehr bekannt ist, siehe *FLIL*, Kap. 8, zur Geschichte des Alterns und der alten Menschen, und V. BRODSKY ELLIOTT, „Mobility and marriage in pre-industrial England", phil. Diss., Cambridge 1979, und ihren Beitrag in OUTHWAITE, *Marriage and Society*.

15 Siehe Kap. 10 und K. A. WACHTER, E. A. HAMMEL und Peter LASLETT, *Statistical Studies of Historical Social Structure*, 1978, Kap. 7.

16 Diese Arbeit wurde im Rahmen der *Cambridge Group* von Professor E. A. WRIGLEY und DR. R. S. SCHOFIELD durchgeführt, die die aggregierten Ergebnisse von 404 anglikanischen Pfarregistern, die von 230 Freiwilligen zusammengetragen wurden, analysiert haben. Das 1964 begonnene Vorhaben wurde 1981 mit der Veröffentlichung der monumentalen Arbeit *The Population History of England, 1541–1871: A Reconstruction* (mit Beiträgen von J. E. OEPPEN von der *Cambridge Group* und Professor Ronald LEE, University of California, Berkeley) abgeschlossen. Es wird dem Leser auffallen, daß nahezu alle hier wiedergegebenen demographischen Statistiken diesem Buch entnommen sind. Der Rekonstitutionsvorgang, der mithilfe der monatlichen Tauf-, Heirats- und Begräbniszahlen der Listen eine so reiche Ernte an nationalen historisch-demographischen Statistiken erbracht hat, ist ebenso faszinierend wie kompliziert. Da hier nicht näher darauf eingegangen werden kann, erlauben wir uns, den Leser auf das Buch selbst zu verweisen, wo die Methoden und das Zustandekommen der hier nur wiedergegebenen Zahlen eingehend erläutert werden.

17 Siehe Henry BEST, *Rural Economy in Yorkshire in 1641, Being the Farming and Account Books of Henry Best, of Elmswell in the East Riding of the Country of York*, hg. von C. B. ROBINSON, 1857 (1641), S. 116–117.

KAPITEL 5

1 Die Lebenserwartungen zu verschiedenen Zeiten wurden den Tabellen von A. J. COALE und P. DEMENY in *Regional Model Life Tables*, Princeton 1966, entnommen, wobei das Modell Nord, Niveau 9, für die 90er Jahre der 17. Jahrhunderts und Niveau 24 für die 80er Jahre des 20. Jahrhunderts verwendet wurden.
2 Für eingehendere Untersuchungen und weitere Vergleiche siehe J. DUPÂQUIER, E. HÉLIN, P. LASLETT u. a., *Marriage and Remarriage in Populations of the Past*, 1981. Über Witwer und die grundsätzliche Demographie englischer Witwenschaft gibt es einen anschaulichen Beitrag von James E. SMITH, „Widowhood in earlier times", zu einer Konferenz in Salt Lake City im August 1980.
3 Die Geschichte der Bacons, Loversages und Welters stammt aus Peter LASLETT und John HARRISON „Clayworth and Cogenhoe", in H. E. BELL und R. L. OLLARD (Hgg.), *Historical Essays 1600—1750, Presented to David Ogg*, 1963, erweitert und überarbeitet in *FLIL*, Kap. 2. Aus vielen Listen der *Cambridge Group*, Datenbestand 3, geht hervor, daß ein oder zwei Mitglieder des Haushaltes von der Pfarre unterstützt wurden, wenn dem Vorstand keine Hilfe zuteil wurde. Dabei handelte es sich häufig um Inwohner, verwitwete Verwandte oder gar Mütter und Väter eines Ehegatten. Vgl. *FLIL*, Kap. 4 (über Waise) und Kap. 5 (über alte Menschen). Aufschlußreich ist auch R. M. SMITH, *Land, Kinship and the Life Cycle*, Einleitung.
4 Siehe Louis HENRY, *Anciennes familles genèvoises*, Paris, 1956. Die Fakten über Familienplanung stammen aus E. A. WRIGLEY, *Population and History*, siehe z. B. S. 87—88.
5 Siehe E. A. WRIGLEY, „Family limitation in pre-industrial England", *EcHR*, 1966, XIX, Nr. 1, 82—109.
6 Daß empfängnisverhütende Maßnahmen in Colyton nur von einer Minderheit praktiziert wurden, deren Vermählungen im späten 17. Jahrhundert keineswegs heimlich stattfanden, geht auch hervor aus E. A. WRIGLEY, „Marital fertility in 17th century Colyton, a note" *EcHR* 1978, XXXI, 429-436. Die Einstellung zu Heirat und Ernährung der Kleinkinder in England im Vergleich zu Flandern, Teilen Frankreichs, Bayern und anderen Ländern beschreibt Christopher WILSON. Siehe seine Dissertation „Marital fertility in pre-industrial England", 1981 (Kopie im Archiv der *Cambridge Group)* und seine Literaturangaben, z. B. John KNODEL, „Breast-freeding and population control", *Science*, 1977, CXCVIII, 111–115.
7 Dies war das Thema meines Vortrags am Collège de France, Paris, 2. Juni 1982. Vgl. hiezu die Arbeit Arthur IMHOFS über Protestanten und Katholiken in Deutschland; zur Kinderernährung bei den englischen Protestanten, vor allem in Amerika, siehe Philip GREVEN, *The Protestant Temperament*, New York 1977.
8 Die Zahlen über das Abhängigkeitsverhältnis werden in *W and S*, Tab. A 3.1 wiedergegeben. Siehe auch die Erläuterungen auf S. 216—219, 443ff., die sich mit den falschen Interpretationen befassen, die auf den von King angegebenen Zahlen beruhen.
9 *Kindheit in der vorindustriellen Gesellschaft*
Das Zitat stammt aus David DAVIES, *The Case of Labourers in Husbandry*,

Bath 1795, in dem von einem Ereignis in Aberdeenshire im Jahre 1769 berichtet wird. Diese Kindheitsberichte stammen von Lloyd DE MAUSE (siehe den Sammelband *The History of Childhood*, 1974, sowie die Zeitschrift desselben Titels). Philippe ARIÈS, Lawrence STONE, Ivy PINCHBECK und Margaret HEWITT, J. H. PLUMB („The new world of childhood in the 18th century", Neuabdruck in *The Light of History, 1972).* Vor allem Alan MACFARLANE (siehe seine Rezension von Stones Buch in *History and Theory,* 18, 103—126), Keith WRIGHTSON und Linda POLLOCK haben diese Sichtweise als unbefriedigend angesehen. Eine auf der Analyse hunderter Tagebücher und Autobiographien beruhende Studie von Linda POLLOCK erschien 1983: *Forgotten Children: Parent-Child Relationships 1500—1800,* Cambridge. Siehe auch John GILLES, *Youth and History,* 1974, und Randolph TRUMBACH, *The Rise of the Egalitarian Family,* 1978.

10 Das in vieler Hinsicht beeindruckende Erklärungsmodell findet sich in den beiden letzten Kapiteln ihres Buchs.

KAPITEL 6

1 Siehe Pierre GOUBERT, *Beauvais et les Beauvaisis de 1600 à 1730,* Paris 1960, Kap. III, „Structures démographiques", und vor allem Abschnitt 3, „Analyse des crises démographiques". E. A. WRIGLEY, in *Population and History,* 1969, bringt einiges Zahlenmaterial mit eingehenden Erläuterungen.

2 Das handgeschriebene Tagebuch von John Locke befindet sich in der Bodleian Library; der entsprechende Band ist MS Locke F. 5: siehe S. 19—22. Lockes Bemerkung über Alice Georges Bericht Königin Elisabeths Reise nach Worcester betreffend kann ich nicht bestätigen. Soweit mir bekannt ist, erfolgte diese Reise im Jahre 1575 und nicht 1588.

3 Henry BEST, *Rural Economy in Yorkshire in 1641, Being the Farming and Account Books of Henry Best, of Elmswell in the East Riding of the County of York,* hg. von C. B. ROBINSON, 1857 (1641), S. 42—43. Die Anstellung weiblicher Tagelöhner in der Landwirtschaft wird von Keith SNELL beschrieben, z. B. in „Agricultural seasonal unemployment, the standard of living and women's work in the south and east, 1690—1860", *EcHR,* 1981, XXXIV.

4 Zu Bethnal Green siehe Michael YOUNG and Peter WILLMOTT, *Family and Kinship in East London,* 1959 (1957), Kap. IV. Seither konnte gezeigt werden, daß, obwohl Preston 1851 eine ähnliche Struktur aufwies, diese für Bethnal Green in jenem Jahr sicher nicht galt. Siehe auch die von der *Cambridge Group* betreute Dissertation von Martin CLARKE.

5 John GRAUNT, *Natural and Political Observations upon the Bills of Mortality,* 1662, usw., Neuabdruck in *The Earliest Classics,* Farnborough 1973. Diese Ammen waren in London üblicher als sonstwo.

6 Eine eingehende Beschreibung mit Beispielen klassischer französischer *crises de subsistance* findet sich bei Michael DRAKE in seinen Studienunterlagen für die *Open University, Historical Demography, Problems and Prospects,* Milton Keynes 1974, S. 89—110. Er wendet diese auf die Pfarre Halifax im Erntejahr 1586/87 an und zeigt eine Krise auf, die in dieses Modell paßt. Er zieht jedoch die Schlußfolgerung, daß „das Verhältnis zwi-

schen Nahrungsmittelversorgung und Sterblichkeit nicht eins zu eins beträgt" (S. 104).

7 *Scottish Record Office*, Edinburgh, E 8/58 (s.d. 23 Feb. 1700). Die von Goubert übersetzte und leicht abgeänderte Passage befindet sich auf S. 76—77. Das Essen von Wurzeln, Gras und Blättern alleine war kein Zeichen von Hunger, obwohl es in solchen Zeiten üblicher war und die betreffenden Pflanzen im allgemeinen weniger geeignet waren. David DYMOND stellt in „The famine of 1527 in Essex", *LPS*, 1981, 26, Anm. 19, fest, daß „im Winter Getreide-, Petersilien- und Löwenzahnwurzeln, im Frühling dagegen die frischen Blätter des Hagedorns oder die jungen Triebe des Farnkrautes den mageren Speisezettel ergänzten".

8 Ich habe diese Stelle des Originaltextes etwas abgeändert, um die Beobachtung von Andrew APPLEBY in *Famine in Tudor and Stuart England*, Stanford 1978, S. 115—118, zu berücksichtigen, der eine vollständigere Liste all jener Bedingungen bringt, die mit einer Subsistenzkrise verbunden waren. Man diskutiert derzeit die Frage, ob die Kindersterblichkeit in besonderer Weise mit Hungersnöten gekoppelt ist.

9 Die Register von Ashton-under-Lyne, Lancashire, wurden 1927/28 von H. BRIERLEY veröffentlicht. Obwohl diese einige Lücken aufweisen, enthalten sie unschätzbare Informationen über Themen wie Abtreibung und Selbstmord, vor allem für die Jahre 1596—1640. Über Begräbnisse in West Yorkshire siehe Michael DRAKE „An elementary exercise in parish register demography", *EcHR*, 1962, LXV, Nr. 3. Ein besseres Beispiel für eine englische Subsistenzkrise wäre Halifax zu einem früheren Zeitpunkt, nämlich 1580—1587. Siehe Kap. 6, Anm. 6.

10 Zitiert von Joan THIRSK in „Industries in the countryside", in F. J. FISHER (Hg.), *Essays in Honour of H. H. Tawney*, 1961. Die Register von Greystoke wurden von A. M. MACLEAN herausgegeben und 1911 bei Kendal veröffentlicht. W. G. HOWSON, ein Pionier auf dem Gebiet von Forschungen dieser Art, hat meine Aufmerksamkeit auf diesen Bericht gelenkt: siehe sein „Plague, poverty and population in parts of North West England", *Transactions of the Historical Society of Lancashire and Cheshire*, 1960.

11 Die Register von St. Margaret wurden von A. M. BURKE in *Memorials of St. Margaret's Church, Westminster*, 1914, abgedruckt und geben mit Auslassungen und gewissen Unsicherheiten die Todesursachen zwischen Mai und Juni 1557 an. J. F. EDE verdanke ich den Hinweis auf die Eintragung im Register von Wednesbury.

12 Maßnahmen dieser Art seitens der englischen Regierung und der Stadtväter werden in E. LIPSON, *The Economic History of England*, 9. Aufl., 1947, I, S. 302 usw., II, S. 419—448, zusammengefaßt. Charles PHYTHIAN-ADAMS, *Desolation of a City: Coventry and the Urban Crisis of the Late Middle Ages*, Cambridge 1979, sagt über Coventry, daß „alles in dem 1520 beginnenden Erntejahr auf eine Hungersnot hinweist". Was Bestandsaufnahmen der Bevölkerung und der Getreidevorräte auf dem Lande betrifft, siehe für damals und andere Zeiten Kap. 5, Anm. 28.

13 Kapitel 8, „Short term variation, some basic patterns", Kapitel 9, „Short term variations: vital rates, prices, weather" (eine bemerkenswerte und deutlich ökonometrische Ergänzung zur Arbeit von Ronald Lee), und Anhang 10, „Local mortality crises", stellen eine umfassende und in sich geschlossene Abhandlung unseres Themas dar.

14 Das Zitat stammt aus *The Causes of the English Revolution*, 1972, 3. Nachdruck 1975, S. 110. Stones Verweise machen deutlich, daß er seine Schlußfolgerungen lediglich auf „zwei Epidemien in einer Stadt (Northampton 1605 und 1638), bei denen nur *ein Sechstel* der Bevölkerung umkam", stützt (*W and S*, 686, Anm. 97). Applebys Arbeiten über die Sterblichkeit in den Jahren 1585–1589, 1595–1599 und 1621–1625 in fünfzehn Pfarren Westmorelands und Cumberlands zeigen, daß nur Greystoke neben einer anderen Pfarre zu allen drei Zeitpunkten betroffen war, wenn auch nicht immer am stärksten (*Famine*, Fig. 3–14). Die Berechnungen ergaben, daß die Begräbniszahlen im Jahre 1623 den geschätzten Trendwert in allen Monaten von Juli bis Dezember um die angenommene Standardabweichung von 3,36 übertrafen (siehe S. 647) — eine ernste, wenn auch keineswegs besonders ernste Krise. Es ist wichtig festzuhalten, daß in dem Abschnitt mit der Überschrift „Die Struktur der Sterblichkeit bei örtlichen Krisen" (*W and S*, S. 685–693) die Krisenrate pro Jahrhundert irrtümlich pro Dekade angegeben wurde. Alle Hinweise auf eine Krisenrate pro Dekade sollten daher als auf das Jahrhundert bezogen verstanden werden. Roger Schofield hat mir versichert, daß diese Berichtigung bei einer zukünftigen Neuauflage des Buches berücksichtigt werden soll.

15 *Hinweise auf Hungertote in englischen Berichten*
Der lateinische Satz im Text wird von APPLEBY, *Famine*, S. 148, zitiert. David PALLISER zitiert in „Dearth and disease in Staffordshire, 1540–1670", in C. W. CHALKLIN und M. A. HAVINDEN (Hgg.), *Rural Change and Urban Growth*, 1974, S. 64, eine Todeseintragung aus dem Register von Rocester (1618/19), die „A suckerlesse pore woman destitute of maintenance" anführt. Der Wortlaut ist praktisch identisch mit dem zweier Eintragungen aus Greystoke, ist aber weniger genau. Andere Angaben sind noch allgemeiner gehalten und beziehen sich nicht auf bestimmte Begräbnisse. Sie stammen aus städtischen Berichten der 90er Jahre des 16. Jahrhunderts. „An old chronicler of Shrewsbury" hoffte 1596 laut E. M. LEONARD, *The Early History of English Poor Relief*, 1900, S. 123–124, sehnlichst, das Gottes „chosen flocke perrishe not and die for want as many in all contries (d. h. Grafschaften, Gebieten) in England die and go in great numbers miserably begging". Eine oft zitierte Stelle in den Stadtberichten von Newcastle-on-Tyne im Oktober 1597 („Sundrey starving and dying in the streets and in the fields of lack of bread", APPLEBY, *Famine*, S. 10) und ein Bericht aus Nantwich in Cheshire aus dem Jahre 1595 („Great sicknesse by famine ensued and many poore died thereof", PALLISSER, „Dearth and disease", S. 61) scheinen gegenwärtig die einzigen sonst vorhandenen Hinweise. Was Frankreich betrifft, so schreibt Pierre GOUBERT: „La mention des causes de la mort sur les registres françaises de sèpulture est *rare*, mais existe: elle est presque toujours vague ... „Famine" veut parfois dire seulement nourriture insuffisante, ou polluée, ou malsaine" (Brief vom September 1982).

16 Roger SCHOFIELD, „The impact of scarcity and plenty on population change in England, 1541–1871", ein Beitrag zur Konferenz über Hunger und Geschichte, Bellagio, Juli 1982. Zu Thompsons Aufsatz siehe *P and P*, 50.

17 Amartya SEN, *Poverty and Famine: An Essay in Entitlement Deprivation*, Oxford 1982.

18 Über Preise, Sterblichkeit, Heirat und Fruchtbarkeit siehe *W and S*, Tab. 9.8 und 9.6 sowie die entsprechenden Erläuterungen. Es gibt Hinweise darauf, daß lediglich extrem hohe oder sehr niedrige Sterberaten eine Auswirkung auf die Vermählung zeitigten (383), was wiederum einen bemerkenswerten Punkt unseres Subsistenzkrisenmodells bestätigen würde. Die Preise hatten über Vermählungen keinerlei Einfluß auf die Fruchtbarkeit, während die Sterblichkeit stärker auf die Geburtenzahlen durchschlug als die Preise, wobei diese Effekte stets unterschiedlich stark ausgeprägt sind. Die Sterberate schwangerer Frauen war kein wichtiger Faktor.

19 Die Lebenserwartung bei der Geburt ging in den späten 50er Jahren des 16. Jahrhunderts ebenso um drei Jahre zurück wie in den späten 20er Jahren des 18. Jahrhunderts, doch erreichte das Verhältnis jener Pfarren, in denen es eine Sterblichkeitskrise gab, im ersten Fall keine 40 und im zweiten Fall keine 30 Prozent (*W and S*, Tab. A 10.2 und S. 318). Es handelt sich hiebei um die beiden höchsten Verhältniszahlen. Eine Auswahl von 404 Pfarren ist sicherlich für das Studium geographischer Veränderungen weniger geeignet als für das zeitlicher Veränderungen, und es ist festzuhalten, daß nicht alle, sondern lediglich ein Viertel (in den 50er Jahren des 16. Jahrhunderts) ständig beobachtet wurden: siehe Tab. 2.19 und A 10.2.

20 Dies wird wiederholt in *W and S* betont, und in „Nutrition and disease: the case of London, 1550—1750", *JIH*, 1975, VI, 1, weist dies APPLEBY für diese Stadt nach. Zu Frankreich siehe J. DUPÂQUIER, *La population française au XVII et XVIII siècles*, Paris 1979, S. 42—50, wo er auch seine Überarbeitung der Subsistenzkrisentheorie von Meuvret, Goubert u. a. vorlegt. Dupâquier ist der Meinung, daß Seuchen in Frankreich als Ursache für Todesfälle und Krisen von wesentlich größerer Bedeutung waren als Krieg und Hunger und daß das Land England in dieser Beziehung ähnlicher war als dies Wrigley und Schofield sehen. Über die Pest siehe *The Plague Reconsidered: A New Look at its Origins and Effects in 16th and 17th century England*, Ergänzung zu *Local Population Studies, 1977*, wo Schofield aufzeigt, wie diese Krankheit aus einem Pfarregister erschlossen werden kann, auch wenn die Todesursache nicht angegeben ist; er stützt sich dabei auf das Beispiel Colyton in den Jahren 1645/46. Siehe auch den Beitrag von J.-N. BIRABEN (Paris) über die immer noch offene Frage, warum die Pest im späten 18. Jahrhundert aus Europa verschwand. Vgl. dazu Andrew APPLEBY, „The disappearance of the plague, a continuing puzzle", *EcHR*, 1980, XXIII, und P. SLACK, „The disappearance of the plague, an alternative view", *EcHR*, 1981, XXXIV. Appleby vertritt die Ansicht, daß die Ratten gegen die Pest immun geworden waren, Slack glaubt, daß die Quarantäne Wirkung zeigte, und Biraben hat in jüngster Zeit eine bakteriologische Erklärung vorgeschlagen.

21 *Hungersnot und Infektion*
SEN, *Poverty and Famine*, Anhang D, „Famine and mortality, a case study", S. 210. Zur Hungersnot in Irland siehe das Kapitel von Sir William MACARTHUR, „The medical history of the famine", in R. Dudley EDWARDS and T. WILLIAMS (Hgg.), *The Great Famine*, Dubin 1956. Seine Beschreibungen von Ruhr, Typhus, Skorbut und hungerbedingter Wassersucht entsprechen den ernährungsbedingten Todesfällen im England des 17. Jahrhunderts. Die ausführlichste und nützlichste medizinische Analyse dieser Zusammenhänge finden sich in der Arbeit über die westeuropäische Bevölkerung des 20. Jahrhunderts, dem großen zweibändigen Werk von Ancel KEYS

u. a., *The Biology of Human Starvation*, 1951. Wenn auch einige seiner Schlußfolgerungen und Vermutungen mit der von der *World Health Organization* 1968 herausgebrachten Studie (N. S. SCRIMSHAW, C. E. TAYLOR und J. E. GORDON, *Interactions of Famine and Disease*, Genf) unvereinbar scheinen, so findet man in der *WHO*-Untersuchung nicht einmal den kleinsten Hinweis auf die Bände Keys' — ein Rätsel für den medizinischen Laien.

22 Das Zitat stammt aus SCRIMSHAW, TAYLOR UND GORDON, *Interactions,* S. 15. Paul SLACK spricht in seiner außerordentlich aufschlußreichen Studie „Mortality crises and epidemic disease in England, 1485—1610", in Charles WEBSTER (Hg.), *Health, Medicine and Mortality in the 16th Century,* 1979, von einer synergistischen Verbindung und „mixed crises and famine crises". Andere ortsspezifische Studien, abgesehen von HOWSON, PALLISER und APPLEBY, sind C. D. ROGERS, *The Lancashire Population Crisis of 1623,* Manchester 1975; A. GOODER, „The population crisis of 1727—30 in Warwickshire", *Midland History 1972, 1, 4;* N. T. OSWALD, „Epidemics in Devon, 1538—1837", *Transactions of the Devon Association for the Advancement of Science,* 1977; Victor SKIPP, *Crisis and Development: An Ecological Study of the Forest of Arden, 1570—1674,* Cambridge 1978; und für Schottland T. C. SMOUT, „Famine and famine relief in Scotland", in L. M. CULLEN und T. C. SMOUT (Hgg.), *Comparative Aspects of Scottish and Irish Economic and Social History,* Edinburgh 1977; Rosalind MITCHISON, „The making of the old Scottish poor law", *P and P* 1974, 63, sowie Michael FLINN (Hg.), *Scottish Population History,* Cambridge 1977, wo in Anhang A die Sterblichkeitsindizes für die Zeit von 1615 bis 1852 nach Gebieten angegeben sind. Die meisten dieser Berichte wurden im Text verwendet. Siehe Roger Schofields Bemerkung über die Interpretation demographischer Fakten in Verbindung mit Hungersnöten am Ende der Anmerkungen zu diesem Kapitel.

23 Siehe J. MENKEN, J. TRUSSELL und S. WATKINS, „The nutrition fertility link: an evaluation of the evidence", und die dort angegebenen Verweise, *JIH* 1981, XI, 3. Die Theorie einer solchen Verbindung stammt von Rose FRISCH; ihre Argumente (siehe z. B. „Nutrition, fatness and fecundity: the effect of food intake on reproductive ability", in W. M. MOSLEY (Hg.), *Nutrition and Human Reproduction,* New York 1978) wurden von Menken, Trussell und Watkins anerkannnt. Einige Thesen sind zwar auf Kritik gestoßen, doch sich diese Autoren und andere Fachleute auf diesem Gebiet einig, daß „when food supplies are so short as to cause starvation there is little doubt that fertility is lowered". Le Roy LADURIES Artikel (1979) findet sich unter dem Titel „Famine amenorrhea (17th—20th centuries)" in R. FORSTER und O. RANUM, *Biology of Man in History,* 1975, Angaben zur klimatischen Geschichte finden sich in *W and S,* wenn auch Appleby später vermutet hat, daß vor allem die ernährungsbedingten Krisen des späten 16. und frühen 17. Jahrhunderts auf „eine kleine Eiszeit" zurückzuführen sein könnten. Siehe seinen Artikel in *JIH,* 1980, X, 4, 643—663.

24 SKIPP, *Crises and Development,* vor allem Kap. 13. Eine große Zahl von Tabellen und Abbildungen in *W and S* sind der relativen Härte nationaler und örtlicher Krisen gewidmet, z. B. Tab. 8.7 bis 8.11 über prozentuelle Trendabweichungen bei Reallöhnen, Geburten, Heiraten und Sterberaten; 8.12 und 8.13 über Krisenjahre und Krisenmonate; A 10.1 und A 10.2 (mit der bemerkenswerten Abbildung A 10.1) über den Anteil der von Krisen

betroffenen Pfarren mit einer ganzen Reihe von Landkarten (Abb. A 10.2 bis A 10.14), die für jeden Monat des Jahres jene Dörfer und Niederlassungen angeben, die 1557–1559, 1586–1588, 1596–1598, 1603–1604, 1624–1625 usw. von Krisen erfaßt wurden. Es werden die das ganze Land betreffenden Krisenjahre und -monate festgestellt; der Grad der Härte wird durch ein System von Sternen angegeben. So wird es möglich, von den 40er Jahren des 16. Jahrhunderts bis zu den 70er Jahren des 19. Jahrhunderts jedem Jahr den Platz zuzuordnen, der ihm in bezug auf Sterblichkeitskrisen und die geographische Intensität örtlich beschränkter Krisen zukommt. Allerdings gilt das nur für jene Siedlungen, die wie Greystoke zu den 404 Pfarren der Stichprobe gehören. Von Kap. 9 abgesehen werden die Reallöhne, d. h. das Lohn-Preis-Verhältnis, jedoch nahezu lückenlos behandelt. Ich beschränke mich vor allem deshalb auf die Weizenpreise, weil die Festsetzung der Löhne im Süden einen recht hohen Unsicherheitsfaktor in sich birgt. Siehe auch Anhang 9 in *W and S*.

25 Über Hungertote in der Hauptstadt im Jahre 1763 (!) siehe James Boswell, *Johnson*, hg. von Percy Fitzgerald, Ausgabe 1924, II, S. 374. Johnson berichtet, was er von einem Londoner Magistratsbeamten namens Saunders Welch erfahren hatte, und dachte vielleicht an den bekannten Fall dreier Hungertoter, die man in einem verlassenen Haus gefunden hatte. Was das Krisenjahr 1577 in Westminster anlangt, so ist es möglicherweise gerechtfertigt, einige Todesfälle, die u.a. auf rote Ruhr, an Typhus erinnerndes Fieber und auf Tuberkulose (Slack, *Crisis and Development*, S. 32) zurückzuführen waren, hinzuzufügen, wodurch sich die Summe jener, deren Tod mit der Lebensmittelknappheit in Zusammenhang zu bringen ist, auf 25 erhöht. So gesehen waren die Monate Mai und September in jener Pfarre sicherlich Krisenmonate; „Hungertote" waren in den Monaten Juni (1), Juli (5), August (4) und September (3) zu verzeichnen. Dann jedoch ändert sich ab Mitte des Sommers das Krankheitsbild, und die „neue Krankheit" oder das „Wechselfieber", vielleicht eine Art Grippe, die jedoch in viel geringerem Ausmaß mit der Nahrungsmittelnot zusammenhing, trat auf.

26 Appleby, *Famine* (siehe vor allem Kap. 10), dem sich *W and S* anschließen. Sie ergänzen seine Überlegungen noch um einige Vermutungen hinsichtlich der Frage, warum die nördlichen und westlichen Hochlande mit ihrer mangelnden Lebensmittelversorgung nach den 20er Jahren des 17. Jahrhunderts nicht mehr so im Vordergrund standen. Trotz der wirklich beklagenswerten Geschichte des Nordwestens waren Devonshire und der Südwesten die insgesamt am stärksten von Krisen erschütterten Gebiete des Landes.

27 Palliser, „Dearth and disease", S. 64, überarbeitet. Was dieses Kapitel betrifft, bin ich nicht nur Edward Thompson, sondern auch den Untersuchungen John Walters und Keith Wrightsons (Wrightson, *English Society 1580–1680*, 1982, vor allem Kap.6; Walter und Wrightson, „Dearth and the social order in early modern England", *P and P*, 1976, S. 71; Walter, „Grain riots and popular attitudes to the law", in John Brewer und John Styles (Hgg.), *An Ungovernable People*, 1980) zu Dank verpflichtet.

28 David Dymond schildert in „The famine of 1527 in Essex", wie dort 1521 in allen Niederlassungen eines Gebiets auf königliche Anordnung hin von den örtlichen Beamten sogenannte *corn certificates* erstellt wurden. Man zählte die Bewohner, bestimmte die Getreidevorräte für Brot und Bier und

errechnete die fehlenden Mengen. Aus seinen Anmerkungen geht hervor, daß in diesem Jahr manche Gebiete in Wiltshire und Kent ebenfalls so erfaßt wurden und daß dies signifikanterweise auch in zwei Jahren geschah, in denen man eine Hungersnot befürchtete, nämlich 1586/87 und 1623: siehe auch Sir William ASHLEY, *The Bread of our Forefathers*, Oxford 1928, Anhang IV. Ob und inwiefern diese Maßnahmen, die es keineswegs erst seit dem elisabethanischen *Book of Orders* gab, Teil einer schon lange praktizierten Politik gegen drohende Hungersnöte waren, würde einer eingehenderen Untersuchung bedürfen. Vgl. R. H. TAWNEY und E. POWER, *Tudor Economic Documents*, 1924, I, Abschnitt 3, „The corn trade and the food supply". Zu ähnlichen Maßnahmen in Schottland siehe MITCHISON, „Old Scottish poor law". Setzt man sich eingehender mit diesem Thema auseinander, gerät man bald in den Bereich der nationalen Politik von Getreideimporten und -exporten im Verhältnis zum Lebensmittelbedarf des Landes, einer Frage, mit der sich viele Wissenschaftler beschäftigt haben; die wohl wichtigsten Arbeiten auf diesem Gebiet stammen von R. B. OUTHWAITE, siehe z. B. „Dearth and government intervention in English grain markets, 1590—1700", *EcHR*, 1981,XXIII, und „Food crises in early modern England", *Proceedings of the 7th International Economic History Conference*, Edinburgh 1978.

Veränderungen der Geburten- und Sterberaten im Zusammenhang mit Hungersnöten

Einige Anmerkungen von Roger Schofield

Bisweilen wird die Behauptung aufgestellt, daß, wenn die Anzahl der registrierten Geburten in demselben Ausmaß zurückgeht wie die Zahl der Todesfälle steigt, diese Scherenbewegung ein Indikator dafür ist, daß die Sterblichkeitskrise auf eine Hungersnot zurückzuführen ist. So schreibt z. B. Appleby: „Wenn feststeht, daß es eindeutig keine Pest gab, so ist eine Amenorrhea (d. h. ein Rückgang der Empfängnisrate) ein sicherer Hinweis auf eine Hungersnot." (a) Leider waren es nicht bloß die Pest, sondern auch viele andere Krankheiten, die vorübergehend die Fruchtbarkeit beeinträchtigten. Nehmen wir zum Beispiel die 20 Jahre, in denen das stärkste Ansteigen der Sterberate zu verzeichnen war (1544 und 1762), so gab es in den sechzehn Jahren eine Scherenbewegung, die die Geburtenrate unter den Durchschnitt fallen ließ. Zieht man daraus den Schluß, daß es in jenen Jahren eine Hungersnot gab, so ist dies ebenso falsch wie richtig, denn in acht von sechzehn Jahren lagen die Lebensmittelpreise *unter* dem Durchschnitt. Außerdem betrug der Anstieg in fünf von acht Jahren, in denen die Lebensmittelpreise über dem Durchschnitt lagen, weniger als 10 Prozent, was wohl kaum auf Jahre einer nationalen Hungersnot schließen läßt. (b) Daher kann bei Fehlen unabhängiger Angaben zur Bewegung der Lebensmittelpreise eine Scherenbewegung bei den Geburten- und Sterberaten nicht als schlüssiger Beweis für eine Subsistenzkrise angesehen werden. Dieses Phänomen scheint viel eher durch Epidemien hervorgerufen worden zu sein.

(a) APPLEBY,„Disease or famine", *EcHR*, 1973, XXVI, 423. ROGERS in *Lancashire Population Crisis*, S. 6, schließt sich dieser Meinung an und sieht im Rückgang der Empfängnisrate einen schlüssigen Beweis für

Hungersnöte als Grund für die hohe Sterblichkeit in Teilen Lancashires im Jahre 1623.
(b) *W and S*, Tab. 8.8 auf S. 322, obere Tafel. (Die Kolonnenüberschriften „Reallohn" und „Sterberate" sollten umgestellt werden.)

KAPITEL 7

1 Zum „Untergang der Kultur" eines zeitgenössischen Dorfes siehe W. M. WILLIAMS, *The Sociology of an English Village: Gosforth*, 1956.
2 Siehe J. RUWET, in *Population* 1954.
3 *Homosexualität, Unzucht mit Tieren usw.*
Zu sexuellen Verstößen, Fällen von Exkommunikation usw. und zur Einstellung des einfachen Volkes in Fragen geschlechtlicher Unzucht siehe die diversen Aufzeichnungen der erzbischöflichen Gerichte sowie R. A. MARCHANT, *The Church unter the Law: Justice Administration and Discipline in the Diocese of York, 1500—1640*, Cambridge 1969; Paul HAIR, *Before the Bawdy Court*, 1973, und G. R. QUAIFE, *Wanton Wenches and Wayward Wives: Peasants and Illicit Sex in Early 17th Century England*, 1979. Quaife behandelt die Homosexualität auf den Seiten 176 und 177. „Buggery in the British Navy 1700—1861" (von Arthur N. GILBERT), „London's sodomites: homosexual behavior and urban culture in the 18th century" (von Randolph TRUMBACH) und „Things fearful to name: sodomy and buggery in 17th-century New England" (von Robert OKES, in *Journal of Social History*, 1976, 10, 1, 72; 1977, 11, 1, 1; und 1978, 12, 2, 266) liefern zusammen mit Stones Buch weiteres Material. Zur Definition von Sodomie siehe NELSONS *Justice of the Peace*, 2. Aufl. 1707, S. 115—116. Die Formen der Hinrichtung für dieses Verbrechen waren von Zeit zu Zeit verschieden; die Leute dürften, wie aus den Unterlagen hervorgeht, entweder lebendig begraben, verbrannt oder ertränkt worden sein. Im frühen 18. Jahrhundert galt Homosexualität als schweres Verbrechen, das vermutlich den Tod durch den Strang nach sich zog, wenn zweifellos bewiesen werden konnte, daß es zur Penetration gekommen war. Die Seltenheit der Fälle läßt hoffen, daß das Leben der Homosexuellen in Wirklichkeit nicht nur von Todesangst geprägt worden war.
4 Siehe „The Puritans and adultery: the Act of 1650 reconsidered", in Oswald PENNINGTON und K. THOMAS, *Puritans and Revolutionaries*, Oxford 1978.
5 Siehe E. A. WRIGLEY, „Marriage, fertility and population growth in 18th century England", in R. B. OUTHWAITE (Hg.), *Marriage and Society in the Social History of Marriage*, 1981, S. 163—164, der zeigt, daß zwischen den 60er Jahren des 17. Jahrhunderts und den 70er Jahren des 19. Jahrhunderts zeitlich gesehen nicht zwischen vorehelichen und ehelichen Schwangerschaften unterschieden werden kann. Die entsprechenden Angaben zur Anzahl der monatlichen Empfängnisse im Jahre 1660 finden sich bei *W and S* in Tab. A2.4. Feier- und Festtage ließen manchmal Spuren hinter sich, wie etwa im 16. Jahrhundert (später jedoch nicht mehr) Weihnachten die Zeit der Taufen war. Zur Behauptung, daß die häufig als hervorstechendstes Charakteristikum der Restaurationszeit angesehene Freizügigkeit nicht als „Ausdruck" sexueller Normabweichungen zu verstehen ist, und zur Rate unehelicher adeliger Kinder in der entsprechenden Zeit siehe

Peter LASLETT, „The wrong way through the telescope: a note on literary evidence in sociology and historical sociology", *British Journal of Sociology*, 1976, 27.

6 Die Vorstellung einer sexuellen Revolution stammt von Edward SHORTER, siehe *Making of the Modern Family*, 1975, und andere Arbeiten des Autors zu diesem Thema. In am wenigsten überzeugender Weise findet sich diese Vorstellung auch bei J. M. PHAYER, *Sexual Liberation and Religion in 19th-Century Europe*, 1977, mit Verweisen auf Bayern. Wenn eine solche Vorstellung auch auf England überhaupt nicht zuzutreffen scheint, dürfte — wie G. N. GANDY 1978 in seiner Dissertation (phil. Diss., Oxford) gezeigt hat — eine englische Gemeinde dem von Phayer für bayrische Niederlassungen behaupteten Muster entsprechen. Es ist allerdings nicht auszuschließen, daß im früheren 19. Jahrhundert in einigen Gebieten Englands mit der religiösen Begeisterung auch geschlechtliche Normabweichungen zunahmen, wie das ja Phayers Ausführungen nahelegen.

7 Die Zahl der Geschlechtsakte, die jeder tatsächlichen Empfängnis vorangingen, stellt ein komplexes Problem dar, zu dessen Lösung es Informationen über den Zeitpunkt der Geschlechtsakte in bezug auf den Zeitpunkt des Eisprunges im Menstruationszyklus der Frau bedürfte. Es ist unwahrscheinlich, daß solche Informationen je für außereheliche Schwangerschaften in der Vergangenheit vorliegen werden. 1960 berechnete TIETZ die eheliche Schwangerschaftswahrscheinlichkeit nach einem einzigen Koitus den körperlichen Voraussetzungen unserer Zeit entsprechend mit 1 zu 50 (*Fertility and Sterility*, II, 1960). Dieses Verhältnis muß bei weitaus ungünstigeren, manchmal sogar den allerschlimmsten Empfängnisbedingungen und bei wechselnden Partnern zweifellos viel niedriger gelegen sein.

8 Einer Schätzung des *Registrar-General* aus dem Jahre 1970 zufolge ist es möglich, daß nahezu ein Drittel der im April 1961 als unehelich registrierten Kinder von verheiraten Frauen geboren wurden. Eine 1960 von Genetikern im Gebiet Detroit durchgeführte Untersuchung bei 1417 weißen Kindern zeigte, daß 1,4 Prozent erwiesenermaßen nicht von den Ehemännern ihrer Mütter gezeugt worden waren, obwohl sie von ihren Müttern nicht als außerehelich angegeben worden waren. Die entsprechende Zahl für 523 Kinder schwarzer Mütter betrug 8,9 Prozent. Siehe *FLIL*, S. 121. Manchmal findet man von verheirateten Frauen geborene außereheliche Kinder in den Pfarregistern verzeichnet.

9 Siehe James TAIT (Hg.), „Lancashire quarter sessions records, sessions rolls, 1590–1606", Chetham Society, Manchester 1917.

10 Die Zitate stammen aus QUAIFE, *Wanton Wenches*, S. 193–194, 157–158, 54 und 158.

11 Siehe z. B. Richard GOUGH, *The History of Myddle*, hg. von David HEY, 1981, S. 102 (Gut vertrunken) und 133 („er zerstörte sich selbst und seinen Besitz, weil er trank"). Über den Trunkenbold William Tyler und dessen Eskapaden siehe vor allem S. 176–178, über Kneipen und Schenken siehe Keith WRIGHTSON, *English Society 1580–1680*, 1982, *passim*.

12 Diese Namen scheinen alle in meinem Versuch auf, eine besonders zu unehelichen Kindern neigende gesellschaftliche Gruppe zu bestimmen (*FLIL*, Kap. 8); das vorhandene Material reicht jedoch nicht aus, schlüssig zu beweisen, daß der Literatur und Kunst verbundene Menschen mehr zu sexuell abweichendem Verhalten neigten als die übrige Elite. Lawrence

STONES umfassendes Buch *The Family, Sex and Marriage in England 1500—1800*, 1977, bringt zahlreiche Materialien über das Sexualverhalten der Minderheit. In der gekürzten Fassung (Penguin 1981) fehlt jedoch die Behauptung, daß das Verhalten der Minderheit sich von dem der übrigen Bevölkerung nicht unterschied.

13 QUAIFE, *Wanton Wenches*, S. 183—185, 181—183 und *passim*. Unter den Geistlichen von Myddle gab es ein schwarzes Schaf, das mit einem Mädchen aus Tyle ein uneheliches Kind hatte. Quaife folgert aus dem ihm verfügbaren Material (das sich, und das darf nicht vergessen werden, zur Gänze auf die wenigen bekannten Fälle stützt, wo das Verhalten einzelner Anstoß erregte), daß alle Frauen als allen Männern zur Verfügung stehend angesehen wurden, vor allem die leicht zugänglichen wie Dienstmädchen und Schwägerinnen. Er hält allerdings weder etwas davon, daß Heirat und Ehe mit Liebe nichts zu tun gehabt hätten, wie das Stone und Shorter andeuten (S. 243—249), noch kann er sich mit der Vorstellung einer sexuellen Revolution im 18. Jahrhundert anfreunden. Was die Gleichgültigkeit gegenüber Kindern betrifft (siehe Kap. 5), ist es wohl das beste, die Oberflächlichkeit und mäßige wissenschaftliche Fundierung von Theorien dieser Art aufzuzeigen — und neues Material und bessere Analysen abzuwarten.

14 Eine etwas unerwartete Bestätigung für das Jahr 1911 liefert N. R. CRAFTS, „Illegitimacy in England and Wales", *Pop Studs*, 1982, 36, 2, 317—321, der die Meinung vertritt, daß sowohl die wirtschaftliche Situation als auch die örtliche Lage für künftige Versionen der *courtship-intensity hypothesis* eine Rolle spielen sollten. Lancashire betreffende Zahlen vor dem 19. Jahrhundert siehe *FLIL*, Tab. 3. 4—3. 10, in denen einige Niederlassungen in der Zeit zwischen 1381 und 1640 ein Niveau wie in der Zeit zwischen 1781 und 1820 erreichten. Die große Pfarre Rochdale hat in der ersten Periode einen Anteil von 6 Prozent und in der zweiten 5,9 Prozent zu verzeichnen. Lancashire zählte 1842 nicht zu den zehn ersten Grafschaften und zwischen 1870 und 1902 lag es an 27. bis 31. Stelle.

15 Martine SEGALEN, *Love and Power in the Peasant Family*, übersetzt von Sarah MATTHEWS, Oxford 1983; siehe S. 21. Über ein Dorf mit einer zu unehelichen Kindern neigenden Gruppe von Personen in der Normandie berichtet Jacques DUPÂQUIER, Population rurale du bassin parisien, *1670—1720*, 1982 (1979), S. 367 (bei 40 Prozent aller unehelichen Geburten handelte es sich nicht um das erste Mal). Was Italien betrifft, hat Paulo Viazzo im Oktober 1982 für die Zeit von 1851—1980 einen Satz von mehr als 60 Prozent geschätzt.

16 *Heiratsverträge und Geschlechtsverkehr*
Siehe A. Percival MOORE, „Marriage contracts or espousals in the reign of Queen Elizabeth", *Reports and Papers of Associated Architectural Societies*, 1909, XXX, 1, 291, überarbeitet. Eine derart offene Zulassung nach dem endgültigen Abschluß des Heiratsvertrages wurde weder in dieser Quelle für Leicestershire noch für irgendein anderes Gebiet Englands gefunden. Nichtsdestotrotz vermitteln die vielen bislang veröffentlichten Eheschließungen, vor allem aus früher Zeit (siehe z. B. den von James RAINE 1845 für die *Surtees Society* herausgegebenen Band), den Eindruck, daß man von einem Beischlaf nach Abschluß des Vertrages ausging. In den genannten Verfügungen geht es im allgemeinen um den Vertrag und nicht um die Frage, ob ein Geschlechtsverkehr stattgefunden hatte.

17 *A Mountain Chapelry, Being a Guide to the Parish of Ulpha*, verfaßt 1934 von H. L. HICKES, überarbeitete Neuauflage 1950 und 1960 von B. S. SIMPSON. Über das Vorgehen in Schottland siehe z. B. *Sessions Book of the Parish of Minnigaff*, 1939 privat für den Marquis von Bute gedruckt, hg. von Henry PAYTON.
18 Zu Gouge siehe *Domesticall Duties*, 1622, S. 198–199, 202–203, zu Perkins siehe *Works*, 1618, 3, S. 672. LAWRENCES Buch trägt den Titel *Marriage by the Morall Law of God Vindicated against all Ceremonial Laws of Popes and Bishops destructive to Filiation, Aliment and Succession and the Goverment of Families and Kingdoms*, 1680 (Wing L 690). Es gibt auch puritanische Autoren, die den Geschlechtsverkehr zwischen Vertragsabschluß und Heirat als Sünde bezeichnen; die Ansichten von Lawrence sind in diesem Zusammenhang daher umso bemerkenswerter.
19 Siehe S. P. MENEFEE, *Wives for Sale*, Oxford 1981, und zahlreiche Literaturhinweise, vor allem auf die Arbeiten von E. P. THOMPSON: der Ausschnitt aus dem *Ispwich Journal* findet sich auf S. 97–98 und der Hinweis auf Kneller auf S. 213. Dieses außerordentliche Buch birgt eine Fülle an Material über das Eheleben, doch erleichtert der Aufbau der Arbeit nicht eben das Nachschlagen. Über einen Besen zu springen, war zweifellos ein Brauch der unteren Schichten, den dann die schwarzen Sklaven des amerikanischen Kontinents scheinbar übernommen haben. Thomas Heath wurde wegen eines Verbrechens vor das erzbischöfliche Gericht von Thame zitiert (siehe S. A. PEYTON, „The churchwardens' presentments in the Oxfordshire peculiars of Dorchester, Thame and Banbury", Oxfordshire Record Society, 1928, 184–185), wobei es wie in vielen anderen Fällen eher danach aussah, als ob es sich um eine Entschädigung für den Ehemann handelte, dessen Frau sich jemand vielleicht auch nur vorübergehend als Geliebte auserkoren hatte, und nicht um einen regelrechten Kauf.
20 Die Fakten und Zahlen über Kindermorde stammen größtenteils aus dem umfassenden, im Hinblick auf das Datenmaterial allerdings etwas komplizierten Buch von P. C. HOFFER und N. E. H. HULL, *Murdering Mothers: Infanticide in England and New England, 1558–1803*, New York 1981. Zur Bevölkerungskontrolle durch Tötung lebend geborener Säuglinge in Japan siehe T. C. SMITH u. a; *Nakahara*, Stanford 1977.
21 Diese Berechnungen finden sich im Anhang zu S. E. SPROTT, *The English Debate on Suicide*, La Salle, Ill., 1960. Zu den Registern von Ashton und Westminster siehe Kap. 6, Anm. 9 und 25, und zur Bestattung von Selbstmördern S. J. STEEL u. a., *National Index of Parish Registers, I*, 1968. Die Soziologie kommt in letzter Zeit immer mehr davon ab, von einem Normfall auszugehen. Siehe C. FAIRCHILDS im *Journal of Social History*, Jän. 1982, 89, Anm.5, sowie die Verweise auf C. O. ANDERSON, „Did suicide increase with industrialization in Victorian England?", 1980, 86 – der Autor beantwortet die Frage im übrigen mit Nein.
22 Siehe Peter LASLETT, „Illegitimate fertility and the matrimonial market" in Jacques DUPÂQUIER u. a., *Marriage and Remarriage in Populations of the Past*, 1981. Dort wird vorgeschlagen, angesichts der bekannten Daten über außereheliche Schwangerschaften die Fruchtbarkeit nicht mit dem Eheleben in Zusammenhang zu bringen, sondern aus der Zahl der tatsächlich gezeugten bzw. geborenen Kindern zu erschließen. Im Schlußkapitel von *W and S* wird untersucht, inwiefern Reallohnschwankungen bei ganzen Populationen das Eingehen zeugungsfähiger Verbindungen verzögern können;

allerdings ist dort von ehelichen Verbindungen die Rede.
23 Siehe WRIGLEY, S. 181—182. Er zeigt, daß die Zunahme der Zahl der vorehelichen Schwangerschaften im späten 18. Jahrhundert wohl auf ein Ansteigen von durch schwangere Frauen verursachten Heiraten zurückzuführen ist, wobei der Anstieg in England bei jüngeren Frauen, in Frankreich dagegen bei älteren Frauen stärker ausfiel.
24 Siehe Barbara LASLETT, „The family as a public and private institution: an historical perspective", *Journal of Marriage and the Family*, 1973, 35, 480; Orvar LÖFGREN, „Family and household among Scandinavian peasants", *Ethnologia Scandinavica*, 1974, 1, und SEGALEN, *Love and Power*. Es gibt zwar Untersuchungen über das Privatleben in frühen Kolonialgesellschaften (z. B. D. H. O'FLAHERTY, *Privacy in Colonial New England*, Charlottesville, 1972), aber nicht für England.

KAPITEL 8

1 *The Good Old Cause: The English Revolution of 1640—1660, its Causes, Course and Consequences, Extracts from Contemporary Sources*, von Christopher HILL und Edmund DELL, 1949, S. 19. Es gibt auch Äußerungen dieser Art aus den 30er Jahren des 20. Jahrhunderts (siehe A. L. MORTON, *A People's History of England*) und von HILL selbst in *The English Revolution*, 1940. In der Einführung zur 2. Auflage von *The Good Old Cause* im Jahre 1969 ist dieser Satz durch einen anderen ersetzt, demzufolge unter bürgerlicher Revolution eine Umwälzung zu verstehen ist, die — gleichgültig, welche subjektiven Absichten die Revolutionäre selbst verfolgen — günstige Bedingungen für die Entwicklung des Kapitalismus herstellt, S. 20. Der Ausdruck „Revolution des 17. Jahrhunderts" ersetzt die Verweise auf die 40er Jahre des 17. Jahrhunderts. Die Äußerungen des Jahres 1980 stammen aus dem Kapital „A bourgeois revolution?" in J. G. POCOCKE (Hg.), *Three British Revolutions, 1641, 1688, 1776*, Princeton 1980.
2 Max WEBER, *General Economic History*, übersetzt von R. M. KNIGHT, 1961, Kap. 12, vor allem S. 132. Vgl. C. I. HAMMER, „Family and familia in early medieval Bavaria", *Famforms*, Kap. 7, das Beispiele für eine als „gynaecum" bezeichnete Einrichtung des neunten Jahrhunderts enthält, die als „weibliche Bekleidungswerkstatt" mit in einem Fall 24 und in einem anderen Fall 23 Mitarbeitern beschrieben wird.
3 *Within one room being large and long*
There stood two hundred looms full strong
Two hundred men, the truth is so,
Wrought in these looms all in a row.
But every one a pretty boy
Sat making quils with mickle joy.
And in another place hard by
An hundred women merrily,
Were carding hard with joyful cheer
Who singing sat with voices clear.
And in a chamber close beside
Two hundred maidens did abide.

The Pleasant History of Jack of Newbury, in DELONEYS *Works*, hg. von A. G. MANN, 1912. Diese Stelle scheint zuerst von George UNWIN als Beispiel dafür zitiert worden zu sein, daß es damals Fabriken gab. Unwin war sich zwar bewußt, daß es sich um einen Mythos handelte, hielt die Passage jedoch für einen „nicht unakzeptablen Beweis", *Studies in Economic History*, 1927, S. 193. Siehe auch S. T. BINDOFF in seinem bei Penguin erschienenen *Tudor England*, 1969, S. 123; aber auch er ist in seiner Stellungnahme zu Jack von Newbury sehr zurückhaltend.

4 Das deutsche Original wurde 1977 von Peter KRIEDTE, Hans MEDICK und J. SCHLUMBOHM veröffentlicht und erschien 1981 in englischer Sprache. Siehe S. 60 und Kap. 3, Anm. 10. Zur allgemeinen Auseinandersetzung mit proto-industriellen Strukturen in England — und entsprechenden Literaturhinweisen — siehe Rab HOUSTON und Keith SNELL, „Proto-Industrialization: theory and reality", *Historical Journal*. Martin CLARKE von der *Cambridge Group* hat Bethnal Green, eine bekannte proto-industrielle Gemeinde des 19. Jahrhunderts, wo man sich mit Seidenweberei beschäftigte, mit ländlichen Seidenweberei- und Tagelöhnerhaushalten in Essex verglichen. Die Ergebnisse seiner Untersuchung bestätigen die weiter oben angedeutete Ungewißheit bezüglich der Auswirkungen dieser Produktionsformen auf Demographie und Familienstruktur.

5 Siehe Peter LASLETT, „Household and family as work group and kin group", in *Famforms*. Die Erkenntnis dieser Zusammenhänge auf dem Gebiet der Ideologie der Familie bestimmen sicherlich bis zu einem gewissen Grad die in Kapitel 1 dieses Buches vertretene Position.

6 *The Law Book of the Crowley Ironworks* wurde von M. W. INN 1957 für die *Surtees Society* herausgegeben. Das vollständige Dokument befindet sich in der British Library, Add. MS. 34, 555, und stellt eine weitschweifige, aber außerordentlich wichtige Materialsammlung dar.

7 Siehe Lewis COSER, *The Function of Social Conflict*, 1956, und vor allem das Einführungskapitel zur Geschichte der Konflikttheorie in der Soziologie. Eine eindrucksvolle Abhandlung der Bedeutung der Kritik des Funktionalismus für die historische Soziologie findet sich bei Philip ABRAMS, *Historical Sociology*, 1982.

8 Peter LASLETT, Vorwort zu J. HEXTER, *Reappraisals in History*, 1961. Man hat kritisiert, daß ein solcher Ansatz alles auf ein unwahrscheinliches Unheil reduziert; niemand leugnet jedoch die Möglichkeit selbst epochemachender historischer Ereignisse.

9 Siehe die ersten Sätze von Thomas HOBBES, *Behemoth, The History of the Causes of the Civil Wars of England*, 2. Auflage, 1682. Eine ausgezeichnete Einführung in die endlose, bereits in Hobbes' Generation beginnende und bis in unsere Tage andauernde Diskussion wurde 1977 von R. C. RICHARDSON, *The Debate on the English Revolution*, verfaßt.

10 Dies ist der Tenor in Lawrence STONES hervorragendem Überblickswerk *The Causes of the English Revolution*, 1972. Die Einzelheiten der Kämpfe in den 40er Jahren des 17. Jahrhunderts werden zwar dem Leser besser verständlich, das Buch vermag jedoch niemanden zu überzeugen, daß die Ereignisse jener Zeit eine soziale Revolution in dem hier angesprochenen Sinne darstellen. Auch die seismische Metapher, deren sich der Autor hier und andernorts bedient, um die im Laufe der Zeit immer weiter aufbrechenden gesellschaftlichen und politischen Konflikte zu umschreiben, ist nicht sehr überzeugend.

11 Max GLUCKMAN hat dieses Phänomen in einer Reihe von Büchern und Artikeln beschrieben. Sein bekanntester Beitrag zu dem uns hier interessierenden Thema ist vielleicht *Order und Rebellion in Tribal Africa*, 1963; sie-

he z. B. den Abschnitt „Succession and civil war among the Bemba". Die phänomenologischen Tendenzen vieler theoretischer soziologischer Arbeiten der jüngsten Zeit schenken der Funktion von Konflikten in bezug auf den Fortbestand sozialer Strukturen wenig Bedeutung, sondern sehen darin lediglich eine stets zu beobachtende Erscheinung.

12 Siehe *Class and Class Conflict in Industrial Society* (1957), engl. Ausgabe 1959.
13 Peter LASLETT, „Commentary on science in seventeenth-century England", in A. C. CROMBIE (Hg.), *Scientific Change,* 1963, S. 801–805.
14 Es genügt hier, den Titel der letzten von vielen Untersuchungen zu zitieren, die sich seit den 60er Jahren unseres Jahrhunderts mit sozialen Veränderungen, politischer Gewalt, intellektuellen und kulturellen Erneuerungen im England des 17. Jahrhunderts beschäftigt haben: „When was the English Revolution?", von Angus MACINNES, *History,* 1982, S. 377. Weder alle als Revolution eingestuften Vorkommnisse noch alle angeblich von einer Revolution erschütterten Bereiche konnten angegeben werden – es waren einfach zu viele. Da man den Revolutionsbegriff in so mannigfacher Weise verwendet und nur selten den Versuch einer Definition unternimmt, scheint seine einzige allgemeine Bedeutung die eines emphatischen Mittels zu sein. Man sollte sich auch der Verwirrung hinsichtlich der Zeitmaßstäbe für Veränderungen in den verschiedenen Bereichen und der weitverbreiteten Neigung bewußt sein, alle Veränderungen in politischen Zeiträumen zu denken.

KAPITEL 9

1 Zu Abigail siehe Peter LASLETT, „Masham of Otes", in Peter QUENNELL (Hg.), *Diversions of History,* 1954. Obwohl Gentryhaushalte mehr Verwandte beherbergten als andere Haushalte (siehe Tab. 7), handelte es sich meistens um die üblichen einfachen Familienhaushalte. Jessica GERARD unterstreicht dies (London University, phil. Diss. 1981) auch für das 19. Jahrhundert; ihre Ergebnisse beruhen auf einer Untersuchung der bislang größten Anzahl von in Landhäusern lebenden Familien.
2 Das diesbezügliche Standardwerk stammt von Edward SHILS, der dieses Thema in J. A. JACKSON (Hg.), *Social Stratification,* Cambridge 1968, behandelt. Bob JESSUP, *Traditionalism, Conservation and British Political Culture,* 1974, und Howard NEWBY, *The Deferential Worker,* 1977, stützen sich auf diesen Artikel. Diese Theorie greift jedoch eher auf interpersonale Einstellungen (vor allem Arbeitgeber-Arbeitnehmer-Haltungen) als auf das Verhalten von unterdrückten Massen zurück, wie sie für das traditionelle England charakteristisch waren, auch wenn Keith WRIGHTSON, *English Society 1580–1680,* 1982, den Deprivationsbegriff verwendet.
3 Diese Vermutungen stammen von Keith THOMAS, *Religion and the Decline of Magic: Studies in Popular Belief in 16th and 17th Century England,* 1971. Nicht alle, die sich mit diesem Thema befassen, führen die Zauberei auf verdrängte Aggressionen zurück; man darf auch nicht glauben, daß die Unruhe stiftenden Massen der Gesellschaft von einst sich gewöhnlich aus den Ärmsten rekrutierten. Über den Fall eines verzweifelten mittellosen Mannes, der zu Raubzügen auf der Landstraße Zuflucht nahm, siehe J. H. LANGBEIN, „Albion's fatal flaws", *P and P* 1983, 98, 97.

4 Nahezu alles, was in diesem Text über religiöse Erziehung und politische Sozialisation gesagt wird, verdanke ich Professor Gordon Schochet (Rutgers University): für eine umfassende Darstellung siehe SCHOCHET, *Patriarchalism in Political Thought*, 1975. Schochet erwähnt die erzbischöflichen Gerichte nicht, deren Existenz S. A. PEYTON zufolge („The churchwardens' presentments in the Oxfordshire peculiars of Dorchester, Thame and Banbury", *Oxfordshire Record Society*, 1928, XXXV) beweist, daß die Verbreitung des Katechismus als lästige Pflicht empfunden und vom Klerus des 17. und 18. Jahrhunderts weitgehend vernachlässigt wurde. Die in diesem Band veröffentlichten und erst recht die aus anderen Gegenden bekannten Fälle bestätigen allerdings diese Ansicht nicht ganz.
5 William FLEETWOOD (Bischof von Ely), *Sermons*, 1737 (1705), S. 232−233.
6 John LILBURNE, *The Free Man's Freedom Vindicated* (16. Juni 1646), S. 11−12, leicht gekürzt und überarbeitet. Siehe T. C. PEASE, *The Leveller Movement*, Washington, D.C., 1916, S. 222.
7 Zur Weitergabe bestimmter Einstellungen und Haltungen durch eine sukzessive Sozialisation auf voneinander abstammende Familien und deren möglicher Bedeutung für den Fortbestand radikaler politischer Ideen siehe *Bastardy*, S. 222.
8 James TYRRELL, *Patriarcha non Monarcha*, 1681, erste Paginierung, S. 83. Zu diesem Buch und seiner Verbindung zu Filmer und Locke siehe Peter LASLETT (Hg.), *Patriarcha, and other Political Works of Sir Robert Filmer*, Oxford 1949, und LASLETT (Hg.), *Two Treatises of Government*, Cambridge 1960, 1963 usw. Daß Filmer nur allgemein geläufige Einstellungen festhielt, erklärt vielleicht, warum er selbst zu jener Zeit, als die Liberalen ihn massiv angriffen, wenig gelesen wurde. Die puritanischen Siedler konnten nicht zustimmen, daß ihren Frauen, Kindern und Dienstboten politische Rechte eingeräumt wurden. Siehe Richard C. SIMMONS, „Godliness, property and the franchise in Puritan Massachusetts", *Journal of American History*, Dez. 1986.
9 Siehe A. S. P. WOODHOUSE (Hg.), *Puritanism and Liberty*, Aufl. 1951, S. 53, 60 (Iretons Berufung auf das Fünfte Gebot) und 61. In *The Case of the Army Soberly Discussed* (Thomason Tracts E. 396, 10, 3. Juli 1647) wurde behauptet, daß das Naturgesetz, demzufolge dem Familienoberhaupt alle Macht gegeben war, „Dienstboten, noch nicht freie Lehrlinge und unverheiratete Kinder" davor bewahrte, in der Armee an solchen politischen Aktionen teilzunehmen. Brough MACPHERSON, siehe z. B. *The Political Theory of Possessive Individualism*, 1962, und andere Fachleute auf diesem Gebiet meinen, daß die Leveller alle Personen mit einer Anstellung, d. h. die große Mehrheit aller Männer und die Mehrzahl aller Haushaltsvorstände, vom Wahlrecht ausschlossen. Wenn das stimmt, dachten sie zumindest ebenso elitär wie Locke oder Tyrrell. Ich vertrete in meiner Einführung zu den Arbeiten von Gregory King, *The Earliest Classics*, Franborough 1973, und in *FLIL* eine gegenteilige Ansicht.
10 Peter LASLETT, „The gentry of Kent in 1640", *Cambridge Historical Journal*, 1948, IX, Nr.2, 164. Alan EVERITT hat diese Theorie in mehreren Veröffentlichungen entwickelt, und seit seiner Arbeit über *The Community of Kent and the Great Rebellion*, 1969, sind eine Unzahl von Studien über Suffolk, Lancashire, Yorkshire, Cheshire und andere Grafschaften erschienen. Die meisten sind in zwei kritischen Studien über diese Theorie zu

finden: Clive HOLMES, „The county community in Stuart historiography", *Journal of British Studies,* 1980, XIX, und Christopher HILL, „Parliament and people in 17th-century England", *P and P,* 1981, 92. Nur bei Graham KERBY, „Inequality in a pre-industrial society: a study of wealth, status, office and taxation in 17th-century Cheshire", phil. Diss., Cambridge 1983, finden sich Hinweise auf Anzahl, gesellschaftliche Stellung und Vermögensverhältnisse der ein Amt in der Grafschaft bekleidenden Personen, aus denen sich vermutlich die politisch einflußreichen Kreise zusammensetzten. Seiner Ansicht nach sollte man diese eher als „konstruktive Bezugsgruppen" und nicht als „wirkliche Kollektive" verstehen. Es ist vielleicht wichtig, darauf hinzuweisen, daß die Frage nach dem Selbstbewußtsein der ansässigen Gentry zugrundeliegenden endogamen Tendenzen nicht Gegenstand der ursprünglichen Untersuchungen von Kent war. Es war zu beobachten, daß die Gentry sich ihre Ehepartner dort suchte, wo es den familiären und persönlichen Interessen am zuträglichsten war, wenn auch die Tatsache der Verwandtschaft ein wichtiges Merkmal des Zusammenhalts innerhalb der Gentry war. Es war und es ist auch nicht davon auszugehen, daß nur das Alter der Gentryfamilien für die Ausprägung des Gemeinschaftsgefühls wesentlich war.
11 WRIGHTSON, *English Society,* S. 225. Er verwendet in dieser Passage allerdings den Ausdruck „Englische Revolution".

KAPITEL 10

1 Siehe David CRESSY, *Literacy and the Social Order: Reading and Writing in Tudor and Stuart England,* Cambridge 1980. Die Unterschrift mit dem eigenen Namen wird hier als Hinweis dafür angesehen, daß der Betreffende lesen konnte, uns ist insofern auch ein Indikator für tatsächliche Bildung. Es ist freilich unmöglich anzugeben, welcher Prozentsatz derer, die schreiben konnten, auch über die anderen im Text angesprochenen Eigenschaften verfügte. Die Art der Bildung und deren soziale Bedeutung sind oft untersucht worden; vor allem Harvey GRAFF bietet einen ausgezeichneten Überblick, siehe *Literacy in History: An Interdisciplinary Research Bibliography,* New York 1981, und *Literacy and Social Devolopment in the West,* Cambridge 1981. Seine eigenen Ansichten sowie eine Kritik finden sich in *The Literacy Myth,* New York 1979.
2 Es ist interessant, daß Alan MACFARLANE glaubt, daß die Verwandschaft des um die Mitte des 17. Jahrhunderts als Pfarrer in Essex tätigen Ralph Josselin nicht allzu groß war und sich dieser eher an Freunde und Nachbarn um Hilfe wandte — *The Family Life of Ralph Josselin, a Seventeenth-Century Clergyman: An Essay in Historical Anthropology,* Cambridge 1970. Wenn das sogar für jemanden wie Ralph Josselin galt, der doch so sehr Teil der gebildeten Gesellschaft war, so ist zu vermuten, daß die Angehörigen gesellschaftlich niedrigerer Schichten noch mehr von ihrer Verwandtschaft abgeschnitten waren. Es fällt schwer, sich vorzustellen, daß das Netz der Verwandtschaftsbeziehungen in einem englischen Dorf von einst dichter war als das „spärliche Gefüge", das W. M. WILLIAMS 1963 für sein *West Country Village* in den 50er Jahren des 20. Jahrhunderts festgestellt hat; meiner Ansicht nach war es sogar noch weniger entwickelt. Vgl. Miranda

CHAYTOR, „Household and kinship: Ryton in the late 16th and early 17th centuries", *History Workshop* 1980, 10.

3 Siehe David LEVINE, „Education and family in early industrial England", *Journal of Family History*, 1979, 4, 4. Er bezweifelt hier viele Annahmen über die Bedeutung der Bildung für die „Modernisierung" und die Qualität des intellektuellen Lebens, deren Naivität Graff dazu veranlaßt hat, von einem „Bildungsmythos" zu sprechen: siehe die in Kap. 10, Anm. 1, zitierten Arbeiten.
4 Siehe Peter CLARK, „The ownership of books in England, 1560–1640: the example of some Kentish townsfolk", in Lawrence STONE (Hg.), *Schooling and Society*, Baltimore 1976.
5 Siehe Peter LASLETT, „Scottish weavers, cobblers and miners who bought books in the 1750s", *LPS*, 1969, 3. Von den 398 Vorbestellungen für ein schwieriges theologisches Buch, das 1757 erschien, kamen 120 von Webern, 8 von Schneidern, 6 von Schmieden und 2 von Kohlenträgern. Von 606 Vorbestellungen für ein ähnliches Buch zwei Jahre später kamen 242 von Webern und 34 von Schustern. Vgl. R. E. JONES in *LPS*, 1979, 23.
6 Siehe K. W. WACHTER, E. A. HAMMEL und Peter LASLETT, *Statistical Studies of Historical Social Structure*, 1978. Die Berechnungen über die Samurais erfolgten aufgrund von Zahlen, die von Professor Yamamura von der Washington State University zur Verfügung gestellt wurden. In *Balancing on an Alp*, Cambridge 1981, beschreibt Robert NETTING eine Gesellschaft, in der männliche Linien dauerhafter gewesen sein dürften als bei den englischen Baronets. Siehe allerdings auch mein Vorwort zu diesem Buch. Zu überlebenden Erben unter den Kindern desselben Vaters siehe E. A. WRIGLEY, „Fertility strategy for the individual and the group", in Charles TILLY (Hg.), *Historical Studies in Changing Fertility*, Princeton 1978. Siehe auch R. M. SMITH, *Land, Kinship and the Life Cycle*.
7 Thomas WILSON, *The State of England*, hg. von F. J. FISHER, 1936 (1600), S.24, überarbeitet und etwas gekürzt.
8 M. C. BRADBOOK, *Shakespeare, the Poet and his World*, 1978, vor allem S. 9. Die Fakten über die Familie Newton und deren Bildung sind aus dem *Dictionary of National Biography* und dem *National Trust* – Führer für *Woolsthorpe Manor*, 1980, ersichtlich.
9 Edward THOMPSON, *The Making of the English Working-Class*, 1963, S. 526.

Literaturverzeichnis

Sofern nicht anders angegeben, sind alle Titel in London erschienen.

ABRAMS, Philip und WRIGLEY, E. A. (1978), Towns in Society: Essays in Economic History and Historical Sociology, Cambridge.
APPLEBY, Andrew (1978), Famine in Tudor and Stuart England, Stanford.
ARIÈS, Philippe (1962 (1960)), Centuries of Childhood, übersetzt von Robert Baldick (L'Enfant et la vie familiale sous l'ancien régime, Paris 1960).
BEST, Henry (1857 (1641)), Rural Economy in Yorkshire in 1641, Being the Farming and Account Books of Henry Best, of Elmswell in the East Riding of the County of York, hg. von C. B. Robinson.
CHAMBERLAYNE, Edward (1702 (1669)), Angliae Notitia: or the Present State of England.
CHAYTOR, Miranda (1980), „Household and kinship: Ryton in the late 16th and early 17th centuries", History Workshop, 10.
CLAYWORTH, Rector's Book (1910), The Rector's Book of Clayworth, Notts., hg. von Harry Gill und E. L. Guilford, Nottingham.
CRESSY, David (1980), Literacy and the Social Order: Reading and Writing in Tudor and Stuart England, Cambridge.
DOBB, Maurice (1946), Studies in the Development of Capitalism.
DRAKE, Michael (1974), Historical Demography: Problems and Prospects (Open University course book).
DUPÂQUIER, Jacques (1982 (1979)), Population rurale du bassin parisien, 1670—1720.
EVERITT, Alan (1976), „Farm labourers", in THIRSK, J. (Hg.) (1967), The Agrarian History of England and Wales, IV, 1500—1640, Cambridge.
— (1967), „The marketing of agricultural produce", in THIRSK, J. (Hg.) (1967), The Agrarian History of England and Wales, IV, 1500—1640, Cambridge.
FINLAY, Roger (1981), Population and Metropolis: the Demography of London, 1580—1650, Cambridge.
FLEETWOOD, William (1737 (1705)), „The relative duties of parents and children, husbands and wives, masters and servants", in: Compleat Collection of Sermons.
FURNIVALL, F. (1897), Child Marriages, Divorces and Ratifications, usw.
GLASS, D. V. (1965), „Two papers on Gregory King", in GLASS, D. V. und EVERSLEY, D. E. C. (Hgg.) (1965), Population and History.
GOUBERT, Pierre (1960), Beauvais et les Beauvaisis de 1600 à 1730, Paris.
GOUGE, William (1622), Of Domesticall Duties.
GOUGH, Richard: siehe MYDDLE.
HAJNAL, J. (1965), „European marriage patters in perspective", in GLASS, D. V. und EVERSLEY, D. E. C. (Hgg.) (1965), Population and History.
— (1983), „Two kinds of household formation system", in Famforms.
HAMMEL und LASLETT (1974): siehe LASLETT, Peter.
HASTED, Edward (1782), History of Kent, Canterbury.
HEXTER, J.H. (1963 (1961)), Reappraisals in History.
HILL, Christopher (1961 usw.), The Century of Revolution, Edinburgh.
— (1967), Reformation to Industrial Revolution.
HOLLINGSWORTH, T. H. (1964), „The demography of the British peerage", Ergänzung zu Pop Studs, XVIII, Nr. 2, Nov. 1964.

KERBY, Graham (1983), „Inequality in a pre-industrial society: a study of wealth, status, office and taxation in 17th-Century Cheshire", phil. Diss., Cambridge.
KEYS, Ancel (u. a.) (1951), The Biology of Human Starvation, 2 Bde., Oxford.
KUSSMAUL, Ann (1981), Servants in Husbandry in Early Modern England, Cambridge.
LASLETT, Peter (1948), „The gentry of Kent in 1640", Cambridge Historical Journal, IX, Nr.2.
— (1961), Vorwort zu HEXTER, J. H. (1963 (1961)), Reappraisals in History.
— (1963) mit HARRISON, John, „Clayworth and Cogenhoe", in BELL, H. E. und OLLARD, R. L. (Hgg.), Historical Essays, 1600—1750, Presented to David Ogg, S. 157, erweitert und überarbeitet in *FLIL*, Kapitel 2.
— (1963), „Commentary on scientific change", in CROMBIE, A. C. (Hg.), Scientific Change, S. 801.
— (1966), „The study of social structure from listings of inhabitants", in WRIGLEY, E. A. (Hg.) (1966), English Historical Demography.
— (1969), „Size and structure of the household in England over three centuries", Pop Studs, XXIII, Nr. 2, S. 199.
— (1969), „Scottish weavers, cobblers and miners who bought books in the 1750s", *LPS*, Nr. 3, S. 7.
— (1972) mit WALL, Richard: Household and Family in Past Time: Comparative Studies in the Size and Structure of the Domestic Group over the Last Three Centuries in England, France, Serbia, Japan and Colonial North America, with Further Materials from Western Europe, Cambridge (abgekürzt *HFPT*).
— (1973) mit OOSTERVEEN, Karla, „Long-term trends in bastardy in England", Pop Studs, XXVII, Nr. 2, S. 255.
— (1973), Einführung zu: The Earliest Classics (Arbeiten von John GRAUNT und Gregory KING mit handschriftlichen Notizen von KING), Farnborough.
— (1974) mit HAMMEL, E. A., „Comparing household structure over time and between cultures", Comparative Studies in Society and History.
— (1976), „The wrong way through the telescope: a note on literary evidence in sociology and historical sociology", British Journal of Sociology, 27.
— (1977), Family Life and Illicit Love in Earlier Generations, Cambridge (abgekürzt *FLIL*).
— (1978) mit WACHTER, K.W. und HAMMEL, E.A., Statistical Studies of Historical Social Structure (Entwicklung der Theorie der Haushaltszusammensetzung und der sozialen Mobilität unter demographischen und anderen Gesichtspunkten).
— (1979), „Family and collectivity", Sociology and Social Research, 63.
— (1980) mit OOSTERVEEN, Karla, und SMITH, Richard M., Bastardy and its Comparative History (internationale Vergleiche über die historische Entwicklung von Illegitimität und vorehelicher Schwangerschaft) (abgekürzt *Bastardy*).
— (1983) mit WALL, R., und ROBIN, J., Family Forms in Historic Europe, Cambridge (Kapitel über „Household and family as work group and kin group") (abgekürzt *Famforms*).
LEVINE, D. (1977), Family Formation in the Age of Nascent Capitalism.

MACFARLANE, Alan (1970), The Family Life of Ralph Josselin, a Seventeenth-Century Clergyman: An Essay in Historical Anthropology, Cambridge.

— (1977) mit HARRISON, S., und JARDINE, C., Reconstructing Historical Communities, Cambridge.

MACPHERSON, C. B. (1962), The Political Theory of Possessive Individualism, Oxford.

MINGAY, G. E. (1976), The Gentry: The Rise and Fall of a Ruling Class.

MOORE, A. Percival (1909), „Marriage contracts or espousals in the reign of Queen Elizabeth", Reports and Papers of Associated Architectural Societies, XXX, 1.

MORGAN, Edmund, S. (1966), The Puritan Family: Religion and Domestic Relations in 17th-Century New England, New York (überarbeitet und erweitert; ursprünglich Boston 1944).

MYDDLE, The History of Myddle (1701) von Richard GOUGH, hg. von David HEY, 1981.

NEALE, R. S. (1981), Class in English History, Oxford 1981.

OUTHWAITE, R. B. (Hg.) (1981), Marriage annd Society: Studies in the Social History of Marriage.

PEYTON, S. A. (1928), „The churchwardens' presentments in the Oxfordshire peculiars of Dorchester, Thame and Banbury", Oxfordshire Record Society.

PHYTHIAN-ADAMS, Charles (1979), Desolation of a City: Coventry and the Urban Crisis of the Late Middle Ages, Cambridge.

PINCHBECK, I. und HEWITT, M. (1972 (1969)), Childhood in English Society, I, From Tudor Times to the 18th Century.

— (1973) II, From the 19th Century to the Children Act, 1948.

POWELL, C. L. (1917), English Domestic Relations, 1487—1653, New York.

POWELL, S. C. (1963), Puritan Village: The Formation of a New England Town, Middletown, Conn.

QUAIFE, G. R. (1979), Wanton Wenches and Wayward Wives: Peasants and Illicit Sex in Early 17th-Century England.

RICHARDSON, R. C. (1977), The Debate on the English Revolution.

ROWNTREE, B. S. (1922 (1901)), Poverty: A Study of Town Life.

RUNCIMAN, W. G. (1966), Relative Deprivation and Social Justice.

SCHOCHET, G. J. (1975), Patriarchalism in Political Thought, Oxford.

SCHOFIELD, R. S. (1973) „Dimensions of illiteracy, 1750—1850", Explorations in Economic History, 10, Nr. 4, 437.

SCHOFIELD, R. S. (1981): siehe WRIGLEY, E. A.

SEN, Amartya (1981), Poverty and Famine, Oxford.

SMITH, John, of Nibley (1902 (1608)), Men and Armour for Gloucesterhire.

SMITH, R. M. (1983), Land, Kinship and the Life Cycle.

SMITH, Sir Thomas (1906 (1583)), The Commonwealth of England, hg. von L. ALSTON, Cambridge.

STEELE, Richard (1672 (1688)), The Husbandman's Calling.

STONE, Lawrence (1977), The Family, Sex and Marriage in England, 1500—1800.

TAIT, James (Hg.) (1917), „Lancashire quarter sessions records, sessions rolls, 1590—1606", Chetham Society, Manchester.

TANNER, J. M. (1981), A History of the Study of Human Growth, Cambridge.

THIRSK, J. (Hg.) (1967), The Agrarian History of England and Wales, IV, 1500—1640, Cambridge.

THOMAS, Keith (1971), Religion and the Decline of Magic: Studies in Popular Belief in 16th and 17th Century England.
TITMUSS, R. M. (1962), Income Distribution and Social Change.
WACHTER, K. W. mit HAMMEL, E. A. und LASLETT, P., Statistical Studies of Historical Social Structure.
WALL, R. (1978), „The age at leaving home", Journal of Family History, 3, Nr. 2, 181.
— (1983) mit ROBIN, J. und LASLETT, P., Family Forms in Historic Europe, Cambridge (abgekürzt *Famforms*).
WILLMOTT, Peter: siehe YOUNG, Michael.
WILSON, Thomas, (1936 (1600)), The State of England, hg. von F. J. FISCHER, Camden Society publication LII.
WRIGHTSON, Keith (1982), English Society 1580−1680.
WRIGHTSON, Keith, und LEVINE, David (1979), Poverty and Piety in an English Village: Terling 1525−1700.
WRIGLEY, E. A. (Hg.) (1966), An Introduction to English Historical Demography (mit Beiträgen von E. A. WRIGLEY zur Familienrekonstitution, D. E. C. EVERSLEY, Peter LASLETT u. a.).
— (1966), „Family limitation in pre-industrial England", *EcHR*, XIX, Nr. 1.
— (1969), Population and History (gleichzeitig in den entsprechenden Sprachen in London/New York, Frankreich, Italien, Deutschland, Spanien und Holland erschienen).
— (1978) „A simple model of London's importance in changing English society and economy, 1650−1750", in ABRAMS, Philip, und WRIGLEY, E. A. (1978), Towns in Society: Essays in Economic History and Historical Sociology, Cambridge.
— (1981) mit SCHOFIELD, R. S., The Population History of England, 1541−1871: A Reconstruction (abgekürzt *W und S*).
— (1981), „Marriage, fertility and population growth in 18th century England", in OUTHWAITE, R. B. (Hg.) (1981), Marriage and Society: Studies in the Social History of Marriage.
YOUNG, Michael, und WILLMOTT, Peter (1959 (1957)), Family and Kinship in East London.
ZAGORIN, Perez (1982), Rebels and Rulers 1500−1660, 2 Bde., Cambridge.

Sach- und Personenregister

Abtreibungen 156, 158, 360
abweichendes Verhalten s.
  Sexualität
Adel 18, 20, 31, 35, 39, 40, 42,
  51–53, 57, 58, 64, 65, 68, 84,
  100, 101, 106–109, 127, 139,
  221, 233, 282, 283, 287, 307,
  316, 344, 366; *nobilitas major*
  45, 52; *nobilitas minor* 45, 57;
  s. a. Klasse(n)
Afrika 65, 131, 175, 221, 237, 280,
  324, 328
Aktiengesellschaft 229, 230
Alkohol 92, 95, 96, 200, 300, 367
Allison, K. J. 353
alte Menschen 98, 114, 137, 140,
  146, 297, 330
Altersangaben 13, 14, 18, 31, 103,
  104, 106, 111, 135, 136, 346,
  354; Altersstruktur 317
Amerika, Vereinigte Staaten 39, 80,
  107, 316
Ammen 145, 154, 284, 359
Amt 49, 63, 87, 89
Analphabetismus 20, 275; s. a.
  Bildung, Erziehung
Appleby, Andrew 164, 360–365
Arbeiter(klasse) 25, 30, 33, 45, 66,
  67, 93, 99, 106, 107, 112, 127,
  181, 186, 215, 221, 228, 252,
  288, 291–321, 327; s. a.
  Klasse(n)
Arbeiterkultur 327
Arbeitsdisziplin 43, 44, 327
Arbeitshäuser 225, 228
Arbeitslosigkeit 48, 298
Arbeitsteilung 227
Arbeitsverhältnisse 102
Arbeitszeit 43, 44, 99
Ariés, Philippe 359
Arme (Armut) 13, 27, 30, 32, 48,
  51, 55, 60–62, 66–68, 83,
  85–87, 89, 93, 114, 121, 122,
  127, 147, 159, 162, 164, 177,
  179, 182, 200, 214, 228, 254,
  256, 273, 291–294, 296–302,
  305, 309, 346, 350, 372
Armenaufseher 41, 89, 91, 121, 141,
  162, 175, 177, 179, 180, 200
Armenfürsorge 146, 180, 181, 228,
  357
Armenhäuser 22, 228, 291, 300,
  345
Armengesetz (Armensteuer) 48, 61,
  80, 88, 95, 156
Ashton-under-Lyne, Lancashire
  157, 158, 160, 210, 212, 360
Aubrey, John 19, 355

Bäcker 11–13, 16, 28, 126, 343,
  344
Bauern (Bauernhaushalte) 26, 27,
  30, 32, 35, 39, 45, 51, 60, 62, 80,
  87, 91, 100, 101, 149, 150, 154,
  172, 182, 185, 191, 206, 215,
  252, 265, 273, 279, 301, 316,
  346
Baugewerbe 320, 345
Beauvais, Beauvaisis 150, 151, 155,
  157, 179, 352, 359
Behörden 11, 121, 151, 162, 168,
  175, 180, 182, 190; – und
  Hungersnöte 151, 162, 168, 175,
  180
Bell, H. E. 355, 358
Bengalen 156, 172, 182
Bennett, Arnold 303, 305–309
Bergbau 21, 28, 30, 320, 345
Berufe 21, 59, 101
Best, Henry 354, 357, 359
Bettler 48, 159, 160, 179
Beveridge-Report 318
Bevölkerung 41, 43, 44, 61, 62,
  66–68, 72, 73, 77, 97, 99, 102,
  126, 132, 134, 136, 137, 162,
  163, 177, 315, 319, 336, 337,
  345, 349; Altersstruktur 317;
  Wachstum 150, 169, 177, 231,

308, 309, 356
Bildung 20, 233, 271–289, 296, 318, 344, 374, 375; s. a. Analphabetismus, Erziehung
Birban, J.-N. 362
Booth 350
Boswell, James 364
Bourgeoisie 29, 33, 51, 56, 222, 243, 307
Bowley, Sir Arthur 311
Brewood, Staffordshire 179
Brierley, H. 360
Brodsky Elliott, V. 357
Bucheigentümer 271, 279, 280, 288
Bürgerkrieg, Englischer 166, 217, 218, 222, 236, 238, 239, 244, 255, 260, 261, 267
Bürgertum 23, 29, 35, 45, 62, 96, 221, 317, 348; Werte 50; s. a. Klasse(n)
Burke, A. M. 360

Canterbury (Diözese) 84, 104, 106
Caradog, Jones D. 351
Carr-Saunders, A. M. 351
Chalklin, C. W. 361
Chartisten 261
Chester (Diözese) 110, 111
Christentum 14, 92, 93, 180, 186, 210; s. a. Religion
Churchill, Familie 250–252, 282
Churchill, Sir Winston 252, 315, 318
Clark, Peter 355, 375
Clarke, Martin 359
Clayworth, Nottinghamshire 139, 140, 141
Coale, A. J. 358
Cogenhoe, Northamptonshire 353
Coleman, D. C. 347
Colyton, Devon 144, 160, 178, 335, 358, 362; Pest 160, 178
Corbett, E. 355
Coventry 25, 162
Cowper, J. M. 355
Crafts, N. R. 368
Cressy, David 271–273, 337, 345
Cullen, L. M. 363
Cunningham, William 352
Cumberland, Cumbria 149, 158, 159, 164, 165, 173–175, 361

Dale, T. C. 343

Davenant, Charles 347
Davies, Rev. David, Vikar von Barkham 179, 358
Davies, Dorothy 343
Demeny, P. 358
demographische Zusammenhänge 282–284, 329, 336, 356–358
Deprivation 254, 255, 281
Devon 63
Dick, O. L. 355
Dienstboten 11–15,18, 19, 24, 26, 27, 32, 48, 61, 62, 66, 75, 83, 85–88, 90, 92, 99, 100, 115, 116, 118, 120, 122, 124, 129, 140, 213, 251, 254, 263, 273, 310, 311, 320, 329, 343–346, 353–355, 373; Lebenszyklus 28, 32, 115, 119, 140; Löhne 94
Digger-Fraktion 239, 246
Dobb, Maurice 346
Doddridge, Sir John 347
Dorf (Dorfgemeinschaft) 8, 32, 41, 48, 71–73, 76, 78–82, 84, 85, 87–92, 94–97, 99, 101, 119, 121, 122, 129, 139, 140, 148, 150, 164, 171, 178, 179, 182, 185, 186, 199, 230, 231, 256, 266, 268, 294, 353, 354, 364, 366, 374
Drake, Michael 359, 360
Dritte Welt 131, 133, 149, 169
Dudley, Edwards R. 362
Dupâquier, Jaques 356, 360
Durkheim, Émile 207, 211, 212
Dymond, David 360, 364

Ehe 26, 75, 102–105, 108, 124–126, 130, 135, 142, 143, 174, 204, 207–209, 212, 213, 316, 324, 329, 331, 349, 362, 368; s. a. Heirat
Ehebruch 190, 196, 198
Ehefrau, Verkauf der 208, 209
Ehescheidung 208
Eheversprechen 204, 205
Ehevertrag 129, 206, 214
Einfriedungen 24, 60, 78, 79
Einkommen(sverhältnisse) 46, 66, 304–306, 309, 316; s. a. Löhne
Einkommensteuer 304, 306
elisabethanische (und jakobinische) Zeit 103, 104, 106, 107, 111, 112, 130, 131, 134, 191, 192, 201, 350
Elite 43, 68, 112, 120, 127, 186;

s. a. Adel, Klasse(n)
Emanzipation 317
Empfängnisverhütung 144, 145, 187, 284, 317, 358
Engels, Friedrich 29, 346
England, viktorianisches 14, 30, 61, 112, 131, 134, 146, 192, 199, 302, 308, 346, 354
Enkelkinder 65, 114, 130
Ernährung 11; s. a. Nahrungsmittel, Subsistenzkrisen
Ernte(n) 23—25, 28, 44, 90, 150, 152, 153, 175, 177, 359, 360; gute 177; schlechte 51, 156—158, 162, 175; Ernteerträge 176; Erntefest 91, 354
Erziehung 13, 100, 148; s. a. Analphabetismus, Bildung
Establishment 308, 311
Everitt, Alan 345
Eversley, D. E. C. 349, 351, 357
Exkommunikation 188, 190

Fabrik 19, 22, 24, 28, 30, 44, 66, 223—226, 228, 229, 315, 327; s. a. Industrie
Familie(n) 8, 9, 14—16, 18, 19, 22—26, 28—30, 41, 46, 48, 61, 64, 67—69, 78, 82, 84, 86, 88, 90, 91, 95—98, 100, 101, 109, 113, 117, 119, 135, 141, 142, 145, 147, 148, 155, 180, 213—215, 226, 233, 251—253, 285, 286, 300, 309, 310, 314, 316, 327—330, 343, 344, 353—356, 370; einfache Familienhaushalte 22, 114, 117, 118, 122, 124; erweiterte Familienhaushalte 11, 12, 103, 114, 115, 150; zusammengesetzte Familienhaushalte 12, 18, 23, 251; Generationsstruktur 116, 151; Größe 62; Familiengründung 26, 67, 125, 150, 188; Familienrekonstitution 144, 194, 336, 357; Familiensoziologie 277; Familienzyklus 118; s. a. Haushalt(e); Familienplanung s. Empfängnisverhütung
Farmer 58, 59, 90
Filmer, Sir Robert 262, 263, 267, 328
Findelhaus 145
Finlay, Roger 351
Firth, C. H. 345
Fisher, F. J. 350, 360

Fitzgerald, Percy 364
Flinn, Michael 363
Forbes, T. R. 356
Frankreich 39, 48, 74, 143, 145, 149, 154, 156, 157, 160, 162, 163, 171, 187, 193, 202, 210, 215, 235, 244, 324, 337, 356, 357, 362, 370
Frau 15—17, 21, 24, 25, 27, 29—31, 48, 87, 95, 96, 100, 102, 103, 107, 118, 124, 126, 128, 135—137, 139, 140, 142, 147, 151, 153, 185, 188, 201, 208—210, 213, 214, 263, 273—275, 286, 300, 310, 315—317, 320, 343, 346, 355, 359, 362, 368; Arbeit(sverhältnisse) 124; Berufe 87, 124, 315, 359; politische Rechte 317
Freisasse (yeoman) 45, 46, 55, 58—60, 62, 65, 66, 69, 83—88, 92, 101, 109, 254, 265, 273, 281, 288, 349
Friedensrichter 26, 44, 95, 121, 122, 162, 189, 196, 240, 259, 287, 354; s. a. Gerichte
Fruchtbarkeit 195, 227, 316, 329, 362, 375
Fussell, S. E. 355

Gandy, G. N. 367
Gasthaus (Schenke) 71, 88, 95, 96, 200, 354, 355, 367
Geburten(ziffern) 97, 102, 117, 127, 131—135, 137, 143, 148, 163—165, 170, 174, 178, 191, 202, 286, 316, 317, 324, 329, 336, 357, 363; uneheliche 75, 140, 150, 187, 191—194, 197, 213, 215, 368; Geburtenkontrolle s. Empfängnisverhütung
Geistliche 69, 84, 86, 200, 206, 228, 259, 264, 275, 279, 280, 353, 368
Genf 143, 317
Gentry 8, 32, 35, 41—43, 45, 49, 50, 52, 56—59, 61, 62, 64, 65, 68, 69, 81, 82, 84, 86, 87, 89, 90, 105, 106, 112, 121, 127, 200, 235, 240—244, 249—269, 275, 279—287, 306, 316, 347—353, 374
George, Alice (geb. Guise) 151—153
Gericht 21, 89, 195; s. a. Friedensrichter

geschlechtliche Reife 106—109, 130; s. a. Monatsblutung
Geschlechtsverkehr 15, 367—369; außerehelicher 188, 196, 204; freier 15; vorehelicher 129, 206; Privatheit 215, 216; s. a. Sexualverhalten
Geselle(n) 11, 12, 17, 67, 129
Gesellschaft, vorindustrielle 27, 31, 35, 37—39, 44, 50, 53, 61, 62, 66, 71, 73, 74, 84, 85, 92, 93, 96, 98, 107, 112, 113, 115, 121, 125, 130, 131, 134, 138, 141, 142, 146, 149, 150, 156, 162, 172, 183, 212, 219, 254, 263, 305, 309, 316, 326, 327, 328, 331, 351, 353, 358
Gesundheitswesen 314, 323
Getreide 25, 77, 102, 154, 162, 181; Preise 154, 169, 172, 181, 362; Vorräte 162, 180—182, 360, 364
Gewerbe 13, 17, 64, 101, 126, 343
Gewerkschaft 299
Gilles, John 358
Glass, D. V. 349, 351, 353, 357
Gooder, A. 363
Gordon, J. E. 363
Goubert, Pierre 352, 359, 361, 362
Gouge, William 206
Gough, J. W. 345
Gough, R. 367
Graunt, John 153, 154, 157, 177, 211, 359
Greven, Philip 358
Greystoke, Cumbria 158—161, 163, 164, 166—168, 171—173, 176, 177, 179, 311, 360, 361
Grimm, Gebrüder 17, 344
Großstadt 71—74; s. a. Stadt
Grundherr 79, 86, 88, 100, 150
Gutsherr 95, 214

Händler, Handel 27, 28, 30, 31, 45, 62, 75, 229, 230, 256, 279; s. a. Kaufleute
Häusler 23, 26, 27, 55, 60, 61, 89, 126, 266, 349, 350
Hammel, E. A. 357, 375
Handwerk(er), Handwerksbetriebe 17, 21, 24, 25, 27, 28, 39, 40, 43, 44, 48, 51, 55, 60, 66, 67, 78, 83—85, 87, 93, 101, 129, 142, 154, 181, 185, 226, 229, 252, 254, 266, 278, 279, 350, 353
Harris, C. 356
Harrison, William 348, 350, 355, 358
Hasted, Edward 353
Haushalt 8, 11, 19, 23, 25—27, 29, 30, 61, 66, 76, 83, 84, 88, 92, 97—102, 116, 119, 120, 124, 126, 142, 146, 188, 226—228, 233, 251, 252, 306, 320, 329, 331, 339—341, 344, 345, 353, 354, 357, 372; aristokratischer 19, 32, 86; als Produktionsstätte 30; Dienstbotenhaushalte 27, 273; Haushaltsgröße 19, 62, 84, 85, 87, 90, 114, 115, 120, 273, 316; Haushaltsvorstand 67, 68, 86, 87, 94, 130, 141, 358; Haushaltszusammensetzung 12, 92, 96, 116, 121—123; s. a. Familie(n)
Havinden, M. A. 361
Heirat 28, 64, 102, 104, 109, 117, 127, 129, 131, 137, 142, 148, 156—158, 163—165, 169, 170, 174, 178, 185, 187, 191, 194, 203, 205, 212—214, 336, 357, 362, 363, 368; Alter bei der Heirat 28, 103—106, 108, 113, 114, 119, 125, 130, 131, 138, 150, 193—195, 212, 215, 227, 316, 355; Aufschub der Heirat 104, 126, 150, 168, 194; Heiratsgepflogenheiten 125, 127—129, 202, 207, 215; *Hardwicke's Marriage Act* 204; heimliche Heiraten 358; niemals verheiratete Personen 31, 67, 136, 137, 150, 213; *rite de passage* 127; späte Heiraten 188; Zustimmung zur Heirat 125, 129; s. a. Ehe und Kinderehe
Hélin, E. 358
Henry, Louis 144
Herrenhaus (Ansitz) 40, 81, 84, 88, 99, 100, 328, 353
Hewitt, Margaret 359
Hexen 141
Hey, David 367
Hickes, H. L. 369
Hierarchie, hierarchische Strukturen 35, 38, 39, 41—43, 49—51, 54, 57, 58, 61, 65, 68, 81, 119, 273, 284—286, 303, 309, 313; s. a. Klasse(n), Status

Hill, Christopher 220—222, 370, 374
historische Soziologie 30, 219, 223, 230, 233, 234, 259, 271, 275
Hobbes, Thomas 96, 200, 236, 271
Hochadel 35, 40, 42, 45, 52, 53, 57, 66, 68, 69, 82, 106, 121, 200, 251, 265, 283, 348, 349; s. a. Adel, Klasse(n)
Hoffer, P. C. 369
Hollingsworth, T. H. 348
Holmes, Geoffrey 347
Homans, George 352
Homosexualität 189, 190, 365, 366; s. a. Sexualverhalten
Hoskins, W. G. 3
Howard, William 19
Howson, W. G. 360, 363
Hull, N. E. H. 369
Hungersnot 149—151, 153—158, 161—163, 166—168, 172—176, 181, 182, 188, 331, 360, 362, 363, 365, 366; s. a. Getreide, Subsistenzkrisen
Husbandman 55, 59, 69, 273

Ideologien 195; s. a. politische
Indien (Pakistan) 175, 280; s. a. Bengalen
Industrialisierung 11, 24, 30, 39, 41, 71, 74, 114, 131, 179, 187, 201, 226, 231, 239, 295, 297, 298, 324, 326, 346
Industrie 14, 15, 28, 29, 32, 66, 71, 73, 79, 93, 116, 216, 256, 272, 329; Heimindustrie 78; protoindustrielle Arbeitsform 78; industrielle Revolution s. Revolution
Industriegesellschaft 223, 297, 300, 314, 326, 329, 330, 344
Inglis, K. S. 354
Inzest 190, 198, 199
Italien 202, 324, 337

Japan 209, 223, 348, 351
Johnson, H. C. 357
Jones, G. P. 345, 350
Jordan, W. K. 345

Kapitalismus 29, 30, 33, 51, 68, 100, 229, 300, 307, 324, 346, 370; kapitalistische Unternehmer, Kapitalisten 27, 28, 50, 222, 226, 307

Katechismus 257—260, 263, 373
Kaufleute 62—64, 66, 67, 281, 350, 355; s. a. Händler, Handel
Kent 63, 72, 79, 83, 84, 90, 106, 143, 337, 350—353, 365, 373
Kerby, Graham 346, 349
Keys, Aacel 362
Kinder 11, 13, 15, 16, 21, 22, 24, 26, 27, 75, 83—85, 92, 95, 97, 100, 114, 117, 122, 125, 130, 138, 140, 141, 143, 145—148, 156, 160, 168, 174, 176, 191, 209, 227, 257—259, 278, 284, 306, 314, 316, 317, 344, 346, 358, 368, 372; uneheliche 93, 129, 185, 186, 187, 190, 191, 195—197, 201, 202, 204, 207, 213, 366, 367; s. a. Analphabetismus, Bildung, Erziehung
Kinderehen 103, 109, 110, 111, 114, 130
Kindesmord 185, 186, 208—210, 369
Kindheit 301, 358, 359
King, Gregory 44, 48, 52, 58, 61, 62, 73, 75, 115, 160, 291, 295, 297, 347, 349, 351, 353, 355, 373
Kirche 19—21, 40, 71, 76—78, 80, 81, 91, 93—95, 98, 101, 104, 128, 129, 188, 189, 241, 257—259; Besuch 19, 93, 94, 153; Kirchengericht 110, 188, 195, 203, 204, 208, 214, 366
Kirchenvorsteher 41, 45, 89, 91, 93, 94, 179, 195, 200, 214, 348
Klasse(n) 8, 56, 65, 66, 68, 305; eine Gesellschaft mit nur einer Klasse 35, 66, 68; bürgerliche Klasse 221; Klassenbegriff (-modell) 30, 36; Klassenkonflikt(e) 37, 50, 51, 221, 223, 239; Klassenunterschiede 307; s. a. Adel, Gentry, Hochadel
Kleinbauern 40, 43, 45, 66, 79, 129, 254
Klima, klimatische Verhältnisse 25
Knecht 24, 85, 94, 98, 126
Knodl, John 358
Knoop, D. 345
Kommunikation(sstrukturen) 8, 20
Kommunion (Abendmahl) 84, 91—94, 96, 201, 354

Konflikte 234—239, 241
Krankheiten 149, 160, 165—167, 179; Epidemien 154, 163, 165, 179, 360—363; Infektionskrankheiten 160, 162, 163, 165, 167, 171, 178, 314; Pest 362, 365; s. a. Ernährung
Kredite, Kreditwesen 102, 355
Krisen 157, 163, 164, 167, 175, 179, 185, 210, 333, 359, 361, 363, 364; krisenanfällige Gebiete 167, 171, 177; Häufigkeit von Krisen 167; Parlamentskrisen 345; Sterblichkeitskrisen 173, 178, 179; s. a. Landwirtschaft, Subsistenzkrisen
Kussmaul, Ann 346

Labour Party (-Bewegung, -Regierung) 292, 300, 302, 318, 319
Lambarde, William 350
Lancashire 174, 175, 197, 202
Landbesitz (Grundbesitz) 68, 78, 89, 100, 101, 121, 125, 307, 354
Landflucht 185
Landwirtschaft 17, 22, 24—26, 28, 29, 59, 74, 77, 85, 90, 100, 176, 294, 295, 320, 359; s. a. Krisen, Subsistenzkrisen
Laslett, Peter 335, 343—347, 350, 355—358, 367, 369, 371—373, 375
Lawrence, William 207
Lebenserwartung 132—135, 137, 150, 171, 286, 299, 316, 358, 362
Lebensstandard 307, 309, 318
Lee, Ronald 357, 360
Lehre, Lehrlinge 11, 13, 16—18, 63, 343, 344, 350, 373
Leicestershire 78, 81
Leninismus 244
lesbische Beziehungen 189
Leveller 239, 246, 255, 260, 261, 263
Levine, David 352, 353, 375
Lilburne, John 260—262
Lipson, E. 360
literarische Quellen 105, 111, 113, 225, 271—276, 284
Locke, John 13, 67, 151, 152, 243, 261, 288, 344, 359, 373
Lockwood, David 348
Löhne 11, 66, 165, 300, 316, 363, 364, 369; s. a. Einkommen(sverhältnisse)
London 8, 11—13, 16, 18, 19, 23, 28, 40, 64, 71, 73—75, 83, 90, 93, 96, 100, 108, 145, 154, 166, 177, 189, 200, 209, 211, 212, 233, 260, 279, 292—294, 337, 343—345, 351, 354, 359, 364; Homosexualität in London 189; St. Botolph's Aldgate 108; St. Mary le Bow 35

MacArthur, Sir William 362
Macfarlane, Alan 359, 374
MacLean, A. M. 360
Macpherson, Brough C. 348
Märkte 11, 13, 21, 40, 60, 95, 343, 345
Magd 11, 13, 24, 85, 95, 98, 126
Malinowski, Bronislaw 186, 187
Malthus, Thomas 150, 168
Marshall, T. H. 348
Marvell, Andrew 56
Marx, Karl 29, Kommunistisches Manifest 29, 346
Marxismus 186, 222, 300, 344
Massengesellschaft 30
Mause, Lloyd de 359
Meister 11, 12, 16—19, 343, 349
Menefee, S. P. 369
Menken, J. 363
Meuvret 362
Mingay, G. E. 348, 349, 352
Mittelklasse 50, 62, 65, 106, 107, 112, 186, 302—311; s. a. Klasse(n)
Mobilität 64, 132, 133, 230, 255, 271—289
Monatsblutung (Alter bei der ersten M.) 106, 107, 112, 113, 174, 356, 367; s. a. geschlechtliche Reife
Moore, A. Percival 368
More, Thomas 15
Morgan, Edmund S. 343
Moser, C. A. 351
Mosley, W. M. 363
Myddle, Shropshire 367, 368

Nahrungsmittel (Lebensmittel) 51, 74, 77, 131, 149, 150, 162, 168, 172, 300; Knappheit 51, 149, 162, 163, 168, 173, 174, 178; Preise 51, 162, 165, 168, 170, 174, 178, 362, 365; Versorgung 74, 77, 180, 360; Verteilung 162;

Vorräte 181; s. a. Ernährung, Krisen, Subsistenzkrisen
National Health Service s. Gesundheitswesen
Naturphilosophie 243
Naturwissenschaft 243
Neale, R. S. 348
Neue Welt s. Amerika, Vereinigte Staaten
Newton, Isaac 243, 287, 288
Norfolk 352
Northumberland, Herzöge von 249, 250, 252, 282

Oeppen, J. E. 357
Okes, Robert 366
Oliver, G. 350
Ollard, R. L. 355, 358
Oosterveen, Karla 335
Oswald, N. T. 363
Outhwaite, R. B. 365, 366

Pächter (Pacht) 40, 55, 78, 79, 85–88, 90, 93, 99, 100, 101, 126
Palliser, David 361, 363, 364
Parlament 21, 53, 56, 57, 160, 162, 209, 345; *House of Lords* 53, 56
patriarchales Verhältnis 12–14, 25, 29, 30, 39, 98
Pauper 256, 263
Pennington, Oswald 366
Pepys, Samuel 12, 200
Perkins, William 206
Pest s. Krankheiten
Petty, William 15
Peyton, S. A. 369
Pfarre 8, 18, 20–22, 42, 48, 76–78, 82, 84–86, 90, 91, 94, 141, 171, 179, 180, 195, 210, 335, 336, 352, 358, 362, 364
Pfarrer, Priester (Vikar) 88, 90, 92, 94, 129, 139, 200, 201, 329, 343, 354, 374
Pfarregister 42, 154, 156–160, 166, 173, 177–179, 187, 191, 194, 201, 210, 212, 275, 329, 331, 336, 348, 357, 361, 367
Phayer, M. 367
Phythian-Adams, Charles 346, 360
Pickles, May 347
Pinchbeck, Ivy 359
Plumb, J. H. 359
politische Ideologien 319
politische Macht 307

politischer Gehorsam 249, 253–269
politisches Bewußtsein 240, 241, 247, 261, 262, 264, 277
Pollock, Linda 359
Polygamie 15
Poor Law s. Armengesetz
Powell, S. C. 352, 354
Power, E. 347, 365
Privatbereich 370
Proletariat s. Arbeiterklasse
Protestanten 278
protoindustrielle Haushalte, Produktionsweisen s. Haushalt
Puritanismus (Puritaner) 235, 236, 260, 278, 366, 369; puritanische Revolution 217

Quaife, G. R. 366–368

Raine, James 368
Ralf, Elisabeth 344
Ratcliff, S. C. 357
Religion 20, 77, 91–94, 256–259, 328, 354, 367, 372, 373; s. a. Christentum
Revolution 15, 39, 218–220, 236, 237, 245, 246, 312, 314, 327, 328, 333; Amerikanische 217, 219; Bürgerliche 217, 222, 223, 244, 370; Englische 36, 50, 56, 166, 217–247, 370; Französische 39, 162, 217, 221, 222, 244; Glorreiche 72; industrielle 33, 225, 245, 296, 326; politische 218, 244; proletarische 223; Russische 217, 244; sexuelle 193, 366, 368; soziale 15, 218–221; wissenschaftliche 244, 245
Robin, J. 335
Robinson, C. B. 354, 357, 359
Rogers, C. D. 363
Rom 71
Rowntree, Seebohm 291–294, 296–298, 300, 301, 311, 350
Russell, John 161, 177, 182
Rußland 235, 293, 337, s. a. Sowjetunion
Ruwet, J. 365

Salisbury, Marquis von 249, 291, 295
Sampson, William, Pfarrer von Clayworth 139
Scheidung 208
Schofield, Roger S. 135, 165,

271, 274, 275, 335, 337, 357, 361−363, 365
Schottland 151, 156, 163, 164, 173, 187, 202, 204, 337, 363, 365, 369
Schulen 21, 22, 280, 296; s. a. Bildung, Erziehung, Kinder
Schwangerschaft 26, 113, 157, 158, 170, 188, 194, 213, 214, 300, 317, 362, 366; außereheliche 367, 369; voreheliche 93, 129, 194, 195, 201, 202, 207, 213, 336, 366, 370
Seeleute 349
Selbstmord 207, 210, 211, 212, 369; Selbstmordrate 165, 207
Sen, Amartya 361, 362
Sexualverhalten 104, 112, 189, 191, 200, 227, 259, 368; abweichendes 185−187, 190, 195, 196, 199, 201, 367
Shakespeare 12, 103−108, 111, 127, 177, 203, 217, 243, 287, 375; *Romeo and Juliet* 103−107, 111, 113, 203, 335
Sharp, Andrew 347, 349
Shorter, Edward 367
Siedlungsformen 78
Simpson, B. S. 369
Skipp, Victor 363
Slack, P. 362, 363
Smith, James E. 358
Smith, Richard J. 335, 351
Smith, R. M. 356, 358
Smith, Sir Thomas 348, 350
Smith, T. C. 369
Smith of Nibley, John 345, 355
Smouth, T. C. 363
Snell, Keith 352, 359, 371
Sowjetunion 36, 122
sozialer Wandel 218−247, 318, 324, 325
Sozialismus 36, 319
Sozialwissenschaft, historische 9, 111, 113, 167, 219, 306, 323, 325, 326, 331, 336
Soziologie 56, 61, 112, 116, 207, 234, 315, 325, 331, 332
Spelman, Sir Henry 352
Spitäler 22
Stadt 17, 23, 30, 56, 62, 64, 65, 71−75, 82, 89, 93, 101, 121, 126, 131, 138, 162, 177, 181, 201, 211, 294, 295, 351; Bewohner 62, 65; Größe 72
Status (gesellschaftliche Stellung) 41, 42, 51, 54, 58, 65, 69; Statusgruppen 57; Statussymbole 40, 42; s. a. Hierarchie, Klasse(n)
Steele, Richard 346
Sterblichkeit 133, 137, 139, 154, 164, 170, 171, 176, 178, 314, 316, 362, 365, 366; Kindersterblichkeit 136, 138, 176, 300, 336, 360; Säuglingssterblichkeit 138, 144, 147, 156, 176, 300; Sterblichkeitskrisen 163, 171, 362; Sterbeziffern 132, 148, 154, 156−158, 163−165, 168, 170, 177, 178, 191, 211, 336, 357, 362, 363
Stone, Lawrence 166, 167, 359, 367, 368
Stuartzeit 15, 16, 24, 30, 36, 41, 48, 51, 52, 57, 72, 88, 93, 98, 129, 188, 197, 198, 211, 220, 223, 229, 230, 234, 236, 237, 239−242, 256, 263, 280, 297, 299, 300, 329, 348, 374
Styles, P. 353, 364
Subsistenzkrisen 154, 156−158, 162, 163, 174, 175, 177, 178, 187, 359, 360, 362; Subsistenzmittel 131, 144, 171, 201, 209; Subsistenzwirtschaft 51; s. a. Getreide, Hungersnöte

Tagelöhner 25−28, 40, 41, 43−45, 48, 55, 61, 66, 67, 78, 79, 83−87, 89, 90, 93, 99, 100, 101, 121, 126, 129, 143, 266, 273, 346, 348, 350, 353, 359, 370
Tait, James 357, 367
Tanner, J. M. 356
Tawney, R. H. 347, 365
Taylor, C. E. 363
Thirks, Joan 345, 360
Thomas, Keith 354
Thompson, E. P. 288, 369, 375
Thrupp, Sylvia 350
Tierzucht s. Viehzucht
Titel 39, 54, 55, 57, 58, 68, 69, 347; s. a. Hierarchie, Status
Tod 97, 98, 102, 114, 117, 127, 131, 133, 141, 142, 169, 170, 324, 329; Hungertod 149, 151, 153−155, 158, 159, 161, 163, 164, 177, 182, 331, 364; Todesursachen 165, 169, 172, 173, 360; s. a. Sterblichkeit

Tokio 351
Toynbee, Arnold 306
Trumbach, Randolph 359
Trussel, J. 363
Tudorzeit 15, 21, 22, 30, 41, 48, 51, 57, 66, 72, 79, 88, 110, 160, 191, 224, 229, 230, 280, 374

uneheliche Kinder s. Kinder; s. a. Schwangerschaften, voreheliche
Universitäten 21, 49
Unzucht mit Tieren 189, 190, 366
Urenkel 130

Vater 12, 16, 32, 88, 114, 127, 128, 130
Verlagssystem 28
Verstädterung 74
Viehzucht (Tierzucht) 77, 100
Vincent, W. A. L. 345
Vollbeschäftigung 318

Wachter, K. A. 357, 375
Wagner, Sir Anthony 350
Wahlen (Wahlrecht) 222, 259, 260, 262, 263, 265, 266, 317, 319
Waise 16, 117, 141, 155; s. a. Kinder
Wall, Richard 335, 346
Wappen 49, 287; s. a. Hierarchie, Status
Watkins, S. 363
Wawen, Thomas 99
Weber, Max 224, 370
Wednesbury, Staffordshire 161, 168, 175, 177, 182, 337, 360
Weideland 77
Weltwirtschaftskrise 317
Werbegepflogenheiten 124, 214; s. a. Ehe, Eheverträge, Heirat
Westcote, Thomas 350
Westminster, Pfarre von St. Margaret's 161, 168, 177, 360, 364
Whitakers 356
Whiteman, Ann 353
Williams, M. E. 344
Williams, T. 362
Williams, W. S. 366
Williamson, Geoffrey 347
Willmott, Peter 359
Wilson, Christopher 358
Wilson, Thomas 350
Wittum 286
Witwe(r) 16–19, 31, 75, 95, 96, 114, 116, 122, 130, 139, 140, 141, 153, 155, 188, 197, 345, 346, 358; s. a. Frauen
Wohlfahrtsgesetze 317; -staat 318
Wollindustrie 28, 77, 226
Wren, Christopher 12
Wrightson, Keith 195, 209, 349, 353–355, 359, 364, 367, 374
Wrigley, E. A. 74, 75, 135, 144, 165, 194, 335, 337, 358, 359, 362, 366, 370

yeomen s. Freisasse
York 291, 292, 294, 298
Yorkshire 91, 127, 129, 139, 153, 158, 168, 173, 175
Young, Michael 359

Zeugung 188; außereheliche 93, 129, 198; s. a. Schwangerschaften, voreheliche
Zünfte 21, 349

Natalie Zemon Davis
Frauen und Gesellschaft am Beginn der Neuzeit

Studien über Familie, Religion und
die Wandlungsfähigkeit des sozialen Körpers

In dem vorliegenden Sammelband, der sich ohne weiteres wie ein in themenzentrierte Kapitel aufgegliedertes Buch lesen läßt, hat die Autorin sieben Essays zusammengestellt, die in den letzten Jahren entstanden sind. Sie geben spannende Einblicke in die neue Art und Weise, wie N. Z. Davis althergebrachte Quellen befragt und neue, bislang für unbrauchbar gehaltene Zeugnisse als sprudelnde Quellen erkennt. Gleichzeitig werden aus unverhoffter, ungewohnter Perspektive die Lebens- und Vorstellungswelt der Menschen zu Beginn der Neuzeit, im 16. Jahrhundert, geschildert und die Veränderungen im Alltag, in der Familie, in den sozialen Beziehungen und in den nicht kodifizierten Verhaltensweisen.

Band 4403

»Die Aufsätze von N.Z. Davis sind nicht nur methodisch anregend und einleuchtend. Vielleicht vermag ihr anschaulicher, oft essayistischer Stil auch deutschsprachige Geschichtsschreiber (innen) davon zu überzeugen, daß Wissenschaftlichkeit nicht trocken und langweilig zu sein braucht.«
(Neue Zürcher Zeitung)

Fischer Taschenbuch Verlag

Natalie Zemon Davis
Humanismus, Narrenherrschaft und die Riten der Gewalt

Gesellschaft und Kultur im frühneuzeitlichen Frankreich

Die in diesem Band versammelten Essays der berühmten amerikanischen Historikerin Natalie Zemon Davis geben eine subtile und faszinierend konkrete Darstellung des gesellschaftlichen Umbruchs am Beginn der Neuzeit, der nicht nur die Lebensweise der Eliten, sondern auch der unteren Bevölkerungsschichten verändert hat. Die populäre Kultur erscheint selbst als dynamisches Moment dieses Umbruchs.
Mit ihrer »dichten Beschreibung« der städtischen Kultur des 16. Jahrhunderts eröffnet die Autorin neue historische Sichtweisen, verweist sie

Band 4369

auf Parallelen zu unserer heutigen Situation. Das Buch ist ein Meilenstein auf dem Wege zu einer neuen Alltagsgeschichtsschreibung.

Fischer Taschenbuch Verlag

Alain Corbin
Pesthauch und Blütenduft
Eine Geschichte des Geruchs

Dieses Buch wurde bei seinem Erscheinen in Frankreich und kurz darauf in der Bundesrepublik von der (Fach-)Kritik einhellig begrüßt und mit größter Aufmerksamkeit rezensiert. Der Autor behandelt vordergründig die Geruchsgeschichte der Stadt Paris, in Wirklichkeit jedoch weit mehr – die Geschichte des Geruchssinns, die Wandlungen der Geruchsvorlieben und Ekelgrenzen – kurz: die Geschichte des Geruchs und der Gerüche überhaupt.

Band 4402

»Corbins Kulturgeschichte ist ein von A bis Z ernsthaftes Buch. Aber da sich der anekdotische Ernst mit dem Thema »Gestank« verbindet, liest es sich wie eine Satire. Auf diese Weise haben wir es mit einer Lektüre zu tun, die auf beinahe jeder Seite eine Neuigkeit – und allgemeine Heiterkeit zugleich verbreitet.«
Harald Weser, in: »Der Spiegel«

»... to hear by the nose [Shakespeare] – wer (noch) eine Nase hat, der lese.«
Marleen Stoessel, in »Neue Zürcher Zeitung«

Fischer Taschenbuch Verlag

Richard van Dülmen

Armut, Liebe, Ehre
Studien zur historischen Kulturforschung I
(16.–20. Jahrhundert)
Herausgegeben von Richard van Dülmen. Band 4379

Arbeit, Frömmigkeit und Eigensinn
Studien zur historischen Kulturforschung II
Herausgegeben von Richard van Dülmen. Band 4430

Verbrechen, Strafen und soziale Kontrolle
Studien zur historischen Kulturforschung III
Herausgegeben von Richard van Dülmen. Band 10239

Die Gesellschaft der Aufklärer
Studien zur bürgerlichen Emanzipation und
aufklärerischen Kultur in Deutschland. Band 4323

Frauen vor Gericht
Kindsmord in der frühen Neuzeit. Band 4431

Hexenwelten
Magie und Imagination vom 16.–20. Jahrhundert
Herausgegeben von Richard van Dülmen. Band 4375

Reformation als Revolution
Soziale Bewegung und religiöser Radikalismus
in der deutschen Reformation. Band 4366

Religion und Gesellschaft
Beiträge zu einer Religionsgeschichte der Neuzeit
Band 6644

Fischer Taschenbuch Verlag

Bürgerliche Gesellschaft in Deutschland
Historische Einblicke, Fragen, Perspektiven

Band 4387

Mit Beiträgen von
Lutz Niethammer, Ute Frevert, Hans Medick, Alf Lüdtke, Peter Brandt, Franz-Josef Brüggemeier, Elisabeth Domansky, Bernd Weisbrod, Detlev J. K. Peukert, Dorothee Wierling, Richard Bessel, Ulrich Herbert, Heidrun Edelmann, Irmgard Wilharm, Brigitte Löhr und Rita Meyhöfer

Ausgehend von Immanuel Kants aufgeklärter Utopie einer bürgerlichen Gesellschaft verfolgen die Autorinnen und Autoren dieses Bandes nicht nur den Weg der Bourgeoisie und des (meist beamteten) Intelligenzbürgertums als Erfolgsgeschichte, sondern fragen ebenso nach den Brüchen und den sozialen Kosten der damit verbundenen Umwälzungen. Sie behandeln auch die Rollen der staatlichen Zentralmacht und der anti- und nichtbürgerlichen Kräfte, die Geschichte der unteren Klassen und Schichten sowie die um die Dimension des Alltäglichen erweiterte Sozialgeschichte des Bürgertums selbst.
Auf diese Weise wird die Vielfalt historisch-gesellschaftlicher Prozesse seit dem späten 18. Jahrhundert in Deutschland dargestellt, ohne sich um den Anschein abgerundeter Geschlossenheit zu bemühen; betont werden vielmehr Aspekte und Perspektiven, in denen Unterschiedlichkeiten und Widersprüche deutlich werden.

Fischer Taschenbuch Verlag

BÖHLAU

Michael Mitterauer
HISTORISCH-ANTHROPOLOGISCHE FAMILIEN-
FORSCHUNG. Fragestellungen und Zugangsweisen
(Kulturstudien. Bibliothek der Kulturgeschichte.
Band 15. Herausgegeben von Hubert Ch. Ehalt und
Helmut Konrad). In Vorbereitung

Der geplante Band ist das Ergebnis zwanzigjähriger Forschungsarbeit und bietet eine Überblicksdarstellung der historischen Familienforschung. Themen sind u. a.: „Geschlechtsspezifische Arbeitsteilung im vorindustriellen Zeitalter", „Entwicklung der europäischen Familienstruktur im interkulturellen Vergleich", „Mentalitäts- und alltagsgeschichtliche Fragestellungen".

Andreas Heller, Therese Weber, Olivia Wiebel-Fanderl (Hg.)
RELIGION UND ALLTAG: Interdisziplinäre Beiträge zu einer Sozialgeschichte des Katholizismus in lebensgeschichtlichen Aufzeichnungen
(Kulturstudien. Bibliothek der Kulturgeschichte.
Band 19. Herausgegeben von Hubert Ch. Ehalt und
Helmut Konrad). In Vorbereitung

Erstmals wird hier der Versuch unternommen, Religion in ihrer sozialen Bedeutung anhand autobiographischer Quellen aus sozialgeschichtlicher, sozialwissenschaftlicher, volkskundlicher und theologischer Perspektive zu erschließen.

Barbara Passrugger
HARTES BROT
Aus dem Leben einer Bergbäuerin
Bearbeitet von Ilse Maderbacher
(Damit es nicht verloren geht ..., Band 18. Herausgegeben von Michael Mitterauer und Peter P. Kloß)
1989. 188 Seiten. 8 Seiten Schwarzweiß-Abb.
Gebunden. ISBN 3-205-05227-7

Die Stationen des Lebens einer außergewöhnlichen Frau, aufgezeichnet von Ilse Maderbacher anhand von Tonbandaufnahmen und Manuskripten Barbara Passruggers.

Böhlau Verlag Ges.m.b.H. & Co. KG, Dr.-Karl-Lueger-Ring 12,
A-1011 Wien
Böhlau Verlag GmbH & Cie, Niehler Straße 272–274, D-5000
Köln 60

BÖHLAU

Fischer Wissenschaft
Eine Auswahl

Ralf Konersmann
Lebendige Spiegel
Die Metapher des Subjekts
Band 10726

Dominick LaCapra
Geschichte und Kritik
Band 7395

Dominick LaCapra/
Steven L. Kaplan (Hg.)
Geschichte denken
Band 7403

Charles William Morris
**Grundlagen
der Zeichentheorie
Ästhetik der
Zeichentheorie**
Band 7406

Lionel Trilling
Das Ende der Aufrichtigkeit
Band 7415

Stephen Toulmin/
June Goodfield
Entdeckung der Zeit
Band 7360

Thorstein Veblen
Theorie der feinen Leute
Band 7362

Jean-Pierre Vernant
Tod in den Augen
Band 7401

Paul Veyne
**Die Originalität
des Unbekannten**
Für eine andere
Geschichtsschreibung
Band 7408

**Bildersturm
Die Zerstörung
des Kunstwerks**
Herausgegeben von
Martin Warnke
Band 7407

Lew Semjonowitsch
Wygotski
Denken und Sprechen
Band 7368

Fischer Taschenbuch Verlag

fi 513 / 4 b

Henri Pirenne
Geschichte Europas
Von der Völkerwanderung
bis zur Reformation
Band 7321

Henri Pirenne hat mit diesem Werk seine Sicht der wesentlichen Entwicklungslinien und Ereignisse in Europa vom Zerfall des römischen Reiches und dem Ansturm des Islam bis zur Renaissance und Reformation gegeben. Die Kontinuitäten und Brüche dieser rund tausend Jahre europäischer Geschichte finden eine prägnante Darstellung. Einen breiten Raum nehmen dabei die wirtschaftlichen und sozialen Aspekte ein.
Das Buch ist erst 1936 posthum veröffentlicht worden. Geschrieben hat es Pirenne in deutscher Internierung während des Ersten Weltkrieges, ohne eine Bibliothek zur Verfügung zu haben. Und diesen außergewöhnlichen Entstehungsbedingungen verdankt das Buch seinen Charakter: nämlich aus einem Guß zu sein, anschaulich zu erzählen. Golo Mann hat es als eine »sehr schön zu lesende, tiefe, breit und stetig fließende Geschichte Europas« bezeichnet und Pirenne, weil »er wunderbar zu veranschaulichen weiß«, in die Reihe »der großen Erzähler, der Schiller, Macaulay, Ranke« gestellt.

Fischer Taschenbuch Verlag

Fischer Wissenschaft
Eine Auswahl

Philippe Ariès /
André Béjin /
Michel Foucault u.a.
Die Masken des Begehrens und die Metamorphosen der Sinnlichkeit
Band 7357

Aleida Assmann /
Dietrich Harth (Hg.)
Mnemosyne. Formen und Funktionen der kulturellen Erinnerung
Band 10724

Kultur als Lebenswelt und Monument
Band 10725

Gaston Bachelard
Poetik des Raumes
Band 7396

Maurice Blanchot
Der Gesang der Sirenen
Band 7402

Umberto Eco
Apokalyptiker und Integrierte
Band 7367

Moses I. Finley
Quellen und Modelle in der Alten Geschichte
Band 7373

Michel Foucault
Die Geburt der Klinik
Band 7400

Schriften zur Literatur
Band 7405

Von der Subversion des Wissens
Band 7398

François Furet / Denis Richet
Die Französische Revolution
Band 7371

Maurice Halbwachs
Das kollektive Gedächtnis
Band 7359

Kultur-Analysen
Beiträge von Hans-Dieter König, Alfred Lorenzer, Heinz Lüdde, Søren Nagbøl, Ulrike Prokop, Gunzelin Schmid Noerr, Annelind Eggert
Band 7334

Fischer Taschenbuch Verlag